《国外社会科学》精粹

丛书主编／张树华　赖海榕

·经济与社会卷（1978-2018）

高媛　主编

中国社会科学出版社

图书在版编目（CIP）数据

《国外社会科学》精粹：1978－2018. 经济与社会卷／高媛主编．
—北京：中国社会科学出版社，2020. 2
ISBN 978－7－5203－6732－5

Ⅰ. ①国… Ⅱ. ①高… Ⅲ. ①社会科学—研究—国外—文集
Ⅳ. ①C11－53

中国版本图书馆 CIP 数据核字(2020)第 113402 号

出 版 人 赵剑英
责任编辑 喻 苗
责任校对 胡新芳
责任印制 王 超

出 版 中国社会科学出版社
社 址 北京鼓楼西大街甲 158 号
邮 编 100720
网 址 http://www.csspw.cn
发 行 部 010－84083685
门 市 部 010－84029450
经 销 新华书店及其他书店

印 刷 北京明恒达印务有限公司
装 订 廊坊市广阳区广增装订厂
版 次 2020 年 2 月第 1 版
印 次 2020 年 2 月第 1 次印刷

开 本 710×1000 1/16
印 张 32.75
字 数 520 千字
定 价 179.00 元

引领新时代哲学社会科学的创新和发展

李培林*

中国特色社会主义进入新时代，我国改革开放度过了40个春秋，《国外社会科学》也迎来创刊40岁的生日。面对国际形势和世界经济政治格局的深刻变化，《国外社会科学》也需要认真总结40年来的办刊经验，在新形势下为加快构建中国特色哲学社会科学，加强中国特色新型智库建设，发展面向现代化、面向世界、面向未来的中国特色哲学社会科学做出新的贡献。作为这个刊物的编委会主任，我谈一点体会。

一　40个春秋的基本经验

《国外社会科学》创刊于1978年改革开放初期，那时我国的哲学社会科学还比较封闭，国内多数学者的外文水平较低，获得国外信息的渠道有限。在这种情况下，《国外社会科学》的主旨就是介绍国外哲学社会科学最新的学术理论、学术议题、学科进展、研究方法和发展趋势等。反映的信息非常强调一个“新”字，即新理论、新思潮、新流派、新方法、新成果等。这适应了当时我国哲学社会科学发展之急需，受到学界极大的欢迎，甚至一时“洛阳纸贵”。创刊40年来，可以说《国外社会科学》不忘本来、借鉴外来、面向未来，在推动我国哲学社会

* 中国社会科学院原副院长、《国外社会科学》编委会主任。

科学发展繁荣方面取得了学界公认的骄人成绩，也积累了一些基本的办刊经验。

1. 坚持马克思主义的立场、观点、方法。随着时代的发展，国外哲学社会科学各种新的资料和信息爆炸式的扩展，各种学术流派、学术思潮、学术议题层出不穷，各类学术成果数量呈几何式增长，其中也鱼龙混杂、泥沙俱下、真伪难辨，甚至有的是在学术旗号下进行意识形态侵蚀和维护霸权。正是由于坚持马克思主义的立场、观点、方法，《国外社会科学》始终能够坚持正确的政治方向和学术导向，结合我国国情和发展需要，引领我国国际学术前沿信息的传播和借鉴。

2. 紧密联系我国发展的重大理论和现实问题。《国外社会科学》始终紧扣时代发展的脉搏，在介绍和借鉴国外学术成果的过程中，紧密联系聚焦我国发展的重大理论和现实问题，为推进中国特色社会主义发展和哲学社会科学繁荣服务。比如在建立确立中国特色社会主义市场经济体制的理论基础过程中，《国外社会科学》刊发了相关的系列文章，包括《不平等的市场经济》《走向可调节的市场经济之路》《向市场经济过渡的远期与近期后果》《世界市场经济的发展趋势》《苏联市场经济发展前景》《法国学者认为应把市场经济和资本主义区分开来》等，受到国内理论界的普遍关注。近年来《国外社会科学》围绕 21 世纪马克思主义、新型城镇化、依法治国、收入分配、老龄化等重大议题问题，组织了一些关于国外相关研究的专题文章，这些文章对我们思考这些重大问题，具有重要的启发作用，产生了广泛的影响。

3. 把握国际学术发展的前沿问题和发展趋势。40 年来，《国外社会科学》刊发了 13000 多篇文章，内容涵盖经济、政治、文化、社会、生态各个发展领域，广泛介绍和评析哲学社会科学各学科的前沿问题和发展趋势，让国内学者通过这个窗口，可以准确把握世界学术发展潮流，全面了解学术发展最新成果，及时洞察学科发展最新动向。

40 年辛勤耕耘，40 年春华秋实，40 年砥砺前行。《国外社会科学》的成绩得到了国内学术界的公认，多年来一直位居人文社会科学核心期刊、全国中文核心期刊、中文社会科学引文索引来源期刊的前列，也是国家社科基金首批重点资助期刊。与此同时，在新的起点上，《国外社会科学》的未来发展也面临一些新的挑战。

二 国际新格局下面临的挑战

当今世界正处于大发展大变革大调整时期，世界多极化、经济全球化、社会信息化、文化多样化深入发展，全球治理体系和国际秩序变革加速推进。和平和发展仍是时代主题，打造人类命运共同体，弘扬共商共建共享的全球治理理念，促进国际经济秩序朝着平等公正、合作共赢的方向发展，共同应对全球性挑战，日益成为人类社会追求的共同目标。但是，世界经济增长仍然乏力，国际贸易保护主义抬头；全球治理体系深刻变革，大国博弈日趋激烈，冷战后形成的单极体系的结构平衡正在打破；地区冲突热点此起彼伏，占领运动、恐怖袭击、生态危机、网络攻击、难民潮、核扩展等传统安全与非传统安全威胁复杂交织。在这种国际新形势下，我国对国际社会科学介绍、借鉴、评析、吸收、融入也面临一些新的挑战。

一是如何在国际社会科学研究不断细分的情况下把握发展大势。随着现实的发展，一些传统的学科发生嬗变，一些新兴的学科则异军突起，社会科学的研究日益专门化，研究领域细分的趋势非常明显，“宏大叙事”的研究往往会被贴上“非科学”的标签，“小圈子学问”盛行。在这种情况下，如何在纷杂多样的学科进展中把握发展大势，并把这些规律性的大势介绍给国内学界，是需要认真面对的。

二是如何在引进国外社会科学优秀成果过程中坚定文化自信。我国已经走过了改革开放初期在社会科学领域大量地、单向地引进的阶段，国内学者在国际上发文量大幅度地增长，“中国研究”成为了热门话题。在这种情况下，怎样在借鉴外来的同时不忘本来、面向未来，怎样在引进中形成学术对话，怎样参与构建社会科学的国际话语体系，都是我们要认真思考的。

三是如何在海量国外社会科学信息中突出重点。互联网的迅速普及、信息存储能力无限增强，使学术信息的总量爆炸式扩展。在这种情况下，怎样筛选有效、有益、有用的学术信息，如何抓住重点，怎样突出重点，突出什么样的重点，都成为需要面对的关键选择。

类似的挑战还有许多，要把《国外社会科学》的办刊质量推上一个新的台阶，就要认真研究这些挑战的应对举措。

三 面向未来的办刊选择

习近平总书记在哲学社会科学工作座谈会上的讲话中指出，“国外哲学社会科学的资源，包括世界所有国家哲学社会科学取得的积极成果，这可以成为中国特色哲学社会科学的有益滋养”。他同时强调，“对人类创造的有益的理论观点和学术成果，我们应该吸收借鉴，但不能把一种理论观点和学术成果当成‘唯一准则’，不能企图用一种模式来改造整个世界，否则就容易滑入机械论的泥坑”。这些论述，应当成为《国外社会科学》办刊的基本遵循。

要认真总结40年来办刊的基本经验，坚持这些基本经验，在未来的发展中发扬优势，积极应对新挑战，再创新的辉煌。要特别注意加强对以下几个方面的关注。

一是聚焦国际社会科学重大议题、前沿问题和我国现代化建设的重大问题。要筛选出一批国际社会科学的重大议题，有系统有步骤的讨论；要跟踪重要学科的学术前沿问题，把握这些前沿问题的新进展；要结合我国现代化建设的重大问题，主动设定学术议题；要加强对国际智库成果的关注，组织有深度的评析文章。刊物不能被动地跟着热点走，要通过揭示学术发展的规律性趋势起到引领作用。

二是把“引进来”和“走出去”紧密结合起来。正如习近平总书记所说，“当代中国的伟大社会变革，不是简单延续我国历史文化的母版，不是简单套用马克思主义经典作家设想的模板，不是其他国家社会主义实践的再版，也不是国外现代化发展的翻版”。在引进国外社会科学成果的过程中，要结合我国发展的需要，在比较、对照、评析、批判基础上吸收和升华，形成真正的学术对话，形成有国际影响力的学术议题，为中国学术的走出去建设一个重要平台和窗口。

三是注重探索网络时代的办刊规律。随着互联网技术在学术出版领域的应用和发展，学术期刊的编辑和出版业态发生了深刻变化，学术成果的电子版、数字化和通过新媒体快速传播已经成为未来的发展趋势，传统的纸质学术期刊的发行量不断下滑。要顺应信息化时代的这种变化，积极探索新的传播方式，特别是注重研究如何利用新媒体扩大学术成果的知晓度和影响力，提高引领学术发展和服务学术发展的能力。

历史表明，社会大变革的时代，一定是哲学社会科学大发展的时代。《国外社会科学》要在认真总结过去40年办刊经验的基础上，把握发展大势，发挥独有优势，找准定位，办出特色，在新时代续写刊物新辉煌，为实现中华民族伟大复兴的中国梦贡献力量。

以国际学术交流促进人类文明互鉴
（代总序）

张树华*

2019年是新中国成立70周年。70年风雨彩虹，70年春播秋种。

欣逢盛世，看九州方圆，普天同庆；揽四海苍穹，共襄盛举。

40年前，伴随着中国改革开放的脚步，《国外社会科学》顺利创刊了。在科学的春天里，当时的中国社会科学院情报研究所在短短两年的时间里先后创办了《国外社会科学》《国外社会科学著作提要》《国外社会科学快报》《国外社会科学论文索引》等刊物，加上原有的《国外社会科学动态》，一共形成了5种信息情报系列刊物。这些刊物相互补充，又各具特色，在当时的学术界产生了良好的影响。

创刊初期，《国外社会科学》特别关注和介绍了当时国际上一些前沿学科或研究方向，如未来学、科学学、生态学、情报学、社会心理学、交叉和跨学科研究、全球化问题、控制论、国外中国学研究等新兴学科和专业，推动了我国相关学科的创建，填补了一些学术领域的空白，并促进了相关研究的深入和专业领域的拓展。

1978年至2018年，《国外社会科学》杂志走过了40个春秋。40年间，《国外社会科学》杂志共出版330期，发表文章1万余篇，数千万字。作为中文社会科学引文索引来源期刊、全国中文核心期刊、中国人文社会科学核心期刊、国家社科基金首批资助期刊，《国外社会科学》在

---

* 张树华，中国社会科学院政治学研究所所长、研究员。

坚持正确的办刊方向和学术导向的基础上，积极借鉴和吸收世界上有益的学术成果，为推动中国哲学社会科学学科创新和学科发展做出了应有的贡献。

40 年砥砺奋进，40 年春华秋实。伴随着改革开放和中国特色社会主义的伟大实践，《国外社会科学》参与并见证了中国哲学社会科学事业的繁荣与发展。可以说，在国内外专家学者的支持和浇灌下，在一代又一代编辑人员的辛勤努力下，《国外社会科学》这一大家共有的园地里花团锦簇、硕果累累。

立足中国，打开世界。

2016 年 5 月 17 日，习近平总书记在全国哲学社会科学工作座谈会上的讲话中指出："国外哲学社会科学的资源，包括世界所有国家哲学社会科学取得的积极成果，可以成为中国特色哲学社会科学的有益滋养。"40 年来，我们始终坚持自己的办刊理念，秉持中国立场，拓展国际视野，洞察全球语境，贴近学术界的关心与思考，跟踪国外学术和理论动态，积极吸收或借鉴先进、适用的人类文明的优秀成果。知己知彼，洋为中用。

打开心灵之窗，世界会进来。打开学术之窗，智慧会进来。

2017 年 5 月 14 日，习近平总书记在首届"一带一路"国际合作高峰论坛开幕式上的演讲中指出，我们"要以文明交流超越文明隔阂、文明互鉴超越文明冲突、文明共存超越文明优越，推动各国相互理解、相互尊重、相互信任"。这一论述深刻地阐释了人类文明繁荣进步的真谛，勾画了构建人类命运共同体的宏伟蓝图。

我们相信，伴随着信息化、全球化和人工智能技术的发展，孤立主义、种族主义、排外思潮等雾霭终将散去，人类文明多元化和国际关系民主化的步伐定将加快。各国文化将变得更加丰富多元，人类文明花园定会绽放得五彩缤纷、多姿多彩。

在迎接新中国 70 周年华诞之际，我们精选 40 年来不同学科和领域的优秀论文，汲取精华，分类结集。我们希望通过编辑出版这套"《国外社会科学》精粹（1978—2018）"丛书，回望国际学术发展历程，把握国际理论创新脉搏，梳理全球学术热点和态势，推动国内外学术沟通和对话，拓宽海内外学术交流的平台和渠道。这是40年来《国外社会科学》广大作者、译者、读者和编者齐心合力、携手并进的答卷，未来我们愿与学界同仁一起砥砺前行，为将《国外社会科学》杂志构筑为连接国内外学术界的桥梁和窗口而共同努力。

谨为序。

于2019年3月4日

第十三届全国政协第二次会议上

目　　录

专题一　经济学

专题二 社会学理论

专题三 公共管理与社会保障

专题四　心理学

专题一

经济学

欠发达国家在世界贸易中的地位*

［美］W. 罗尔　J. 鲍尔逊**　江时学译

作为一个整体，发展中国家的出口总额从 1950 年的 488 亿美元上升到 1978 年的 2741 亿美元（均以 1977 年价格计算），每年平均增长 6.4%。但是，合计数字既没有反映出国与国之间的重大差别，也没有反映出该时期的重大事件。1973 年石油输出国组织的禁运以及此后的石油提价，无疑是一种奇特的重要事件。在国家集团之间，在高速发展的欠发达国家与最不发达国家之间，似乎同样存在着重大的差别。

主要石油出口国出口收入所获得的快速、非持续的增长，应引起特别注意。1970—1974 年（主要在 1973—1974 年）的实际增长率达 52.9%，但在 1975—1978 年期间下降到 1.4%。

非产油欠发达国家的出口增长率虽不壮观，但比较稳定。1970—1987 年，这类国家的实际增长率为 11.3%，使它们的出口翻了一番以上。在同一时期内，获得更快增长的欠发达国家的出口额增长了 3 倍，每年的增长率保持在 15% 以上。

石油出口国与其他欠发达国家的出口存在着明显的差别。1970 年，石油出口国的出口占欠发达国家出口总额的 34%；1974 年的提价使这一比重上升到 58%。1974 年以后，其他欠发达国家利用世界市场的优势，

---

* 摘自美国《对发展的威胁：新的国际经济秩序的圈套》一书，美国西方观点出版社 1983 年版。

** 本文作者分别为美国丹佛大学经济学副教授和科罗拉多大学经济学教授。

重新获得了以前的部分比重。至 1978 年，在欠发达国家的出口总额中，石油出口国和其他欠发达国家的比重大致各占一半。

欠发达国家的制成品出口在近年内得到了发展。1970—1975 年内，每年增长 26.4%，虽然欠发达国家的制成品出口增长率达到了历史最高水平，但是发达国家的出口同样达到了历史最高水平，后者在 60 年代和 70 年代期间获得飞快的增长有以下几个原因：第一，战后欧洲的建设在 50 年代后期已基本完成；第二，1985 年创建的欧洲经济共同体增加了欧洲范围内的贸易；第三，日本作为一个咄咄逼人的出口国，进入了发达国家行列。第四，三轮主要的关税谈判（狄龙、肯尼迪和东京回合）把贸易壁垒降低到第一次世界大战以来未曾出现的水平上。

在整个 70 年代，欠发达国家的出口仍由初级产品主宰（虽然这种商品的出口慢于制成品出口）。60 年代中，非燃料初级产品仅增长了 4.8%，加之这类商品在总出口中的重大比重，使欠发达国家的非燃料出口的增长慢于发达国家的非燃料出口，但制成品的增长率则比发达国家快。

世界上其他主要地区的出口活动也发生了变化。非洲在世界贸易中所占的份额继续下降，这是由于该大陆拥有许多最不发达国家。1950 年，拉美国家在欠发达国家中最富有，是一个主要的出口地区。但这种相对地位未能长期保持下去，因为 50 年代和 60 年代的保护主义（进口替代）政策使拉美的出口（农产品和制成品）价格昂贵，以至于失去了国际市场。亚洲部分的下降和上升掩盖了亚洲国家内部的相对转移。1950 年的主要出口国是南亚的印度和巴基斯坦。不久以后，他们采取了高保护政策。这些国家与东亚的韩国和中国台湾地区相比，未能增加出口；后者的进口替代很快转向鼓励出口。韩国、中国台湾地区以及中国香港地区（香港采取了自由贸易方式）的出口目前居于亚洲国家和地区前列。

欠发达国家向制成品出口大国的转移可望在不远的将来继续进行下去。世界银行的研究预测，在 1975—1985 年内，欠发达国家的制成品出口增长速度将高于发达国家的增长速度，而且两者差距会有所扩大，欠发达国家的增长率为 12.2%，发达国家只有 7.8%。

在过去 10 年内，欠发达国家的制成品出口获得了飞快的发展。尽管发达国家的出口增长达到了创纪录的水平，但是欠发达国家的增长率更快，使其制成品出口所占的比重有了很大的提高。但是这一成就在欠发达国家之间的分布是不平衡的，较高收入的欠发达国家的出口增长最快，尤其是其中少数新兴工业国家的增长速度更为壮观。那些依然以出口初级产品为主的最不发达国家，则未能获得同样的成就。

为什么制成品出口状况这样好，而农产品和其他初级产品的出口状况却不佳？一个主要原因可能是由于欧洲经济共同体共同农业政策所制订的欧洲农业补贴限制了欧洲吸收农产品进口的能力。欠发达国家的国内政策也是一个原因。他们为进口替代而制定的贸易政策和税收制度歧视农业生产和农产品出口。尽管存在着这些自己造成的阻碍，欠发达国家的农业产量仍比发达国家增长得快。不过它被快速增长的人口和收入增长“吃”光了。

欠发达国家的贸易直接受到发达国家的增长率的影响。确实，一旦发达国家的增长速度放慢，如 1947—1957 年那样，那么任何国家的贸易机会就会减少。

（选自《国外社会科学》1984 年第 12 期）

宏观经济学

余永定

根据研究对象和分析方法的不同，当代资产阶级经济学大体上可分为宏观经济学和微观经济学两大部分。宏观经济学的研究对象是资本主义社会的经济活动的总情况，更具体地说，是国民收入、物价水平、利息率等总量的相互关系，以及实现物价稳定、充分就业和经济增长等目标的办法。宏观经济学的研究方法是总量分析法（亦称宏观分析法）。总量是相对个量而言的。个量指反映个别经济单位的经济行为或活动的经济变量。总量则是个量的集总，它往往表现为个量的总和或平均数。总量分析要求在整个国民经济这一抽象层次上建立有关经济概念，即各种国民经济总量的概念，进而研究这些总量之间的相互关系而不论及构成总量的个量及其相互关系的具体细节。

资产阶级经济学家运用总量分析方法研究经济现象的历史可追溯到古典经济学家威廉·配第、魁奈、亚当·斯密等人。20 世纪初期，美国、英国、瑞典等国的资产阶级经济学家也对宏观经济学的建立作出过重大贡献。但是，现代宏观经济学是在 1936 年凯恩斯的《就业、利息和货币通论》一书出版后迅速发展起来的。

宏观经济学是与微观经济学相对称的一门学科，而不是一个流派。在这个学科中存在着新凯恩斯主义（新古典综合派、新剑桥派）、货币主义、供应学派、合理预期学派等不同流派的不同理论观点。这里将要介绍的是资产阶级经济学“主流派”——新古典综合派的宏观经济学。

简单地说，宏观经济学可以分为两大部分：收入决定理论和货币金融理论。

收入决定理论。在不考虑外贸和政府作用的前提下，一国的经济可分为两大部门，即“企业”和“居民”。居民向企业提供生产要素（劳动、资本、土地、企业家才能）；企业利用这些生产要素生产消费品和投资品；并向居民支付生产要素报酬（工资、利息、地租、利润）；居民将一部分收入用于购买消费品，余下部分用于储蓄。企业利用这些储蓄的一部分或全部购买投资品。企业在一定时期内（一年）所提供的消费品和投资品（扣除折旧）的货币价值总和（国民净产值）等于同期居民货币收入的总和（国民收入）。因而可用总收入代表总供给，用居民和企业各自购买消费品和投资品的总支出代表总需求，即：

总供给 = 总收入 = 消费 + 储蓄

总需求 = 总支出 = 消费 + 投资

从上述两式可看出，为使总供给等于总需求，储蓄必须等于投资。但由于进行储蓄和进行投资的人是不相同的，他们进行投资与储蓄的动机也不相同，所以一定时期的储蓄并不能自动等于同期的投资，一定时期的总需求不能自动等于同期的总供给。

当总需求大于同期的总供给（即投资大于储蓄）时，企业就会扩大生产，从而使国民收入增加，后者的增加将导致消费，从而导致总需求的进一步增加，但它们的增加速度慢于国民收入（总供给）的增加速度。因而，在一个新的较高的国民收入水平上，总需求将等于总供给。当总需求小于同期总供给（即投资小于储蓄）时，企业就会缩小生产，从而使国民收入减少，后者的减少将导致消费，从而导致总需求的进一步减少，但它们的减少速度慢于国民收入（总供给）的减少速度。因而，在一个新的较低的国民收入水平上，总需求将等于总供给。如果总需求等于同期总供给，企业就会维持原有生产规模，国民收入水平将保持不变。因而国民收入水平处于均衡状态的条件为：

总供给（总收入） = 总需求（总支出），

即消费 + 储蓄 = 消费 + 投资　或　投资 = 储蓄

尽管经过一段时间的调整后，国民收入水平会自动趋于均衡水平，但这一均衡水平并不一定就是实现了充分就业的，即生产潜力得到充分利用的国民收入水平。如果它低于充分就业的国民收入水平，就意味着失业。反之，就会造成物价的普遍上涨。

为使总需求恰好等于实现充分就业的国民收入水平，有必要引入政府因素。这时，国民收入处于均衡水平的条件变为：

消费 + 投资 + 政府支出 = 消费 + 储蓄 + 政府收入

或 投资 + 政府支出 = 储蓄 + 政府收入

当总需求小于或大于总供给时，可以用增减政府支出或减增税收的办法使国民收入维持在“没有物价普遍上涨的充分就业水平”上。

财政政策。它包括税收政策和开支政策。税收是政府收入的主要来源，它包括个人所得税、公司利润税、间接税、不动产税、社会保险金等。其中个人所得税和公司利润税是累进的。政府开支主要用于采购商品和劳务的开支和转移支付（失业补助、养老金等）。

首先，政府利用财政制度的所谓“自动稳定”性质调节经济。例如，个人所得税随国民收入的增减而自动增减。由于个人所得税是累进的，因而比国民收入在同一方向的变动速度更快一些。这样，在国民收入水平较高时，税收自动增加，从而减少总需求，抑制物价。在国民收入水平较低时，税收自动减少，从而增加总需求，扩大就业。在开支方面，失业补助和其他转移支付也有类似的作用。

作为“自动稳定器”的财政制度无法应付剧烈的经济波动，因此国家需要发挥更为积极的作用。这就是所谓的“需求管理”。政府在进行需求管理时有三个基本方案可供选择：（1）增加或减少税收；（2）增加或减少开支；（3）改变货币政策。前两项属于政府根据经济形势“斟酌使用的财政政策”。在总需求过高时，政府实行增加税收、减少开支的政策，在总需求不足时，政府实行减少税收、增加开支的政策。总之，通过运用财政政策，资本主义国家政府力图改变收入的均衡水平，以实现所谓“没有物价普遍上涨的充分就业”。

货币金融理论。在资本主义国家，货币主要由现金和支票构成。支票是活期存款户向银行发出的提款通知单，但也可直接充当流通和支付手段。人民可把支票作为存款存入商业银行，而后者也可把自己拥有的其他银行的支票存入中央银行。银行在从事业务活动时，必须遵守“比例准备制”，即在任何时候都必须把一定比例的存款保存在自己银行（或中央银行）的金库里，作为准备金，以应付客户提款需要。其余存款则可用于投资或贷款。商业银行向客户放款时并不需要马上付现金，只是把放款数额写入客户在该行的活期存款账户。以这笔存款为基础，客户可开支票来作流通和支付手段。如果支票的接受者把支票存入自己的银行账户，第二家银行由于储蓄增加便可按规定比例增加放款额。同第一家银行一样，第二家银行也不需要马上付现金。第二个客户也可开支票购买商品，偿还债务。如此下去，通过一系列存放款的连锁反应，整个银行系统就会因为第一笔放款而使流通中的货币量成倍增加。反之，如果客户从银行中提走一笔存款就会使流通中的货币量成倍减少。这样，政府就有可能采取措施迅速扩大或缩小货币供应量。

中央银行（政府）可通过下述办法控制货币供应量：（1）公开市场业务；（2）贴现率政策；（3）改变下属银行的法定准备率。

公开市场业务：中央银行在公开市场买卖政府公债，以改变下属银行的准备金。例如，中央银行在公债市场上购买公债，公债经纪人把出卖公债得到的中央银行支票存入自己在商业银行的账户。商业银行由于增加了准备金，自己的放款能力就增加了。

贴现率政策：贴现率这里指中央银行向下属银行提供贷款的利息率。普通银行可从中央银行取得一定数目的贷款以补足自己的准备金，贴现率的变化将影响银行的放款能力。

改变准备率：中央银行改变下属银行的法定准备率，从而直接影响银行的放款能力。

凯恩斯主义的货币理论认为，人们之所以需要货币是为了进行交易（交易的动机）、应付意外支出（谨慎的动机）、抓住有利时机进行投资（投资的动机）。进行交易和应付意外支出所需的那部分货币同国民收入水平按同方向变化。国民收入水平越高，交易量越大，所需货币也就越多；反之，所需货币就越少。进行投资所需的那部分货币同利息率按反方向变化。利息率较高，居民就会把较多货币存入银行以赚取利息，企业也不愿向银行借款。这样，货币需求量就会减少；反之，货币需求量就会增多。

如果货币供应量大于货币需求量，各银行由于准备金增加，就会竞相把多余货币用于投资与贷款，从而压低利息率（使信贷条件放宽）。这又将鼓励企业和个人增加借款，使投资或消费（总需求）相应增加，最后导致国民收入水平的提高。如果货币供应量小于货币需求量，相反的过程就会发生。只有当货币供应量等于货币需求量时，利息率和国民收入才会维持原有水平。

货币政策。当政府认为生产能力没有充分利用，失业率过高时，便增加货币供应量以降低利息率，刺激投资与消费，从而提高国民收入水平，减少失业。反之，当政府认为经济正受到物价普遍上涨压力时，便减少货币供应量以提高利息率抑制投资与消费，从而把国民收入维持在适当水平，减少物价上涨压力。

资本主义国家的政府往往把财政政策与货币政策结合起来并辅之以其他政策（如收入政策），来进行所谓“需求管理”。例如，通过降低利息率和增加政府开支（或减税）来刺激经济减少失业，通过提高利息率和减少政府开支（或增税）来抑制物价上涨。

20 世纪 70 年代以来，由于资本主义世界出现的长期“滞胀”局面，凯恩斯主义陷入严重危机。因为根据上面介绍的凯恩斯主义宏观经济理论，通货膨胀与失业并存的局面是不可能出现的。于是，一些新凯恩斯主义者开始应用微观（个量）分析方法来研究原来用宏观（总量）分析方法研究的失业与物价普遍上涨问题，以补宏观分析之不足。货币主义者则用货币数量论来解释物价和国民收入水平的变动。把限制货币供应量的增长作为制止物价普遍上涨的唯一有效办法。供应学派认为重要的问题是总供给而不是总需求，供给会自动创造需求。他们主张通过减税来刺激投资以增加总供给。合理预期学派是货币主义的进一步发展，该派认为对付物价普遍上涨的最好办法是顺其自然，或由政府公布永远不变的规则，使公众放心，以实现经济的稳定。

资产阶级宏观经济学从根本上说只不过是传统庸俗经济学的进一步发展与系统化。它抹杀资本主义社会的基本矛盾，用总量之间的数量分析代替对生产关系的定性分析。它的伪科学性早已为当今资本主义社会的以“滞胀”为特征的经济危机所证实。但是，宏观经济学中所采用的总量分析方法，以及它对于各种总量之间的相互关系的研究还是具有一定的参考价值的。

（选自《国外社会科学》1986 年第 1 期）

斯坦福大学刘遵义教授谈经济计量学在中国的应用

汪同三　赛　敏

1986年6月20日，美国经济学教授刘遵义在中国社会科学院数量经济与技术经济研究所作了关于经济计量学方法及其发展动向的报告，下面是根据录音整理的报告概要。

最近，美国的两位经济学教授Z. 格里利切斯和M. 英特里盖特合写了《经济计量学手册》一书，前两卷已出版，第3卷即将出版。作者在书中尝试着把过去10年中经济计量学的研究成果加以总结。这里只谈及一些我认为在中国现在的环境和条件下比较适用的内容。

经济计量学的一个基本假定，就是经济变量之间的相互关系从时间上来看不能有太大的改变，如果这种关系的改变很大，那么这种关系本身就不能成立。我认为用中国60年代和70年代的数据同80年代的数据相比，环境是有所改变的，所以中国某些经济变量的数据虽然有较长的时间序列，但真正能够用于实际计算的却并不太多。60年代、70年代和80年代的数据都是相对于不同环境的，环境改变了，经济结构关系也就会跟着改变。中国在数据方面的一个很大特点是，时间序列资料缺乏可靠性。可以用下面两种方法来解决数据问题。（1）多用横断面资料。中国幅员辽阔，可以用不同省份、不同地区的横截面资料来解决数据问题。也就是看某一个经济变量的变动在不同的省和不同的地区会产生什么结果。（2）可以做大规模的调查工作。例如要研究私人消费，可以进行家计调查，如果能在不同的城市作四五千户家计调查，则样本观测值的数目就可相当大，从而能够较好地研究消费行为，并在此基础上进行预测工作。我认为在中国一是要利用横截面资料，二是要更多地做理论上的分析工作。因为经济计量学是理论和数据两方面相互作用的结果，在数据不足或数据的时间序列很短的情况下，就应该更多地从理论上进行分析，以便从理论分析上得出一些概念和一些合理的假设，这也就是所谓贝叶斯方法。另外，还可以参考其他国家和地区在同样条件下的情况。例如，一般认为消费的边际倾向是在0.5—0.9之间。对中国大陆来说，要注意比较信息，参考一下日本、中国台湾地区在这方面的数据和估计结果，通过贝叶斯方法得到一些先验信息，从而得出与中国情况相符合的估计结果。

下面从简单的线性模型开始讲10个问题。

1. 随机误差项的限制问题

设 $y(t) = \beta_0 + \beta_1 X_1(t) + \beta_2 X_2(t) + \cdots + \beta_n X_n(t) + \varepsilon_t$

$x_1(t) \cdots x_n(t)$ 是解释 $y(t)$ 的变化规律的各种因素变量，β_j 是第 j 个因素 $x_j(t)$ 对 $y(t)$ 的影响，ε_t 是随机误差项，一般地说，我们假定（1）ε_t 服从正态分布；（2）ε_t 具有常数方差；（3）当 t 不相等时，ε_t 不序列相关。

事实上，上述假定有些地方是不合理的，在很多经济计量学的研究中，特别是那些基于横截面数据所进行的一些研究中，假设扰动项具有常数方差实际上是不符合事实的。例如在消费者预算研究中，回归函数的残差方差大都是随着收入的增加而增大的。因此，必须修正关于随机误差项的假定。如果一组变量，它们的每一组观测值的随机误差项的平方和是固定的，或者它们同时增加，或者它们的协方差均不相同，在这种假定下要估计系数 β_j，可采用广义最小二乘法（GLS）。利用 GLS 法，可得到系数 β_j 的最小方差无偏线性估计值。

2. 变量的误差问题

在一般情况下，我们都假设解释变量 X 是没有误差的，但如果假设

X 有误差，则普通最小二乘法（OLS）的优越性就要打折扣。如果解释变量的误差和方程的随机误差 ε 有关系，或者每一个解释变量的误差之间有相关性，那么 β_j 的估计值将不准确。解决这个问题最常用的方法是工具变量法。工具变量法就是通过一组与 X 相关、与扰动项 ε 和 X 的测量误差无关的变量，来得到 β_j 的一致估计式。寻找合适的工具变量，一般是要靠经验和判断。但使用工具变量法的困难在于，如果解释变量很多，就很难对每个解释变量都找到一个合适的工具变量，工具变量是否和对应的解释变量密切相关也需分析。如果一个解释变量能够找到多个工具变量来代替，那么应从相关的密切程度及经济意义的解释这两方面来加以分析并选择出其中最为合适的一个。

3. 联立方程组的误差问题

用 OLS 法估计一个联立方程组时，对每一个方程都假设解释变量是固定的，被解释变量受随机误差项影响。实际上，联立方程组的某些方程中的解释变量，同时又是其他方程中与该方程的随机误差项相关的被解释变量，这种情况将不满足 OLS 法的条件。如果对此仍用 OLS 法估计参数，并用得到的参数代入原来的联立方程组进行联立求解，那么肯定会产生偏倚。这种偏倚被称为联立方程组偏倚。早在 1944 年，哈维尔莫就在《经济计量学》杂志上的一篇论文中提出了这个问题。解决这个问题的方法包括有限信息极大似然法、二阶段最小二乘法和三阶段最小二乘法，但采用这些方法有如下两个缺点：第一，有限信息极大似然法的计算量过于浩大，相对来说，二阶段、三阶段最小二乘法的计算量比较小，但如果模型很大，则计算是比较困难的；第二，要求相当大的样本，特别是三阶段最小二乘法要求的样本更大，一般国家的时间序列资料都很难满足。

上述两个缺点使这些估计方法美中不足，所以在实际应用中，对稍微大一些的模型一般还是用 OLS 法或工具变量法来解决参数估计问题，其原因就在于样本数据都是小样本。目前唯一能找到的大样本就是横截面数据，例如要了解北京居民的消费情况，可以抽样调查四五千户，这样得到的结果可以说是大样本了，从而可以用二阶段甚至三阶段最小二乘法来进行参数估计。

4. 经济计量学中的非线性问题

在实际情况中，各种经济关系很少可能是线性的，例如可以简单地看一下消费和收入的关系，一开始可能有一个消费水平，随着收入的增加，消费的增加不会像收入的增加那么快，因此消费和收入的关系，画出来是一曲线。即消费和收入的关系从短期来看是一个线性关系，但从长期来看是一个非线性关系。对非线性问题有几种解决方法，其中之一是我们可以改变变量的形式，使之线性化，如变量是乘积关系，则可用取对数的方法使之变为对数线性的。要注意的是，在把非线性形式改成线性形式时，两者的随机误差项是有差别的。另外用这种线性化的模型进行预测时要小心，因为要预测的那个变量的期望值不能简单地由被解释变量的期望值的线性组合所决定。

关于非线性模型的参数估计问题，如果对非线性模型进行线性化之后使得方程变为参数形式是线性，变量形式是非线性，那么仍可用 OLS 法进行估计，只要把非线性形式的变量设为一个新变量即可。如果非线性模型的参数形式也是非线性的，那么有两种参数估计法：一是仍然使用误差项平方和最小的原则，即最小二乘原则，要求得到的参数估计值能使随机误差项的估计值的平方和最小，这时可采用如牛顿法；二是对模型的随机误差项的概率分布作出某种假设，例如随机误差项服从正态分布，以便采用极大似然法来估计参数。

5. 多重共线性问题

这是经济计量模型中经常遇到的问题，在一个随机方程中如果有两个或两个以上的解释变量存在共同的变动趋势，那么对模型的识别就会带来困难。例如用收入和人口来解释消费，由于收入和人口有共同的变动趋势，分不清收入和人口是怎样分别影响消费的，因此消费的变化情况就不容易识别。多重共线性的另一种情况是变量的变化幅度太小，这也能使被解释变量的识别产生问题。关于多重共线性问题目前还没有特别好的解决方法，我个人的看法是，要更多地依赖经济理论分析和实际经验的积累，如果能够根据理论分析和经验对所研究的经济变量之间的关系作出某种合理的估计，就可以使用贝叶斯方法来克服多重共线性问题。

6. 非正态性问题

以前我们对随机误差项做假设时，要求它们服从正态分布。但就消费情况来看，不论其误差如何，消费总是取正值，不可能取负值，因此消费的误差项实际上是不可能服从正态分布的。有时非正态分布的两尾很厚，这时得到的估计值可靠程度就会下降。怎样来解决非正态问题？首先，假如知道误差项服从什么样的具体分布，则可用极大似然法。其次，如果不知道误差项的具体分布形式，则可使用渐进理论，即中心极限理论。再次，Robust 估计法是一个新的分支，此法可不依赖于误差项的概率分布形式，不论误差的分布是正态的、非正态的，还是其他什么形式，都可应用此法得到比较有效的估计值。

7. 小样本问题

我们所讲的许多方法是在大样本的情况下使用，但在实际中更多的是小样本的情况。如果样本很小，则误差相对较大，这时的估计值就不很可靠。如在只有两个样本的条件下，要估计一条直线，就是把这两点连起来，但实际上直线可能不通过这两点，所以用两点，甚至五个点、六个点都是无法准确估计的。那么在小样本情况下采用什么方法来做参数估计为好？首先，可采用蒙特卡洛法。此法是假设可以知道参数的真实值，并且假设一组数据都满足参数真实值，利用这组数据，通过不同的参数估计法去进行估计就可得到不同的参数估计值，将这些值与真实的参数值进行比较，就可看出哪一种参数估计法的估计值更靠近参数的真实值。用此法进行足够多次的试验，就可从概率统计上得出每一种参数估计法在小样本条件下的参数估计优劣程度。其次可采用贝叶斯法。

8. 函数形式问题

用线性方程形式来做模型有很大好处，即模型形式简单，处理方便，对参数估计、预测和模拟计算等都较有利。但当变量变化很大，尤其是变量关系表现为曲线时，就不能用线性而要考虑用非线性形式来建模。

线性形式只有一种，而非线性形式有多种多样，因此有较大的选择余地。方程函数形式问题就是在所有线性和非线性形式中采用一种最适当的形式来建模。为什么线性形式的方程不能较好地反映现实经济中的真实关系呢？以生产函数为例。如把生产函数设为线性形式，即 $Y = x + \beta K + rL$。这里 K 表示资金，L 表示劳力，Y 表示产出。这种形式就表现为资金和劳动是完全可以替代的，即没有资金或没有劳力都可以进行生产。如果公司或企业要求实现最大利润和最小成本，它就可采用只用资金或只用劳力的方法来得到产出，很少情况下是劳力和资金同时使用，这是与事实不符的。所以在生产函数中采用线性形式是不现实的。除此之外，在现实中还有许多经济关系是不适合用线性来表示的。如啤酒的消费函数可用个人收入来解释，收入的增加肯定会引起啤酒的消费量增加。但这种递增关系绝不会是线性的。

在使用非线性形式时，我们有三点希望。（1）希望非线性模型的参数具有线性形式，这样通过设立新变量就可把模型化成线性形式。当然，这不是在任何时候都能做到的。（2）希望模型在理论上是合理的，与经济理论是相一致的。（3）希望模型具有灵活性。即希望函数形式能够表现出经济变量关系在不同参数下的各种形状，或者说希望使方程能够反映出弹性，这将使我们有机会和可能来分析经济关系的真正形状是什么样的。而如果一开始就用线性形式来构模，那就不可能了解经济关系的真正形状。

9. 归并方法问题

归并（Aggregation）研究微观问题和宏观问题之间的联系。把宏观问题转化为微观问题进行研究，然后通过归并，就可以得出宏观问题的结论。如研究总消费问题时，可首先研究每个家庭或个人的消费行为，同时研究每个家庭或个人的消费行为受宏观经济变量影响的关系，如每个家庭或个人与价格和所得的关系，以及不同家庭或个人之间的相互关系，当这些关系搞清之后，就可把家庭或个人的消费行为进行归并，从而得到总的消费关系。这就使问题简化，从而能够更准确、详细地描述我们所研究的对象。

10. 有限非独立变量问题

有许多非独立变量是不能任意取值的。如消费不可能取负值；选择职业或上大学都只能是一个。所以当非独立变量有多种选择时，只能有一种选择结果，这就是所谓的有限非独立变量（Limited dependent variables），它对每一种选择机会的选择表现为1或者0。同时，它还表现为非连续的，如买自行车，只能选择1或0，不可能选0.5即只买一半。有限非独立变量有两个特点，以购买自行车为例，一个特点是货物本身的特点，如颜色、轻重、尺寸；另一个特点是购买者的特点，如职业、年龄、性别，这两种特点结合起来就得到非独立变量的值，即买还是不买。有限非独立变量还具有概率分布的特点，在有大量购买者的情况下，就可以使用概率分布的特点来反映购买情况。概率分布特点可通过有限的抽样调查来解决，当有了概率分布时，我们就可以知道某个消费者购买不同牌号自行车的概率是多少。虽然这只是一个概率的结论，但对制订自行车供应计划的人来说是很有用的。这种方法不仅对于购买商品，而且对于研究其他问题如选择职业、交通路线等都是很有用的。

（选自《国外社会科学》1986年第8期）

西方经济学基础的重构

——对经济规律的若干思考

张　彦

一个时期以来，一些中国学者在研究西方经济学时得出一个错误的结论，就是把西方经济的成功完全归于自由主义的市场经济，从而把价值规律所起的作用夸大到绝对和无条件。本文指出，这种对经济规律的理解不过是一种过时的机械决定论，今天即使在西方也已有了重大修正和改造。本文从四个方面说明，西方经济学在宏观、中观、微观各个层次上新发展的那些理论绝不是孤立的，都与必须要超越市场的狭隘概念有密切关系。不过这并不意味着经济学滑向非理性，一种以探索现实世界复杂性而著称的新科学提供了重构经济学所必需的可靠的知识和详细的信息，这是走向一种更为普遍的理论所绝对必需的。

计划经济和市场调节相结合，是我国经济改革所要建立的新体制，但如何使之真正得以实现，则是中国经济理论界所面临的困惑性难题。一个时期以来，不少中国学者转向用西方经济学来解决中国现代化问题。一些人相信，如果政府完全放开价格控制，市场经济会自动调节并达到均衡价格。当他们强调市场是一种极好的分配机制，并且市场经济会显示出比控制经济更多的对于革新的刺激作用时，显然没有注意到纯市场的主张究竟在多大程度上适合于发展中国家的特点。更没有注意到，以

“可靠”方式建立起来的这些理论，其实只适用于少数发达国家相当特定的历史阶段，其根基也并非那么牢靠。

应该指出，西方经济学发端于西方科学的机械论，它与19世纪达到顶峰的古典力学的背景有广泛的联系。探寻社会的“自然”基础的努力，导致洛克、斯密等人发现市场的作用。他们宣称，就像无力控制万有引力定律一样，人们尽可以绞尽脑汁去理解市场，却无力去操纵和驾驭这只“看不见的手”在经济活动中所起的关键作用。步他们的后尘，熟悉数学并对经济感兴趣的人致力于具体构建各种模式，以便使之成为一种“社会物理学”，得到一种可以与科学决定论相比拟的“经济规律”。

过去百年间，瓦尔拉和帕累托等人所阐述的均衡理论占据了西方经济学说的主流。均衡是物理学上力学平衡的概念，指一个系统的特殊状态：对立的诸种力量对这个系统发生作用，它们正好相互抵消，作用的结果等于零。经济学以同样的方式定义均衡。在均衡状态，经济运动是一个机械过程，其中，供求双方的职能如同钟摆一样，来回摆动，相互间不断保持一致，供求双方的平等关系形象地表现为：当消费者对某种商品和劳务的需求增加时，销售者便会相应提高价格。如果价格被抬得太高，这种需求便会下降或者转移到其他商品劳务上去，这迫使销售者将价格降到能重新吸引需求的水平，如此等等。

但是，这种经济大力删繁就简，以适应数学方法进行处理的需要，对现实世界的复杂性和依存性却视而不见。20世纪以来，商品、股票、资金市场迅速扩大，科学和技术的进步使得社会分工变得越来越错综复杂，尤其是世界性经济危机反复发作，以机械论方式建立起来的经济结构出现了巨大的裂痕。战后，即使在西方，一般均衡理论也受到来自各方面的批判。与此同时，西方经济学基础的重构，即对自由主义市场经济的改造一直在进行。在我看来，忽视这一重大变化，将西方经济学简单归并为市场学说，进而把价值规律所起的作用夸大到绝对和无条件，于我国经济改革的市场化进程不利，现在有在理论上澄清之必要。

重视科学的经济学，目的是要揭示出一系列能够在经济现象范畴中运用的一致而且普遍有效的关系，这一点仍然要坚持。问题是，西方科学的机械论果真代表普遍真理或规律？如果不是的话，是否存在一个能够取代古典力学并为现时代需要提供理性洞察力的新科学？这是允许超越市场的狭隘概念，走向一种更为普遍的理论所绝对必需的。

在那些卓越的经济学家之中，只有马歇尔意识到经济学家真正向往的目标应该是生物学而不是力学。在这方面，我感到，古典力学的相对衰落和复杂性科学（包括非平衡态热力学和非线性动态学）的相对上升不可能不触动传统经济学的根基。近 20 年来，这门科学正在实现知识从动力学向热力学、从热力学向生物学的过渡。系统展示了丰富多彩的发展前景：决定论的混沌以及从混沌到有序的自组织。当我们要预测未来时，可以把结构变化和新中心及新行为出现的各种可能性充分考虑在内。既然如此，我们有理由对那种囿于科学决定论的“经济规律”表示怀疑。事实上摆脱了早期信誉不佳的机械主义，我们发现，即使在西方，正统自由经济的教条也遭到来自各个方面的诘难。具有革命性作用的各种新变量动摇了惯性，瓦解了常规思维。参照 20 世纪的新知识背景，我们不难看到，西方现代经济学至少在以下几个重要方面与以市场机制为基础的一般均衡理论分道扬镳。

第一，一般均衡的理论是一种静态的机械模式。对于现代经济学的奠基者杰文斯、瓦尔拉等人来讲，没有比建立一门具有力学那样精确性的经济科学更高的愿望了。他们的根本谬误在于相信市场经济总是倾向于达到均衡，就像左右摇晃的单摆那样，总不会远离平衡的位置。这种类比是错误的，通过空间的运动可以来回往复，然而通过时间的运动则只能是单向的从过去到未来。

事实上，一般均衡只是一种不可及的理想状态。为了解释现实的经济生活，就要由简单的抽象回到复杂的经济过程。比较确切的情况是，消费者和生产者面对的是已经通行的市场价格，他们从这些短时间内基本不变的价格出发，根据自己的条件（对生产者来说是生产技术装备，对消费者来说是预算的可能性）和其他市场上的限制来决定其有效需求或有效供给。假定这样决定的供应量在各个市场上都相等，显然使人无法接受。事实上，由于缺乏完全灵敏的价格机制，即使假定市场供应只取决于价格，一个市场上的需求总额和供给总额在通常情况下也是不相等的，供求间的不平衡才是更经常的现实，这就不可避免地要和“非均衡”“信息”这类新概念发生关系。

非均衡概念最先出现在对经济的动态过程分析之中。例如，希克斯在《价值与资本》的动态部分，通过引进周期、计划、预算等概念，论述了经济如何从非均衡走向均衡。而凯恩斯早在30年代就抛弃了将价格调节作为使经济达到均衡的唯一调节形式的假设。他在《通论》中论述了经济的不肯定性，经济行为人所能获得的信息是有限的，这同瓦尔拉以确定性和完全信息为前提的一般均衡形成鲜明对照。直到60年代中期，克劳威和莱荣霍夫德的有关宏观经济学的微观基础的研究开创了现代非均衡理论的新时期。

为修正“完全信息”概念，斯蒂格勒和阿尔钦发展了信息经济学。阿尔钦认为，市场供求和价格的变动并不能瞬息地反馈给任何交易者。只有极端的纯粹竞争的市场理论才能假定交易者能够不花费任何代价地立即知道这些变动，从而立即作出反应性调整。实际上，很大部分的交换行为是传播信息和为了获得潜在的供求市场信息以及商品价格信息的行为。每个经济单位为交易的需要必然要支出一定的传播和获取信息的费用，这就引入了信息成本的概念。

非均衡和信息成本这类概念的嵌入，使时间在经济学中找到了它应有的位置。价格形成及供需双方的反应性调节过程都要花费时间。市场的规模和范围越大，经济过程越复杂，交易费用就越高，古典市场也随之成为一种代价昂贵的构造。这就是通常所说的“市场失灵”。为了克服这种失灵，各种市场组织的发育被提上商品经济的现代议程。

第二，传统的均衡理论是一种封闭系统的模式。市场孤立地存在，被认为是一种与其环境毫无关系的概念中的实体。传统的经济学说只是从经济系统内部物质资料的生产、交换、分配、消费等经济过程和经济现象来研究社会需求。许多基本观点以整个经济环境不会枯竭的假设为基础。至于资源来自何方，则寄希望于新技术总能为人们提供一条发现和利用被开采资源的出路，资源本身则被视为用之不尽、取之不竭。

但是人类的经济生活是建立在消耗能源和资源的基础上的。当工业革命使人类社会生产进入了全面技术发展的新时期，特别是第二次世界大战后，现代生产力的巨大发展、科学技术的飞跃进步、人口的迅猛增加以及人类消费的极大提高，使自然资源出现短缺的迹象。这样，经济过程再也不能看作是在生产和消费之间的全封闭的循环了。再加上人类将自己经济活动所产生的废物还给自然界，实际上也超过了自然生态系统能够吸收和净化的限度，出现了环境污染乃至生态危机。这些因素都超出了纯经济学的范畴，使得现代西方经济学开始考虑自然资源以及它们由于受自然定律的支配而对经济活动所施加的经久不息的压力和影响。

面对失业、犯罪、战争、贫困、污染及其他社会混乱现象，一些资产阶级学者对传统经济理论鼓吹无止境经济增长的论述提出怀疑。他们担心，由于过量的消费、占有和对物质的普遍迷恋，资本主义面临陷入困境而不能自拔的边缘。西方学者常常把新的危机现象，即威胁资本主义的那些“挑战”或者危险归属于全人类，因而称之为全球问题。布朗、罗斯托、托夫勒等人开出了各种药方，如“技术万能”论、“零增长”论、“增长阶段”论等等，尽管这些对策只能部分地缓解资本主义国家中全球问题的尖锐程度，但这毕竟从一个重要角度促使人们对纯经济观念以及它所归依的机械论世界观进行反省；社会和自然界相互作用的问题，其中最突出的控制人口和保护环境，被提到重要位置。目前由于人类活动规模的空前扩大，社会消费和自然生产之间的赤字已相当明显。人们有必要对盲目相信“中立的”市场力量和目光短浅的短期行为保持高度警惕。经济的发展不能不考虑环境的负载能力，预算的最终平衡不是在社会内部，而是要在社会与自然之间达成的。

第三，自由经济结构内含的逻辑是均衡的唯一性，即市场经济本身必定是稳定的，这实际上排除了出现经济波动的可能性。但是经济痉挛症，特别是1929—1933年世界性经济大危机粉碎了经济自由主义的迷梦。过去几十年来，理论经济学家都在力图证明市场经济的稳定性，优化选择的合理性。如今要承认市场经济的不稳定性和经济行为的复杂性，便意味着要重新考虑古典经济学的基本前提。

对宏观经济波动的产生机制的理解，大致可以分成两派：一派以凯恩斯学派为代表，认为宏观经济运动不稳定的机制是内在的，因而主张政府采用有力的财政政策并辅以必要的货币政策干预经济。另一派以货币主义为代表，包括20世纪七八十年代崛起的新古典经济学派，他们认为市场经济本身是稳定的，波动主要由经济以外的冲击引起，因而主张尽量减少政府干预，尤其反对政府使用财政政策刺激经济。当代主流经济学派之间的争论，不仅反映在哲学上，而且表现在使用的数学方法上。正是清晰的数学逻辑比语言更为尖锐地刻画出内在机制的对立。

早期数理经济学受牛顿力学方法的影响，线性决定论方程被引入经济学。线性预测由于其结构所决定，是不能反映出波动的。为了迎合现实又不触动传统理论的基础，受爱因斯坦的布朗运动模型的启发，数理经济学家从60年代开始纷纷用线性随机方程取代线性决定论方程，其特点是把经济活动中的不稳定性完全归之于经济环境中的白噪声，同时假设经济机制本身运行于线性稳定区。

1987年，以美国为震源的西方股市暴跌，再次动摇了经济学界对古典经济学的信心。按照新古典宏观经济学及经典的高效市场理论，股票市场的波动是由不相关的外来扰动，如战争、谣言等偶然事件引起的；然而“黑色星期一”前后，美国内外并无任何明显的替罪羊可找。股市下跌的巨大幅度及时间序列的高度相关性表明，这是一种非线性效应。在物理学家的建议下，一些西方学者试图移用混沌理论来研究分析极其复杂的金融市场的混乱状态，开创了非线性经济学。经济学模型在传统上一直是线性的，它对市场行为的复杂性一筹莫展，非线性分析的引入和发展被认为是均衡方法上的又一次大进展。

第四，被当作准则看待的均衡理论，实际上是一种物质至上的机械结构。亚当·斯密在谈论自然的经济规律时，曾经公布这样的结论：最有效益的经济结构是放任主义的经济结构，即让一切都不加干涉，人们可以为所欲为。他的理论把人类的一切欲望都降低到以满足生理需要为目的的那种对财富的追求，无任何道德选择可言。尽管今天为之辩护的人仍然说，市场经济能创造剩余产品和收入；它所带来的利益最终会惠及整个社会。但谁也不能否认，如果严格使用偿付能力的规则，它将无情地危害儿童、老人及生活在社会底层的平民百姓。实质上，自诩公平的竞争法则是有意识地为某些阶级的特殊利益安排的。对此，马克思恩格斯早有深刻的剖析。

一百多年来，市场的孤立存在给资本主义社会蒙上层层阴影：在公平与最佳分配的名义下，市场已被纵横交错的囤积居奇和无所不在的垄断性竞争扭曲了。为了改变资本主义的这些不佳形象，20 世纪三四十年代西方工业化国家逐渐向混合经济过渡。战后每一个西方国家，不管其政府的政治历史和态度如何，都毫无例外地接受这样一种观点：经济的稳定而有效的运转是政府所肩负的责任。

凯恩斯是提倡国家干预主义的。他察觉到以自由市场和资本权力为基础的经济体系的种种问题，并且意识到“资本主义的没落”。但是他的宏观经济学不能真正解决传统理论所面临的难题。均衡理论最为薄弱的一环在于见物不见人。这种结构由于它假定物品和商品都由所谓的中性市场力量来支配，不承认人的活动和决策，不承认进行变革并改变其物质的和人的环境的能力这一关键因素，因而能否可靠地带来物质进步也是值得怀疑的，尤其对发展中国家是这样。

同社会的其他方面一样，在经济学中每个人都具有作为人的能动性。人作为经济组织的细胞，并不像奴隶一样以相同和整齐划一的方式服从于价格制度。而且就任何一段时间内任何一组特定活动而言，活动者也不是等同的。一般说来，他们之间交换的结果，应归之于作用和反作用的冲突，而不是归结于无个性的、受制于自然力量的不变客体的运动。

在斯密的理论体系中，人的价值被贬低为所谓“经济人”，经济人的本性就是极端利己主义。赫伯特·西蒙指出了这种假设的缺陷，而提出用“现实的人”或“管理者”的概念来代替它。梅奥是行为科学的早期代表人物，他认为，工人并不是把金钱当作刺激积极性的唯一动力的“经济人”，而是在物质之外还有社会心理因素的“社会人”。在西方经济管理理论中，从 X 理论到 Y 理论，再到 Z 理论的发展就在中观层次上反映出经济学思维向以人为中心的战略转变的一种趋势。经济体系总是沉浸于文化环境的汪洋大海之中。在这种文化环境中，一定的价值导向使某些目标处于相对优先的位置。对这些目标的追求，激励着社会成员对经济和社会的发展作出自己的贡献。一旦抓住了人的因素的决定作用，我们就找到了经济过程超越机械模式的内在依据，找到市场结构组织创新的内生性动力。

现代西方经济学对自由市场经济教条的修正与改造绝不限于上述几

个方面。但这已足以说明，包括西方经济在内，任何一种经济都不可能单靠市场而取胜。真正有作为的经济学家或观察家至今很少还坚持认为，无控制的市场力量自身能产生出一种具有完备功能的经济。自由市场的先天不足和负效应使我们相信，必须抛弃那种过时的“经济规律”的概念，而代之以一种浸透着辩证法精神的新解释。

对机械论的批判由来已久，今天有所不同的是，我们可以用一种以探索现实世界复杂性而著称的新科学，得到重构经济学所必需的可靠的知识和详细的信息。这就是说，抛弃了机械主义，并不意味着经济学要滑向非理性。在同样严格的条件下运用类比，一般均衡的力学正在让位于更贴切、更灵活，在某种意义上说更为普遍和精致的形式化。这样，采用权变的观点，可以为经济领域中各种相关的论点提供检验、鉴别和可行性论证。

应该肯定，西方经济学基础的重构是与20世纪科学群落中发生的变化并驾齐驱的。新物理学在不可逆的时间中建立其理论，大数定律适用时，系统运行的状态为更普遍的、具有开放系统特征的非平衡定态所代替。这就是“非瓦尔拉均衡”和“反均衡”这些新提法的依据，价值理论适用的平衡条件限制也随之被突破。系统要素的组合由于在概率空间中有充分的选择余地，信息和价值随着时间的展开被磨灭或被创造出来。寻求演化判据首先导出的深刻结果是发现渐近稳定性原理和各类吸引中心。该原理修正了具有保守系统特征的轨道稳定性，自动排除了“完全信息”的概念。与此同时，演化的另一方面，非稳定的起源和发生机制的研究也取得了令人振奋的成果。洛伦兹等人发现决定论系统的内随机性，不仅标志着传统方法的失效，而且也强烈暗示，当动力系统从线性区进入非线性区时，体系的性能也会跟着发生质变。波动并不总是衰减的，微观涨落有可能放大到宏观规模而表现出来。比较而言，这种组织创新的阐述最有价值，它用令人信服的科学逻辑性说明，通过内部活力的激励机制来改善整体的协调能力和适应环境的能力，可以实现效率和秩序的有机统一。

随着讨论的逐步深入，当前科学思想趋势和改善经济理论的尝试之间存在的深刻联系将一步显露出来。毫无疑问，西方学者在这方面已经进行的工作是值得借鉴的。

西方经济学基础的重构对于我们如何正确认识经济规律，进而在发挥社会主义制度优越性的基础上发展商品经济有不少启发。与西方经济不同，中国经济是供给不足的吸力经济，不是需求不足的压力经济。在短缺经济的条件下，我们更要充分估计到市场的自发作用引起经济波动的可能性，否则，同样会因为违背经济规律而受到惩罚。很明显，经济规律不是纯粹的市场经济的逻辑，而是各种调节机制（包括市场调节机制）与具体国情相适应的一种最佳组合。

（选自《国外社会科学》1989 年第 10 期）

对制度经济学三种不同研究方法的评价*

[美] A. C. 格鲁奇　张宇燕译

通过对制度经济学这一领域的考察，人们可以清楚地看到制度主义者们所采用的方法是各不相同的。这些方法大体上可归结为下面三种：杂文法或时事法、论题法以及范式法。依据杂文法或时事法，制度经济学则被说成是一种完全不同的研究，以至于对它进行恰当的定义都是不可能的，将它融入某一广为接受的分析框架之中也是不可能的。在使用此方法时，制度主义者们只在一件事情上是一致的，那就是对正统或主流经济学的厌恶。在遵循此第一种方法时，制度主义者们的兴趣如此广泛和不同，以至一些异端经济学家感到他们有资格去研究任何他们感兴趣的议题。他们打破了由正统经济学家所确立的狭窄边界，并且自由地去探讨任何有助于阐明所考虑议题的事物。此方法的确有其长处，比如它使人们去注意那些被正统经济学家们所忽视的经济问题；它还促使人们去关注制度经济学的广阔领域。然而，制度经济学的这一方法的确也有某些严重的缺陷——它们如此之严重，以至人们有充分理由去探寻其他方法。杂文法或时事法缺乏一种理论方面的连贯性，尽管经济学一般被看成是没有精确边界，并且其大门对任何议题或课目始终都是打开着的。

---

* 译自美《经济问题杂志》1990 年 6 月号。

制度经济学的第二个方法是论题法。它关心的焦点是各种业已确立的基本论题。在《新帕尔格雷夫经济学词典》中，有关制度经济学这一条目写道，一般认为这种经济学包括六项基本论题：（1）政府的作用；（2）技术的重要性；（3）价值概念；（4）社会控制理论；（5）文化的影响；（6）制度的作用。论题法的目标在于缩小杂文法或时事法的范围，并且阐明构成制度经济学基础的基本一致性。此第二种方法包含有相当规模的理论内容。然而它所欠缺的，却是一个全面的、与制度经济学基本论题在基本一致性上相吻合的解释框架。例如，一般认为约翰·R. 康芒斯沿用了一种论题法。他研究了大量的论题，如美国经济体系中有组织的工人之作用、工业调解的作用、城市政府的管理效率、资本主义的法律基础以及货币在国民经济运行中的功能等。然而，竟没有一个理论体系使得他能够融汇其各论题以发展出一套美国资本主义理论。显而易见，康芒斯遵循这一论题法，并且没能在他的《资本主义法律基础》之上建立起一般的美国资本主义理论。虽然他对美国 1910—1940 年间的经济史的分析颇有说服力，但是构成这种分析基础的基本一致性却若隐若现，以至今天被描绘成“新制度经济学”的倡导者们转向了康芒斯以及他的交易概念。这些人力求揭示出被他们称为新的或“真正的”制度经济学本源。

制度经济学的第三种方法是范式法，其中，基本的解释框架被用于制度经济学的分析之中。在使用这一方法的地方，调研者用演进的过程概念取代了静态的均衡概念，索尔斯坦·凡勃伦是这一范式法的早期倡导者。此方法将经济体系看作是一个演化的、发展的过程。然而值得一提的是，凡勃伦并未详细论述演化过程这一概念。在其 1898 年的著名论文《为什么经济学不是一门演进科学》中，他解释说：“等待着理论概括的大部分经济生活过程始终是存在的。”

由于要寻求为全面分析提供一个理论框架，范式法比论题法又向前迈进了一步。范式法的典型特征在于它的高深的理论层次或本体层次。它接受了旧有均衡方法（该方法仍在支配着正统经济学）中有用的部分，但同时又超越了它，以便应付出现于分析中的任何问题，即把经济体系视为一个演化过程的被分析的问题。在我们研读制度主义者们的著述时，在发现制度经济学诸方法间的差异的日见显著时，我打算明确表白的是，无论它们是否有缺陷，所有这些方法都还是对制度经济学的本质和意义的讨论做出了有价值的贡献。

从某种意义上讲，我们在威斯利·C. 米契尔的“金钱经济”的概念中，在克劳伦斯·E. 艾尔斯的“工业资本主义”的概念中，在约翰·肯尼思·加尔布雷思的“新工业国”中，看到了范式法的拓展。值得一提的是，这几位以及其他制度主义者努力为他们可能研究的任何议题提供一个全面的保障。然而，他们的不足之处在于他们在探讨制度经济学范式法的性质和意义方面走得还不够远。像凡勃伦一样，他们均未对这一基本方法进行深入的分析。

20 世纪 30 年代的制度主义者曾力求为过程概念给出一个更为精确的定义。1936 年，约翰·M. 克拉克贬低了他们的努力，并称其是一场“以制度主义著称的难以捉摸的运动”。但是，他自己的社会经济学同样没能满足需要。米契尔的数量经济学、康芒斯的集体经济学以及雷克斯福德·G. 图格维尔的实验经济学，几乎均未澄清经济体系中的过程概念。30 年代的制度主义者没能做到的事情，又由 50—60 年代的制度主义者重复进行了。艾尔斯的工业资本主义和加尔布雷思的“技术驱动的工业国”在把经济系统中的过程概念向前推进方面，亦未有所作为。二战前和二战后的两代制度主义者，其缺陷是相同的：在接受凡勃伦的挑战以进一步发展经济过程之概念方面，他们走得都不够远。

在“演进经济学会”的会员中，究竟这三种方法各有多少遵循者呢？如果有人提出了这样的问题，在没有任何与之有关的问卷调查的情况下，较为保险的回答可能是，大多数制度主义者坚持以杂文法或时事法来从事制度经济学的研究。可以这样说并且不会引起很大的争议：只有极少数制度主义者采用论题法来进行制度分析，而运用范式法的人就更少了。对制度经济学这门科学来说，诸方法间的差异带来了不幸的后果。在杂文法和时事法的支持者的手中，制度经济学仍然是像克拉克所称的“捉摸不定的东西”一样。范式法的长处在于，它力求在各组制度主义者之间给出一个一般基础。从这一角度上看，过程范式法虽未被今天的制度主义者广泛地采用，但却可能使制度经济学同正统或主流经济学的均衡范式法分道扬镳。均衡范式法在各大学和学院中到目前为止一直是经久不衰的。

过程范式法的性质和意义 此范式是一种理解经济现实性质的方式。像所有其他范式一样，此过程范式亦有其质料和结构。与之有关的质料主要涉及实际的或历史的经济体制，后者被制度主义者们理解为是一种演化的、变迁的和发展着的实体。除了拥有质料以外，过程范式亦有其结构。随着具有历史性的时间的流逝，经济体制之结构总是对政治、人口统计、气候以及科学进步和技术变化等因素做出反应并发挥作用。

值得一提的是，90 多年前，凡勃伦就曾呼吁给作为演进过程的经济体制提供一个明晰的理论。当时及稍后一些，特别是在其《不在所有权和工商企业》（1923）一书中，他对美国资本主义体制的最后崩溃做了预言。凡勃伦期待着自由放任的寿终正寝，大规模资本主义体制的消亡以及后者将被某种有计划的社会主义体制所取代，并指出这种社会主义体制可能表达出社会和私人的意向性。今天的制度主义者已不再接受凡勃伦这些观点了，因为它们涉及美国资本主义体制的未来时带有十分强烈的马克思和黑格尔色彩。凡勃伦转向马克思的观点以支持他对 1890—1925 年间美国经济体制的分析，而艾尔斯和其他 20 世纪的制度主义者则转向杜威和他的实用主义见解，以支持他们对 1929 年以来的美国经济体制之运作的分析。凡勃伦和后来的 20 世纪制度主义者在美国经济体制的性质和意义上的基本分歧，对把作为演进过程的经济体制加以理论化的努力而言，具有重大影响。凡勃伦预期私人企业资本主义体系要消亡，而非制度主义者则与他相反，一直在寻求对资本主义体制的改良。

坚持过程范式的结果 当假定了今天的制度主义者们都普遍接受了过程范式或过程分析框架时，我们要问，这种接受的结果会是什么样子？显而易见，过程范式最重要的特征在于它对随时间而来的变化和发展的强调。由于过程概念建立在历史性时间的基础之上，并且历史总是在连续变化，因此人们必须对导致经济体制发生变化的诸因素之意义进行研究。即使经济体制总是因科技进步和其他要素而发生变化，但这里仍有两个基本问题在长时间内无法被丢弃一旁。它们是：（1）变化的方向是什么以及它对经济体制的影响；（2）随历史性时间的流逝谁引导这一变化。这是些根本性的问题，但由于经济分析的均衡方法从未考虑历史性时间变化及变化方向问题，因此它们在正统经济学家那里并未获得足够的注意。要知道，经济体制的变化正是在这种时间和方向上进行的。

第一个问题主要是一个基本价值问题。它引导着社会和经济活动。充盈美国文化的价值同支撑其文化的基本意识形态密切相关，这一意识形态强调个人自由、个人激励以及尊重私人财产占有的民主原则。这些基本要素构成了美国的意识形态信条。然而这里仍有一个国家的、团体的、私人经济的和社会的优先权问题，它们与国民收入的分配、税收体制、社会公正、教育体制、城市和自然环境的保护以及有关问题发生联系。

在确定国家、团体和个人的优先次序时，许多团体会介入其中。它们包括联邦、州和地方政府、特定的私人或非政府的团体或协会、游说者以及形形色色的试图对社会和经济活动过程施加影响的个人。在诸如挪威、瑞典、法国和日本这样的国家中，国民经济和社会的优先次序的确定，同经济和社会计划程序紧密地联系在一起。这些程序通常被描绘成指导性国民计划的样板。鉴于国民经济和社会目标仅仅是指导性的或是建议性的，因此，依据国民计划行事或不依据它行事的选择自由，在特定国家中的私人经济部门里是相当大的。

在美国，甚至仅是具有指导性质的国民经济和社会计划都未赢得美国商会、全国制造者协会以及劳联—产联之类规模巨大的组织集团的支持。在美国，广为人们所接受的偏爱民主的意识形态，同任何形式的指导式国民计划都是不相容的。近年来，人们再次对私人市场体制的作用产生兴趣。这又极大地削弱了任何试图建立指导性国民计划的努力。这一点在法国尤为明显。在那里，对指导性国民计划的热情随着撒切尔主义的深入人心而大大地消退了。西方国家中仅有两国的指导性国民计划继续受到广泛的公众支持。它们是挪威和瑞典。

然而值得一提的是，在美国，人们愿意在某种程度上接受对国家经济及社会发展的监督。他们想了解经济和社会趋势是如何发展演变的；他们要考虑各种各样的问题，而这些问题或同这些长期趋势密切相关，或由这些长期趋势所引发出来。对国家的中期趋势或周期趋势进行监督，在美国已经进行得很好。举例说，人们对被称为“经济指标”的东西相当重视。这些指标力求对未来6—9个月的经济发展做出说明。美国财政部和其他各个政府机构，如联邦储备体系、商业部、农业部和劳工部，均已经深深地卷入了对国家经济和社会系统的监督，尤其是对近期未来的监督。不幸的是，美国政治体制并不是为对长期历史变迁进行经济和社会监督而设计的，尽管在这种长期历史变迁中会出现一些与处于国家文化过程中的基本制度相关的严重问题。这便是那些制度主义者所关心的主要问题。他们力求为国家的长期经济和社会发展趋势提供某种指导。

长期国民经济和社会监督的指导 基本的问题始终是：谁来指导或主持对国家经济和社会系统的长期监督？是谁唤起人们从这些角度对长期演进和发展结局的注意？人们已经付出了一些努力去处理这些十分重要的问题。必要时，联邦政府也成立一些临时性总统委员会，并责成它们去分析诸如社会安全体系和财政健全问题、实现更大的国际竞争力的必要性问题、税制改革问题和与之相联的诸问题。一些私人组织，如经济发展委员会和洛克菲勒基金会等，也一直致力于眼前主要问题及其长期结果方面的研究。上述公共和私人调查委员会的局限性主要在于它们的临时性质，并且它们的研究成果亦经常为人所忽视。所需要的是一种常设的全国经济和社会委员会。它由 15 或 20 位代表各主要见解的成员组成，任期要长些，如 7 年或更长。这样的一个全国委员会对国会和国家而言应该是一个纯粹的信息和咨询机构，并且其基本目标应当是使全国的注意力集中于长期趋势的结果之上。该委员会的长期监督活动应为它的报告提供一种事实基础。委员会报告应拥有这样的总体目标，即在诸如国际合作、环境保护、国防、老年健康保护、对社会底层阶级的供应、国民收入分配以及社会公正的获得等领域内，思考国家打算走向何处的问题。

全国经济和社会委员会应当在把理性要素注入国家决策方面发挥重要的作用。它将会促进某种解决经济和社会问题的预测方法的产生，并用后者来取代现今流行的反应方法。也正是这种反应方法使得国家经常迷失方向。留意未来虽然同美国传统并不矛盾，但它却是美国社会正在经历的成熟过程的一部分。该委员会的特定目标将会是以这样一种方式来引导公众舆论，即它不会同这种舆论相抵触，但又仍将使舆论同寻求一个真正的民主社会有关的重大问题相联系。

结论 我打算用下面的提问来结束我的论述：为什么把过程范式法植入制度经济学十分重要？在我看来，坚持这种方法的最强有力的理由在于，它澄清了制度经济学本质和意义的内涵，并且它还有助于处理那些制度主义者和制度经济学所关心的并被正统经济学所忽略的问题。通过讨论，它回击了那种将制度经济学视为一个“捉摸不定的东西”的批评。此第三种方法赋予了制度分析的意义和精确性。制度分析可以被正统经济学家们所批判，但却无法被置之不顾。作为制度主义者，我们应该欢迎各式各样的批判，因为迟早它都将会加强我们自己的理论地位。

我们希冀实现的民主社会，不应该由任何其他国家（如联邦德国或日本）来进行独裁统治。我们应该公开地并骄傲地阐明自己的基本价值，并且告知全世界我们所希望建立的社会类型。为此，我们需明确地表明究竟什么是制度经济学的实质内容和结构。让我再次解释一下，制度经济学的实质内容是对经济体制现实性的关心，是把经济体制看成是历史—文化现象和演进过程；制度经济学的结构包含着对解释现实的历史—文化数据的分析。明确地和令人信服地确定制度经济学的实质内容和结构，将大大有助于说明为什么对正统或主流经济学来说制度经济学是一个有力的和重要的挑战，并大大有助于说明为什么它在解释美国资本主义体系目前状况及转化方面具有重要的地位。

（选自《国外社会科学》1991 年第 7 期）

面向 21 世纪的经济全球化

——概念、成因、回顾与展望

郭连成[*]

一　经济全球化：概念与含义

20 世纪 80 年代末和 90 年代初，“全球化”这个概念随着全球经济的迅速发展应运而生。“全球化”一词在世界各国的报纸杂志、广播电视、官方文件中被经常而广泛地使用。丹尼尔·耶金指出：“大约不到 10 年前创造的全球化这个词已成为国际经济中难以回避的和被公认有用的格言。”① 全球化作为超越国家和跨越民族界限的概念，其内容应包括政治、经济、社会、文化等许多方面。然而，由于经济要素和生产要素的跨国界流动对各国经济产生了直接影响，人们对经济全球化备加关注。而且，尽管经济全球化并不是全球化的全部，但“全球化”一词经常被用作“经济全球化”的同义词，本文亦如此。

应当指出，由于人们从不同的角度看待和研究全球化问题，因而对全球化的概念和含义有不同的理解。如果将其简单归纳，有以下几种主要观点。

---

* 本文作者：郭连成，东北财经大学科研处处长、研究员。

① ［美］丹尼尔·耶金：《一个时髦词的诞生》，载美《新闻周刊》1999 年 2 月 15 日。

（1）德国学者卡尔·海因茨·巴奎认为，全球化与国际贸易紧密相关。他指出，全球化“最贴切的概念是以贸易联系的密切程度为基准的。根据这种见解，世界出口率越高，跨越国界的贸易额在世界生产中所占的比例越高，世界经济就越强烈地表现为全球化”。①

（2）国际货币基金组织则认为，“全球化是跨国商品与服务交易及国际资本流动规模和形式的增加，技术的广泛迅速传播使世界各国经济的相互依赖性增强”。②

（3）丹尼尔·耶金指出，全球化“就是24小时相互联系的、极度活跃的、剥夺睡眠机会的、受电子邮件推动的世界。在这个世界上，各国政府对本国经济的影响力将减弱”。③

（4）格拉德·博克斯贝格、哈拉德·克里门塔写道：“从最广泛的意义上可以这样理解，商品、服务、资本的交易变得越来越全球化。跨国公司诸如麦当劳、丰田或者西门子在全球范围内生产和销售它们的产品。越来越多的企业在世界市场上相互竞争，国界的作用越来越小。我们正在进入资本主义的全球化时期。……‘经济全球化’的概念使人产生这样一种想法，在任何地方都能买到任何产品。在任何企业之间，每一种工业产品和每一种服务产品都处于面对面的竞争之中。”④ 他们指出，世界市场的全球化是一个大趋势。这主要表现为：全球跨国贸易增长迅速；资本市场发生巨大变化，国际资本流动成倍增长。虽然商品市场的国际化趋势明显，但真正全球化的却是资本市场，而且，金融市场事实上已成为人们经常谈论的“地球村”；尽管劳动力市场还没有实现真正的全球化，但也趋于国际化；公司和企业的经营理念发生重大改变，为了节约生产成本，整个生产过程被分解到不同国家。充分利用全世界可供使用的“生产资源”或“全球资源”，哪里最便宜，就在哪里生产。跨国公司将现代工业发达国家的优势与低工资国家的成本费用优势有机地结合

---

① ［德］卡尔·海因茨·巴奎：《世界经济结构变化与后果》，载《政治与现代史》1995年第49期。

② 国际货币基金组织：《世界经济展望》，1997年5月，第45页。

③ ［美］丹尼尔·耶金：《一个时髦词的诞生》，载［美］《新闻周刊》1999年2月15日。

④ ［德］格拉德·博克斯贝格、哈拉德·克里门塔：《全球化的十大谎言》，新华出版社2000年版，第3、5页。

起来。

（5）维·戈文达拉扬等人认为："在世界范围内，全球化指的是各国之间在经济上越来越多地相互依存。商品、服务、资本和技术越过边界的流量越来越大可以反映出这一点"。[①] 这即是"依存论"的观点。

除以上观点外，还有一些观点值得引起注意，如经合组织前首席经济学家奥斯特雷认为，经济全球化是指生产要素在全球范围内的广泛流动和实现资源最佳配置的过程。世贸组织前总干事鲁杰罗指出，以全球化为基础的无国界经济正在全球范围内形成，以要素自由流动为基础的经济全球化趋势不可逆转。法国学者雅克·阿达则认为，经济全球化就是资本主义经济体系对世界的支配和控制。从一定意义上说，经济全球化就是资本主义肆虐全球的过程。持此种观点的还有埃伦·米克辛斯·伍德，他认为，全球化就是"资本主义本身的普遍化，它的社会关系、它的运动法则、它的矛盾的普遍化——商品经济、资本积累和追求最大限度利润的逻辑已经渗透到我们生活的各个方面"。[②]

综上所述，不难看出，国外学者对全球化问题的观点与看法由于出发点和研究问题的角度不同而各不相同。我国学者也对全球化问题作了大量的深入研究，对全球化的概念和含义作过界定，发表了一些有见地的观点。例如，有些学者认为，经济全球化是指经济资源在全球范围内自由、全面、大量地流动，从而使世界各国经济更加相互融合这样一个进程，各国经济的发展与外部世界经济的变动更加相互影响和制约。经济全球化实质上是经济国际化和一体化达到一个新的更高层次的表现。[③] 另外一些学者则认为，经济全球化主要包括世界统一大市场的形成和扩大、跨国投资的增加、全球金融市场的一体化、信息交流日趋便捷、生产活动的全球化和生产要素的全球配置等。[④] 中国社会科学院世界经济与政治研究所经济全球化课题组指出，与世界经济相比，经济全球化囊括

---

① 维·戈文达拉扬、阿·古普塔：《为全球新的前景确定一项行动方针》，载［英］《金融时报》，1998 年 1 月 30 日。

② 埃伦·米克辛斯·伍德：《现代主义、后现代主义，还是资本主义?》，载［美］《每月评论》，1996 年 7—8 月。

③ 张伯里：《经济全球化的若干问题》，载《国际商报》1998 年 7 月 7 日。

④ 李长久：《全球经济与国家经济》，载《经济参考报》1998 年 4 月 2 日。

了更多的领域和部门，渗透更深，因而具有更深刻和更广泛的内容。经济全球化时代标志着从国际贸易时代转向国际生产时代。[①]

从严格意义上讲，以上几种说法还不能说是经济全球化的定义，只是从不同角度对经济全球化的一些概念和含义作了阐释。总的来看，经济全球化是一个比较复杂的概念，其内涵十分丰富和广泛。正因如此，就连对经济全球化问题研究较早的国外学术界也未能形成一个统一的大家都认可的定义。我们认为，经济全球化是指人类经济活动跨越民族国家界限以及各国经济在世界范围内的相互融合过程。以此为出发点，经济全球化既是指资本、生产、技术、信息、货物等生产要素在全球范围内跨国界广泛而自由地流动，从而实现资源有效配置的过程，也指由于这个过程的深化，使各国之间的联系和相互作用不断加强，形成各国经济“你中有我，我中有你”的相互依赖甚至制约的关系。这个表述虽不是对经济全球化所下的一般定义，却也能概括经济全球化的主要含义。

二　经济全球化的起源：简要的历史回顾

在人类发展和演进的历史长河中，自各国各民族开始打破相互封锁和相互分裂，逐渐加强国际交往和联系，发展经贸往来与合作以来，人类历史就发生了重大转折，进入了新的发展时期，全球化的萌芽也自此出现。以此为出发点，全球化的历史可以追溯到15世纪后期。在这一时期，由于哥伦布发现了美洲新大陆，迪亚士和伽马等葡萄牙人开辟了抵达亚洲的海上航线，麦哲伦率船队完成了环球航行，从而宣告了东西两半球互相隔绝的历史的结束。此后，随着欧洲殖民者对新发现疆域的扩张、侵略和殖民掠夺，世界市场也从欧洲拓展到美洲、亚洲和非洲等许多地区。世界各大洲和各国之间的经济联系大大加强，国际贸易量迅速增加。世界市场雏形初具，全球化初露端倪。到了16世纪，国际贸易仍保持发展势头，但对国际贸易各参与国的国内经济发展并没有产生很大影响。

人类进入19世纪后，由于发明了蒸汽机和蒸汽船，航海运输更为发

① 参见《经济全球化研究报告》，1997年。

达，国际贸易范围也因此扩展到海运所及的所有国家。由于国际贸易的快速发展和世界市场的形成，到19世纪末期，主要资本主义国家，甚至一些并不发达的拉美国家的出口增长速度均快于国内生产的增长速度，各国的相互依赖性进一步增强。不仅如此，欧洲的一些老牌资本主义国家尤其是英国工业发展迅速，在这些国家中独领风骚，成为"世界工厂"，其工业产品输往世界各地，而世界各国特别是殖民地国家则成为英国的原料供应地和商品市场。这一时期国际资本流动也有一定的规模，主要资本输出国有英国、法国和德国。

第一次世界大战前，经济全球化已取得长足进展。由于商品、资本、人员的大规模跨国界流动，铁路和航运业的发展及与之相关的运输成本的急剧下降以及贸易壁垒的减少，都进一步推动了经济全球化的发展。第一次世界大战的爆发不仅阻断了全球化的进程，而且使全球化进程出现倒退。战后曾出现严重的贸易保护主义和严格限制资本输出的情况，从根本上说，第一次世界大战的爆发实际上与全球化有某种因果关系。19世纪末20世纪初，随着全球化进程的加快，出于确立国际分工体系和争夺势力范围的需要，工业化国家在加强对殖民地统治的同时，继续向世界的各个角落渗透，争夺世界市场，直至把世界彻底瓜分。正是这种激烈的市场争夺和势力划分，成为导致第一次世界大战爆发的直接原因。另一方面，世界被列强瓜分完毕也就意味着世界各国被纳入资本主义的全球经济体系之中。

给人类带来巨大灾难的第二次世界大战结束后，世界的政治经济格局发生了重大变化。以欧洲为中心的国际政治、经济和军事格局被打破。美国靠发战争财而实力倍增，并凭借其强大的经济和军事实力跃升为资本主义世界的最强国，成为当时世界上最大的资本输出国和债权国。战争不仅改变了300余年以欧洲为中心相对稳定的国际经济结构，而且形成了国际经济的新格局。这里尤其需要提及的是，早在1944年7月第二次世界大战结束前夕，在美国的布雷顿森林举行的有45国代表参加的联合与联盟国家货币金融会议通过了《国际货币基金组织协定》，从而成立了国际货币基金组织。世界银行也是布雷顿森林会议的产物，与国际货币基金组织同时成立。此后，于1947年又成立了关税及贸易总协定。三个国际经济组织的成立，是国际经济新秩序的建立和经济全球化进入新阶段的一个重要标志，它们至今仍在经济全球化进程中发挥着积极的不可或缺的作用。

以上是对全球化或称经济全球化的起源和发展脉络的简要回顾与梳理，意在追根究底，把经济全球化作为一个历史过程加以考察。但我们所要着力研究的并不是战前的经济全球化问题，因为这种经济全球化只具有初步的形态，这个时期也还不是经济全球化多维度全面发展的时期。20 世纪 80、90 年代迅猛发展的经济全球化进程，才是应考察研究的对象。

三 经济全球化的若干成因

第二次世界大战以来经济全球化形成和发展的原因是多方面的，可以从不同的角度加以分析。一般认为，经济全球化的成因和促进经济全球化发展的主要因素有如下几个方面。

第一，冷战结束后，经济因素在整个国际关系中的地位变得更加突出，经济发展成为时代的主旋律。这种形势要求发展和深化国际分工，实现资源在更大范围内的有效配置。从国际分工方面看，由于世界各国经济生活国际化程度的不断加深，处于不同发展水平的各种类型的国家与国际经济的联系都更为紧密，都被纳入统一的全球经济体系之中，参与国际分工。这样，“世界经济似由一个单一市场和生产区域组成，而不是由各国经济通过贸易和投资流动连接而成，区域或国家只是分支单位而已”。[①] 不仅如此，国际分工的类型也由过去单一的垂直型拓展为现今的垂直型、水平型和混合型等多种分工合作形式。

从资源配置方面看，由于全球经济的迅速发展，各国的经济国界洞开。这就不可避免地形成各国经济相互依赖、相互依存、相互渗透，你中有我、我中有你的局面。全球经济的这个发展特点要求各国产业结构的调整往往不能仅仅着眼于或局限于本国的范围内。在世界范围内调整

---

① 这是联合国贸易和发展会议秘书长鲁本斯·里库佩罗在第九届贸发大会提交的报告中的一段话。参见鲁本斯·里库佩罗《全球化和自由化：在两大潮流下谋求发展》，联合国，1996 年，第 12 页。

产业结构，优化资源配置，合理有效地利用全世界的资源，成为时代发展的客观要求。这种调整和配置主要采取两种形式：一种是发达国家之间通过企业兼并和交叉投资等形式相互开发市场，从而达到更新技术，实现技术产业升级，形成国际化程度高的重点产业这一目标，达到在更大经济规模和更先进技术基础上配置和利用资源；另一种是发达国家把劳动和资源密集型产业甚至包括高新技术产业中的劳动密集型生产环节向发展中国家转移，充分利用发展中国家的廉价劳动力资源和丰富的自然资源从事国际生产，实现发达国家的资金技术与发展中国家资源的结合与有效配置。其结果，不仅使发达国家大大降低了生产成本，取得丰厚的利润，而且也使发展中国家吸引外资的步伐加快，外资总量猛增。这一方面有利于发展中国家的经济发展，另一方面又对发展中国家的市场造成冲击，使其民族经济面临越来越大的压力和挑战。

第二，经济全球化的形成与发展，离不开市场经济的大环境和市场机制的作用。实践证明，市场经济是经济全球化的基础和动因，各国经济的市场化是经济全球化的必要条件。第二次世界大战以后，在一个相当长的时期内，除了一些发达资本主义国家外，世界其他国家的经济市场化水平并不高。不仅如此，还存在着两大阵营及计划经济与市场经济的尖锐对立。即便是发达国家，也对市场机制和市场作用采取程度不同的抑制措施。因此，这一时期经济全球化实际上尚不具备全球意义。自80年代以来，由于包括中国在内的许多国家实行以市场经济为导向的改革，市场经济体制成为那些试图融入经济全球化进程的国家的基本经济体制，市场机制成为全球经济的基本机制，经济全球化进程才得以全面推进并得到迅速发展。尤其是苏联解体和东欧剧变后，这些国家纷纷实行经济转轨，转向市场经济。至此，斯大林的“两个平行市场”理论被突破，在这一理论指导下形成的市场封闭状态也随之被打破。独联体国家和东欧国家不断扩大对外经济联系，参与国际分工，从而加速了世界统一大市场的形成，对经济全球化起到了推动作用。

实行市场经济也必然要求一国实行对外开放政策，把经济转变成一种开放型的、国际化的、适应市场需要的经济。只有世界上绝大多数国家在经济上实行对外开放，经济全球化才是全面的并具有实质性意义。因此，各国经济的全方位开放尤其是要素市场的开放和生产过程的开放，构成了经济全球化的一个基本条件。

第三，经济全球化产生和发展的最重要原因，是现代科学技术的飞速发展和生产力的巨大进步。科学技术是第一生产力，它在人类发展史上始终发挥着无可估量的作用，也是推动经济全球化发展的主要动力。从历史上看，人类社会经历了三次大的科学技术革命。第一次科技革命于 18 世纪 60 年代首先在英国引发了第一次工业和技术革命，并由英国逐步扩展到世界各地。始于 19 世纪中叶的第二次科技革命，于 19 世纪下半叶引发了第二次工业和技术革命。以其为强大动力，资本主义国家的工业技术发展迅速，大机器工业得以建立，出现了诸如机械工业、钢铁工业、化学工业等技术更加先进和资本更加密集的新兴工业。这些新兴的重工业不仅要求大规模生产，而且需要大量的劳动力，还要寻求国外市场以销售生产出的工业产品。所有这些因素促使资本主义工业国不断向国外扩张，拓展国外市场。此外，运输革命和通信方式的变革也使全球性的联系更为便捷，这不仅使开辟国外新市场变得容易，而且也使劳动力的国际转移易于进行。再者，资本密集型工业向全球的扩展也扩大并加快了国际资本的输出和流动。凡此种种，一方面使世界各国经济联系不断扩大，经济全球化进程加快；另一方面又加剧了资本主义国家在世界范围内对原料产地、投资场所和销售市场的争夺。

从 20 世纪中期起，第三次科学技术革命的兴起又将经济全球化推向一个新的发展阶段。这次科技革命是以微电子和电子计算机为主要标志的新技术革命，并产生了一大批新兴产业，如生物工程、激光技术、空间技术等。自 80 年代后期起，第三次科学技术革命再呈新态势。其基本特征是信息技术、基因技术、航天技术、新材料技术等高科技发展迅速，与之相适应，高新技术产业化进程也大大加快。如果第一次和第二次科学技术革命所引起的工业革命和技术进步主要是促使资本主义国家建立起在当时是先进的工业经济，并使加工制造业取得长足进展，那么第三次科学技术革命则产生了一个新的飞跃，即把人类从工业经济时代带入了信息经济时代。信息经济时代的显著特点，一是信息产业发达，信息产业的产值占国民生产总值的比重较高；二是信息产业不断改造传统产业，使传统产业信息化。

首先，以信息和基因技术等高新技术为先导的科学技术的迅猛发展，有力地推动着经济全球化的进程。信息技术和信息产业的快速发展使信息产品的国际贸易和国际信息服务贸易迅速崛起。这些贸易包括计算机、通信设备和其他信息设备及其硬件与软件贸易；专利许可证和技术贸易；经贸信息服务、咨询服务、技术人员和专家服务等。因此，信息产品国际贸易为原来的一般性国际贸易注入了新的内容。而且，任何一个国家要想融入经济全球化进程，追赶时代潮流，加速经济进步，都离不开信息技术和信息产品的国际贸易。这就使得各国经济的相互联系更加紧密，全球经济的相互依存度进一步加深。

其次，科学技术的巨大进步和制造业技术尤其是电子机械和信息技术突飞猛进的发展，为生产国际化或生产经营的跨国化创造了最佳条件。一个明显的趋向是，由于信息高速公路能够在瞬间快速传递大量的经济与技术信息，利用国际互联网也可以完成生产的统一组织和与生产有关的任何业务，信息技术的发展已使全球经济没有国界和空间障碍。因此，生产国际化进一步深化了国际分工，并使先进国家的生产力向全球扩散。这对于全球生产力的总体发展和提高，对于加速经济全球化进程，无疑具有十分重要的推动作用。

最后，信息技术和现代通信技术的发展与进步推动了货币电子化和金融系统网络化的进程，从而使国际资本流动速度大大加快，跨越国界的资金流量增大，巨额金融资本的国际转移可以在瞬间完成。这就为金融全球化奠定了一个新的基础，提供了有利的发展环境。

第四，国际经济组织大力推进金融全球化和贸易自由化，促进了国际贸易的发展以及资金、技术、人员在全球范围内大规模的和更加自由的流动。如国际货币基金组织、世界银行和关税及贸易总协定（现为世界贸易组织）这三大国际经济组织对推动经济全球化的进一步形成和在新形势下的发展做出了很大贡献。例如，世界贸易组织成立后，在其主持下，世界各国先后在多个领域达成了多项国际经济技术合作协议，其中包括：全球金融服务贸易自由化协议、全球基础电信协议、全球信息技术协议等。这些协议都是为适应经济全球化新形势下跨国公司的跨国经营而达成的。不仅如此，世贸组织在其成立后的第一年内就受理了62件世界贸易争端诉讼案件，发挥了作为国际性经济组织的积极作用。

四 21世纪经济全球化的发展趋势与特点

经济全球化是不可逆转的时代潮流。在21世纪，以信息革命为基础的经济全球化仍将是世界经济发展的主要特征，其发展将更为迅速，并将呈现以下重要趋势和特点。

（一）科学技术进步作为经济全球化的物质基础，对经济全球化的推动作用会更加明显。随着高科技产业特别是信息产业的迅猛发展，以国际互联网为标志的信息技术使全球的经济商务活动几乎不存在空间距离和障碍。国际经贸活动和生产的组织管理可以越来越大程度地在网上进行，一切市场信息也都可能从网上获取。地理因素将不再是制约全球经济发展和约束企业市场行为的因素，这将极大地加快经济全球化的进程。此外，电子信息技术等高新技术的发展及其在全球生产中的迅速推广和应用，不仅成为世界经济发展的重要特征，而且将大大缩短发达国家与发展中国家之间的技术差距。这将是新世纪经济全球化的重要结果，也是经济全球化的一个显著特点和标志。

（二）国际分工将进一步深化。如前所述，由于经济全球化的发展，20世纪90年代以来，国际分工呈现若干新特点和新类型。应当说，全球贸易和全球生产增长速度的提高，其直接原因是国际分工的广度和深度不断加强。而国际分工的深化又是技术进步、多数国家实行外向型经济和跨国公司实行全球化经营战略的结果。在21世纪，国际分工会进一步加深。生产将在更大程度上根据比较优势、资源禀赋和市场需求而在全球范围内展开。首先，国际分工将继续由垂直型分工向水平型分工发展，后者尤其是在发达国家之间呈现日益扩大的趋势。其次，国际分工的不断深化，将继续推动形成新的国际分工格局：一方面，发达国家日益转向新产品的研制和开发，而新产品的生产过程往往通过跨国生产系统在发展中国家进行，从而加深了研究开发与生产制造之间的分工两条线；另一方面，传统产业特别是劳动密集型和资源密集型产业有进一步向发展中国家集中的趋势，成为发展中国家的主要产业，而发达国家则更加注重发展以现代高新技术为核心的产业，尤其是信息产业。

（三）跨国公司继续加速向全球发展和扩张，将日益成为世界生产的主要组织者和主要投资者。如上所述，跨国公司在经济全球化进程中发挥着重要作用。在新世纪里，由于跨国公司还会不断发展和扩张，其对全球经济的影响日益增大，使得国家疆界的经济意义也会更加淡化，民族国家的经济界限将更加模糊。新时期跨国公司发展的新趋势和新特点有如下三个方面。

（1）跨国公司将持续推动企业的跨国兼并浪潮，以便优化资源配置，调整产业结构，扩大规模经营。有资料显示，全球企业兼并总额 1998 年为 2.5 万亿美元，1999 年猛增到 3.4 万亿美元。而且企业跨国兼并在 21 世纪初仍呈现强劲的发展势头，尤其是发展中国家之间的企业兼并和发达国家与发展中国家之间的企业兼并将会越来越多。

（2）跨国公司日益成为世界范围内社会化生产的组织者，全面规划全球化生产。其结果，使传统意义上的国家之间的国际分工表现为以跨国公司内部生产组织为主要形式的分工，从而也使以国家为主体的世界经济有可能向以跨国公司为主体的世界经济逐步过渡。

（3）由于对外直接投资是跨国公司全球化生产经营战略的需要，因而跨国公司的对外直接投资将继续迅速发展。这主要表现为两个方面。其一，发达国家跨国公司相互间的投资仍将占据主导地位，美、欧、日三方彼此为最大投资伙伴的局面将会持续并发展。而且，美国对外直接投资和吸引外国投资的能力仍将处于世界领先地位。其二，跨国公司对发展中国家的投资会稳步上升，特别是对发展中国家服务业和高新技术领域的投资很可能出现加速趋势，但这种投资的发展仍将是不平衡的，跨国公司对最不发达的发展中国家的忽视仍会加剧全球的两极分化。

（四）金融全球化将继续深化，金融风险的可能性依然存在。今后，随着经济全球化的发展，世界各国会逐步解除对金融资本跨国界流动的限制，加之各种衍生金融工具的出现和信息技术的高速发展，21 世纪金融全球化的趋势非但不会改变，而且金融资本在全球范围内的流动速度还会日益加快。然而，由于导致 90 年代以来几次金融危机发生的一系列基本因素并未根本消除，还不能排除 21 世纪仍存在着爆发金融危机的可能性。因此，建立能够与金融全球化相适应的国际金融新制度和新秩序，确保金融全球化的稳定发展和正常运行，保障金融安全并防范金融风险，将是新世纪世界各国面临的共同任务。

（五）贸易自由化将稳步有序地发展。据世界银行预测，今后10年内全球范围的进出口贸易将进入增长时期，全球贸易的年平均增长率将达到6%。全球贸易的年均增长速度将比世界GDP年均增长速度高一倍以上的趋势在21世纪仍将持续，而且这一趋势只会加强，不会削弱。正如时任世界贸易组织总干事的鲁杰罗所言，今后25年内将出现一个包括所有国家和地区的、没有歧视和强硬贸易保护主义的全球市场。不仅如此，贸易自由化还将推动21世纪各大洲的地区经济一体化的合作进程。

（选自《国外社会科学》2001年第2期）

西方现代服务经济研究综述

夏杰长　尚铁力*

一　引言

截至2005年年底，中国经过调整的第三产业比重为40.7%，并且第三产业就业人数也从1978年的4890万人增加到2003年的21809万人。由此可知，服务经济对我国经济发展的意义重大。但是由于我国学界对服务业的认识长期存在偏差，造成经济理论体系中有关服务业部分的缺失。尽管随着我国第三产业在经济份额中的逐步扩大，该领域的理论逐步得到完善，① 但是在规范的经济学框架内对我国现有的服务经济现象进行分析的文献并不多见，特别是自20世纪90年代以来，在我国转轨经济和社会二元结构的背景下，分析我国现代服务业发展的研究更是不足②，这必须引起学界的重视。为了提供一个分析我国服务经济的基本框架，本文尝试对西方现代服务经济的文献进行梳理和归纳，希望从中能够找出思路，为分析我国独有的经济现象有所启发与借鉴。

---

* 本文作者：夏杰长，男，1964年生，博士，中国社会科学院财贸所研究员；尚铁力，男，1978年生，博士，中国社会科学院研究生院。

① 国内对于服务业进行较为系统的经济学分析的著作可参见黄少军《服务业与经济增长》，中国经济出版社2000年版；李江帆《中国第三产业发展研究》，人民出版社2005年版。

② 需要注意的是，在西方服务经济文献中并没有直接定义现代服务业的范畴，"现代服务业"的提法最早出现在1997年9月的党的十五大报告中，后来在2000年10月中国共产党十五届五中全会关于"十五"计划的建议中也提出"要发展现代服务业，改组和改造传统服务业"。

二 西方服务经济研究综述

由于“服务商品”在其生产与消费方面的特殊性质，造成了该领域的研究困难，因此长期以来一直没有得到西方主流经济学家的关注。直到20世纪70—80年代，西方主要的工业化国家普遍出现生产率水平下降的趋势，这引起了西方经济学家的焦虑和关注，出现了大量文献开始探讨服务业水平和经济增长的关系，“后工业社会”“新工业主义”“非工业化”“新经济”等概念反映了西方经济学家对于服务经济本质所进行的探讨。在进入20世纪90年代后，信息与通信技术（ICT）的广泛应用深刻改变了现代经济发展的面貌，一、二、三产业之间的比重和关系，以及产业内部结构之间的变化受到了前所未有的影响。近几年，OECD国家的服务业份额普遍达到60%以上，如何解释服务业份额的迅速膨胀，以及与ICT相关的生产者服务业或商业服务业对经济增长的影响已经成为最新的服务经济文献探讨的热点。

通过梳理已有的服务经济文献，我们归纳出有关服务的范畴、服务业的归类以及服务业与经济增长的关系是现代服务经济探讨的三个主要领域。

1. 服务的范畴

服务的范畴无论是对于古典经济学家还是对于当代主流经济学家而言都是一个无法回避的问题。重农主义者提出了“生产性”与“非生产性”的概念，他们认为，只有农业部门是真正创造国民财富的领域，服务行业自然不包括在其中。亚当·斯密（Adam Smith）吸收了重农主义者的观点，将服务业活动定义为非生产活动，后来马克思也将服务部门视为剩余部门，包括所有的非物质的商品和服务。由此可见，无论是重农主义者还是斯密、马克思，他们的有关服务范畴实际上就是指我们现在的个人服务或消费服务。在此之后，虽然多数人接受了商品是“物质性的”，服务是“非物质性”的概念，但是古典经济学家对于服务范畴的定义并不能够令人满意。第一，服务的古典定义暗示了服务活动一定是非生产性的；第二，将商品与服务的差别简化为劳动产出的物质与非物质的差别。希尔（Hill，1999）[①] 指出，一项服务与一种非物质商品实际上是无法区分的，一件商品也可以是无形的。特别是随着 ICT 技术在服务业中的密集使用，以往“服务”商品的无形性和生产与消费的不可分性都已被突破。希尔对于服务范畴的定义的影响较为广泛，他认为，“服务是人或商品状态的改变，这种状态的改变是由其他经济单位根据事前的协议所带来的活动造成的”。尽管希尔的定义几乎涵盖了大多数的服务活动，但是其依然面对着一些困难，例如如何理解服务活动的时机性或一些预防性的服务活动。因此，格里利切斯（Griliches，1992）[②]、希尔（Hill，1999）[③] 和加德里（Gadrey，2000）[④] 对于服务定义提供了大量的统计方面的文献说明，试图对希尔的定义进行更加令人满意的修正。甘德瑞提出，“在资本主义体系中，服务的经济产出出现在两种情况下：（a）组织 A 拥有或控制一项技术和人力资本，组织 A 向经济机构 B 出售这项权利，机构 B 在一定时期内利用这些资源生产产品 C 或改善自身效果，服务就会发生；（b）当一个家庭自己花钱雇人照顾其物品或家人时，服务也会发生。”甘德瑞的定义最为明显的缺陷是权利不能作为一项服务，权利本身是一项非物质性资产，并且该定义的外延过为宽泛，在某种程度上又回到了新古典的路子上。[⑤] OECD（2001）[⑥] 从实用角度出发，提供了一种归纳式的定义，认为服务是提供帮助、效用或关怀、经历、信息或其他智力内容的产业。这种归纳式定义虽然具有一定的操作性，但对于经济理论研究的意义不大。

---

① T. P. Hill, Tangibles, Intangibles and Services: A New Taxonomy for the Classification of Output, *Canadian Journal of Economics*, 32, April, 1999.

② Z. Griliches (ed.), Output Measurement in the Service Sectors, NBER, *Studies in Income and Wealth*, 56, The University of Chicago Press, 1992.

③ T. P. Hill, Tangibles, Intangibles and Services: A New Taxonomy for the Classification of Output, *Canadian Journal of Economics*, 32, April, 1999.

④ J. Gadrey, The Characterization of Goods and Services: An Alternative Approach, *Review of Income and Wealth*, 46, 2000.

⑤ Sergio Parrinello, *Service Economy Revisited*, *Structural Change and Economic Dynamics*, Vol. 15, No. 4, 2004.

⑥ OECD, *OECD Productivity Manual*: *A Guide to the Measurement of Industry-level and Aggregate Productivity Growth*, *Statistics Directorate*, *Directorate for Science*, *Technology and Industry*, Paris: OECD, 2001.

目前尽管对于服务范畴的认识很多，但是由于服务商品的特殊性，对于服务的范畴并不存在一个统一的看法，争议依然很多。布赖森和丹尼尔（Bryson and Daniels，1998）① 认为，关于服务的任何有效的比较研究实际上都是不可能的。帕里内罗（Parrinello，2004）② 认为，给服务下定义的困难在于过程之间的联系（生产过程或消费过程），而不是个体之间的联系。鉴于服务本质的复杂性，服务的范畴也许正如格里利切斯所说，追求服务的定义也许没有意义。

2. 服务业的归类

由于服务业的归类与服务范畴紧密相关，服务范畴的争议必然会反映在服务业归类的研究当中。最早提出三次产业概念的是费希尔（Fisher）和克拉克（Clark），他们将经济划分为三个部门：第一产业（农业、渔业）、第二产业（矿业和制造业）以及剩余的第三产业（非物质的服务）。费希尔和克拉克归类的基础是每个部门的特征（如劳动力的分布、消费需求的结构、技术进步和经济发展等）。克拉克认为，第三产业的特点是不可运输、小规模的非资本密集、不依赖于自然资源。卡托齐安（Katouzian，1970）③ 提出了新兴服务业（并非新出现的服务，只是在工业化后期可以大规模消费的补充服务业与传统服务业）概念，这一点对于研究后工业化时期服务业的膨胀有重要意义。辛格尔曼（Singelmann，1978）④ 按服务的功能将其分为以下几种：流通服务、生产服务、社会服务（新兴和高级服务）和个人服务。但是一些经济学家认为，根据服务的消费者进行分类存在着一定问题，例如某一企业的服务产品可能横跨数个领域。他们尝试对服务产品进行更为宽泛的分类：生产者服务或商业服务，包括金融、保险、房地产（FIRE）以及其他满足中间需求的商

---

① J. R. Bryson & P. W. Daniels（eds.），*Service Industries in the Global Economy*，Vol. 1—2，Elgar Reference Collection，Cheltenham，U. K. and Northampton，Mass，1998.

② Sergio Parrinello，*Service Economy Revisited*，*Structural Change and Economic Dynamics*，Vol. 15，No. 4，2004.

③ M. A. Katouzian，The Development of the Service Sector：A New Approach，*Oxford Economic Papers*，22（3），November，1970.

④ Joachim Singelmann，*From Agriculture to Services*：*The Transformation of Industry and Employment*，Sage Publications，Inc.，1978.

业服务（如研发和广告等）；消费者服务或个人服务，包括餐饮、娱乐、维护服务以及其他面向最终需求的服务；集体服务包括医疗、教育服务等；政府服务包括公共管理以及国防服务；配送服务包括交通运输、通信、批发服务等；零售业。[①] 安德森等人（Andersen et al.，2000）[②] 认为，所有这些服务的归类忽视了作为一个经济总体中的服务活动日益增加的复杂性，服务与非服务部门无法达到产出、增加值、生产率、就业以及知识创新的独立性。这种趋势在密集使用ICT的服务和商品生产部门中表现得尤为明显，商品对服务的替代以及服务的标准化都加大了对服务行业进行归类的难度。目前学术界中有关服务归类的争议表现在以下几个方面：（1）某一产业中应当包括哪些行业；（2）如何界定费希尔—克拉克模型中三次产业的边界；（3）如何界定行业中子类的边界。[③] 鉴于存在这些难点，也就不难理解斯蒂格勒（Stigler）宣称的并不存在一个权威的意见去统一服务业归类的观点。

3. 服务业与经济增长的关系

服务业与经济增长的关系是现代服务经济研究中的核心问题。随着西方主要发达国家工业化的完成，经济保持稳定增长，前景光明。直到20世纪70—80年代以前，多数西方经济学家对于西方经济社会的发展一直持十分乐观的态度，认为社会的物质财富已经达到十分丰裕的程度，人们的消费模式也发生了相应转变。丰兹（Funds，1968）[④]、贝尔（Bell，1974）[⑤] 认为，“后工业化社会”是一个高消费的社会，服务将成为主要的消费对象，在工业化后期西方国家进入了服务经济的时代。但是在进入20世纪80年代以后，西方主要工业国家出现了“滞胀”的现象。英国提出的“去工业化”以及日本学者认为日本出现产业“空心化”都是

① P. Petit, Services: Problem or Solution, in P. Petit (ed.), *Slow Growth and the Service Economy*, London: Pinter, 1986.

② B. Andersen, *Knowledge and Innovation in the New Service Economy*, Cheltenham: Edward Elagr, 2000.

③ Sergio Parrinello, *Service Economy Revisited*, *Structural Change and Economic Dynamics*, Vol. 15, No. 4, 2004.

④ V. R. Funds, *The Service Economy*, National Bureau of Economic Research, 1968.

⑤ Daniel Bell, *The Coming of Post-industrial Society*, Heinemann Education Books Ltd., 1974.

试图对这种现象进行分析，其中最值得关注的是鲍默尔（*Baumol*, 1967）[①] 提出的成本病模型。在该模型中，鲍默尔作了4个假设：第一，经济体系中存在着进步部门和停滞部门，二者的生产率增长有所不同；第二，劳动是唯一投入要素；第三，两个部门的工资水平相同；第四，名义工资率与平均生产率相同。在假设的基础上，成本病模型的主要结论是：第一，就业变动的原因源自于供给因素；第二，劳动是服务业中唯一重要的投入要素；第三，服务业的报酬水平远高于其劳动生产率；第四，“服务”价格相对于商品价格将持续上升；第五，经济的总体生产率水平将会下降。该模型提供了一个解释服务业膨胀与经济增长关系的研究框架，随后的文献在此基础上，利用新的统计技术和数据来阐述服务业与经济增长的关系。

（1）对于服务业增长的理解。理解服务业与经济增长的关系，首先必须解释西方主要发达国家服务业在国民经济中所占有的巨大份额。艾金格（Aiginger，2001）[②]、韦尔夫尔（Wölfl，2005）[③] 列举了服务业增长的原因。第一，服务业与制造业的生产率不平衡的因素。第二，最终服务的需求是服务业增长的非常重要的因素，具体表现为：某些服务收入弹性较高、人口因素的变化、福利国家因素、国际需求因素。然而达特和施密德（Dathe and Schmid，2000）[④] 对需求决定因素提出了异议：这些模型假设劳动者可以在部门之间自由流动，但在现实中劳动者跨部门的流动并不容易，这将直接影响结论的成立。萨默斯（Summers，1985）[⑤] 分析了不同服务部门的替代弹性和收入弹性，结果表明恩格尔定律表现

---

① William J. Baumol, Macroeconomics of Unbalanced Growth: The Anatomy of Urban Crisis, *American Economic Review*, 57 (3), June, 1967.

② K. Aiginger, Speed of Change and Growth of Manufacturing, inM. Peneder, *Structural Change and Economic Growth*, WIFO, 2001.

③ Anita Wölfl, The Service Economy in OECD Countries, in *OECD Science*, *Technology and Industry Working Papers*, 2005/3, 2005.

④ D. Dathe & G. Schmid, Determinants of Business and Personal Services: Evidence form West-German Regions, *WZB Discussion Paper*, FS I 0 -202, Berlin, 2000.

⑤ Robert Summers, *Managing the Service Economy* : *Prospects and Problems*, Cambridge University Press, 1985.

得不明显。第三，中间需求因素。拜尔斯和林达尔（Beyers and Lindahl，1996）[①] 认为，服务业份额的增大并不是服务经济的增长所造成的，而是反映了工业生产组织方式的变化，是制度关系的变化而不是生产技术关系或需求的变化导致了服务业的膨胀，因此统计上会夸大服务业的增长速度。

（2）服务业的生产率与创新。如何计量服务业的生产率和创新是解决服务经济问题的关键。在鲍默尔的模型中存在着经济增长与经济停滞部门，从长期来看，总生产率最终将被经济停滞部门所影响，经济增长趋于消失。长期以来，人们一般认为服务业的生产率水平较低。韦尔夫尔（2005）[②]、艾金格（2001）[③]、佩内德（Peneder，2003）[④]、尼科尔等人（Nickell et al.，2004）[⑤] 详细地从理论和实证方面分析了结构改变和经济增长的关系，指出高份额服务业与生产率之间的负相关关系可能与特定服务总需求的增加有关，这类需求的增加引起资源的重新配置，而这些行业的生产效率往往不高。然而随着 ICT 在服务领域的广泛使用，一些经济学家认为生产率的问题并不那么严重。格里利切斯（1994）[⑥] 认为，服务业的劳动生产率并不那么低。特里普雷特和博斯沃思（Triplett and Bosworth，2002）[⑦] 更是认为，ICT 是根治鲍默尔成本病模型的有效途径。尽管对服务业生产率的测量依然存在着概念和操作

---

① W. B. Beyers & D. P. Lindahl, Explaining the Demand for Producer Services, *Regional Science*, 75, 1996.

② Anita Wölfl, The Service Economy in OECD Countries, in *OECD Science, Technology and Industry Working Papers*, 2005/3, 2005.

③ K. Aiginger, 2001, Speed of Change and Growth of Manufacturing, inM. Peneder, *Structural Change and Economic Growth*, WIFO.

④ M. Peneder, Industrial Structure and Aggregate Growth, *Structural Change and Economic Dynamics*, 14, 2003.

⑤ S. Nickell, S. Redding & J. Swaffield, The Uneven Pace of Deindustrialization in the OECD, paper produced for the Labour Markets and Globalisation Programme of the ESCR, CEPR, London, 2004.

⑥ Z. Griliches, Productivity, R & D, and the Data Constraint, *American Economic Review*, 84 (1), March, 1994.

⑦ J. E. Triplett & B. B. Bosworth, "Baumol's Disease" Has Been Cured: IT and Multifactor Productivity in U. S. Services Industries, paper prepared for Brookings Workshop on Services Industry Productivity, Brookings Institution, Washington, D. C., September, 2002.

上的难题，但目前西方经济学家普遍认为，服务业内部生产率的差异是显著的。韦尔夫尔（2005）① 通过分析OECD的数据指出，服务业生产率存在着结构差异，一些面向最终服务的劳动密集型服务行业的生产率潜力水平较低，而像批发、零售以及运输仓储行业的生产率水平达到了经济增长平均水平的2.5%。生产率快速增长行业的贡献被负增长行业的影响所抵消。创新是推动经济增长的直接动力，是提高生产率水平的主要途径。斯皮尔坎普等人（Czarnitzki and Spielkamp，2000）② 认为，服务业是创新的桥梁，特别是在使用服务的制造业中尤为明显。与制造业相比，服务业中R&D的密度偏低。这种较低的R&D投资反映了服务创新中的一些困难：第一，R&D投资的外部性影响了投资收益的完全收回；第二，一般从事服务业的公司规模较小，缺乏市场开发并阻碍了创新过程；第三，信息的缺乏和信息不对称也妨碍了服务的创新；第四，服务的创新与其他公司或机构的关联性更强，因此，由于信息或技术的缺乏往往会更容易造成服务行业的障碍；第五，缺乏国际竞争也会限制服务业的创新，实证研究表明，创新和出口之间存在正相关；第六，服务行业特别是商业服务间接作用于经济中的创新和知识活动，然而这种贡献并没有被有效地测量；第七，服务行业的准入门槛低于制造业，特别是与ICT关系较为紧密的商业服务，但是对于小公司而言，较低的市场门槛不利于其长期的成长。③ 制造业与服务业的对接有多种形式，而关于生产率增长与创新，不同类型的对接有着不同的结论。格罗斯曼和赫尔普曼（Grossman and Helpman，2003）④ 认为，按照出现接口的地域、国内或国际生产方式的选择，有4种类型可以被区分：（A）标准纵向一体化；（B）纵向一体化；（C）从国内供应商处购买，使用国内中间投入要素（如外包）；（D）从国外供应商处购买（如离岸外

---

① Anita Wölfl, The Service Economy in OECD Countries, in *OECD Science, Technology and Industry Working Papers*, 2005/3, 2005.

② D. Czarnitzki & A. Spielkamp, Business Services in Germany: Bridges for Innovation, *ZEW Discussion Papers*, No. 52, 2000.

③ Anita Wölfl, The Service Economy in OECD Countries, in *OECD Science, Technology and Industry Working Papers*, 2005/3, 2005.

④ G. Grossman & E. Helpman, Outsourcing versus FDI in Industry Equilibrium, *Journal of the European Economic Association*, April-May, 1 (2), 2003.

包)。格罗斯曼和赫尔普曼(2003)着重强调了交易成本的影响。4种接口方式各有特点,不过总体而言,在一个可以自由出入的市场中,外包能够提供专业化服务,降低生产成本,增加劳动产出,最终会增加公司利润。[①] 大量文献也从实证的角度探讨了有关外包的问题:克莱纳特(Kleinert, 2003)[②] 分析了中间投入要素与全球化外包的关系,他发现二者之间存在显著的正相关关系;福尔克和科贝尔(Falk and Koebel, 2002)[③] 分析了外购服务和进口中间要素对于不同技能劳动需求的影响。他们发现,随着外购服务和中间要素进口的增加,将会全面降低劳动的需求水平,尽管这种效应并不明显;芬斯特拉和汉森(Feenstra and Hanson, 1999)[④] 则着重研究了外包的测量问题。

(3)服务业中的政府规制问题。政府对服务经济发展的政策选择是现代服务经济领域中服务业与经济增长的最终落脚点。关于政府规制,现有的文献一般认为,政府应当提供一个有效、综合的政策保证,从而促进服务业的发展。西方经济学家一般倾向于对服务业放松管制。尼科莱蒂和斯卡尔佩塔(Nicoletti and Scarpetta, 2003)[⑤] 通过模拟研究和跨国比较指出,政府规制对于服务业的影响巨大,特别是对于ICT服务部门。布兰特(Brandt, 2004)[⑥] 认为,不合适的限制性方式损害了企业的动力,特别是限制了服务部门的增长。需要特别注意的是,各国政府在制定服务部门的规制时,应当在经济增长的框架中考虑问题。例如,金融、通信以及交通运输服务已经成为商品生

---

① D. J. Fixler & D. Siegel, Outsourcing and Productivity Growth in Services, *Structural Change and Economic Dynamics*, 10, 1999.

② J. Kleinert, Growing Trade in Intermediate Goods: Outsourcing, Global Sourcing, or Increasing Importance of MNE Networks? *Review of International Economics*, 11 (3), 2003.

③ M. Falk & B. M. Koebel, Outsourcing, Imports and Labour Demand, *Scandinavian Journal of Economics*, 104 (4), 2002.

④ R. C. Feenstra & G. H. Hanson, The Impact of Outsourcing and High-Technology Capital on Wages: Estimates for the United States, 1979 – 1990, *The Quarterly Journal of Economics*, August 1999.

⑤ G. Nicoletti & S. Scarpetta, Regulation, Productivity and Growth, *Economic Policy*, Vol. 36, 2003.

⑥ OECD, *OECD Productivity Manual: A Guide to the Measurement of Industry-level and Aggregate Productivity Growth*, *Statistics Directorate*, *Directorate for Science*, *Technology and Industry*, Paris: OECD, 2001.

产的主要投入要素，这些要素构成了产品成本的绝大部分，服务投入效率已成为影响公司竞争力的重要因素，而具体的服务政策导向将会直接影响这些部门的生产率水平，因此，各国政府部门在制定产业政策时应结合本国的实际情况。

（选自《国外社会科学》2006 年第 3 期）

西方腐败经济学综述

程振源*

一 引言

长期以来，腐败问题一直是社会学家和法学家研究的热点。自20世纪90年代以来，腐败问题也开始引起经济学家的关注，其原因在于：第一，在理论上，腐败问题是一个非对称信息问题，这为信息经济学研究提供了丰富的素材；第二，在实践中，经济学家们也逐渐认识到，腐败现象是影响经济发展的一个严重障碍。

腐败是如何形成的？腐败对经济发展会产生什么影响？腐败如何治理？这些都是经济学家关心的问题。近40年来，经济学家们对上述问题进行了广泛而深入的研究，取得了不少有价值的研究成果，对腐败的形成机制及腐败对宏观经济的影响都有了一些基本的认识，就治理腐败的有效措施也提出了不少建议。

二 腐败的定义及其测度

研究腐败问题的难点之一在于如何对腐败进行定义。众所周知，腐败问题是多学科的研究对象，涉及经济学、人类学、社会学、政治学和

* 本文作者：程振源，男，1962年生，博士，华南师范大学经济与管理学院副教授。

公共管理学等学科。不同的学科、不同的学者从各自的研究角度对腐败进行定义。有的定义偏窄，如什雷弗（Shleifer）和维什尼（Vishny）将腐败定义为政府官员出售公共财产以谋取私利的行为；而有的定义范围又过于宽泛，如安德烈斯基（Andreski）将腐败看成是对国家和人类文明的颠覆。从经济学的角度来看，腐败是指以谋求个人经济利益为目的，以牺牲公众的经济利益为代价而滥用公共权力的行为。用委托代理理论的语言来说，就是代理人为谋取私利而牺牲委托人经济利益的行为。这里所说的代理人是指掌握公共权力的自然人，如政府官员和执法人员等；而委托人是指公众、上级官员或上级执法人员等。此定义被大多数研究腐败的经济学学者所认同。由此可见，腐败有别于欺诈、洗钱、贩毒和黑市交易等非法活动，这些非法活动并不涉及公共权力的滥用。但是，从事这些非法活动的人员往往与掌握公共权力的官员有着千丝万缕的联系。

研究腐败问题的另一个难点是如何对腐败进行定量测度。严格地讲，对腐败进行直接的客观度量不具有可行性，原因是腐败交易是秘密进行的，通常的替代做法是采用间接的主观度量。问卷调查就是这样一种方法。首先，对世界各地的专家和商人进行问卷调查，然后对这些问卷进行汇总和平均，建立一个反映所调查国腐败程度的指数。实际上这种方法度量的是人们对腐败的感觉而不是腐败本身。

目前，国际上比较权威的对腐败的主观度量方法主要有 CPI（腐败感觉指数）、CI（腐败指数）、BI（国际商务指数）、ICRG（国际国家风险指南指数）和 GCR（全球竞争力报告指数）等。其中，以 CPI 最为著名，它由透明国际（Transparency International，一个在全球范围内与腐败作斗争的非政府组织）编制，自从 1995 年以来每年编制一次。该指数基于私人风险评估机构和有关国际组织所进行的若干问卷调查，是对问卷调查的再调查。以 2000 年的 CPI 为例，它由 8 个机构分别组织的 16 个问卷调查组成，共涵盖了 90 个国家和地区，在每个国家或地区都至少进行了三次问卷调查。一个国家或地区的 CPI 得分是其所有问卷调查相对应的腐败指数的加权平均数。该指数的特点是：（1）它介于 0 与 10 之间，指数越接近于 0，该国的腐败越严重，而指数越接近于 10，该国的腐败则越轻微；（2）它在提供一个国家或地区腐败得分的同时也提供反映该得分可靠性信息的指标——标准差，克服了基于单一问卷调查的腐败指数缺乏可靠性这一问题。

需要指出的是，CPI 未必比其他基于单一问卷调查的腐败指数更准确。前者更为准确的前提是，组成 CPI 的各腐败指数是独立分布的，但这一假设却未必成立。此外，各指数每年的调查样本往往不同，因此，任何一种腐败指数只适于国家层面（截面数据）的静态分析，而不宜进行时间序列的动态分析。

虽然腐败指数度量的是人们对腐败的主观感觉，但不能由此否认它的客观性和科学性。有研究表明，各种腐败指数之间存在着高度相关的关系。例如，BI 与 CPI 的相关系数为 0.88，与 GCR 的相关系数为 0.84。此外，对腐败的感觉往往是影响人们投资决策的重要因素。

三 腐败的微观形成机制

描述腐败形成机制的最初模型可以追溯到贝克尔（Becker）的犯罪模型，由此贝克尔被认为是腐败经济学的先驱。他构建了一个关于一组政策变量（被揭露的概率、经济处罚与刑事处罚）的犯罪损失函数，以此决定处罚与执法的最优配置。他发现，上述政策变量的最优值与罪犯所造成的损失成正比。此外，他还发现，罪犯是风险偏好者。这就是为什么在现实生活中，尽管惩治犯罪的力度很大，但犯罪活动仍屡禁不止的主要原因。

后来，波林斯基（Polinsky）和雪沃（Shavell）等经济学家将贝克尔的犯罪模型推广应用于经济领域。在他们看来，如果腐败的预期收益（如收受的贿赂）大于腐败的预期成本（一旦腐败行为败露而遭受的惩罚），则腐败行为将会发生。①

但是，贝克尔的模型存在一个严重的不足，即该模型只描述了腐败分子单方面的决策。事实上，腐败交易由两个或两个以上的个人共同达成，是交易各方共谋的结果。因此，经济学家们基于博弈论，建立了腐

---

① A. M. Polinsky & S. Shavell, The Optimal Use of Fines and Imprisonment, *Journal of Public Economics*, Vol. 69, 1984.

败交易各方共谋的腐败模型。从政策的角度来看，这些模型的一个核心问题是研究反腐资源的最优配置和最优惩罚水平的选择。此类腐败模型的基本结论主要有以下几点。

（1）若增加行贿者的罚金 F，则行贿上限 B 下降而受贿下限 BL 保持不变，即行贿方愿意支付的最高行贿额将减少，而受贿方愿意受贿的最低受贿额将保持不变。因此腐败交易发生的可能性将随之降低。

（2）同样，若增加受贿者的罚金 G，则受贿下限 BL 上升而行贿上限 BU 将保持不变。因此腐败交易发生的概率将随之减少。

（3）增加腐败交易的揭露概率 P，则行贿上限 B 减少而同时受贿下限 B 增加，这样，腐败赖以发生的差额 BU—BL 将缩小。当此差额小于零时，腐败交易就无法达成。

此外，委托代理模型也是一个描述腐败形成机制的重要模型。委托代理模型应用于委托人缺乏其代理人行动充分信息的非对称信息场合，它着重考察政府激励对其代理人决策的影响。此类模型认为，腐败是由于信息不对称所导致的委托人（即政府）不能完全监督其代理人（即政府官员）行为的结果。

在委托代理模型中最具代表性的是罗斯-阿克曼（Rose-Ackerman）所构建的腐败模型，她是最早运用委托代理模型来解释腐败问题的一位学者。她认为，在完全信息条件下是不存在腐败问题的。而在现实的非对称信息条件下，作为代理人的官员便有了腐败机会。委托人必须设计出激励机制，以促使代理人采取其所希望的行动。

上述模型的一个共同缺点是，用于检验这些模型的经验数据很难搜集。例如，欲知腐败的揭露概率，需要掌握腐败犯罪比例的信息。然而，腐败犯罪的一个本质特征是共谋，各共谋方会努力保守秘密。因此，无论是从个体上还是从总体上，识别腐败都极其困难。

四 腐败对经济发展的影响

关于腐败对经济的影响问题，在学术界存在两种对立的观点，即所谓的“润滑油”论和“砂子”论。前者将腐败比喻成“机器里的润滑油”，而后者则比喻成“机器里的砂子”。

1. “润滑油”论

“润滑油”论主要从微观经济理论的角度分析腐败对经济的影响，其代表人物是莱夫（Leff）。此派学者认为，腐败可以克服官僚主义，提高政府的行政效率，促进资源的配置效率。代表性模型有排队模型和拍卖模型。①

排队模型以路易（Lui）建构的模型为代表。在该模型中，政府官员负责向排队申请的个人发放营业许可。排队等候的个人对等候的厌恶程度各不相同。营业许可基于这样一个准则发放：谁给的贿赂最多就先发给谁。该准则可以使整个队列“等待”的平均时间成本最小。理由是，腐败能够披露出正在排队等候的个人对“等待”的估价。谁给的贿赂最多，说明谁最需要得到审批，谁的时间机会成本就最高。②

拍卖模型以贝克（Beck）和马厄（Maher）建构的为代表。他们的研究表明，贿赂与竞争性的密封拍卖是同形的，即在这两种安排下，标的物（如营业许可）将以相同的期望价格配置给相同的个人。这是因为，贿赂相当于政府官员进行了一个秘密的密封拍卖，所不同的只是谁得到拍卖收入。③

但是，排队模型和拍卖模型受到不少学者的质疑。对于排队模型，缪尔达尔（Myrdal）认为，腐败官员有可能不但不加快反而故意拖延审批，以吸引更多的贿赂。④ 安德威哥（Andvig）也指出，从不完全信息的角度看，作为资源配置机制的排队比现有文献所认为的要更为复杂。例如，腐败的排队模型并未考虑腐败交易的道德风险问题。此外，排队的不同组织方式对平均等待时间可能产生不同的结果。⑤

---

① Nathaniel H. Leff, Economic Development through Bureaucratic Corruption, *The American Behavioral Scientist*, Vol. 8, 1964.

② Francis T. Lui, An Equilibrium Queuing Model of Bribery, *Journal of Political Economy*, Vol. 93, 1985.

③ P. J. Beck & M. W. Mather, A Comparison of Bribery and Bidding in Thin Markets, *Economic Letters*, Vol. 20, 1986.

④ Gunnar Myrdal, *Asian Drama*, Vol. 2, New York: Random House, 1968.

⑤ Jens Christopiler Andvig, The Economics of Corruption: A Survey, *Studi Economici*, Vol. 43, 1991.

拍卖模型也同样存在不足。贿赂与竞争性的密封拍卖并非完全同形，因为这两种方式的拍卖收入的所有者不同，前者的拍卖收入归腐败官员所有，而后者则归国家所有。此外，为了寻找腐败交易和保证腐败交易不为人所知，腐败交易双方要浪费不少资源。

"润滑油"论的支持者们经常引用东南亚的例子来证明其观点的正确性。东南亚的某些国家（如印尼）在各种腐败评估中腐败程度较高甚至很高，但这些国家却保持着较高的经济增长速度。因此他们认为，腐败可以促进经济增长。

2. "砂子"论

"砂子"论主要从实证的角度分析腐败对宏观经济的影响。此派学者认为，腐败对宏观经济具有负面影响。正如"透明国际"所指出的："腐败是当今世界面临的最大挑战之一。它有损政府形象，扭曲公共政策，导致资源的不合理配置，妨碍私人部门的发展，特别是损害穷人的利益。"①

（1）对投资和经济增长的负面影响

毛罗（Mauro）是第一个从实证角度系统研究腐败与经济发展关系的学者。运用普通最小平方法（OLS）和两阶段最小平方法（2SLS），以总投资与 GDP 之比作为被解释变量，以 BI 腐败指数、司法制度的效率、政治的稳定性等作为解释变量，他发现，腐败与投资存在着显著的负相关，即腐败会降低投资率。根据其模型，如果孟加拉的腐败程度降低到乌拉圭的水平，那么它的投资率有望比实际上升大约 3 个百分点，每年 GDP 的增长率将提高 0.5 个以上的百分点。②

腐败与外国直接投资的关系也是经济学家们感兴趣的问题。通过对 14 个来源国对 41 个东道国直接投资的实证分析，魏（Wei）发现，东道国的腐败对外商直接投资有显著的负面影响。例如，如果印度将其腐败程度降到新加坡的水平，其吸引外商直接投资的效应与实行税收优惠政

---

① http：//www. transparency. org。

② P. Mauro，Corruption and Growth，*The Quarterly Journal of Economics*，Vol. 110（3），1995.

策（降低2个百分点的税率）是一样的。[①]

腐败对投资存在的负面影响决定了它对经济增长的影响必定是负面的。毛罗考察了腐败与经济增长率的关系。通过定量分析，他发现，如果孟加拉将腐败程度降低到新加坡的水平，那么在15%的显著性水平上，1960—1985年间，其年人均GDP比上年应该多提高1.8个百分点，1985年人均国民收入比实际收入应该高50%。

（2）对财政支出规模和结构的负面影响

坦齐（Tanzi）和达乌迪（Davoodi）的系统性研究发现，较高程度的腐败会导致财政预算中较大规模的公共投资，理由是公共投资项目能够为相应的腐败官员提供受贿机会。腐败易使公共支出结构发生变化，即从公共设施的运营和维护支出转向新公共设施的支出。腐败使公共支出结构偏离必要的健康和教育支出，因为相对于其他公共支出项目，腐败官员不容易从这些支出中收受贿赂。根据坦齐和达乌迪的结论，如果新加坡的腐败程度提高到巴基斯坦的水平，那么其公共支出占GDP的比例将上升1.6个百分点，政府税收占GDP的比例将下降10个百分点。此外，腐败将减少税收，因为腐败的税务官员收受纳税人的贿赂后会导致税收流失。[②]

（3）对贫困人口和收入分配的负面影响

贫困阶层既无钱行贿又无政治地位，不难想象，腐败会使贫困问题更加恶化与持久。罗斯-阿克曼认为，腐败使贫困人口只能得到较低水平的社会保障，并会使有利于贫困人口的基础设施投资减少，损害贫困人口的脱贫能力。

古普塔（Gupta）、达乌迪和阿隆索-特默（Alonso-Terme）也有类似的发现。利用腐败的ICRG指数和1980—1997年间国家层面的面板数据，通过回归分析，他们发现：腐败使税收制度杀贫济富，腐败剥夺或减少穷人受教育的机会。此外，腐败程度越高，收入不平等越严重。一个国

---

① Shang Jin Wei, How Taxing is Corruption on International Investors? *The National Bureau of Economic Research Working Paper*, 6030, May, 1997.

② V. Tanzi & H. Davoodi, Corruption, Public Investment, and Growth, *IMF Working Paper*, WP/97/ 139, 1997.

家的腐败指数恶化一个标准差，基尼系数将增加4.4个百分点。①

五 反腐的经济学措施

众所周知，世界各国的法律都将腐败视为犯罪。强调立法和执法在反腐中的作用是不言而喻的，但是经济手段在反腐中的作用同样不容忽视。腐败对经济发展具有负面影响是当今经济学界的主流观点。因此，对反腐措施的研究构成了腐败经济学的核心内容。从经济学的角度看，反腐应从三个方面着手：一是减少政府官员的腐败动机，二是减少政府官员的腐败机会，三是减少政府官员的腐败收益。前者可以通过激励机制来实现，后两者可以通过竞争机制和减少政府对经济的干预等措施来达到。

1. 引入政府官员的激励机制

委托代理理论认为，在满足激励相容约束的条件下，代理人将采取有利于委托人的行动。高薪养廉正是基于这一理论。高薪可以同时满足政府官员的参与约束（即公务员的收入高于其他行业从业者的收入）和激励相容约束（即政府官员不从事腐败活动的收入高于从事腐败活动的收入），从而达到高薪养廉的目的。期望领着低薪水的政府官员不运用手中的公共权力去谋求私利是不符合经济人假设的。基于这种认识，新加坡和中国香港分别从20世纪60年代和70年代开始对公务员实行了数倍于私人企业工作人员的高薪制度。例如，新加坡总理的薪水数倍于美国总统。在众多腐败调查评级中，新加坡都是腐败水平最低的国家之一。学者们认为，新加坡和香港的低腐败水平要归功于高薪政策。坦齐的研究也表明，瑞典在1870—1970年的低腐败水平的主要原因是高级行政管理人员的薪水是产业工人平均薪水的12—15倍。

近年来，有不少学者对公务员薪水与腐败的内在联系问题进行了系统的实证研究。例如，1997年的世界银行发展报告以及赖克汉姆（Rij-

---

① S. Gupta, H. Davoodi & R. Alonson Terme, Does Corruption Affect Inequality and Poverty, *IMF Working Paper*, WP/98/76, 1998.

ckeghem）和韦德（Weder）的论文都发现了公务员低薪水的国家倾向于高程度腐败的证据。

需要指出的是，这里的薪水不是指绝对工资，而是指相对于其他行业的相对工资。赖克汉姆和韦德以公务员平均工资与制造业的平均工资之比作为阻止政府官员腐败的激励尺度，以国家层面的截面数据为样本，通过回归分析，他们发现，在公务员相对工资与公务员腐败程度之间存在着显著的负相关。①

然而，高薪养廉政策也遭到了不少学者的质疑。第一，公务员的高薪政策本质上是以增加税收的形式将非法的贿赂转化成合法的公务员报酬，势必增加全体纳税人的负担；第二，这一政策本身可能会导致新的腐败。因为高薪必然会吸引众多人员加入公务员队伍，人们会使用包括行贿在内的各种办法挤进这支队伍；此外，收受贿赂可能已经成为政府官员的习惯和其工作的一部分，高薪未必能减少腐败。

2. 最大限度地减少政府对经济的干预

如何使政府官员腐败的机会减小到最低程度是经济学家关心的另一个问题。经济学家认为，政府官员腐败的机会与政府对经济的干预密不可分。政府对经济的监管是政府干预经济的主要方式，这种监管为官员的腐败创造了机会。例如，如果企业进口商品需要许可和缴纳关税，拥有许可审批权和关税减免权的官员便有了收受贿赂的机会。而如果无须进口许可或关税，政府官员的这一腐败机会就不复存在。

罗斯-阿克曼认为，政府官员手中的权力与各种管制是相互联系的。政府对经济的管制越严，其代理人拥有的公共权力就越大，因而也更易滋生腐败。相反，经济越是自由化，腐败程度越是有望下降。

约翰逊（Johnson）、考夫曼（Kaufmann）、索伊多-洛瓦顿（Zoido-Lobaton）等人的实证研究论证了公共权力的重要性。他们认为，官员的管制权越大，企业的负担越大，滋生腐败的可能性越大，企业转入地下经

① Caroline Van Rijckeghem & B. Weder, Corruption and Rate of Temptation: Do Low Wages in the Civil Service Cause Corruption? *IMF Working Paper* 97/ 93, Washington DC. , International Monetary Fund, 1997.

济的动机则越强烈。他们采集了49个国家的样本数据。研究发现，在“管制”“官员素质”“经济自由”等变量中，有两个变量支持了“管制是导致地下经济的一个重要原因”这样一个命题。通过引入“贿赂”这个变量，他们还发现，在腐败程度与地下经济规模之间存在着显著的正相关。①② 考夫曼和魏的研究也表明，腐败指数与政府监管指数呈显著的正相关。

但现实是，经济的自由化往往伴随着更加严重的腐败。对此有两种解释。其一，虽然经济自由化的目的是减少政府对经济的干预，但自由化的实施本身需要政府更多的干预，腐败机会便随之增加。以作为经济自由化重要方面的私有化为例，将大量公有资产转化为私有资产的公共权力就会创造大量的腐败机会。其二，改革过程本身的不完善也会导致腐败行为。

3. 引入公共服务的竞争机制

罗斯-阿克曼是第一位研究公共服务市场结构对腐败影响的学者。她提出的“重叠行政原理”认为，引入政府公共服务的竞争机制，即当政府公共服务的需求者被某官员索取贿赂时，需求者可转向其他官员重新申请该服务，在重新申请的成本足够低的情况下，某些廉政官员的存在可以杜绝行贿受贿现象的发生。但问题是，重叠行政会导致政府机构膨胀，行政效率低下，公共支出增加，势必增加纳税人的负担。③

六 结语

腐败问题是一个古老的话题，但腐败经济学却是一门相对年轻的学科，至今只有30多年的历史。近十几年来腐败经济学呈现出两大趋势：

---

① S. Johnson, D. Kaufmann & P. Zoido-Lobaton, Regulatory Discretion and the Unofficial Economy, *The American Economic Review*, Vol. 88, 1998.

② D. Kaufmann & S. J. Wei, Does "Grease Money" Speed up the Wheels of Commerce? *Working Paper*, WP/00/64, Washington DC: International Monetary Fund, 2000.

③ Susan Rose Ackerman, *Corruption: A Study in Political Economy*, New York: Academic Press, 1978.

一是由侧重腐败的微观形成机制研究转向侧重腐败的宏观经济效应研究；二是由侧重腐败的规范研究转向侧重腐败的实证研究。

经过30多年的发展，经济学家们对腐败问题的认识逐渐由模糊到清晰，由争论到逐步形成共识，目前已取得了不少有价值的研究成果。但是在这一领域尚有许多重大的理论问题有待于进一步探讨。未来腐败经济学的研究将继续在腐败形成机制、腐败对宏观经济的影响及治理腐败的经济学措施这三个重要方面拓展与深入。

在腐败形成机制方面，现有模型主要存在两个问题：其一，均是微观模型；其二，不能用经验数据进行检验。建立腐败内生化的可检验宏观经济模型将是未来腐败经济学的一个重要研究方向。在对宏观经济的影响方面，现有文献在分析腐败对某宏观经济变量的影响时几乎都假定其他宏观经济变量保持不变，这一假定显然是不现实的。因此，腐败对宏观经济影响的一般均衡分析将是腐败经济学的一个重要研究领域。这将有助于我们进一步加深对腐败宏观经济效应的理解。对腐败治理措施的研究最具现实意义，然而这一直是腐败经济学研究的一个薄弱环节，主要表现为这方面的现有成果太少，虽然有很多治理思路，但各种治理措施的效果如何目前尚不清楚。这一领域的研究将是腐败经济学面临的一个重要研究课题。

腐败是一个复杂现象，它涉及社会、经济、政治、法律、伦理等诸多方面，因此腐败问题的研究是一个系统工程。腐败现象的复杂性及综合性要求各学科相互渗透、相互配合。但长期以来，各学科对腐败问题的研究一直是彼此孤立地进行。因此，腐败经济学与其他相关学科的相互融合、相互借鉴是大势所趋，将腐败问题的研究上升为一门交叉学科是历史的必然。

（选自《国外社会科学》2006年第5期）

国外金融脆弱性理论研究综述

王东风*

近30年来频繁发生的金融危机以及由此造成的巨大损失引起了国际学术界的高度关注。① 金融危机的频繁发生表明，金融脆弱性尤其是新兴市场经济体的金融脆弱性程度严重；由金融危机所造成的巨大产出损失表明，降低金融脆弱性的意义十分重大。正是认识到金融发展并未降低金融脆弱性，众多学者对金融脆弱性展开了深入研究，金融脆弱性理论成为金融理论研究的前沿课题。本文从金融脆弱性的一般理论、对新兴市场金融脆弱性更为严重的分析以及金融脆弱性理论的新进展等三个方面，就国外学术界展开的金融脆弱性理论研究作一综述。

一　金融脆弱性的根源

1. 货币角度的论述

豪本（Houben）、凯克斯（Kakes）和希纳西（Shinasi）② 认为，金融的功能源于货币的功能，在对货币功能的扩展和提升的同时，金融自

---

* 本文作者：王东风，男，1966年，博士，辽宁大学金融学院。

① IMF（1998）对1975年至1997年间发生的金融危机及由此造成的产出损失作了统计，1975年至1997年国际收支危机、银行危机以及双重危机累计发生次数为234次，其中新兴市场发生174次，占74%。

② A. Houben, J. Kakes & G. Shinasi, Toward a framework for safeguarding financial stability, *IMF Working Paper*, 2004.

身的脆弱性也产生了。在豪本等人看来，货币具有三个功能：支付手段、计量单位和价值储藏。前两项功能在货币经济社会里的每一项交易中都发挥着作用。货币的法偿性是货币实现支付手段功能的前提，这一功能又决定了货币在货币经济社会中提供基本流动性服务。不同于前两项功能，货币的第三项功能——价值储藏功能没有法律上的保障，因此货币的购买力可能随着时间的推移而贬值；而且，在某一时期，还可能出现货币过量发行的情况。由于货币价值储藏功能的不稳定性，人们希望在跨期交易中实现货币价值的增值。金融能够为跨时期和跨地域的经济活动提供便利，进而增加经济的流动性，提升货币的价值储藏功能，创造潜在的货币增值机会。金融为经济活动提供便利的形式可以是承诺支付固定利息的债务合约，也可以是承诺支付红利的权益合约。从这个意义上讲，金融提高并扩大了货币的功能，它增强了货币现时的和潜在的购买力，并将未来的货币收入转换成现时的货币购买力。不同于货币在商品和服务交易过程中承担的最终支付，金融交易是交易双方之间的承诺，因而包含着未来支付的不确定性。因此，金融既带来了潜在的收益，又带来了潜在的成本。一方面，金融通过加大流动性增强了货币功能；另一方面，金融在兑现承诺上具有内在的不确定性。这就存在着一个风险，即太多的金融行为建立在这样的金融合约——在未来兑现承诺很不确定的金融合约之上，金融的内在脆弱性就此产生了。

2. 金融特殊属性角度的论述

戴蒙德（Diamond）和迪布维格（Dybvig）① 提出的银行挤兑模型（简称 DD 模型）揭示了银行脆弱性的根源：银行在进行流动性转换的同时，也产生了非流动性资产对应流动性负债这一内在缺陷，因而银行在提供流动性服务的过程中也有可能出现流动性枯竭。由于银行负债是分散的、短期的资金，负债可以随时被赎回，而资产是非流动性的，因此信心非常重要。如果发生恐慌，就会产生对银行的挤兑。在 DD 模型中存在两个均衡：DD 模型是纯粹恐慌的、自我实现的银行挤兑模型。

---

① D. W. Diamond & P. H. Diybvig, Banks runs, deposit insurance, and liquidity, in *Journal of Political Economy*, Vol. 91, No. 3, 1983.

班德特（Bandt）和哈特曼（Hartmann）[①] 认为，金融部门的三个特性决定了它比经济中的其他部门更脆弱，更易于陷入系统性危机。

一是银行资产负债结构的特性。班德特和哈特曼吸收了DD模型的观点，认为银行通过吸收存款来向企业发放期限较长的贷款，按照大数法则，银行只需留有一小部分的流动性储备来满足储户的提款需求。但是，当发生未预计到的大量提款要求而贷款又不能流动时，银行就会面对流动性的困境。

二是由银行间市场和支付清算系统所构成的复杂网络的特性。在这一复杂网络中，银行以及其他金融中介机构将风险相互暴露给对方，当一家银行出现支付困难，马上对其他银行的支付能力带来影响。更为严重的是，当危机出现时，会造成支付清算系统运转不畅，进而放大风险暴露，产生多米诺效应。

三是金融合约中所包含的信息和信用的特性。金融的功能是跨期分配购买力，因此，金融功能实现的基础是：对相应资产未来价值的预期以及金融合约中对未来现金流的承诺。当不确定性增加或金融合约的承诺出现问题时，预期就会在短时间内发生变化，其影响之一是资产价格的大幅度波动。

豪本、凯克斯和希纳西[②]指出，在过去几十年中，金融表现出4个主要的发展趋势，使得金融有别于经济中的其他部门，在运行中更为脆弱。这4个主要的发展趋势是：第一，金融系统的扩张步伐大大超过了实体经济；第二，金融深化的进程伴随着金融体系内部结构的改变，非货币资产增加，货币的杠杆作用增大；第三，作为跨产业和跨国界并购增加的结果，在国内和国际两个方面，金融波动的影响力已经变得更大了；第四，在金融工具和金融活动的多样性以及风险流动性方面，金融系统变得更加复杂。

---

① O. D. Bandt & P. Hartmann, Systemic risk: a survey, *Working Paper*, No. 35, European Central Bank, 2000.

② A. Houben, J. Kakes & G. Shinasi, Toward a framework for safeguarding financial stability, *IMF Working Paper*, 2004.

二 经济周期波动对金融脆弱性的影响

戈托恩（Gorton）① 在关于美国银行恐慌的研究中发现，恐慌发生在经济周期的高峰或接近高峰之时。林格伦（Lindgren）、加西亚（Garcia）和西尔（Seal）② 在研究中提出银行危机与经济周期有关。

肯特（D. Kunt）和德特拉贾凯（Detragiache）③ 对 1981 年至 1994 年期间多个国家的研究中发现，银行危机更易于在经济衰退时发生。金德尔伯格通过对历史的回顾和分析，得出金融危机往往伴随经济周期的繁荣阶段而爆发这样一个结论。

1. 明斯基的金融不稳定假说

明斯基（Minsky）④ 从经济繁荣与紧缩长期波动的角度，通过分析微观经济主体财务杠杆与经济周期的联动变化，揭示了金融的脆弱性，提出了金融不稳定假说。明斯基突出了投资在经济中的角色，强调金融在经济中的核心作用，认为经济的不稳定集中体现在金融的不稳定上。

明斯基从微观层面上论述了投资与金融之间的联系，指出扩张的资本资产和综合、复杂的金融系统是资本主义经济的特点。资本主义经济的资本扩张伴随着“现在的货币”（present money）与“未来的货币”（future money）之间的交换。现在的货币用来投资、生产产品，未来的货币是利润，这些利润将增加资本资产。对投资项目进行融资所产生的负债是在确定日期支付货币的承诺，银行在这一支付承诺中处于中心地位。明斯基指出，在资本主义经济中，金融关系沟通着过去、现在和未来之间的联系。未来的货币实际上是预期的收入。明斯基认为，对利润的预

---

① G. Gorton, Banking panics and business cycles, *Oxford Economic Papers*, 40, 1998.

② C. J. Lindgren G. Garcia & M. Seal, Bank soundness and macroeconomic Policy, IMF, 1996.

③ A. D. -Kunt & E. Detragiache, The determinants of banking crises: evidence from developed and developing countries, *IMF Staff Papers*, 1998a.

④ 明斯基的金融不稳定假说的思想发端于1963 年的论文《“它” 能再来吗?》（“它” 指大危机）。明斯基是后凯恩斯货币学派的经济学家。

期同时决定着融资的流量和融资的市场价格，利润的实现决定着融资合同中的承诺能否兑现，即能否偿还债务。

明斯基指出，经济主体对投资项目进行债务融资，能否偿还债务取决于它们对未来预期的正确程度。按照“债务—收入”关系，明斯基将经济主体分为三种类型：抵补型、投机型和庞氏型。

抵补型经济主体每个时期都能够以收入偿还债务。在融资结构中，股权融资比重越高，越是抵补型经济主体。抵补型经济主体有很强的吸收冲击的能力来应对现金流方面未预见到的变化，是最谨慎也是最安全的融资类型。投机型经济主体在短期无法以现金收入偿还债务，但是预计在长期能够获得足够的收入来偿还债务本息。这类经济主体需要靠债务滚动（借新还旧）来维持。银行以及滚动发行债务的政府、企业是典型的投机型经济主体。之所以称为投机型经济主体，是因为这类经济主体是在进行某种程度上的投机，期望最终能够有足够的资金偿还债务。投机型经济主体吸收冲击的能力较弱。庞氏型经济主体不能靠经营所得收入来偿还债务本金，甚至不能偿还债务利息，只能以或者变卖资产或者不断增加未到期的债务来偿还到期债务。庞氏型经济主体不具备吸收冲击的能力。

如果抵补型的融资行为处于主导地位，经济将趋于均衡；相反，投机型和庞氏型融资行为的比重越大，经济就越有可能处于不断背离均衡的状态。明斯基认为经过一段较长时期的繁荣之后，经济趋于从抵补型经济主体占主导的融资结构转向投机型经济主体和庞氏型经济主体占主导的融资结构。如果投机型经济主体占主导的经济处于通货膨胀的状态，当局通过紧缩货币来抑制通货膨胀，则投机型经济主体将变为庞氏型经济主体，而先前的庞氏型经济主体的净资产则很快就蒸发掉了。现金流短缺的经济主体将不得不为了维持头寸而出售头寸（to make position by selling out position），经济陷入费舍尔所称的债务—通缩境地，这将导致资产价值的崩溃。

2. 其他学者的论述

在 DD 模型中，银行恐慌是一个随机事件，是自我实现的预期，恐慌本身可以为恐慌证明其合理性。阿伦（Allen）和盖尔（Gale）① 对 DD 模型作了修正，他们认为恐慌与经济周期相关联，而不是随机性事件。当存款者发现宏观经济将向负面发展，如萧条将要出现时，他们将修正对银行风险的评估，为了避免在萧条期间的存款损失，他们就会从银行提取存款。阿伦和盖尔认为银行长期资产价值与经济周期相互联系，因而存在银行长期资产价值的总体不确定性。

拉詹（Rajan）② 从银行家的动机的角度解释了经济周期与金融脆弱性的关系。在他的模型中，当大部分借款人有偿付能力的时候，银行家有通过保持慷慨的信贷政策来掩盖不良贷款的倾向。当经济受到全面冲击和银行家缺乏相应的辨别能力的时候，他们有紧缩信贷的动机。这一周期的信贷政策使得在经济繁荣时期倾向于向不良项目融资，积累下了潜在的呆坏账，在经济衰退时期呆坏账暴露，同时有价值的项目又得不到贷款。

三 信息不对称对金融脆弱性的影响

1. 吉本斯的动态博弈论

吉本斯在 1992 年的《博弈论入门》一书中，将动态博弈论引入对银行行为的分析，得出了与 DD 模型相似的结论，即银行体系存在内在的不稳定性。③

2. 其他学者的论述

伯南克（Bernanke）和格特勒（Gertler）④ 论及了信息不对称所造成

---

① F. Allen & D. Gale, Optimal Pinancial Crises, *Journal of Finance*, 1998; F. Allen & D. Gale, Financial fragility, in http: //www. bis. org/cgfs/allen-gale. pdf, 2002.

② R. Rajan, Why bank credit policies fluctuate: a theory and some evidence, *Quarterly Journal of Economics*, 109, 1994, pp. 399 - 442.

③ 参见张荔《发达国家金融监管比较研究》，中国金融出版社 2003 年版，第 28—29 页。

④ B. Bernanke & M. Gertler, Financial fragility and economic performance, *NBER Working Paper*, No. 2318, 1987.

的金融市场不完善的问题。不完美的金融市场对实际经济带来了影响，而资产负债表是理解影响机制的关键。他们在模型中分析了借款人与贷款人在投资项目的质量以及借款人在努力程度上的信息不对称，并认为恶化的资产负债表使经济经历了实质性的低投资、资源的错误配置，甚至可能是完全的投资崩溃。

米什金（Mishkin）① 认为，信息不对称问题是影响金融系统功能发挥的主要障碍。信息不对称造成了事前的逆向选择和事后的道德风险。逆向选择是由于信息不对称所造成的这样一种情况：潜在的不良贷款风险来自最积极寻找贷款的人，即那些最可能产生事与愿违结果的人是最有可能被选中的。道德风险是这样一种情况：借款者向高风险项目投资的动机是借款者可以获得项目成功的收益，而银行要承担项目失败的主要风险。以下 4 种因素增加了信息不对称问题的严重程度，进而导致了金融不稳定：金融部门资产负债的恶化、利率的提高、不确定因素的增加、由于资产价格变化造成的非金融部门资产负债的恶化。

巴里（Barry）、蔡（Chai）和舒马赫（Schumacher）② 认为，除了逆向选择和道德风险外，信息不对称问题还造成了搭便车、委托代理和监督、理性效仿和传染等问题，当金融系统面临冲击时，由于信息不对称所引起的问题会严重，加大识别有效信息的难度，因而在某些情况下，较小的冲击就可能导致金融危机。

四 关于新兴市场金融脆弱性更为严重的分析

1. 通货膨胀加剧金融脆弱性

新兴市场尤其是拉美新兴市场，普遍有高通胀的历史。博里奥（Borio）和洛（Lowe）③ 论述了通货膨胀变动对金融稳定的伤害。他们指出，

---

① F. S. Mishkin, International capital movements, financial Volatility and financial instability , *NBER Working Paper*, No. 6390, 1998.

② R. Barry, J. Chai & L. Schumacher, Assessing financial system vulnerabilities, *IMF Working Paper*, WP/00/76, 2000.

③ C. Borio & P. Lowe, Asset price, financial and monetary stability: exploring the nexus, *BIS Working Paper*, No. 114, 2002.

未预期的通货膨胀率下降会增加未清偿债务实际价值，增大违约风险。特别是通货膨胀率下降的同时又实行了紧缩性的货币政策和财政政策，比在稳定的通胀率时期更有可能对金融系统产生压力。同样，当通货膨胀率高于预期，特别是当需要采取紧缩性的宏观经济政策来抑制通货膨胀的时候，金融系统的脆弱性会趋于加大；如果较高的通货膨胀率鼓励了通过增加杠杆比例购买资产的行为并产生了对资源错误的配置，那么金融脆弱性会更为严重。施瓦茨（Schwartz）① 论述了因高通货膨胀率而产生的对资源的错误配置，他认为，高通货膨胀率恶化了信息不对称问题，使得银行在评估借款人真实风险时更为困难，因而无效率的贷款得到了增加。施瓦茨进一步论述到，在高通货膨胀时期，房地产是应对通货膨胀的保值工具，因而对房地产的需求趋于增加。对房地产需求的增加膨胀了资产价格泡沫，加剧了金融脆弱性。

2. 财政赤字加剧金融脆弱性

财政赤字是全球性、一般性的问题，但与发达国家相比，新兴市场经济体普遍存在中央银行不具有独立性、政府公信力缺失等问题，财政赤字的可维持性较低。恶化的财政赤字加剧了新兴市场经济体的金融脆弱性，在 1982—1983 年的拉美危机中财政赤字恶化扮演了重要角色，1998—1999 年的巴西危机也与财政赤字有很大关系。

米哈列克（Mihaljek）和蒂索（Tissot）② 认为，财政赤字的变动会影响到利率和汇率，进而影响到金融部门。首先，恶化的财政状况会直接影响金融状况。这一影响对一个规模不大、政府部门又是最大借款人的债券市场更为明显。财政赤字增加对利率和汇率变动的影响取决于其恶化程度。其次，财政赤字的持续性与金融市场会间接地相互影响，这一影响源于投资者对政府财政状况的预期。尽管政府债务没有任何增加，但投资者仍可能会对未来的财政状况担忧，对财政赤字的可持续表示怀

---

① A. Schwartz, Why financial stability depends on price stability, *Economic Affairs*, 1995., pp. 21 -25.

② M. Mihaljek & B. Tissot, Fiscal positions in emerging economies: central banks' perspective, BIS Paper, No. 20, 2003.

疑，这一担忧将引发未预计到的汇率和利率变动。再次，财政赤字的恶化通常被认为是经济整体脆弱的预警信号，金融市场在判断宏观经济是否稳健时将财政因素作为一个特别重要的指标。如果财政处于非常脆弱的状态，金融市场就会对经常项目赤字很敏感，也会对企业部门和银行部门的健康状况担忧。公共债务的恶化还会引起对政府承诺能否兑现的担忧，例如，不严肃的财政纪律会使得人们怀疑政府维持固定汇率制的能力，进而会使固定汇率制受到冲击。

维普洛斯（Wyplosz）① 从以下三个方面讨论了政府财政行为与汇率变动的关系。一是当货币政策主要或全部关注于对汇率的承诺时，宏观经济稳定就要更多地依赖于财政政策工具的运用；反过来讲，如果财政政策运用不当，对宏观经济稳定的伤害就会更大，也会动摇货币政策在维护汇率稳定中的作用。二是不严肃的财政政策是对货币政策的直接伤害，从根本上破坏了对汇率的承诺。财政赤字失控的最终结果是债务的货币化，这意味着汇率必将下降，对这一结果的预期必将引发对货币的投机性冲击。三是宏观经济政策的综合运用是维护汇率稳定的重要手段。当一些国家联合起来共同管理其汇率时，一国的财政行为会对其他国家产生溢出效应，影响到汇率的共同稳定。

米什金（Mishkin）② 认为，财政政策是对通货膨胀进行控制和实现通货膨胀目标的必要条件。不负责任的财政政策给货币当局施加了将债务货币化的压力，造成了货币的过量发行和较高的通货膨胀率。如果财政失衡达到一定程度，货币政策将最终成为财政政策的附属品。

3. 金融自由化加剧金融脆弱性

金融自由化自20世纪70年代以来在世界各国迅速展开，但金融自由化不同阶段的影响以及金融自由化对不同经济体所产生的影响并不相同。在初始时期，即便是在发达国家，金融自由化的实施也对金融体系产生

---

① C. Wyplosz, Fiscal discipline in emerging market countries: How to go about It, prepared for conference on "Financial Stability and Development in Emerging Economies: Steps Forward for Bankers and Financial Authorities", 2002.

② F. S. Mishkin, Can inflation targeting work in emerging market countries? *NBER Working Paper*, No. 10646, 2004.

了震动，随着金融自由化的深入，发达国家更多地收获了自由化的益处。但对于新兴市场经济体，金融自由化的实施所产生的震荡更为强烈，由此所造成的危机更为严重。

（1）金融自由化与金融脆弱性的关系

肯特和德特拉贾凯①进行了一项权威性的实证研究，揭示了金融自由化与金融脆弱性的关系。肯特和德特拉贾凯对1980—1995年间53个国家的数据进行了分析，结果表明，金融脆弱性受多种因素的影响，如宏观经济、经济政策、国际收支，但在这些因素得到控制的情况下，金融自由化与金融危机之间仍存在着显著正相关关系，也就是说，金融自由化对金融脆弱性能够产生独立的负面影响。这一结论与麦金农的观点相同，即在宏观经济十分稳定情况下，金融自由化仍会增加金融脆弱性。

（2）金融自由化增大金融脆弱性的原因

赫尔曼（Hermann）等（1998）的“金融约束”论认为“金融压抑的结果令人沮丧”，但“金融自由化常常也未能达到预想的效果”。赫尔曼等人提出了银行“特许权价值”的概念，认为金融自由化对银行特许权价值的侵蚀带来了金融不稳定。银行特许权价值是由租金所带来的，租金是指超过竞争性市场所能产生的收益。特许权价值促使银行经营更加稳健，使其能够监督贷款企业，管理贷款组合的风险。赫尔曼等人认为，以下因素侵蚀了银行特许权价值。

一是竞争。有两类竞争来源，第一是向银行部门过度进入，第二是现有的银行过度竞争。过度竞争导致了社会资源的浪费，引起经常性的银行倒闭，危及金融体系的稳定。

二是资产替代，即居民将其存款转为其他资产。首先是由于证券市场的发展，居民将存款转为证券类资产，这一行为的后果是影响银行部门的租金，威胁金融体系的稳定。其次是居民将国内的存款转存到国外。

阿里恰（Dell Ariccia）和马克斯（Marquez）② 认为，金融自由化会

---

① A. D. -Kunt & E. Detragiache, Financial liberalization and financial fragility, *IMF Working Paper*, WP/98/83, 1998b.

② G. Dell Ariccia & R. Marquez, Information and bank credit allocation, *Journal of Financial Economics*, 72（1）, 2004; G. Dell Ariccia & R. Marquez, Lending booms and lending standards, *Journal of Finance*, June, 2005.

在一段时期内产生过度借贷的后果，因为与对贷款需求的快速增长相比，银行对借款人进行筛选的动机不高，在他们的模型中，银行对潜在借款人进行筛选是避免向已被其他银行考察和拒绝的项目贷款。当实施金融自由化，许多未被考察的项目需要资金时，银行没有强烈的动机去筛选申请贷款的项目，贷款的快速膨胀就接着发生了。由此，银行资产组合的质量可能会恶化，过度借贷将导致金融脆弱性。温内（Wynne）[①] 认为，企业在历史发展过程中积累起来的信誉和关于它们投资项目质量的公开信息对银行非常重要，当实施金融自由化以后，大量企业进入市场，信息资本的缺失导致了高利率、银行贷款组合风险和贷款的错误分配，如果经济遭受冲击，就有可能使银行产生危机。

4. 制度不完善加剧金融脆弱性

新兴市场经济体普遍存在制度缺失的问题，金融自由化带来了更多的冒险机会，制度不完善使得对银行过度冒险行为的监督和约束变得很困难，加剧了金融脆弱性。

肯特和德特拉贾凯[②]在实证研究中发现，不完善的制度环境与银行危机爆发的可能性存在着相关关系。他们将人均 GDP 作为控制变量，其他5个作为制度质量指标的变量分别是遵纪守法程度（Rule of Law is Respected）、官僚主义程度（Extent of Bureaucratic Delay）、合同履行的质量（Quality of Contract Enforcement）、行政效率（Quality of the Bureaucracy）及腐败程度（Degree of Corruption）。计算结果表明，提高制度环境的质量，特别是减少腐败和加强法治，可以减小金融自由化进程中发生系统性银行危机的概率。[③]

---

① J. Wynne, Information capital, firm dynamics and macroeconomic performance, in http://www.faculty.fuqua.duke.edu, 2002.

② A. D. -Kunt & E. Detragiache, The determinants of banking crises: evidence from developed and developing countries, *IMF Staff Papers*, 1998a; A. D. -Kunt & E. Detragiache, Financial liberalization and financial fragility, *IMF Working Paper*, WP/98/83, 1998b.

③ 具体的计算结果见：A. D. -Kunt & E. Detragiache, Financial liberalization and financial fragility, *IMF Working Paper*, WP/98/83, 1998b。

梅赫雷兹（Mehrez）和考夫曼（Kaufmann）① 关注于实施自由化的金融市场中透明度对银行危机的作用。他们发现在实施金融自由化的过程中，低透明度的国家更多地经历了银行危机。由政府对金融机构或企业提供担保是不透明的一种表现。政府对非金融企业和金融机构提供直接或隐性的担保造成了道德风险。②

五 金融脆弱性理论的新发展：以资产负债表为视角的研究

对金融脆弱性的研究，传统上是着眼于流量的分析，如产出、财政平衡状况、国际资本流动、经常项目状况等；近年来兴起了一种新的研究视角，即着眼于存量的分析，这一分析视角关注于一国中的银行、非金融企业、家庭以及经济总体的资产负债表。伯南克和格特勒③较早地从企业资产负债表的角度对金融脆弱性和经济行为进行了研究，他们分析了企业的资产负债表与投资项目投入、产出之间的关联。米什金④把资产负债的恶化看作是金融不稳定的因素之一。克鲁拉曼⑤强调了公司资产负债表在投资方面的作用以及资本流动在影响实际汇率方面的作用。以资产负债表为视角的研究有两个方向，一是以伯南克和米什金为代表的金融加速器（Financial Accelerator）理论，一是由IMF大力倡导的关于货币错配与期限错配的研究。金融加速器理论同货币错配与期限错配研究的不同之处在于，金融加速器理论更关注宏观经济的波动、货币政策的传导，而货币错配与期限错配的研究直接指向金融体系。

---

① P. Krugman, A model of balance - payments crises, Journal of Money, Credit and Banking, II (3), 1999.

② G. Corsetti, P. Pesenti & N. Roubini, Paper tiger? a model of the East Asian crises, *European Economic Review*, Vo. 1, 43, 1999, pp. 1211 - 1236.

③ B. Bernanke & M. Gertler, Financial fragility and economic performance, *NBER Working Paper*, No. 2318, 1987.

④ F. S. Mishkin, International capital movements, financial Volatility and financial instability, *NBER Working Paper*, No. 6390, 1998.

⑤ P. Krugman, A model of balance - payments crises, Journal of Money, Credit and Banking, II (3), 1999, pp. 311 - 325.

1. 关于金融加速器理论的研究[①]

金融加速器理论由伯南克、格特勒和吉尔克里斯特于 1996 年正式提出，又称 BGG 模型。金融加速器理论以信贷市场不完美性（即信贷市场存在着信息不对称）为前提。在信息不对称的信贷市场中，当金融中介机构与借款人签订借款合同时会产生委托代理关系，因而会产生代理成本。由于企业资产负债表状况（或净值）的变动会影响到企业的代理成本，企业的投资受到资金流动性和净值的影响。由于企业资产负债表状况的变动影响到信贷市场上代理成本变动，进而导致初始冲击的扩大机制即金融加速器或信贷乘数（Credit Multipler）或金融传播机制（Financial Propagation Mechanism）。金融加速器的核心机制是企业外源融资升水与企业净值之间的联系。[②] 企业的资产负债表状况决定了投资水平，较高的现金流量和资产净值对于投资有直接或间接的正面影响。金融加速器的存在不仅会扩大经济的波动幅度，而且会对经济周期产生不对称的影响：在经济衰退时期，金融加速器的作用较大；在经济高涨时期，金融加速器的作用较小。

2. 关于新兴市场期限错配与货币错配的研究

货币错配与期限错配在新兴市场是一个常态性的问题。IMF（2003）对以货币错配与期限错配为核心的资产负债表的分析方法进行了系统论述，并认为资产负债表的分析特别适用于新兴市场。IMF 认为，尽管新兴市场从国际资本市场中获得了利益，但相关的资本流动很不稳定；更重要的是，新兴市场外国借款的特点是以外币来计值，期限较短。新兴市场的资本项目危机通常发生于债权人对一国的主要部门——银行、非金融企业、政府的资产负债表的健康状况丧失信心之时。这种信心的丧失能够引起突然的、大规模的投资组合的调整，如大量提取银行存款，恐

---

① 本部分较多地参考了张荔、罗春蚕的研究成果，见张荔、罗春蚕《金融加速器理论研究述评》，中国金融发展高级论坛会议论文，辽宁大学，2006 年。

② B. Bernanke, M. Gertler & S. Gilchrist, The financial accelerator in a quantitative business cycle framework, *NBER Working Paper*, No. 6455, 1998.

慌性地抛售证券，突然停止债务展期。随着汇率、利率和其他资产价格的调整，经济的总体资产负债状况急剧恶化。在一个资本项目开放的环境中，对国内资产负债表中资产质量的担忧使债权人将国内资产转为国外资产。这通常会引致资本外流，对汇率和官方储备产生更大的压力，最终造成国际收支危机。

资产负债表的失衡表现为货币错配和/或期限错配。货币错配是指一个经济行为主体——大到一国的政府，小到一个企业或家庭——在其进行国际经济交往时，由于其资产和负债、收入和支出使用了不同的货币来计值，因而在货币汇率变化时会受到影响。货币错配的后果是资产负债表易于遭受本币贬值所带来的冲击。期限错配是长期非流动资产对应短期债务，其后果是将资产负债表暴露在展期风险和利率风险之下。如果流动资产不足以偿还到期债务，资产负债表就会面临展期风险的冲击；而利率的急剧提高能够突然增加对短期债务的成本，导致债务负担的迅速增加。

通常，人们对银行系统信心的丧失不仅会引起对存款的挤兑，还会引起货币外逃。当局为了解救陷入困境中的银行系统，会采取增加流动性或降低利率的措施；同时，储户为了保护他们的资产会采取将本币兑换为外币的措施。所有这些都将对汇率造成压力。对于存在货币错配问题的银行部门，汇率贬值进一步削弱了资产负债表的资产方。这样，银行和货币危机会互相增强，产生“双危机”。

（选自《国外社会科学》2007 年第 5 期）

国外法经济学研究述评

汪军民*

近年来，国内外社会科学界从事经济学与法学交叉研究的学者越来越多。特别是自1991年新制度经济学的代表人物罗伯特·科斯获得了诺贝尔经济学奖之后，这种研究逐步向纵深方向发展。然而，无论是国内法学界还是经济学界，从事法学与经济学交叉研究的学者大多把经济分析法学等同于法律经济学，也等同于法经济学；至于法经济学的研究对象是什么以及三者之间存在什么样的关系，则避而不谈。

一　研究路径的差异

对法学与经济学的交叉研究起源于西方，① 可以根据研究重点的不同划分为三类。第一类是法律的经济学分析（economic analysis of law），研究的重点是法律问题，但采用或借鉴了经济学的研究方法，所形成的学科叫经济分析法学。这门学科是法学的一个重要分支，其最具代表性的人物是美国大法官理查德·A. 波斯纳。第二类是法律经济学（the eco-

---

* 本文作者：汪军民，男，1964年生，博士后，中南财经政法大学教授。

① 在西方，对这门学科的描述大多使用了 law and economics，而且在西方学者看来，只有这个名称才能真正反映出这两门学科真正意义上的结合。由于受研究者知识背景和研究视角差异的影响，在名称上，有叫 economic analysis of law，还有叫 the economics of the law，还有其他的一些称谓，如 jurisprudence of economic analysis，law-economics，legal economics，economics approach to law，等等。

nomics of the law），研究重点是经济问题，只不过这些问题与法律有关，从学科分类上属于经济学的分支。第三类是“法与经济学”（law and economics）或“法和经济学”或“法经济学”，它代表法学与经济学较深入的结合，研究的重点是与法律和经济均有密切联系的社会问题。如果说经济分析法学是从经济的视角研究法律问题，法律经济学是从法律的视角研究经济问题，那么法经济学则是既从经济的视角又从法律的视角研究社会问题。

上述三种名称分别反映了三条研究路径。第一条路径是从法学向经济学“靠拢”；第二条路径是从经济学向法学“进军”；第三条道路则是以社会现象为出发点，从法学和经济学的角度寻找两大学科的共同研究对象，从而实现了法学与经济学真正意义上的结合。

这三者是有区别的。马洛伊在《法经济学》一书中明确指出，“法律的经济学分析”与“法经济学”既有联系，又有区别。“法律的经济学分析”是在新古典主义的经济模式中研究既定社会制度中的法律问题；而法经济学的研究应当注重经济哲学、政治哲学与法律哲学的相互关系，分析和评估可供选择的多种社会模式，研究和探索选择各种不同社会模式的法律制度与经济关系的后果。

法律的经济学分析，也称经济分析法学，是用经济学的方法和理论，研究法律和法律制度的形成、结构、过程、效果、效率及未来发展的学科；而法律经济学是研究特殊条件下的资源配置问题的学科，只是这种特殊条件包含着法律因素。法律经济学是从制度经济学中独立出来的一门新兴学科。经济分析法学虽然是用经济学的方法分析法律问题，但与从新制度经济学中独立出来的法律经济学有着本质的区别。从价值观角度看，法学追求的价值理念是社会公正与公平，用经济学的方法分析法律问题，无非是试图将经济学的效率观念引入到对法律制度的分析中，体现的是在公平、正义的前提下对效率的追求。而法律经济学同主流经济学和新制度经济学一样，始终以经济效率的提高为其宗旨，追求社会资源配置中的效率最优化和效益最大化目标，虽然其研究范围涉及法律问题，但本质上追求的是单一的效率目标，因而实质上是一种经济学的分支，无法体现法学的价值理念。因此，法律经济学与经济分析法学有着根本的区别，但二者也有着内在的联系。在法经济学的发展过程中，法律经济学和经济分析法学分别代表着法学与经济学的结合在不同发展阶段的不同具体表现形式，法律经济学早于经济分析法学，二者皆代表着法经济学的早期发展阶段。

法经济学是以公平与效率为目标，以交易为研究对象，以权利配置为主要内容，以经济分析和法律逻辑分析为主要方法的经济学与法学的交叉学科。它从社会公正和社会效率的角度，探讨社会制度安排中公平、公正与效率、效益的平衡与统一。法经济学具有独立的研究对象，因而区别于法律经济学和经济分析法学。它是法学与经济学真正意义上的结合。

上述三门学科都是法学和经济学在不同领域的结合，都是交叉研究的结果，在研究对象上有交叉和重叠的部分，并在发展过程中相互促进、相互借鉴。

二 研究重点的差异

1. 法律经济学的研究重点

法律经济学来源于新制度经济学。到底什么是产权经济学？产权经济学与新制度经济学、交易费用经济学、契约经济学之间是什么关系？恐怕没有一个新制度经济学家能说得清楚。其原因首先在于对“经济学”概念的滥用，其次是产权、契约、交易费用、制度这些概念含义的模糊。从字面上理解，“制度”是一个相对宽泛的概念，它应当是产权、契约、交易费用概念的上位概念。美国经济学家威廉姆森①把产权经济学命名为“新制度经济学”虽然有言过其实之嫌，但产权经济学并不代表新制度经济学的全部。制度经济学强调在社会资源配置过程中制度的重要性，不同的制度安排对于资源配置的效率有较大的影响，制度是经济增长的内生变量。既然制度是经济发展的重要因素，那么如何理解“制度”？制度又由什么因素决定？这些都成为制度经济学必须回答的问题。新制度经济学沿着这条路径进行研究，因而出现了产权经济学、交易费用经济学、契约经济学等学科。

① Oliver Williamson, *The Economic Institutions of Capitalism*, New York: Free Press, 1983.

有趣的是，新制度经济学这个称谓晚于产权经济科学和交易费用经济学。这是因为新制度经济学是后来经济学家对进行制度分析的经济学家们所从事的研究成果的总结。

制度是一个内容极其丰富的概念，其中法律制度构成了制度体系的主要内容。正因为如此，制度经济学与法律经济学之间有着内在的联系。在法律制度中，产权是财产权制度的核心概念，不同的产权结构和产权制度安排决定着不同的经济绩效，从而决定着经济运行的效率。影响经济运行效率的因素除了产权以外，另一个重要的因素是契约安排。如果说产权从静态的角度影响经济绩效，那么契约则是从动态的角度影响经济绩效。尽管法律经济学中的产权、契约概念的内涵和外延与法学中的财产权、物权、债权、合同等概念之间有区别，但它们之间的联系是显而易见的。正因为经济学中的上述概念与法学中的类似概念之间的差异，因此决定了法律经济学与经济分析法学的本质区别。

当制度经济学将研究的重心转移到对经济运行中的法律问题进行分析的时候，产权经济学、契约经济学、反垄断经济学等与法律有关的经济学说就随之产生，法律经济学因而得以建立。法律经济学继承了主流经济学的传统，沿着新制度经济学的老路，研究在考虑产权、契约等法律因素的特殊条件下的资源配置问题，研究法律制度对资源配置效率的影响。因此，从法律的角度研究不同法律制度安排下资源的优化配置问题就成为法律经济学的任务和主要内容。[①] 法律经济学研究的重点是从产权、契约、侵权的角度研究社会资源配置问题。

2. 经济分析法学的研究重点

经济分析法学是建立在法律的经济分析的基础上，采用经济学的方法对法律问题进行分析，这只是一种方法论，还不足以形成一门学科。当这种方法在法学领域得到广泛应用，并形成了完整的体系之后，作为法学的一个分支的经济分析法学才得以诞生。

将经济学的方法引入对法学的分析，其实质就是在法学领域引入了

① Harry N. Scheiber, Regulation, Property Rights, and Definition of "The Market": Law and the American Economy, *The Journal of Economic History*, Vol. 41, No. 1, 1981.

效率观念。在波斯纳看来，效率的理念与法律制度是相容的，法律的许多领域，尤其是（但不仅限于）普通法领域中的财产权、侵权、犯罪、契约，都打上了经济理性的烙印。普通法的效率理论并不意味着普通法的每一项原则和裁决都是有效率的。普通法应被解释为一种追求社会福利最大化的制度。在波斯纳看来，权利与经济学是相容的概念，法律是关于权利的科学，而权利意味着一个人对某种稀缺资源的排他性的占有关系。没有资源的稀缺性，对资源的独占权就失去了意义。如果市场交易没有费用，经济学家就不会关心权利。但是，一旦放弃了这个不现实的零交易费用的假定，权利分派就变成有决定意义了。因此，财富最大化原则就要求把权利初始赋予那些可能是最珍惜这些权利的人，以此使交易费用最小化，而交易费用最小化就意味着效率最高。在普通法中，财产法的许多问题是经济学与法学的共同话题，因而是最有必要引入经济学分析方法的领域。从经济学的角度看，普通法的实体部分可由三个部分组成，即财产权法、契约法和侵权法。在英美法系中，没有物权的概念，大陆法系的物权制度基本上包含在财产法中。

除了波斯纳以外，美国学者罗伯特·考特和托马斯·尤伦也对法律的有关领域进行了经济学分析。在二人合著的《法和经济学》① 中，他们对财产法、合同法、侵权法、司法程序、犯罪等问题进行了经济分析。与波斯纳不同的是，他们研究的问题较集中，而且主要集中在私法领域。他们试图实现法学与经济学的真正结合，建立一门既不同于经济学又不同于法学的交叉学科。他们呼吁法学家应该学习经济学，而经济学家应该学习法律。经济分析法学研究的重点是法律制度的效率，即用经济学的原理研究如何提高法律制度的效率，从效率原则出发，去衡量每一种法律制度所引起的成本与收益，从而揭示财产法、契约法、侵权法及其他法律部门背后的经济学逻辑。

3. 法经济学的研究重点

进入20世纪90年代后，法经济学取得了长足的进展，美国学者尼古

---

① ［美］考特、尤伦：《法和经济学》，张军译，上海人民出版社1999年版。

拉斯·麦考罗和斯蒂文·G. 曼德姆①总结了自波斯纳以来法经济学研究的成果。他们认为，鉴于法学和经济学在许多领域中的相互作用和相互影响，法经济学的一些基本观点，不仅对经济学和法学，而且对其他相邻学科，尤其是那些本身就以法律的各个层面作为研究对象的政治学和社会学领域有着重要的意义。

贯穿于法经济学之中的逻辑可以表述为：在现代市场经济中，交易是经济运行的基本单位。交易是经济学的基础概念，又是法学研究的重点，通过改变法律秩序及其运行规则可以最终影响经济运行的绩效。换言之，不同的法律制度和结构影响社会资源配置的效率，这就是法经济学存在的逻辑，也是法经济学存在的逻辑前提。在现代社会，资源配置是通过市场交易进行的，资源配置的本质就是市场交易的效率。而法律制度与结构所能影响的是交易的规则和秩序，即交易制度。正是交易将法律制度与资源配置联系在一起，从而成为法经济学的研究对象。因此，法经济学的研究重点是：以交易为对象，通过权力的合理配置，实现资源配置效率的最大化。

从上述研究的重点来看，这三门学科存在着研究重点上的差异，正因为它们在研究重点和研究对象上的分工不同，才最终形成各学科的特色。

三 法经济学的研究对象

在社会科学领域，不同的研究对象是区分不同学科的分水岭，也是判断该门学科能否成为一门独立学科的标准。经济学和法学均以人类行为为研究对象：经济学研究人类行为的合理选择，而法学研究人类行为的规范。前者从人是理性的经济人出发，研究人们如何在约束条件下，通过合理选择，实现稀缺性资源的最优配置，实现经济效率目标；后者通过制定法律规则，规范人们的行为，实现社会公正、公平的目标。在传统社会和自然经济条件下，人类的经济行为主要表现为劳动及劳动产

① Nicholas Mercuro & Steven G. Medema, *Economics and The Law: From Posner to Postmodernism*, Princeton University Press, 1999.

品的交换，交换还处于初级形式，没有成为社会的普遍现象。[①] 进入近现代社会以来，随着商品经济的发展，人类的经济活动普遍表现为交易行为或与交易有关的其他经济行为。交易成为人类基本行为的主要形式，因此，根本的活动单位，使法律、经济学和伦理学有相互关系的单位，必须本身含有“冲破、依存和秩序”这三个原则。这种单位就是“交易”。交易并不代表人类行为的全部，但却是人类行为最主要、最基本的形式。现代经济学的实质是市场经济学，古典经济学和新古典经济学均是以市场经济理论为中心。自由主义经济学更是市场经济学的忠实维护者。在市场经济中，交易处于核心地位，交易是联系供给与需求、生产与消费的纽带；资源的配置以交易为手段，交易效率的提高代表着经济绩效水平的提高。因此，从这个意义上来说，现代经济学就是交易经济学，交易是经济学的基本单位。一旦交易成为人们行为的基本方式，法律制度就必须以此为对象，对人的行为进行规制。在法律体系中，有些法律部门直接维护交易的安全，为交易提供法律规范，如民商法学、经济法学、民事诉讼法学，有些法律部门间接地规范交易行为，如行政法学、刑法、宪法等。法律科学是以维护社会经济秩序及交易安全为己任，以规范人们的交易行为为内容的学科。

既然“交易”是经济学和法学共同的研究对象，就必须以此为基础，找出这两门学科交叉研究所形成的法经济学的研究范围、重点及研究方法。经济学是关于资源合理配置的科学，其价值理念就是经济效率。经济学从资源——包括劳动、资本、土地及其他生产要素的角度实现资源优化组合，从而产生最优的经济绩效。法学从社会公正、公平的立场出发，规范资源配置的秩序。资源配置的过程既是物质资源技术上优化组合的过程，又是权利合理配置的过程。法经济学以权利实现配置公平与配置效率为双重社会目标。权利的配置缺乏了公平，就失去了其存在的基础，缺乏了效率，则失去了存在的意义。因此，公平与效率是法经济学的基本价值理念。

法经济学应当包括如下内容。第一，法经济学的研究对象是“交

---

① Simon Kuznets, Static and Dynamic Economics, *The American Economic Reviews*, Vol. 20, No. 3, 1930, pp. 426 - 441.

易”。第二，法经济学的研究主题是“权利配置”。在法经济学中，权利配置处于核心地位。权利可以划分为财产权利与非财产权利，二者的法律特征存在着差异，因此，权利配置的具体内容有所差别。第三，权利配置的基本价值是“公平与效率”。公平与效率是权利配置的基本价值理念，公平是权利配置的精神实质，效率是权利配置的内在动力。第四，权利配置的目标是，在社会公平的前提下实现资源配置效率最大化。财产权利的配置与非财产权利的配置存在差别，因此，应当分别进行研究。第五，权利配置应当遵循利益平衡原则、效率原则、最大化原则、效益原则、配置自由原则、配置限制原则。第六，从权利配置的环节看，权利配置可以划分为初始配置和再配置。权利的初始配置是按照一定原则和价值取向，法律将某种权利分配给不同的主体，形成权利分配的基本格局。例如，立法就是权利初始配置的主要形式。权利的再配置是指在权利初始配置后，权利在不同的权利主体之间按照法律规定的方式进行转移，从而实现权利的重新组合。例如，司法、执法活动就是实现权利再配置的方式，各种权利的流转也是促使权利再配置的重要手段。从财产权利配置内容来看，可以分为物权配置、债权配置、知识产权配置等。物权配置又可以分为所有权配置、用益物权配置、担保物权配置。用益物权配置又可分为农村土地承包经营权配置、建设用地使用权配置、宅基地使用权配置等等。总之，权利配置包含的内容较多，上述几个方面是权利配置主要内容，它们构成了法经济学的基本理论体系。

综上所述，法经济学与法律经济学、经济分析法学既有联系，又有区别。它们是法学与经济学结合的不同发展阶段的不同具体表现形式，具有各自的研究重点、研究对象和不同价值理念。将法律经济学、经济分析法学、法经济学区分开来，对于解决现实问题具有重要的意义。

（选自《国外社会科学》2009 年第 5 期）

联合国三大核算体系的演化与历史逻辑

李金华*

一 引言

1970年诺贝尔经济学奖得主、美国经济学家保罗·A. 萨缪尔森（Paul A. Samuelson）在与经济学家威廉·D. 诺德豪斯（William D. Nordhans）合著的教科书《经济学》中指出：国内生产总值（Gross of Domestic Product，GDP）是20世纪最伟大的发明之一……尽管国内生产总值的发现没有得到专利权，也没有放到科技博物馆去展览，但是没有它，宏观经济学可能还在杂乱无章的数据之海中漂泊。美国前商务部长威廉·M. 戴利（William M. Daley）也曾指出：当我们要寻找商务部的先驱们创造的对美国影响最大的和最伟大的成就的时候，国民经济账户——今天称之为国内生产总值或GDP——的发明则当之无愧。表面上，这些学者的言论是对国内生产总值这一宏观经济核心指标的认可，本质上，这却是对联合国国民经济核算体系巨大作用的褒扬和肯定。

联合国统计委员会联手世界银行、经济合作与发展组织、欧洲委员会、国际货币基金组织等相关机构曾向世界各国推荐过四大核算体系：

* 本文作者：李金华，1962年生，男，经济学博士，中国社会科学院数量经济与技术经济研究所研究员，博士生导师。

《国民经济核算体系》(System of National Accounts, SNA)、《物质产品平衡表体系》(System of Material Products Balances, MPS)、《社会和人口统计体系》(System of Social Demographic Statistics, SSDS) 和《环境和经济综合核算体系》(Integrated Environmental and Economic Accounting, SEEA),用以指导世界各国的经济核算、物质产品核算、社会人口核算、环境核算。四大核算体系是因为统计和经济分析数据的国际对比应运而生的,也是因为经济存流量和国民财富的测度计量需求而诞生,自其面世之日起就一直指导世界各国的国民经济核算实践,推动着世界经济统计和核算朝一体化方向发展。但是随着时间的推移,社会经济条件和国际环境的变化,四大核算体系的地位和影响力产生了程度不同的变化,更有体系(MPS)已退出历史舞台。因此,有必要对这几大核算体系的发端、演化过程和历史逻辑进行探究,对其未来的发展趋势进行前瞻。

二 发端与演化

1. 早期的核算实践与 SNA 的发端

GDP 发端于经济统计数据的国际对比和政府对经济信息的需求。1928 年,国际联盟举办了一次经济统计国际会议。会议号召各国扩大官方统计范围,定期进行国民收入统计,建立一种表述一致、资料和数据可比的国际统计机制,这可算作最早的关于国民经济核算的动议。20 世纪 30 年代,美国经济陷入大萧条,其政策制定者迫切需要了解宏观经济全貌的信息,这直接引发了对国民收入和经济产出的统计需求。为了满足当时经济形势分析之需,诺贝尔经济学奖得主西蒙·库兹涅茨(Simon Smith Kuznets)带领一个研究小组开发了一套国民经济账户,并于 1937 年向美国国会提交了一个研究报告——《国民收入(1929—1935)》,这是最早对国民收入的测算实践。1939 年,国际联盟首次公布了国民收入估计数据,并在其年刊《世界经济概览》的一张表中,列示了 26 个国家 1929—1938 年整个时期或部分时期的国民收入估计结果。

及至第二次世界大战结束,国际社会急切地需要可比的国民收入数据来进行国家经济实力的对比判断,以此作为摊派国际组织费用的依据。

为此，国际联盟专家委员会成立了国民收入统计分会，分会的专家主要来自欧洲、北美和澳大利亚等国家和地区。1945 年 12 月，诺贝尔经济学奖得主（1984 年）、英国著名经济学家和统计学家理查德·斯通（John Richard Nicolas Stone）教授主持召开分会会议，启动了国民经济核算理论的研究工作。1947 年，斯通教授提交了一份含有附录的成果报告，该报告提出了国民收入及其相关总量指标的定义和计算方法，讨论了怎样选择和合并一个经济体的基本交易项目以及怎样展示这些交易内生联系的方法。同时，报告还设计了 9 张表、24 个账户以反映国民收入资料和 5 个机构部门（生产企业、金融中介、保险和社会保障机构、最终消费者、国外）的货币交易规模与结构，这可谓最早的国民经济核算理论片段。

在 1942 年的早些时候，为便于战时生产计划的制订，美国政府引入了一个新指标——国民生产总值（Gross of National Product，GNP）以作为国民收入估计的补充。稍后，诺贝尔经济学奖得主瓦西里·里昂捷夫开发了美国经济活动的投入产出账户，这一账户随后成为国民收入和产出账户不可缺少的部分。

国民经济核算的最初实践经验在二战后迅速积累起来。到 1950 年，联合国统计署已能从 41 个国家的原始数据中提取 1938—1948 年的国民收入统计资料，其中包括 13 套账户或核算表，这些账户或核算表是各国在核算实践中运用社会矩阵方法编制的。同年，欧洲经济合作组织（OEEC）也发布了一套由其机构组织编制的账户体系，这成为 1952 年出版的国民经济核算体系标准化版本的基础。这样，更加广泛和更加标准的国民经济核算体系呼之欲出。到 1953 年，一个由联合国秘书长批准组成的国民经济核算研究专家团队在纽约召开了会议，推出了《国民经济核算体系及其辅助表》（1953 年报告）。这一体系划定了 3 个基本机构部门（企业、住户、私人非营利机构）分类，含 6 个标准账户、12 个标准表。这是最早版本的《国民经济核算体系》，标志着统一的国民经济核算体系的诞生。

1953 年版的《国民经济核算体系》（下文简称 SNA1953）的目标是：为世界各国提供一个测度国民收入及其成果的核算准则，这一准则要在全球范围内普遍适用。其重要的特征是：考虑到了发展中国家进行国民经济核算的需要；设计了农业部门收支表式；为发展中国家经济中的非货币交易提供一个独立的核算账户；强调保持国际统计标准协调一致的重要性。此后，作为一部进行国民经济核算和国际统计资料对比的普遍准则，SNA1953 开始在世界各国逐步应用。

客观上，没有一个准则和规范能一次性普遍地适用于世界各国的实际。SNA1953 在开始应用时就面临着各种挑战。因而在实践中，联合国专家也在不断对其修订和完善。15 年以后，联合国统计委员会基于斯通教授撰写的一篇论文和经济合作与发展组织选定的相关文献，批准了修订的 SNA，这是第二版本的 SNA，即 SNA1968。从 SNA1953 到 SNA1968，其间 SNA 还经历了两次修订，一次是 1960 年的修订，第二次是 1964 年的修订，前者集中克服了 SNA 问世后在实际应用中所表现出的不足和缺陷，表达了建立国际准则、扩大核算范围的意愿；后者则依据国际货币基金组织的《国际收支手册》，调整了部分核算内容，纠正了一些错漏。

较之 SNA1953，SNA1968 有两个重要发展：一是扩充了核算内容，如编制了投入产出账户、资金流量表、资产负债表，并开始关注不变价的估计等；二是建立总量分解的经济模型，以利于国家的经济分析和政策制定。SNA1968 构建了生产、消费、积累、国外等四大基本账户和重估价、期末资产两个核心账户，并由此延伸出 20 个一般账户。一般账户可分为三类：一是相互衔接的国家合并账户；二是反映商品和货物供给的生产、消费支出账户；三是涉及收入与支出的资本筹集账户。同时，SNA1968 将货物和服务的不变价数据融为一体，反映了彼时的研究成果和国际学术界的倾向性意见。

值得注意的是，SNA1968 特别强调该体系要指导各国进行国民经济核算，并据此建立各自的基本统计体系。不过，直到那个时期，SNA1968 仍未论及地区核算、人力存流量、投入的功能分类以及经常性支出、资本支出等问题。所以，此后的 10 多年间，有关核算的一些研究主要集中于资产负债表、收入分配、消费和财富以及不变价格等问题。

从 1968 年到 1993 年的 25 年间，联合国始终致力于 SNA 的修订和完善，不断要求各国将实践国民经济核算的情况和问题及时反馈给联合国。1975 年，联合国再次开始对各国实践 SNA 的经验进行总结。1980 年，联合国专家小组根据各国的经验讨论了 SNA 的使用情况及未来的发展方向，并向统计委员会提交了一份报告，强调了 SNA 作为标准系的地位和作用；

1982 年至 1985 年间，专家小组又对 SNA 进行了小幅修订；1986 年，专家小组又开会讨论了 SNA 的结构、价格和数量比较、国外部门、住户部门、公共部门、生产账户和投入产出表、金融流量，以及 SNA 与 MPS 的衔接等问题。1989 年，联合国成立了专家协调小组，审阅修订后的 SNA 的各章草案，处理突出性问题。经过 6 次会议后，专家组于 1991 年向统计委员会提交了一个 SNA 的临时修订草案，草案长达 582 页。1992 年，专家小组又对草案中各章的内容及其附录再度进行了完善和整理，并于同年 10 月进行了讨论。讨论结果连同 SNA 修订本于 1993 年递交给了统计委员会。专家们认为：此次提交的 SNA 版本是对 SNA1968 极其重大的改进。这样，联合国统计委员会通过决议，决定接受这一版本的 SNA，即 SNA1993。与此同时，联合国经济和社会理事会也向其成员国和有关国际组织广泛推荐采用 SNA1993。

SNA1993 以其丰富的内容、庞大的体系、严谨的结构、科学的方法成为国民经济核算理论的纲领性文献，被世界各国国民经济核算理论及实际工作者视为圭臬，代表了国民经济核算体系发展的一个崭新阶段，各国均据此制定适合本国国情的国民经济核算体系。[①] 但是，这一经典之作并没有让统计学家们陶醉。15 年后，联合国统计委员会、欧盟委员会、国际货币基金组织、经合组织、世界银行又一次合作，通力推出了国民经济核算体系的最新修订本（2008 年版），即 SNA2008。

SNA2008 含 29 章，730 多页，核算表多达 140 多个，内容上可分为三大部分：一是国民经济核算的概念、准则、制度，二是国民经济核算的账户体系，三是相关经济活动的核算。这一版本的 SNA 较之前的版本，在核算内容、核算范围、核算方法上又向前大大地迈进了一步。尤其值得关注的是，它更加关注环境资源与经济活动之间的联系，设计了环境经济核算的卫星账户（Satellite Account）和社会核算矩阵（Social Accounting Matrix），对环境、资源账户的编制进行了更加详尽深入的描述。

SNA2008 是一部关于国民经济核算理论与方法的鸿篇巨制和经典文献，凝聚了世界顶尖级统计学家的心血。不能预言它是国民经济核算体

---

① 中国的国民经济核算体系正是基于此版本而制定。

系的巅峰之作，但它确实代表着当前国民经济核算理论的最高水平，其在国民经济核算体系发展史上的里程碑意义绝对是无可争辩的。

2. SNA 的演化：MPS、SSDS 及 SEEA 的应运而生

有着更重大历史意义的是，在 SNA 诞生发展的 50 多年间，另外几个国际性的核算体系也应运而生。1918 年列宁签署了苏联《统计案例》，提出了编制国民经济平衡表的任务，并实际编制了谷物和饲料平衡表，这是最早的物质产品平衡表雏形。此后的 1920 年至 1950 年间，苏联中央统计局颁布了一系列国民经济平衡表，如电气化事业中的物质资料平衡表、财政收支平衡表，1950 年的国民经济综合平衡表、国民经济劳动平衡表、社会产品分配平衡表、财政平衡表、固定资产平衡表等。以后又吸收了 SNA1953 的经验，编制了投入产出表，并综合苏联等几个国家编制平衡表的经验，推出了《国民经济平衡表》报告。

由于不断积累、不断丰富，苏联编制的这些平衡表终于得到国际组织的认可。1971 年，联合国统计委员会将《国民经济平衡表体系的基本原理》作为官方文件公布出版，即正式的 MPS，其中包括四种主要平衡表和 13 张补充表。1977 年又出版了《国民经济账户体系与国民经济平衡表体系比较》。1984 年，经互会①（Council for Mutual Economic Assistance，CMEA）统计常设委员会又对 MPS 进行了重大修订，形成了所谓的新 MPS——《编制国民经济统计平衡表的基本方法原则》，对原 MPS 作了较大修改和补充，增加了非物质服务平衡表、部门联系平衡表、居民收入和消费指标等，以利于两大体系的沟通和换算。

一个令人欣慰的事实是，在不断修订、完善 SNA 的进程中，联合国统计委员会也早已将目光投向了社会活动和人口活动的测度计量问题。20 世纪 60 年代初期，联合国的统计专家们就已着手社会人口数据的收集

① 以苏联和东欧社会主义国家为主的国际经济组织，总部设在莫斯科。1949 年 1 月，保加利亚、波兰、捷克斯洛伐克、罗马尼亚、苏联和匈牙利 6 国在莫斯科举行会议，决定成立经济互助委员会。同年 4 月，在莫斯科举行第一次会议。1962 年第 16 次会议修改经互会章程，规定非欧洲国家也可参加。经互会的出版物有《经互会成员国经济合作》（月刊）、《经互会成员国统计年鉴》等。经互会在工业、交通和科技方面陆续设立了一批专业合作组织，1964 年建立国际经济合作银行，1971 年建立国际投资银行。1991 年 6 月经互会撤销。

与处理，开始社会人口现象核算理论与方法的探讨。从 1969 年起，斯通教授就率领专家组将社会人口测度计量的零星方法整理收集，正式启动了社会核算体系的研制工作。1970 年 7 月，专家组在日内瓦举行会议，讨论了社会核算体系的最初报告《人口、人力和社会综合统计体系及其与国民经济核算体系的联系》。经 1970 年 10 月联合国统计委员会第 16 届会议、1971 年 4 月欧洲经济委员会和世界卫生组织的联席会议、1971 年 5 月欧洲统计学家会议、1971 年 9 月亚洲统计学家会议、1971 年 11 月非洲统计学家会议、1972 年 5 月的欧洲统计学家会议以及 1972 年 12 月的拉丁美洲经济委员会工作小组会议的多次讨论，最终形成了《社会和人口统计体系》（SSDS），并于 1975 年公布。

在另一个研究领域，环境和资源的测度理论与方法吸引了一大批经济学家和统计学家，这成为另一核算体系 SEEA 的发端。20 世纪 70 年代，全球经济一体化初现端倪，劳动生产率不断提高，社会物质产品高度丰富，世界经济迎来了快速发展的黄金时期。但是，随之而来的是，环境污染严重，能源资源短缺，人类的长期发展，特别是下一代人的生存发展条件和环境受到严重威胁。这样的发展模式能持续多久？怎样的发展模式才是科学的发展模式，才是人类需要的模式？这个问题历史地摆在了人们面前。

1962 年，美国科学家卡逊（Carson）出版了《寂静的春天》一书，基于对全球发生的重大环境公害事件的剖析和环境污染所造成的损失的计量，她第一次提出了环境保护这一严肃的命题。随之，美国经济学家波尔（Boulding）于 1966 年提出了他的“循环经济说”。他认为，当代人类社会发展模式是一种“单一线性式”的经济发展模式，即由生产投入，再到消耗自然资源，获取物质产品，最后到排放出废弃物。这种模式最终会导致环境恶化、资源枯竭，从而引发能源危机，是不可能长久的。就在波尔“循环经济说”问世不久，美国麻省理工学院的丹尼·米德（Dennis L. Meadows）教授领导的发展战略研究小组推出了一个研究报告——《增长的极限》，这一报告慨叹：地球的承载能力是有限的，唯有停止地球上人口的增长和经济发展，即实行“零增长”或“负增长”，才能避免灾难性后果的发生。超越地球自然资源承载极限，人类将自食恶果，这种恶果不能指望科学技术的进步来消除。

受两种观点的诱发，这一时期的经济学家、战略家都兴致盎然地思考起人类的发展战略和发展模式问题。学术争鸣十分活跃，不少机构和组织还将战略思考付诸行动。如联合国教科文组织（UNESCO）于1971年推出了“人与生物圈计划”；联合国人类环境会议于1972年发表《人类环境宣言》；世界环境与发展委员会（WCED）于1987年提出“可持续发展”说；还有后来的“多元发展战略”“以人为核心的发展战略”“没有破坏的发展战略”等。最终，著名的“可持续发展”理论成为各种观点和学说的代表和总括，为世界各国所广为接受，并沿袭发展至今，成为经典。

在这种背景下，联合国统计署（UNSD）、欧盟（EU）、经合组织（OECD）、世界银行（WB）于20世纪90年代推出了《环境核算临时手册（1993）》，以实现经济核算与环境资源核算相统一、相协调的目标。1993年，联合国统计署出版了SEEA1993初稿，首次推出了与SNA相一致的系统核算环境资源存量和资本流量的核算体系框架，即SEEA1993。但是SEEA并不是SNA的更新或替代，而是在不改变SNA的基础上，将环境因素引入了SNA，是对SNA核心账户的补充，故一般被视为SNA的卫星账户体系。2000年，联合国统计署又出版了SEEA指导手册，该手册没有阐述SEEA的全部内容或模块，只是描述那些在目前可行的、数据充分并能与SNA连接的一些内容。事实上，从1998年开始，联合国统计署就一直致力于环境经济核算体系的修订，不断扩大SNA1993的核算内容与范围，促进SNA1993与资源、环境信息直接联系的概念变化，终于在2003年再次推出了SEEA的最新版本——《环境和经济综合核算体系（2003）》（SEEA2003）。至此，连同前面的三大核算体系，联合国共推出了供世界各国适用的四大核算体系。

三 历史逻辑

联合国所推荐的核算体系的历史逻辑主要体现于它们之间的发展变化、关联以及异同上，揭示这种逻辑联系，对分析国民经济核算理论的发展方向有着重大的理论意义。

1. MPS 的退出：必然与偶然

在国民经济核算理论的发展史上，最早出现的核算体系是 SNA1953，随之出现的是 1971 年的 MPS。但与 SNA 旺盛的生命力不同的是，MPS 于 20 世纪 90 年代就不再适用，退出了国民经济核算实践，成为历史。学术界普遍认同的观点是，马克思的劳动价值论和再生产理论构成了 MPS 的理论基石。按照马克思的劳动价值学说，价值源于劳动，除了劳动本身，价值没有任何别的物质；在产品的生产过程中，投入的活劳动才创造价值财富，生产资料只是转移它自身已有的价值，而不衍生出新价值。因此，只有物质生产领域中的劳动才能形成价值，非物质生产领域中的劳动则不创造价值。这就是所谓的“限制性生产观”或窄口径生产观。这种观点的核心要点是，社会总产品仅仅由物质生产部门的生产成果所构成，故而物质产品的使用价值是工业、农业和建筑业三大部门产品的总和；物质产品的价值则是三大部门所创造的价值加上货物运输业和商业等流通部门追加在商品中的价值之和。所以，MPS 中有一个经典的分类，就是五大物质部门分类：即工业、农业、建筑业、货物运输业和部分商业。MPS 的社会产品价值核算就是围绕这五大物质生产部门的生产而展开的，这也直接决定了 MPS 的框架形成、部门分类及其重要核算指标的设计。

从限制性生产观出发，MPS 将全社会的全部经济活动部门划分为两大领域：物质生产领域和非物质生产领域，这成为 MPS 最重要的核算分类。基于这一分类，MPS 形成了两个贯穿于整个核算体系的核心指标：“社会总产值”和“国民收入”（又称社会净产值），前者被定义为一定时期内全社会各物质生产总部门所生产的物质产品价值的总和；后者被定义为一定时期内一个国家（地区）物质生产领域的劳动者新创造价值的总和。二者的关系被确定为：国民收入等于社会总产值减去物质生产部门的中间消耗价值和固定资产折旧。

另一方面，MPS 主要反映物质产品的生产、交换和使用的实物活动，忽略了资金流量核算、国民财富核算以及非物质生产部门的服务性生产。同时，MPS 采用的是单式记账方法，单方面收录和计算国民经济活动，其重要的核算工具之一平衡表也仅侧重于每个平衡表内部的平衡。尽管各种国民经济平衡表之间在数量上有联系，但彼此缺乏严格的推算关系。因此，MPS中的重要核算范畴、核算工具以及核算内容被狭隘地限定于物质管理相对集中的计划经济体制国家。然而，这种目标指向和定位，随着世界经济格局的巨大变革，全球经济一体化的形成，特别是计划经济体制国家纷纷转型和经互会的解散，MPS已越来越缺乏生存土壤，最终不得不退出核算实践，成为历史。

MPS退出历史舞台，是必然抑或是偶然？计划经济国家转向市场经济，核算的客体不再存在，核算体系自然就无法立足，这似乎是一种必然，但世界经济潮流转变成今天的格局却未必是一种必然，如果成为世界经济主流的不是市场经济，而是计划经济，那么退出历史舞台的将是SNA，而不是MPS。所以说，MPS的退出有着必然性，也有着偶然性。

生存环境的巨大嬗变是MPS退出的重要原因，但其自身的一些重大缺憾也不能不引起人的深思。一是MPS拘泥于物质生产概念，把核算范围锁定在物质产品生产活动，排斥了大量非物质生产活动，这本质上是仅核算了全社会的部分经济活动，而不是全部经济活动；二是MPS集中于对全社会经济活动成果实物量的核算，对全社会资金缺乏系统的反映，也没有完整展现国民经济大系统中的实物流和价值流，没有揭示国民经济活动的全貌；三是MPS中的主要核算工具平衡表之间缺乏密切的联系，彼此相对独立，表中的交易项目和平衡项目也没有科学严格的推演关系，故而无法由单个平衡表整合出反映全部平衡表之间内在联系的国民经济平衡总表，这使得整个核算体系相对松散，核算功能相对薄弱。加之现代经济飞速发展，产业结构愈来愈复杂，产业间的联系愈来愈紧密，物质生产活动和非物质生产活动一体化的趋势日渐明显，简单地进行物质生产领域与非物质生产领域的划分已明显不符合现代产业理论，这也严重动摇了MPS的生存基础。当然，MPS自身的缺憾也部分地是其核算对象和当时社会经济发展的客观背景所致。即使它不在实践中应用了，也不能否认它在特定历史条件下的实践意义和作用，不能否定它在国民经济核算理论发展过程中的地位和科学价值。

2. 三大核算体系的“根”与“脉”

由于MPS不再被应用，所以这里主要阐释其他三个核算体系的逻辑关系。翻开国民经济核算发展的历史，不难发现，三大体系根植于“国民收入”的计量与测度，理论与方法论体系则发端于 SNA，并由 SNA 拓展与延伸，可谓一脉相承，同宗同源。

联合国统计委员会是三个核算体系研制的主要组织机构，斯通教授则同时主持了 SNA、SSDS 两个体系的研究。在 SNA 的研制、修订完善过程中，另两个体系就已经受到专家的关注，被列入专家组的研究计划中，这决定了三个体系的主体结构、设计思路、核算手段以及行文风格如出一辙。体系间的联系，在各体系的开场白中都有直白的说明。如 SSDS 的“引言”中就有一段这样的话：“联合国统计署一直在该组织的专门机构、区域统计会议和会员国统计局的帮助下，进行建立和完善社会与人口统计工作”；“本书仅对环境进行有限的讨论，这是因为联合国统计署正着手建立环境统计体系（SES）”；“本体系是由一些序列组成的，对每种序列都下了定义，对所运用的方法都作了说明，教育保健等的账户采用联合国 SNA 中建立的账户形式，只是加以扩大和完善了”。[①] 更明显的是，SSDS 原始版本的题目就是——《人口、人力和社会综合统计体系及其与国民经济核算体系的联系》，这明白无误地表明了其与 SNA 的密切联系。

同样，SEEA 在“引论”中也十分明确地说：“SEEA 是 SNA 的一个卫星体系，由四个类别的账户构成。”而在附录 9 “SEEA 与 SNA1993 的关系”中，则强调要：增加补充信息，阐述 SEEA 的引入对 SNA 的扩展；澄清 SNA 的定义，寻求更加准确的 SNA 概念；扩展 SNA 的阐述，更加细致地建立某种账户；作为各项选择，改变 SNA 核算项和相关内容。[②]

几个核算体系的明确表述，直接表明了体系之间的逻辑联系。当然，更重要、更紧密的联系还是体现在核算内容的关联上。

第一，SNA 是母本，SSDS、SEEA 与其有着基本相同的逻辑体系和范式。如前所述，SNA 最先面世，在其发展完善的过程中，研制者就在思

---

① 联合国经济和社会事务部：《社会和人口统计体系（SSDS）》，中国财政经济出版社 1985 年版，第 1 页、第 5 页、第 12 页。

② United Nations, *Integrated Environment and Economic Accounting* 2003 – *Handbook of National Accounting*, New York, 2003, p. 7.

考 SSDS 和 SEEA 的问题了。不言而喻的是，出自基本相同的研究群体的成果，不可避免地会留存相同思想、相同风格的痕迹。因而 SNA 的范式就成为了后两个体系的模板。浏览三大体系的总纲，三个体系序篇的基本结构均是指导思想、重要原则、核心范畴、基本分类、核算内容简述、适用范围以及用途说明等；主体部分则是核算理论与方法，主要由单个账户、矩阵、核算表、指标体系以及一些实用的计量模型构成，后文则是必要的附件。

第二，账户、矩阵、核算表是 SNA、SSDS、SEEA 的核心元素，账户成为揭示各体系间核算内容关联性的主要工具，是连接各体系的纽带。由若干账户组成的账户体系是三大核算体系的主体，离开了账户体系，核算体系就成为空壳，账户、与账户相匹配的核算表以及由核算表衍生出的指标与指标体系，构成了每一个核算体系的核心内容。特别是账户，其作用尤为明显，功能尤为突出，在整个核算体系中贯穿始终，揭示各个变量之间的经济关系和逻辑联系，构成了整个核算体系的骨架。如在 SNA1993 中，第 6 章是生产核算账户，第 7 章是收入初次分配账户，第 8 章是收入二次分配账户，第 9 章是收入使用账户，第 10 章是资本账户，第 11 章是金融账户，第 12 章是资产其他变化账户，第 14 章是国外账户；SEEA2003 的第 3 章是实物流量账户，第 4 章是复合流量账户，第 5 章是与环境有关的经济活动和产品的核算账户，第 6 章是与环境有关的交易的核算账户，第 7 章是资产账户，第 8 章是具体资源账户，第 9 章是退化计量的估价技术，第 10 章是流量账户的环境调整。SSDS 虽然由于核算对象的特殊，掺入了许多计量模型和相关矩阵，但账户仍然是其最主要的核算工具，如其中的居民时间闲暇分配账户、经济活动者收入消费账户、居民住房分配账户、居民教育活动账户等。因此，可以这样说，没有了账户，就没有了核算体系，就动摇了三大核算体系的根基。

第三，核算对象各异，核算目标有别，核算内容关联。三个体系中，SNA 面世最早，包含的内容最为丰富，结构最为复杂。SSDS 和 SEEA 虽然与 SNA 并行，且自成体系，但由于各体系核算对象间本身的内在联系，也出于对核算成果准确性、全面性及对比分析的需要，它们的准则与内容与 SNA 不可避免地表现出了千丝万缕的联系。

SNA 的目标是为联合国成员国提供一个进行国民收入和生产统计的

具有普遍适用性的标准，它推荐分类、方法、规则，并考虑各类国家进行国民经济核算的要求，同时注意到“环境与经济的相互作用已成为一个重要而且令人注目的问题”。[①] 而SSDS核算包括经济活动在内的从业人员各方面的活动，通过存流量的生命序列来描述人类状况，并为社会投入产出模型、人口模型的建立提供理论基础。SEEA也在序言中明确说明：通过提供指标、账户、核算表以及描述性统计，监测经济与环境相互作用，并作为战略规划与政策分析的工具，为确立可持续发展道路服务，满足决策者的需要。事实上，较之于先前版本的SNA，SNA1993就已经添加了环境资源核算的内容。它设计了环境账户的一般形式，提出了将自然资源作为货物和服务生产的资本来处理的理念，勾画出了一个包括环境账户的泛SNA框架，故而被称为显示了经济核算和环境核算一体化方面目前的最高核算水平。同时，SNA1993注重与其他重要核算体系的关联和拓展。例如，第6章“其他与环境有关的交易的核算”就专门讨论了经济手段在SNA中的定位；第7章“资产账户与自然资源存量的估价”则专门讨论了环境资产的重估价以及SEEA中的资产分类；附录6和附录9则聚焦于三大核算体系的逻辑联系。

3. 三大核算体系的“异”与“同”

在理论基础、目标指向、逻辑框架、核算工具等方面，三大核算体系都存在内在的逻辑。它们一脉相承，又互为补充。

第一，在理论基础上，SNA是全面生产概念，效用价值论；SSDS的基础是人文主义思想，而SEEA的基础则是可持续发展理论。

与MPS不同的是，SNA的理论基础是“全面生产观”，其关键性概念或最核心的指标是GDP。论及其理论基础，就不能不提及一个重要人物——法国经济学家让·萨伊（Jean Baptiste Say），他曾提出了一个与劳动价值论相对立的理论——效用价值论。萨伊认为：物品都是有效用的，物品的效用是由劳动、资本、土地共同创造的，创造效用就等于创造了财富，因为物品的效用是物品价值的基础，财富构成了物品的价值。[②] 他

① 联合国等编：《国民经济核算体系1993》，中国统计出版社1995年版，第1页。

② ［法］萨伊：《政治经济学概论》，商务印书馆1982年版，第129页。

还认为，生产的数量都应该由产品的效用来衡量，而不应由产品的大小、长短来决定，生产创造效用，也创造价值。这一思想形成了后来所谓的“非限制性生产观”，或谓之宽口径的生产观。SNA 的核算口径和范围主要就源自这一思想。所以，学界认为萨伊的效用价值论奠定了 SNA 的理论基础。

而 SSDS 则更多地体现了人文主义的思想。人文是人类社会的各种文化现象。人文主义思想强调以人为主体，重视人的价值、尊严和权利，关心人的利益，关怀人的现实生活，追求人的自由、平等和解放。这些思想在 SSDS 的核算内容中均有程度不同的体现，如使用存量、流量和生命序列来描述人的状况，描述人类各方面的活动，测度人口的出生死亡与迁移、社会等级分层与流动、住房及环境、社会保险和福利服务、学习与教育、健康与保健、公共秩序和治安等。整个体系是以人为中心，以人的社会活动为主线延伸拓展的。

SEEA 则更多地体现了可持续发展的思想和理念。可持续发展意味着未来子孙后代的境况与前代人一样好，有着与前代人相同的生存条件和发展条件。SEEA 在开篇就论及可持续发展的观点，特别是鲁滨逊和廷克（Robinson and Tinker，1998）的可持续发展“三支柱论”①，戈勒（Golley，1990）的可持续发展“生态论”②，戴利和科布（Daly and Cobb，1989）、皮尔斯和特纳（Pearce and Turner，1990）的可持续发展的“资本论”③ 的理论基础地位在 SEEA 的开篇就得到了充分阐释。正是依据这些理论，环境活动与产品、环境资产和环境税、地下资源水资源、自然资源存流量、资源的耗减和防护性支出等都无一例外地纳入了 SEEA 的核算范围。④

第二，在核算客体上，三大体系的目标指向分别是经济活动及成果

---

① J. Robinson and J. Tinker, *Reconciling Ecological, Economic, and Social Imperatives*, International Development Research Center, 1998, pp. 9 - 44.

② Golley, *The Ecological Context of a National Policy of Sustainability*, Ottawa: National Round Table on the Environment and the Economy, 1990, p. 61.

③ Daly and Cobb, *For the Common Good: Redirecting the Economy toward Community, the Environment and a Sustainable Future*, Boston: Beacon Press, 1989.

④ Pearce and Turner, *Economics of Natural Resources and the Environment*, Baltimore, Johns Hopkins University Press, 1990.

（SNA）、人口及社会活动（SSDS）、环境与资源（SEEA）。

作为最早成熟的核算体系，SNA 的核算目标主要集中于生产活动成果、收入的分配使用、资金的存流量、资产与资产重估价、资产负债、国民财富、对外经济流动与交易、价格与物量等；SSDS 则主要集中于人口的规模及存流量、社会等级及分层、居民住房及环境、居民时间分配和闲暇利用、社会保险与福利、社会成员的学习与教育、社会公共秩序与治安；而 SEEA 则主要集中于自然资源的存流量、环境活动和产品、环境税和环保支出、环境污染损失、自然资产的估价、资源的耗减与退化等。

但三大体系又密切相关。SEEA 较多地考虑了与 SNA 的协调和对其补充的问题，其不少章节都是直接专门论述 SNA 的相关问题，这些问题包括："将 SNA 总量指标扩展以核算资源耗减、防护性支出和退化"（第 1 章），"SNA 的流量账户、SNA 账户在 SEEA 中的相关性、识别 SNA 账户内的环境交易、SNA 的资产账户"（第 2 章），"经济手段在 SNA 中的定位"（第 6 章）；"1993SNA 的环境资产、SNA 与 SEEA 的资产分类、SNA 的资产估价"（第 7 章），"SNA 的功能分类、SEEA 与 1993SNA 的关系"（附录 6 和附录 9）。可见，SNA 与 SEEA 几乎是彼此渗透、相互融合。

相对于 SNA 与 SEEA 的关系，SSDS 与其他两个体系的联系相对弱一点，但是在 SNA 中也一样容易找到 SSDS 的踪迹，如 SNA 中的"人口和劳动投入"（第 17 章），"社会核算矩阵"（第 20 章），"保险、社会保险养恤金的处理"（附件 4）。相应的，SSDS 也讨论了"SNA 中的服务活动"、"SNA 规定的社会保险和福利服务"以及 SEEA 中的"住房及环境"。并且，SSDS 的关键核算方法和核算表式主要出自 SNA 的思想。

四　前瞻

在对联合国 SNA、SSDS 和 SEEA 比较研究的基础上，本文探析了三大核算体系的发端、演化、发展历程，以及其在不同时期的地位和功用，研究了三大体系的关联性、异同点及其内生逻辑。根据对现有体系薄弱环节的研判和国际学术界的动向，可以预见，三大核算体系的改进与完善仍会持续下去。

第一，SNA 仍将引领国民经济核算理论的发展方向。

随着社会的进步，经济的发展，特别是全球经济一体化的加快，经济现象会越来越多，经济活动会越来越复杂，新问题新情况的出现无疑给 SNA 提出了新的挑战，因而其核算范围应该越来越宽泛，不排除在未来 10 年、20 年，会有更新版本的 SNA 面世。但是，在一个较长的时期内，SNA 仍将主导国民经济核算理论与方法的发展方向，其历史地位的不会有根本性的改变。

有一种现象值得高度关注，就是学术界对国民经济核算体系中核心指标 GDP 的猛烈抨击和全面否定。不少学者，特别是中国学者不约而同地质疑 GDP 的功能，认为它没有考虑生产活动对环境的消耗和破坏，不能客观真实地反映社会经济活动成果总量，应该代之以将环境因素考虑在内的绿色 GDP 指标，进而建立起绿色国民经济核算体系。不能否认这种观点的合理性，但是也应该注意到，任何一个经济指标，无论其综合性、敏感性怎样强，都只能反映现象的某一方面，永远不可能有万能的工具或万能的指标来解决国民经济核算中的所有问题。对一个核算工具而言，关键是人们对它的态度和认识，GDP 无错，错的是人们对它的认识和对它的使用。“唯 GDP 论”，错在抱有这种认识的人，错不在 GDP 本身；“围着 GDP 转”，错在围着其转的人，而不在 GDP。GDP 作为 20 世纪的伟大发明之一，其生命力已经得到实践的检验，在未来的一个不太短的历史时期，不可能有取而代之的新指标出现。

第二，SSDS 与 SEEA 的内容会有拓展，会延伸至一些新领域。

客观现实和要求已经显示，SSDS 与 SEEA 也会在核算内容、核算范围上不断扩展和更新。SSDS 会逐步关注人力资本存流量、人口移动、社会阶层、代际关系、经济活动、人口结构、人类活动与环境。同时，卫生营养、财富与支出、生活健康、财富的衡量、贫穷的衡量、教育设施的利用、文化程度与就业机会、居民工作生活质量、时间利用效率、住房条件改善、服务设施、环境公害、危险事故等问题也将逐步受到关注，可能被纳入核算范围。同样的，SEEA 的研究内容也会延伸至一些新领域，如可计量的由经济行为引发的“环境成本”、环境价值的构成、非生产自然资产与非经济资产的测度、环境与国家财富弱可持续性、资源在代际中的分配、环境资源与福利、资源消耗和环境破坏的恢复性测度、资源的替换等，扣除人力资本投资和环境破坏损耗后的真实储蓄，人力资本的投资和生产资产损耗等也会受到关注。

第三，各国会逐渐出现适合本国国情的国民经济核算体系、社会人口核算体系和环境资源核算体系。

联合国三大核算体系的发展趋势，对中国国民经济核算体系理论的完善和发展，对中国环境经济核算体系、中国社会人口核算体系的构建以及中国的核算实践无疑具有重要的指导意义，对世界各国的核算理论与实践也同样具有不可替代的指导作用。

近些年来，中国国家统计局一直结合中国国民经济核算实践，致力于中国国民经济核算体系的修订与完善，开展了 SNA2008 的研究工作，并且先后会同国家环保总局、国家林业局开展了环境资源核算项目的研究与实践，如在中国 SNA 中设置附属账户——自然资源实物量核算表，制定资源核算方案；编制中国能源生产与使用账户；试编全国土地、森林、矿产、水资源实物量表；进行森林、水、工业污染、环境保护支出等项目的核算试点等。

国际上，美国已建立了国家自然资源流量账户体系，并在 SEEA 的框架下开展了美国环境经济、环境保护支出、资源耗减成本、环境退化成本的实际核算。日本从 1991 年起开始研究环境经济综合核算体系，现已建立了一个包括实物量和价值量在内的全面综合的环境经济核算体系，又被称为国民环境经济核算矩阵，其进一步的研究方向是怎样扣除地下矿产资源耗减成本、土地使用成本、废水和空气污染成本以及固定资本的消耗。法国也正在研究针对空气污染、废物、废水的环境保护账户、生物多样性账户、核废料管理账户，以及一个独特的反映代际遗传的自然资源和文化资源账户——遗产账户，不过这项研究还没有取得突破性进展，也没有得到一个全面的遗产数据库。

由于资源环境核算在计价方法和资料来源方面的巨大困难，目前世界上还没有一个国家就全部经济活动的资源耗减成本和全部环境损失代价设计出一个普遍适用、广泛认同的绿色 GDP 指标或指标体系，大多数的研究局限于单个的、特定的资源环境项目，且多集中于实物量核算。但是随着 SNA、SSDS、SEEA 的完善和影响力的加大，我们有理由相信，作为一种趋势，符合各国实际的国民经济核算体系、环境经济核算体系和社会人口核算体系会陆续面世。

（选自《国外社会科学》2012 年第 2 期）

俄罗斯经济学的发展演变及其借鉴意义

孙景宇*

改革开放以来，国内围绕着“中国经济学向何处去”的问题出现了几次比较大的争论。在这方面，俄罗斯经济学发展演变的经验教训值得借鉴。这一方面是因为，中国和俄罗斯的经济学研究最初都是在传统政治经济学的基础上发展起来的，马克思主义的经济学原理、苏联时期的《政治经济学教科书》以及在斯大林逝世之后发展起来的改革理论，对两国的经济学发展都产生了深远的影响。另一方面是因为，中国和俄罗斯都是转型国家，其经济学的发展环境非常相似。尤其是在两国不断从封闭走向开放的过程中，随着西方经济学被大量引入，经济学研究中政治经济学和西方经济学之间的范式冲突表现得越来越突出，如何处理好政治经济学与西方经济学的关系、怎样把本国的经济学研究提高到一个新的水平，是中国和俄罗斯的经济学发展所面对的共同问题。因此，对俄罗斯经济学发展演变进行总结和反思，总结其在推动经济学理论创新和范式转换方面的成就与不足，有利于我国的经济学研究与时俱进，更好地为经济发展和转型服务。本文梳理了俄罗斯经济学的发展脉络，并在总结、提炼俄罗斯经济学发展逻辑的基础上，分析了其对中国经济学发展的借鉴意义。

---

* 本文作者：孙景宇，男，1977 年生，博士，南开大学经济学系副教授，转型经济理论与政策研究室副主任。

一 俄罗斯经济学的发展脉络

1. 从苏联到俄罗斯：西方经济学①的引入

俄罗斯是苏联遗产的最大继承国，对俄罗斯经济学发展脉络的梳理应当从苏联时期开始。苏联时期的经济学研究主要包括两个方面：资本主义部分和社会主义部分。② 其中资本主义部分的主要内容是对马克思、恩格斯以及列宁的经济学理论的研究，这一部分沿用了马克思和列宁的理论体系。社会主义部分则建立了一个明显区别于西方经济学但又与马克思恩格斯不尽一致的理论体系来反映苏联社会主义建设过程中的主流经济思想，如对社会主义基本经济规律的理解，对社会主义条件下商品货币关系和价值规律、分配关系的认识，等等。

20 世纪 80 年代，经济自由主义思潮开始在西方世界复苏，西方国家纷纷开始放松管制，重新私有化。这与传统政治经济学所描述的资本主义经济的生产集中趋势，以及资本主义从私人垄断走向国家垄断并不一致。对此，从 1986 年 10 月开始，由苏联科学院世界经济和国际关系研究所出版的经济学期刊《世界经济与国际关系》(Мировая Экономика и Международные Отношения）开始了长达一年半的讨论。在这一过程中，弗里德曼、哈耶克等人的新自由主义思想开始在苏联传播，并受到了一批在 20 世纪 60 年代改革时期成长起来的“青年改革家”的推崇。60 年代后期，一批出生于 30—40 年代的经济学家如阿巴尔金（Л. Абалкин）、阿甘别吉扬（А. Аганбегян）、彼德拉科夫（Н. Петраков）开始倡导对苏联计划经济体制进行改革，探索将社会主义计划经济与市场经济有效结合起来的方式和途径。与他们不同，出生于 20 世纪 60 年代的“青年改革家”思想更加激进，宣称计划与市场不可调和。在他们对西方新自由主义思想的鼓吹下，再加上苏联经济的长期停滞状态导致了对社会主义能否和市场经济结合起来的质疑，到 80 年代末，西方经济学已经给苏联经济学造成了巨

---

① 此处的“西方经济学”特指以新古典经济学为基础、倡导自由主义的西方主流经济学。

② 由斯大林组织编写的《政治经济学教科书》是这种体例的突出代表，这种划分方法对原社会主义国家的经济学研究和经济学教育都产生了深远的影响。

大冲击，苏联经济学随之“休克”，不再存在“一个为所有经济学家所认可的、统一的理论”。①

苏联解体后，俄罗斯开始接受西方的新自由主义思想，采取激进的“休克疗法”向市场经济转型。由于传统政治经济学理论中缺少有关市场经济的知识，一批西方（主要是美国）的经济学教科书被引入俄罗斯，如平狄克（R. Pindyck）和鲁宾菲尔德（D. Rubinfeld）的《微观经济学》，范里安（H. Varian）的《中级微观经济学》，多恩布什（R. Dornbusch）、费希尔（S. Fischer）、曼昆（G. Mankiw）、萨克斯（J. Sachs）和拉雷恩（F. Larrain）的《宏观经济学》。与此同时，在国外资金的资助下建立起来的一些新的教育机构，如经济学高级学院（Higher School of Economics）、国立大学—经济学高级学院（GU-VSE）、新经济学院（New Economic School，现在的俄罗斯经济学院，RES）和欧洲大学（European University，包括其在圣彼得堡的经济系），开始引入西方的经济学教育模式。随着西方经济学的引入，俄罗斯大学的经济学课程设置也逐渐用宏观经济学与微观经济学取代了政治经济学的资本主义部分和社会主义部分。2000 年，俄罗斯教育部批准了新国家教育标准，第一次将政治经济学排除在了六门经济学必修基础课之外。②

与西方经济学的广泛推行相伴随的是，人们日益发现俄罗斯“休克疗法”实行的结果与秉持经济自由主义的西方经济学的设想大相径庭。1993 年，俄罗斯最重要的经济学期刊《经济问题》第 8 期刊登文章，就西方经济学能够在多大程度上适用于俄罗斯现实提出了质疑。③ 2002 年，一封由 28 位主要俄罗斯经济学家（包括阿巴尔金、阿甘别吉扬）联名写

---

① *Рывкин А.* Экономическая теория и реальность // Вопросы Экономики. 1989. No. 1. С. 130 – 141.

② 六门经济学必修基础课是宏观经济学、微观经济学、国际经济学、制度经济学、公共经济学和产业组织学。

③ *Ольсевич Ю.* Хозяйственная система и этнос о поисках новых форм воплощения рос. хоз. реформ // Вопросы Экономики. 1993. No. 8. С. 7 – 16. *Горичева Л.* Экономические проблемы и национальное самосознание // Вопросы Экономики. 1993. No. 8. С. 44 – 53. *Платонов Д.* Православие в его хозяйственных возможностях（заметки историка-экономиста）//Вопросы Экономики. 1993. No. 8. С. 82 – 87.

给教育部的公开信，请求重建政治经济学作为一个一般理论学科在国家教育标准中的地位，[①] 由此引发了一场传统政治经济学与西方经济学的大讨论。在这场讨论中，传统政治经济学的支持者自称是“察哥洛夫学派”的拥护者，[②] 他们从方法论和现实经验两个方面对西方经济学加以批判，其内容主要包括：⑴西方主流经济学具有过度的抽象性，其内在一致性是建立在把经济与其他社会事务严格分离的基础上的；而传统政治经济学则试图从整体上把握社会经济结构，因而是以对人类和社会的更综合理解为基础的，强调经济与其他社会事务的相互关系。⑵西方经济学基于物质主义和功利主义，缺乏坚实的哲学基础，难以触及经济现象的本质。⑶西方经济学缺乏明确的有关当代经济体系发展演变的基本规律。激进改革在俄罗斯造成的严重后果表明新古典范式是存在缺陷的，更广泛和综合的政治经济学方法才能胜任对转型的深入理解。

事实上，在当代俄罗斯，西方经济学更多地是以新自由主义意识形态的形式在发挥作用，其在对俄罗斯转型以来现实问题的分析方面一直是隔靴搔痒，缺乏解释力，虽然其研究成果不乏在国际顶级经济学期刊上发表，但几乎没有对俄罗斯的现实经济决策产生重大的影响。

2. 制度学派的兴起

制度主义是在 20 世纪 90 年代中期随着西方经济学的引入而进入俄罗斯的。在这一时期，包括科斯（R. Coase）、威廉姆森（O. Williamson）、布坎南（J. Buchannan）、诺斯（D. North）等人的著作在内的大量制度主义文献被引入俄罗斯。随着俄罗斯转型过程中的现实问题日益被关注，越来越多的俄罗斯教科书开始包含有关制度转型内容的章节，经济学期刊上也出现了分析俄罗斯制度转型的文章。1995 年，出现了第一本由俄

---

① 这封公开信发表于《经济与生活》（Экономика и Жизнь）2002 年第 48 期，《俄罗斯经济杂志》（Российский Экономический Журнал）2003 年第 4 期再版。但是这封公开信中并没有明确将要重建一个怎样的政治经济学。

② 察哥洛夫（Н. А. Цаголов）曾在 1957—1985 年任莫斯科国立大学政治经济学系主任，领导了苏联时期政治经济学标准教材的编写。

罗斯学者编写的讨论转型问题的教科书。① 1998 年，由俄罗斯学者自己编写的制度主义教科书②也随之问世。

由于俄罗斯经济改革所遇到的大量问题都无法在新古典框架内得到解释，自20世纪90年代以来，俄罗斯经济学界开始出现了对西方经济学适用性的质疑，认为俄罗斯的文化特质与西方是不相容的。相反，新自由主义者则以"不能为经验所证实"为由否认文化因素的重要作用。③ 俄罗斯制度学派的兴起在一定程度上调和了上述两种观点，认为西方经济理论可以被用以处理转型问题，但必须考虑到其方法论原则以及对俄罗斯制度现实（包括民族特征和性格特征）的适用性。与此相应，西方的制度模式也不能简单地移植到俄罗斯。例如，波尔捷罗维奇（В. Полтерович）通过对正式制度与转型过程中行为惯性、文化模式的相互关系进行经验分析，认为正式制度的有效性在很大程度上依赖于其与现存非正式制度的相容性，两者之间的冲突是造成制度移植失灵的重要原因。④ 再如，别松诺瓦（О. Бессонова）和基尔金娜（С. Кирдина）认为，世界上所有国家的社会经济组织形式可以归结为 X 和 Y 两种理想类型。X 型制度的核心要素包括：体现中央权力的分配经济、单一的政治结构、公有意识占统治地位的意识形态，即集体和共同价值高于个人价值。这种制度模式在俄罗斯和亚洲、拉丁美洲国家占主导。Y 型制度的核心要素包括：市场经济、联邦政治结构、自主意识占统治地位的意识形态，即个人价值高于社会公共价值。这种制度在多数西欧国家和美国占主导。由于 X 型制度和 Y 型制度在其核心要素上是高度不相容的，任何处于两极之间的混合形式都会最终移动到其中的一极，因而彼此之间只能在保持其核心要素的基础上借鉴对方的某些特征，而核心制度的变

---

① *Радаев В.*, *Бузгалин А.* Экономика переходного периода. Москва: Издательство Московского Университета, 1995.

② *Шаститко А.* Неоинституциональная экономическая теория. Москва: ТЕИС, 1998.

③ *Мау В.* Российские экономические реформы глазами западных критиков // Вопросы экономики. 1999. No. 11. С. 4 – 24.; No. 12. С. 34 – 48.

④ *Полтерович В.* Институциональные ловушки и экономические реформы//экономика и Математические Методы. 1999. No. 2. С. 1 – 37.

化则有可能给整个社会带来灾难。①

俄罗斯制度学派的兴起，促进了经济学方法论立场和观点的相对集中。到20世纪90年代末，经济学家已经普遍认识到俄罗斯的历史文化传统和制度现实（包括民族特征和性格特征）会对其经济发展产生重要影响。在这一点上，即使是激进自由主义学者也表示赞同。俄罗斯“休克疗法”的实施者盖达尔（Егор Гайдар）在其著作《国家与演变》的英文版序言中承认：市场首先是一套历史传统和行为准则的集合，没有例外。② 另一位俄罗斯转型早期的激进自由主义学者雅辛（Евгений Ясин）也认为：创造一个有效运行的市场系统，需要价值系统、非正式制度和文化的真正改变。③

但是，制度学派的兴起并没有在俄罗斯经济学界达成真正的共识，不同立场的学者都在从制度主义的观点中寻找理论支持。首先，对于一些自由主义改革的激进反对者来说，制度主义作为西方经济学的“改良派”，是证明自己观点正当性的新方法；而另一些较为温和的反对者则认为，制度主义所强调的整体性分析方法要优于西方的新自由主义经济学，因而把制度主义作为批评西方主流经济学的新基础。其次，在对历史文化传统的认识上，虽然坚持自由主义思想的学者也认同文化、价值观在俄罗斯改革中的重要作用，但他们认为，这些价值观念所反映的是“古代社会的关系与制度和封建土地经济中的权力结构”，因而呼吁俄罗斯社会基本价值观的改变。④ 而与此相对立的观点则推崇俄罗斯的文化传统，认为改革策略应该从根本上适应于这些传统。再次，自由主义者参考制度学派的观点，呼吁“政府强化”应体现在控制市场经济的游戏规则上，而反自由主义的学者则主张国家应直接参与经济过程，要防止国家与经

① 基尔金娜在其2000年和2004年的著作中，对这种观点做了更为全面的概括。参见 *Кирдина С.* Институциональные матрицы и развитие России. Теис. 2000 以及 *Кирдина С.* X и Y экономики：институциональный анализ. Наука. 2004。

② Y. Gaidar, *State and Evolution*: *Russia's Search for a Free Market*, University of Washington Press, 2003, p. viii.

③ *Ясин Е.* Модернизация экономики и система ценностей // Вопросы Экономики. 2003. No. 4. С. 4 – 36.

④ *Ясин Е.* Модернизация экономики и система ценностей // Вопросы Экономики. 2003. No. 4. С. 4 – 36.

济相分离。

3. **走向国家主义**

随着越来越多的经济学家认识到，“西方的制度模式不能简单移植到俄罗斯，改革方案必须与该国的历史文化传统相适应”，[①] 对俄罗斯自身发展规律的研究日益受到重视。1999 年，俄罗斯教育部新批准了一门大学课程——国民经济学，主要阐述俄罗斯经济的组织运行特点及其在改革中出现的一些问题。但是如何对这门课进行定位，其理论基础是什么，与西方经济学和传统政治经济学有何区别，对此俄罗斯经济学界并没有达成共识。在这方面的讨论，使俄罗斯经济学界开始注意到德国历史学派的经济思想。德国历史学派以国家利益为出发点，提倡通过对一国经济历史的研究来获取有利于民族国家发展的政策手段，从而既不同于个人主义和忽视历史性的西方经济学，也区别于以存在普遍正确的发展规律为出发点的传统政治经济学。学者们纷纷提出，应当借鉴德国历史学派的传统，用一种整体性、历史性的国民经济学理论来补充高度抽象、个人主义且缺乏历史理解的西方经济学，其主要任务在于“探知具体国家在特定历史条件下的特殊经济规律”，[②] 从而形成一套融合俄罗斯国家特征与西方经济学的新理论，用以指导俄罗斯的经济发展。

从 2002 年开始，对俄罗斯转型十年的绩效评估成为备受关注的一个问题。学者们发现，一方面，俄罗斯的后社会主义经济系统甚至没有转型前有效率；另一方面，与中欧国家相比，俄罗斯的转型绩效要差得多。这进一步引发了俄罗斯经济学界对“西方的发展道路在俄罗斯是否可行”的思考：如果俄罗斯与中欧国家的差距是市场化改革的结果，采用与西方相同的路径并不能使俄罗斯实现赶超，那么就需要寻找一条与之不同

---

① *Косалс Я.* Российский путь к капитализму: между Китаем и Восточной Европой// Мировая Экономика и Международные Отношения. 2000. No. 10 С. 14 – 20.

② *Земляков Д.* Дисциплина “национальная экономика”: методолого-теоретические и методические основы // Российский Экономический Журнал. 2000. No. 9. С. 75 – 83.

的“俄罗斯式的”发展路径。[①] 在这种情况下，“国家主义”成为可以在最大程度上为俄罗斯经济学界广泛接受的、能够指导国家战略决策的共识，其要义在于：一是强调国家拥有“个体整体性”，存在自身的发展规律，二是强调国家利益高于个人利益，提倡以国家力量达至经济或社会目标。正如阿巴尔金所说：“在今天，我们越来越体会到重建国家主义思维并克服其缺陷对于我们的极端重要性。我们可以解决这一问题，因为有关我们国家的思想和俄罗斯的历史命运已经并入了人民的基因。国家主义思想应该成为现实政策和现实行为的准则。”[②]

国家主义共识的形成，使得具有鲜明国家主义价值取向的德国历史学派在俄罗斯产生了更为广泛的影响，历史分析方法开始受到俄罗斯经济学家的普遍重视。最突出的表现为。以下两点：其一，坚持“历史与逻辑相统一”的马克思主义在争论中重获新生。2004 年，俄罗斯自由主义学派的代表人物盖达尔和马乌（B. May）在《经济问题》上连载长篇论文《马克思主义：科学理论与“世俗哲学”之间（自由主义辩护）》，在否定马克思主义的同时，肯定其历史分析方法和经济史理论的现实意义，试图从中为其自由主义思想寻求理论支持。[③] 该文一经发表便引发了俄罗斯经济学界的大讨论，许多著名经济学家加入其中，其中多数学者认为马克思主义在今天仍然具有重要价值。特别是以布兹加林（A. Бузгалин）为代表的“新马克思主义”学派独树一帜。该学派主张与斯大林教条主义划清界限，以批判和创造性的态度对待马克思主义和现代西方经济学，提倡在与其他学派的公开对话中得到发展。[④] 经过这场交锋，马克思主义作为一种以“历史与逻辑相统一”为主要特征的科学分析范式，在俄罗斯重新获得了生机。其二，库里科夫（B. Кульков）继承和发展了德国历史学派的传统。在他的概念中，俄罗斯经济被描述为一

① J. Zweynert, Conflicting Patterns of Thought in the Russian Debate on Transition: 2003 – 2007, *Europe-Asia Studies*, 62 (4), 2010, pp. 547 – 569.

② *Абалкин Л.* Данилевский о России, Европе иславянском единстве // Вопросы Экономики. 2002. No. 11. C. 122 – 128.

③ *Гайдар Е.*, *и Мау В.* Марксизм: между научной теорией и “светской религией” (либеральная апология) // Вопросы Экономики. 2004. No. 5. C. 4 – 27.

④ 转引自李新《当代俄罗斯马克思主义经济思潮》，《经济学动态》2005 年第 9 期。

个完全特殊的系统，按照自己的规律进行发展，其主要特征包括：生产者社会①、国家调控的发展、公有制占主导、有节制的社会差距、经济行为的非物质激励占主导、特别关注国家经济发展目标。这些规律的存在，在一定程度上限制或修正了主流的市场经济规律。从这个意义上来说，应当用具有集体主义、国家社会主义、社会尺度和强调稳定等特征的“俄罗斯经济人”假设取代西方经济学的“理性经济人”假设，并在此基础上发展出一套针对俄罗斯特殊条件的“国家主义”经济学理论。②

总的来看，今天的俄罗斯经济学与德国历史学派存在着很多共同特征：特别强调俄罗斯的特殊性，不仅否认市场经济规律在俄罗斯的有效性，甚至认为不存在普遍正确的发展规律；把与俄罗斯市场化改革相伴随的困难和问题看作是西方经济学的失败；认为俄罗斯在制度传统上优越于那些市场发达、民主立宪的国家，应当立足于俄罗斯的历史文化传统、地理位置和地缘政治、气候等的特殊性，选择类似于欧亚的国家资本主义模式（区别于欧洲的市场民主主义模式），加强国家干预，发挥指导性计划的作用，采取国家和经济紧密结合的方式实现经济现代化。

二　俄罗斯经济学的发展逻辑

如何推动经济学的理论创新、怎样把本国的经济学研究提高到一个新的水平，这是转型国家经济学发展所面临的一个重要问题。当代俄罗斯经济学的发展演变表明，只有立足于本土的现实经济问题才能推动经济理论的创新和经济学的发展。俄罗斯在向市场经济转型过程中曾经一度全盘西化，但即便如此，以规范、严谨著称的西方经济学却并未在俄罗斯得到普遍认同。究其原因，西方经济学理论是西方发达国家发展经验的总结，是根植于西方发达国家的特定历史、制度和文化传统的产物，离开了其所依附的特定环境，在资源禀赋、文化传统、制度和技术等方

---

① 不同于作为秉承个人主义传统的“消费者社会”的西方国家，劳动而不是效用价值论更适用于俄罗斯。

② *Кульков В.* Национальное в экономической теории и в её вузовских курсах // Российский Экономический Журнал. 2004. No. 4. С. 60 – 71.

面都与西方发达国家存在明显差异的俄罗斯，西方经济学就难以较好地解决俄罗斯经济发展中所遇到的现实问题。不能有效地解决俄罗斯本土的现实经济问题，是西方经济学在俄罗斯的发展空间有限且日益受到质疑的主要原因。

事实上，与俄罗斯独特的发展道路相对应，俄罗斯的经济学发展也有其特殊性，这可以追溯到苏联的经济学研究。苏联的经济学研究始于列宁等人对马克思主义学说的继承和发展，主要围绕着如何理解马克思恩格斯关于未来社会的构想和如何进行苏联社会主义建设展开，这使得苏联的经济学研究从一开始就在研究范式上与西方经济学相区别，在研究对象上与马克思恩格斯相区别，从而造就了苏联经济学的独特性。现在看来，这种独特性恰恰造就了苏联时期经济学理论创新的成就。早在20世纪20年代，苏联就开始采用棋盘式平衡表来规划国民经济各部门的结构发展，后来移居美国的列昂季耶夫（W. Leontief）正是在此基础上提出了投入产出分析方法。20世纪30年代末，康托罗维奇（Л. Канторович）[①] 开始采用线性规划的办法来研究生产过程的组织和计划的最优化，这标志着苏联“数理经济学派”[②] 的发轫。在斯大林逝世之后，苏联的数理经济学在涅姆钦诺夫（В. Немчинов）、诺沃日洛夫（В. Новожилов）以及康托罗维奇（В. Канторович）等人的努力下得到了长足的发展。这一研究传统对后来发展起来的“机制设计理论”[③] 产生了很深的影响。现在，投入产出分析、机制设计理论都已经发展成为西方经济学的一个重要学术分支，从这个意义上来说，与之有着密切渊源的苏联数理学派的兴起和发展是苏联经济学对现代经济学发展作出的一项重要贡献。

---

① 1975年，鉴于康托罗维奇对数理经济学的杰出贡献，瑞典皇家科学院授予他诺贝尔经济学奖，使之成为苏联唯一获得这项崇高荣誉的经济学家。

② 苏联学术界称之为“经济数学学派”。

③ 机制设计理论从更一般的意义上来探讨，对于任意的一个想要达到的既定目标，能否并且怎样设计一个经济机制（即制定什么样的方式、法则、政策条令、资源配置等规则）使得经济活动参与者的个人利益和设计者既定的目标一致，如果可能的话，是否具有最小的信息运行成本。赫维茨（Leonid Hurwicz）、马斯金（Eric Maskin）和迈尔森（Roger Myerson）因对机制设计理论的研究获得了2007年诺贝尔经济学奖。对机制设计理论的进一步论述参见田国强《经济机制理论：信息效率与激励机制设计》，《经济学（季刊）》第2卷第2期。

在当代俄罗斯，鉴于西方经济学日益暴露出其不适应性，更加关注俄罗斯的结构性特征和转型经历的制度学派得到学者们的普遍认同，这标志着俄罗斯的经济学在经历了西方经济学的冲击之后，开始进入调整期，向着立足于本土的现实经济问题进行理论创新的方向回归。但是对于如何看待西方经济学，制度学派依然存在着不小的分歧。在俄罗斯制度学派内部，既存在着作为西方经济学改良派的新制度学派，也存在着与德国历史学派具有深厚渊源的老制度学派。前面提到的波尔捷罗维奇的研究更多地受到了新制度学派的诺斯等人的影响，而别松诺瓦和基尔金娜作为新西伯利亚学派的代表人物，其研究方法更加接近于老制度学派。新制度学派通过引入制度分析而修正和发展了西方主流经济学，其研究的立足点、出发点和归宿点都是新古典经济学；而老制度学派作为与西方主流经济学分庭抗礼的重要力量，反对新古典经济学的抽象演绎法，强调历史的演进过程和将“整体”而非孤立的个人作为研究的出发点，把经济制度的变迁过程作为其主要的研究对象。

随着俄罗斯经济学家越来越倾向于认为应当立足于俄罗斯的国家特征，形成一条不同于西方的“俄罗斯式”的发展道路，甚至是极端的自由主义者也开始肯定历史分析方法和经济史的现实意义。相应的，坚持“历史与逻辑相统一”的马克思主义以及倡导历史分析的德国历史学派开始在当代俄罗斯发挥越来越大的影响。已经有研究指出，马克思主义经济学与德国历史学派有许多共通之处，两者都深受当时德国哲学思潮和政治经济发展的影响，是德国哲学文化的产物，而马克思主义经济学在很大程度上借鉴了德国历史学派奠基人罗雪尔的思想。① 这两种与西方经济学相对抗的学说开始在俄罗斯受到普遍关注，意味着俄罗斯经济学开始完全摆脱西方经济学，从而朝着形成一种历史的、民族的和政策的经济学方向发展。

---

① 参见 Geoffery Hodgson, *How Economics Forgot History: The Problem of Historical Specificity in Social Science*, London: Routedge, 2001, p. 56；贾根良、黄阳华：《德国历史学派再认识与中国经济学的自主创新》，《南开学报》（哲学社会科学版）2006 年第 4 期。

三 对中国经济学发展的借鉴意义

中国与俄罗斯的经济学发展环境非常相似，都在向市场经济转型的过程中经历着经济学研究范式的转换。总结俄罗斯经济学的发展演变历程，分析俄罗斯在推动理论创新和经济学发展方面的经验教训，对中国的经济学发展具有重要的借鉴意义。

首先，中国经济学的理论创新只能立足于本土的现实经济问题。与俄罗斯相类似，中国在向市场经济转型过程中也经历了大量引入西方经济学的阶段。从 20 世纪 80 年代中期开始，原国家教委正式允许高等院校开设西方经济学、西方经济学说史、西方资产阶级经济学流派等课程。1989 年 4 月，原国家教委正式启动编写财经类核心课程大纲，西方经济学、发展经济学、比较经济学、国际金融、货币银行学、经济数学基础等课程都列入其中。到了 90 年代中后期，在大部分研究中国经济及其改革的文献中，体现出了运用西方经济学理论、方法和分析工具的倾向。至此，形成了中国经济学教育和经济学研究中政治经济学和西方经济学两大理论体系并存的二元化格局。21 世纪以来，中国经济学高等教育开始进入与国际（主要是美国）接轨的发展时期。这一时期，教育部鼓励开展双语教学、大量引进英文原版教材，并增强了对高校教师出国学习的资助规模和力度，一些名牌大学开始高薪聘请留学博士和外籍教授来校任教。越来越多的高校还通过建立“海外平台”的方法，嵌入式地引进美国等发达国家的经济学教学模式，共建“标准经济学教学体系”。①

不可否认，西方经济学在中国的传播，有利于中国的经济学研究纳入国际化的发展轨道，开展与国际学术界的对话和交流。但是从俄罗斯经济学的发展情况来看，西方经济学在解决转型国家现实经济问题方面存在着很大的局限性。仅仅依靠西方经济学并不能推动经济学的理论创新和发展，也难以满足经济转型和发展的需要。中国经济学的理论创新和发展还需要充分关注本国独特的历史文化传统和结构性差异，立足于本土的现实经济问题推进经济学的自主创新。事实上，强调探知具体国

① 张建伟：《现实主义、制度主义与中国经济学发展》，《中国社会科学》2000 年第 4 期。

家在特定历史条件下的特殊经济规律的德国历史学派不仅影响着俄罗斯的经济学发展，还曾经推动了美国经济学的崛起。在美国经济学发展的早期，也就是从美国内战前后到19世纪末，诞生于英法的古典经济学说虽然处于领先地位，却日益表现出不适应美国当时当地的环境，于是从19世纪70年代开始，伊利（Richard Ely）、克拉克（J. Clark）、陶西格（F. Taussig）、费雪（I. Fisher）等许多具有代表性的美国经济学家都曾留学德国，一大批美国经济学家接受了历史学派的方法和理论。通过结合本国的实际以适应美国的特点，美国的经济学研究走出了一条自主创新的道路，虽然最初默默无闻，到第二次世界大战以后已经开始在世界经济学研究中处于支配地位。① 德国历史学派对民国时期的中国经济学发展也产生了广泛的影响，其为国家利益而战斗的勇气和严谨的治学态度以及相对主义世界观鼓励中国学者不盲从西方经济学说，而从中国国情出发研究经济问题。②

其次，要警惕俄罗斯经济学本土化的误区。立足于本土经验创新经济学理论，并不意味着每个国家或地区都应该建立一套自己所特有的经济学理论。从俄罗斯经济学的发展演变来看，西方经济学在俄罗斯的不适用性所带来的是对西方经济学的全面否定，这已经限制了俄罗斯学者与国际学术界的交流。在俄罗斯，许多经济学家在并未真正理解西方经济学之前就对其采取完全抵制的态度，在他们发表的论著中，几乎从不引用国际上的经济学文献，他们也很难与国外学者交流，以致国际上并不把他们视为经济学家，甚至在国际马克思主义学界都没有他们的位置。更重要的是，过于强调形成一种立足于本土的、历史的、民族的和政策的经济学可能会因其过于强调自身的独特性而妨碍理论上的创新。德国历史学派自身的发展表明，片面注重历史分析而忽视理论总结所带来的只能是史料的堆积，这是德国历史学派在19世纪末归于沉寂的主要原因，历史学派实际上是被它自己的旗帜——“历史主义”压倒了。

事实上，理论的一个重要特征就是应当具有普适性，每个国家或地

---

① 张林：《经济学的自主创新：来自美国经济学早期发展史的经验》，《政治经济学评论》2011年第2卷第1期。

② 严鹏：《德国历史学派与民国时期中国经济学的发展》，《德国研究》2011年第2期。

区走适合自己的发展道路并不等同于要有自己独有的经济学理论。对于理论研究的本土化，梁治平在谈及当代中国社会科学本土化问题时曾提及，“社会科学的‘本土化’（不管是在哪一国家）并非是要造就一种与现有社会科学截然不同的知识体系，而是要通过对其‘普适性真理’的质疑、对其‘地方性’特征的辨识以及对其隐含前提的暴露和批判性省思，使融汇于本已经验。社会科学的传统将因此而更新，它将从众多不同的经验中获得滋养而日益成熟，……就此而言，‘本土化’的意义又不只是向内来处理自身的经验，同时也是向外去创新社会科学共同传统”。这同样适用于经济学的理论研究。立足于本土的经济学理论创新一方面是在“经济思想”层面上，提出与本土特定的结构性特征相适应的，能够总结一国的特定发展经验、解释一国的特定发展规律、推动一国的社会经济发展的经济观点；另一方面则是在“经济分析”层面上，即通过考察经济学家为其经济观点进行辩护时在心智方面所作出的努力，检验并改进已有的经济分析方法，乃至发展出新的经济分析工具。从这个意义上来说，西方经济学虽然是西方先进国家历史经验的总结，其研究所得出来的结论不一定适用于中国和俄罗斯等国家，但是经济学家在得出研究结论过程中所使用的方法依然值得借鉴和学习。

（选自《国外社会科学》2013 年第 5 期）

从近百年美国的三次金融立法看“金融自由化”的历史命运

何秉孟*

自20世纪30年代至今的80余年中，美国国会曾经通过了三部重要的金融法。剖析这三次金融立法的不同背景、三部重要金融法律的内涵差别以及实施这三部金融法律的不同后果，对于我们认识新自由主义学派长期鼓吹的“金融自由化”的本质及其历史命运，可能非常有益。

一 《格拉斯—斯蒂格尔法》：加强监管，禁止混业经营

1914年，为争夺世界市场和殖民地，以德、意、奥匈帝国为一方的同盟国，同以英、法、沙俄为另一方的协约国两大帝国主义集团间爆发战争，史称“第一次世界大战”。战争期间，为保障军火等物资供应，各国政府对经济实行统制和监管，推行国家垄断资本主义。垄断资本同国家政权联姻并利用国家权力为垄断资本谋取超额利润，加速了资本主义由企业垄断阶段向国家垄断阶段过渡的步伐，进一步激化了生产社会化同生产资料私人占有之间的矛盾；然而，主导资本主义经济运作的基本理念仍然是主张自由竞争、自主经营、自由贸易的古典自由主义经济学，

---

* 本文作者：何秉孟，男，1944年生，中国社会科学院信息情报研究院当代理论思潮研究中心主任、研究员。

这就好像躯体进入了20世纪而思想仍停留在18、19世纪一样，不可避免地使20世纪20年代的资本主义经济一直处于混乱状态，经济大地震不可避免。

1929年，噩梦降临——史称“经济大萧条”的经济危机于是年10月在美国爆发，很快席卷各主要资本主义国家。此次危机由10月24日纽约证券交易所出现的空前的抛售股票狂潮和股市价格暴跌引起；股市证券市场暴跌，则必然使参与股市证券交易的商业银行和各类投资银行破产，企业成批倒闭。以美国为例：至1933年，工业生产下降55.5%，倒退回1905年的水平；由于大批企业破产，失业人数激剧增长，全失业人数从危机前的150万猛升至1320万，如果加上半失业者，则达1700万，比危机前增加10倍；股票价格直线下跌，幅度达84.3%；破产银行达10500家，占全国银行总数的49%，整个银行信贷体系和资本市场濒于瘫痪。1933年初，民主党人罗斯福就是在这种严峻形势下接任美国总统的。

奉行凯恩斯主义的罗斯福上任后，推行包括加强金融监管的“新政”，于1933年颁布了《格拉斯—斯蒂格尔法》。罗斯福上任后之所以立即推动这一金融立法，同当时美国的金融指导理念混乱和金融资本市场运作乱象密切相关。20世纪初，特别是20年代前后，随着国家垄断资本的发展，美国的金融垄断资本也已形成相当气候。1914年，当第一次世界大战在欧洲激战正酣之际，美联储成立，标志一个以美联储为中央银行、由商业银行和各类投资金融机构组成的现代金融体系已经形成。但由于主导理念仍是自由竞争、自主经营等，美联储根本就没有想到过要去认真履行应有的监管职能，这就为极端贪婪的金融资本在金融资本市场违规“圈钱”提供了机遇。在这种背景下，众多商业银行和投资金融机构为获得高额回报，纷纷突破业务经营范围乃至行规，涌向金融资本市场特别是股票证券市场，进行高杠杆操作、博弈。正是各类金融机构的这种违规操作、投机谋利，营造了20年代美国虚假的“股市繁荣”和股市泡沫。以危机爆发前的最后5年为例，据有关论著记载，从1925年1月25日至1929年10月，其“上市股票”从44344.9万股增加到10亿股以上，股票买价比票面价格高出3—20倍，成千上万人无心正业，日夜想着股市投机，股市证券泡沫越吹越大……正当人们为黄金梦如醉如痴时，晴天霹雳从天而降：1929 年 10 月 24 日，纽约证券交易所出现空前的抛售股票大风潮，5 天之后，人们惊魂未定，一场更大灾难发生，大量股票被抛售到市场上，而买者寥寥……一天之中，股市下跌 12.82%。这就是至今都让“股迷”们闻之色变的“黑色星期二”！由此拉开了震动世界的包括金融货币危机在内的“经济大萧条”的序幕！

针对当年美国金融资本市场的这种混乱局面，1933 年罗斯福政府颁布的由民主党参议员卡特·格拉斯和众议员亨利·B. 斯蒂格尔提出的《格拉斯—斯蒂格尔法》规定，商业银行除了可以经营由美联储批准的债券外，不能包销和经营公司证券、债券、股票等业务，避免给商业银行带来风险；禁止投资金融机构（即从事股票和其他公司有价证券发行、出售等业务的金融机构）收受存款等业务，以抑制其利用吸纳的存款进行股票及其他有价证券投机活动。《格拉斯—斯蒂格尔法》将商业银行和投资金融机构的业务严格划分开，使美国濒临崩溃的金融资本市场逐步稳定下来，成为治理“经济大萧条”的罗斯福“新政”的“撒手锏”。不仅如此，正是因为有了这一金融立法，在此后的近 70 年间，特别是在 20 世纪六七十年代，尽管由于美国政府在货币政策上犯了一系列错误，在短短十多年间酿成了达 10 次之多的美元危机和两次美元大幅贬值，但仍避免了商业银行和其他投资金融机构的系统性危机，使整个货币金融资本体系在长达六七十年的时间内维持住了相对平稳的运作，避免了类似 30 年代的金融灾难的发生。可以说，美国二战后几十年的所谓“黄金发展期”，与《格拉斯—斯蒂格尔法》这一金融立法不无关系。

二 《格雷姆—里奇—布利雷法》：认可“金融自由化”，成为金融危机的直接推手

1944 年 7 月，美国凭借其在二战中急剧膨胀的政治、经济和军事实力，力压昔日世界金融霸主英国，在美国新罕布什尔州的布雷顿森林主持召开了有 44 个国家参加的联合国与联盟国家国际货币金融会议。会议通过了以美国财政部官员怀特拟定的“怀特计划”为基础的“布雷顿森林协定”。“布雷顿森林协定”的核心精神是，确定美元与黄金挂钩，各

国货币与美元挂钩。这实际上赋予了美元取代英镑在国际金融货币体系中的中心地位，美国也就因此取代英国登上了世界金融霸主的宝座。

本来，“怀特计划”的初衷主要有两个：首要目的当然是由美国取代英国而登上世界金融霸主的宝座，另一个目的是取消外汇管制和各国对国际资本转移的限制。美国利用布雷顿森林会议实现了其具有战略意义的首要目的，然而对于美国金融资本集团而言，也有不尽人意的地方，就是由于会议通过的文件明确规定美元与黄金（储备）挂钩，这实际上是一种“金汇兑本位”或“美元—黄金本位制”；而黄金的价格及流动又受到各国政府严格控制，这就不可能彻底取消外汇管制和对国际资本转移的限制；此外，美元与黄金挂钩还极大制约了美国国际金融垄断资本集团及其看门人滥印美钞、牟取巨额“铸币收益”。所以，从 60 年代末开始，美国就有经济学家再次鼓吹“金融自由化”，如雷蒙德·戈德史密斯、罗纳德·麦金农和爱德华·肖等就借口所谓发展中国家政府对金融的“综合干预症”导致资金短缺这一现象，主张这些国家改革金融制度，放松乃至取消对金融机构和金融资本市场的监管、限制，使之市场化、自由化。但此论一出，即遭到质疑。1981 年诺贝尔经济学奖获得者詹姆斯·托宾认为，实行金融自由化势必导致金融资本市场剧烈动荡，并提出了著名的征收以其名字命名的“托宾税”的主张，意在通过征税提高金融资本市场交易成本来降低资本的流动性以缓冲汇率的波动性。这实际上还是强调政府应对金融资本市场进行干预和监管。这也表明，直到 70 年代初，新自由主义的影响力在美国依然有限。当然，历史并未因此止步。

随着国家垄断资本主义的发展，生产社会化和生产资料私人占有的矛盾日趋尖锐，再加上资本主义生产利润率下降规律等诸多因素的作用，20 世纪 70 年代，资本主义世界陷入长达十年的经济低增长、高通胀、高失业的“经济滞胀”。十年的“滞胀”催生了三件大事：其一是由于“滞胀”期间传统实体产业不景气，信息技术和网络技术作为新的经济增长点悄然兴起；其二是哈耶克等新自由主义骨干分子，借“滞胀”对凯恩斯主义大张挞伐，并极力鼓吹私有化、市场化、自由化的理论主张，深得美英国际金融垄断资本集团青睐，取代凯恩斯主义而先后成为英国和美国的主流经济学；其三，为突破美国自己构建的布雷顿森林金融货币体系关于“美元与黄金挂钩”的规定，美国国际金融垄断资本集团选择了制造“美元（过剩）灾”的损招，以既实现其掠夺世界财富的最大化，同时冲击美钞发行受黄金储备制约的原则，致使1960—1973年的短短14年间，发生了10次“美元危机”、两次美元大幅贬值，导致世界金融货币市场处于持续的波动状态。为稳定世界金融资本市场，1976年1月在牙买加首都金斯敦召开了“20国委员会”会议。会议通过的“牙买加协定”确认美元同黄金储备脱钩、承认浮动汇率合法化等。这表明，“布雷顿森林货币体系”走到了历史尽头，而汇率形成机制市场化、资本流动及资本运作自由化，加上美元霸权为主要内容的当代国际金融货币体系基本形成。以上三件大事的媾和，成为拉动以美国为代表的发达资本主义由国家垄断阶段向国际金融资本垄断阶段过渡的“三驾马车”。

在这“三驾马车”的拉动下，自70年代的“滞胀”始，美国金融资本的经济角色及其运行环境急剧变化。首先，由于实体产业利润率下降，驱使资本向通过高杠杆操作有可能获取高额回报的金融领域、资本市场集中，使金融垄断资本迅速扩张、恶性膨胀。其次，迅速膨胀的金融资本，再也不满足于为实体产业服务的“从属”“配角”地位，它们抓住“滞胀”期间实体企业风雨飘摇之机，通过借贷、并购、重组等手段，逐步实现了对实体产业的控制，并最终成为整个经济社会乃至政治的主宰。再次，推动颠覆性金融立法。80年代初，代表金融垄断资本利益的共和党人里根执掌白宫并将新自由主义捧上主流经济学宝座后，加快了修改《格拉斯—斯蒂格尔法》的相关规定、推动“金融自由化”立法的步伐。1987年8月，前J. P. 摩根公司主管、新自由主义狂热分子格林斯潘被任命为美联储主席。1998年4月，在格林斯潘等的操盘下，商业银行性质的花旗银行与从事保险业的旅行者集团合并，意味着《格拉斯—斯蒂格尔法》禁止混业经营的规定被突破。1999年11月4日，美国国会参众两院最终分别以90票对8票和362票对57票的结果，通过了认可金融混业经营、标榜为“金融服务现代化法”的《格雷姆—里奇—布利雷法》，禁止混业经营的《格拉斯—斯蒂格尔法》被废止。2004年，美国政府又进一步推行投资银行实行自我监管。至此，美国金融界花了近30年时间、3亿美元的巨额游说费用后，终于完成了新自由主义主张、国际金融垄断资本集团梦寐以求的“金融自由化”立法——包括解除政府对金融资本市场的监管和干预，金融机构混业经营自由化，汇率与利率形成机制完全市场化，金融资本流动、准入自由化也即资本项目自由化、金融产品“创新”自由化等等。正是这一颠覆性的金融立法，使得华尔街的麦道夫、斯坦福之流的“老千”高手们获得空前“解放”，可以举借高于自身资产数十倍、成百倍的贷款和债务，在“自由化”的金融资本市场进行豪赌；包括商业银行在内的各类金融机构也纷纷入场，“举债”买卖形形色色的金融衍生品，使美国的金融资本证券市场充斥着由政府债务、各类公司债务以至普通百姓购房、买车等根本无法偿还的消费抵押债务包装而成的“有毒”的金融衍生品。据国际货币基金组织报告，至 2007 年，全球的金融衍生品总值达 596 万亿美元，是全球股市总值 65 万亿美元的 9 倍，是全球 GDP 总量 54.5 万亿美元的 11 倍；其中美国的金融衍生品总值占全球的 50% 以上，达 300 多万亿美元之巨，是美国号称的 13 万亿美元 GDP 的 23 倍。美国的众多金融机构，包括商业银行、投资金融机构，都是由这种虚拟的、泡沫化的、有毒的金融衍生品支撑起来的。以美国最大也是在此次金融危机中最早濒临破产而于 2008 年 9 月 7 日被迫由美国政府注资 1900 亿美元并接管的房产抵押金融机构房利美和房地美为例，其核心资产共 750 亿美元，但它们推出的衍生金融债券、证券竟高达 52000 亿美元，是其核心资产的近 70 倍，相当于整个美国一年 GDP 的 40%！随着 2007 年、2008 年金融衍生品泡沫的破灭，“两房”当然难逃厄运。除“两房”外，摩根大通银行、贝尔斯登、雷曼兄弟、高盛、摩根士丹利、美国国际集团（AIG）等一大批华尔街的金融大鳄在随后的几年中，也先后因诈骗、豪赌而出现巨亏等丑闻，或者倒闭，或者被并购重组，或者被罚款，或者仅仅因“大而不能倒”由政府用纳税人的钱去“输血”才得以苟延残喘！问题还远不止如此：“两房”、贝尔斯登、雷曼兄弟等金融机构先后陷入困境，相对于 2008 年前后美国整个金融系统的膏肓之疾来说，只不过是冰山一角而已！

在如此“冰山”之下，美国如果不发生严重金融危机，倒是令人不可思议的！由此也就不难看出：2007 年美国爆发金融危机，美国国会 1999 年通过的认可“金融自由化”的《格雷姆—里奇—布利雷法》是直接推手！

三 以“沃尔克规则”为基础的《多德—弗兰克法》：将“金融自由化”请下了神坛

2007年美国爆发金融危机，对西方特别是美国学术理论界和政界来说，是始料未及的。危机发生后，新自由主义的狂热鼓吹者们均目瞪口呆、束手无策：若要政府出手救援，这无异于打自己的耳光，因为他们向来是主张市场自由、反对任何行政干预的，于是只好选择全体噤声！至于以小布什为首的国际金融垄断资本集团的“看门人”，面对危机，更是一筹莫展，眼睁睁地看着危机不断恶化、发展：2007年尚仅仅是次级贷款危机，到2008年，迅速波及众多投资银行乃至商业银行等金融机构，华尔街的金融大亨们一个接一个轰然倒地，幸存者也大多深陷危机，奄奄一息；更糟糕的是，由于美国是世界金融霸主，金融危机很快蔓延至全世界，酿成近百年来最严重的国际性金融危机，将整个人类推入经济灾难之中。美国也因此堕落为不仅是当今人类政治动乱、人道灾难的制造者，而且是人类经济灾难的制造者！

2009年1月，面对金融危机手足无措的共和党政府下台，民主党的奥巴马入主白宫。奥巴马上任后，效法其前辈罗斯福，推出了一系列同新自由主义拉开距离甚至抵制新自由主义的治理危机措施，如实施“再工业化”，增加社会建设投资，推行医保改革，提高最低工资标准，遏制贫富差距两极分化加剧势头，等等。从治理金融危机的角度看，特别值得一提的措施，是奥巴马就任半年，即于2009年6月17日公布了全面的“金融监管改革方案”；“金融监管改革方案”公布后，美联储前主席、82岁的民主党老将保罗·沃尔克提出了一份有关美国金融监管改革的草案，即“沃尔克规则”，2010年1月，奥巴马发表讲话，公开支持“沃尔克规则”，呼吁国会将其纳入“金融监管改革法案”，推动金融监管改革立法。

所谓“沃尔克规则”，其核心内容主要有以下三点。（1）限制商业银行的规模。规定单一金融机构在储蓄存款市场上所占份额不得超过10%，以限制金融机构规模的过分扩张、合并和银行过度举债进行投资的能力。（2）禁止银行利用自身资本进行自营交易，不能从事与自己利润有关而与服务客户无关的自营交易业务。（3）禁止银行拥有或资助对私募基金和对冲基金的投资，也就是不允许商业银行拥有、投资或发起对冲基金，也不能拥有私募股权投资基金。

由以上可见，“沃尔克规则”的基本精神，就是改进、加强金融监管，再次明确规定商业银行和投资金融机构的业务范围，禁止混业经营，禁止商业银行自营交易，限制商业银行的业务规模，减少银行系统性风险，防止“大而不倒”的风险再度发生，归根结底就是去“金融自由化”。

保罗·沃尔克提出这一改革美国金融监管的草案后，遭遇到华尔街的国际金融资本垄断集团及其代理人共和党和新自由主义学派的顽强抵制，将其融入金融法律更是经历了一个漫长的、艰苦的谈判与讨价还价、相互妥协的过程。根据奥巴马的呼吁，2009 年 12 月 11 日，美国众议院以 223 票赞成、202 票反对的投票结果通过了以“沃尔克规则”为核心的“金融监管改革议案”——由民主党参议员克里斯·J. 多德和众议员巴尼·弗兰克联合提出的《多德—弗兰克法》，但这一议案在 2010 年 4 月 26 日的参议院却以 57 票赞成、41 票反对的投票结果未获通过，只得进一步进行协商、谈判；2010 年 5 月 5 日，多德和共和党参议员谢尔比就“金融监管改革议案”中的分拆金融机构等问题达成一致；2010 年 5 月 20 日参议院以 59 票赞成、39 票反对的投票结果通过“金融监管改革议案”；2010 年 6 月 25 日美国参众两院就议案的最终版本达成协议；2010 年 6 月 30 日美国众议院以 237 票赞成、192 票反对通过两院统一后的议案；2010 年 7 月 15 日美国参议院以 60 票赞成、39 票反对通过最终版本的法案；2010 年 7 月 21 日奥巴马正式签署《多德—弗兰克法》，以取代 1999 年颁布的认可“金融自由化”的《格雷姆—里奇—布利雷法》。

美国参众两院在通过《多德—弗兰克法》时要求，美国联邦监管机构应当制定实施细则，以便此法的基本规则在 2012 年 7 月 1 日起实施。是年 11 月，美联储、美国货币监理署、联邦存款保险公司和美国证监会等金融监管机构，联合发布了《〈多德—弗兰克法〉实施细则》（征求意见稿）。但在征求意见过程中，由于各方意见分歧巨大，《多德—弗兰克法》的实施时间一再延迟。直至 2013 年 12 月 10 日，美国金融监管机构才最终发布《实施细则》，规定自 2014 年 4 月 1 日起《多德—弗兰克法》

生效实施。自2009年6月17日奥巴马政府首次发布“金融监管改革方案”、紧接着沃尔克提出“沃尔克规则”，至2013年12月10日美国金融监管机构发布《多德—弗兰克法》的《实施细则》，美国近百年来的第三部金融法也就是“金融监管改革案”——《多德—弗兰克法》立法程序的最终完成，历时达四年半。这表明，尽管因爆发严重金融危机，不仅将美国，而且将全人类推入灾难深渊之后，美国国际金融垄断资本集团自己把自己送上了道德、道义的被告席，使新自由主义成了过街老鼠，但美国国际金融资本垄断集团在美国的根基仍是相当深厚的，新自由主义在美国的影响也不可小觑！也正因为如此，《多德—弗兰克法》的最终文本是一个妥协的文本。比如，“沃尔克规则”中有一条是“禁止银行拥有或资助对私募基金和对冲基金的投资”，而最终文本则在这里开了一个“小口子”：允许银行在对冲基金和私募股权上的投资不高于核心资本的3%。尽管如此，“沃尔克规则”的基本精神在《多德—弗兰克法》中还是得到了体现的。这一立法富有特色的内容有以下三个方面。

（1）强化、协调金融监管，防范系统性风险。在联邦监管机构系统内，增设金融稳定监管委员会、消费者金融保护局、联邦保险办公室等机构强化监管，设立由财政部牵头的金融稳定监督委员会，协调金融监管，将所有具有系统重要性的银行和非银行金融机构纳入美联储的监管之下，实施更为严格的资本充足率和其他审慎性监管标准，并对证券化及场外衍生品金融市场进行规范和约束，以破解“大而不能倒”难题，防范和识别系统性金融风险。

（2）将对冲基金、私募基金、信用评级公司等的监管，纳入美联储等监管系统的监管范围。

（3）增设消费者保护局，加强对消费者权益的保护。《多德—弗兰克法》的全名是《多德—弗兰克华尔街改革和消费者保护法》，这显示法案的宗旨是保护消费者利益。法案规定在美联储等监管框架内增设消费者金融保护局（CFPA）并赋予该机构独立监管权，署长由总统直接任命。该机构可以监管美国各类银行和非银行金融机构，以及所有资产规模在100亿美元以上的信贷机构、支票兑换机构和其他类似的非银行金融机构。

以“沃尔克规则”为核心的“金融监管改革法案”——《多德—弗

兰克法》由美国国会通过后，美国国内即有评论对此作出正面评价，认为这一立法是80年前罗斯福时代的《格拉斯—斯蒂格尔法》的回归。欧洲诸国也对此表示欢迎，法国财长拉加德表示，奥巴马的银行业改革计划与法国政府的立场完全一致，认为美国政府在金融监管问题上的立场转变令人印象深刻。英国央行行长默文·金也认为，必须拆分银行——将银行拆分为零售银行和投资银行，从事高风险、高杠杆金融活动的投资银行不应得到政府救助。2012年8月，法国开征金融交易税（即所谓“托宾税”），以缓冲或制约金融投机；2013年3月，欧盟推出银行高管“限薪令”，限制金融高管奖金，规定奖金与工资的比例上限为1：1，以遏制银行从业人员为获得高额奖金从事高风险的行为；2014年1月29日，欧盟公布“大银行改革计划”，禁止银行自营交易，赋予监管当局相应权力，并将银行具有风险的交易活动与相对安全的放贷活动隔离开来，也就是禁止金融机构混业经营。美国金融危机发生后，国际货币基金组织也逐渐把注意力放在如何防范金融风险上，其官方立场从主张“金融自由化”、资本项目自由化转变为在某些情况下资本金融管制可能是必要的。

以上表明，美国爆发金融危机并酿成国际性金融危机后，不论在民主党的奥巴马当政的美国，还是在欧洲诸国，抑或是国际货币基金组织，“金融自由化”、资本项目自由化均先后被请下了神坛。这就是新自由主义学派所长期鼓吹的“金融自由化”的历史命运！

（选自《国外社会科学》2016年第1期）

反贫困实践的国际比较及启示

闫　坤　孟　艳*

改革开放以来，我国在反贫困领域取得了举世瞩目的巨大成就，按照2015年10月世界银行公布的最新国际贫困线标准（即按照购买力平价计算，每人每天1.9美元）测度，1981—2012年间，我国生活在该贫困线以下的人口由88%下降到6.5%，尽管如此，2012年，我国仍然是世界上贫困人口第二多的国家，贫困人口占到所有发展中国家贫困人口的8%，对我国而言，反贫困仍然是一项非常重要的任务。贫困问题具有国际性，不仅发展中国家普遍面临贫困问题，发达国家也同样受到贫困问题的长期困扰。因此，面对贫困这一人类共同的"超级难题"，有必要对世界上其他国家反贫困的实践状况展开比较研究，探讨反贫困的共性规律，汲取有益的经验，以更清晰、更科学地推进我国反贫困战略的顺利实施，全面建成小康社会。

发达国家和发展中国家在生产力发展水平、制度和历史背景等方面都存在明显差异，贫困问题在两类国家具有不同表现，形成贫困的原因也存在差异，相关国家采取的反贫困措施各具特色，基于这一情况，区分发达国家和发展中国家两类国家，对反贫困的实践展开国际比较研究。

* 本文作者：闫坤，1964年生，博士，中国社会科学院财税研究中心执行副主任、研究员，博士生导师；孟艳，1973年生，博士，中国财政科学研究院研究员，硕士生导师。

一 发达国家反贫困的主要实践分析

整体而言，发达国家经过多年的发展，社会生产力水平和人均占有财富水平普遍较高，而且建立了较为完善的社会保障制度，人民生活普遍维持在一个较高水平，但发达国家也存在贫困问题，按照一些发达国家官方统计的结果，生活在贫困线以下的人口甚至占到总人口的15%左右。

1. 发达国家贫困问题的主要特征

从发达国家贫困问题的整体情况来考察，发达国家所表现出来的贫困问题与发展中国家存在差异，具有明显的自身特征，主要表现如下。

（1）发达国家的贫困问题主要表现为相对贫困

发达国家居民很少面临从基本生存角度定义的绝对贫困问题，发达国家的贫困线标准较高，一般是采用十等分法或人均收入半值法确定相对贫困人口，这就使得发达国家贫困人口的生存条件远远优于发展中国家。例如，2015年，一个美国标准家庭（双亲加两个孩子）以年收入为基础的贫困线标准是24250美元。

（2）发达国家的贫困人口主要集中在城市

从贫困人口的分布状况看，发达国家贫困发生的一个重要原因是由失业引起的，在人口流动较为频繁的情况下，贫困人口一般倾向于到大城市去寻求工作机会或者希望在大城市能够获得社会或者他人救助的机会，相比之下，贫困人口在乡村的工作机会较少。因此，发达国家的贫困人口主要集中在城市地区，乡村地区由于人口密度较低，加之很多人拥有土地等生产资料，贫困人口的数量反而没有城市的集中度高。

（3）发达国家的贫困人口带有一定的种族、性别和年龄的特征

一般而言，发达国家的贫困问题受劳动力市场上供求关系和市场歧视影响很大，因此发达国家的贫困人口具有一定的种族、性别和年龄特征。从种族看，美国各种族中黑人、墨西哥移民等的贫困人口比重要远远高于其他种族，例如，2014年，美国贫困率为14.8%，其中黑人贫

困率 26.2%、拉美人贫困率 23.6%、非拉美白人贫困率则只有 10.1%；从性别看，由于劳动力市场上存在一定的性别歧视，妇女的工资普遍低于平均工资水平，因此，单身母亲的贫困比例也是相对较高的；从年龄结构看，由于老年人和儿童没有经济来源，无人赡养的老年人和无人抚养的儿童在发达国家也是贫困人口的主要构成部分。正是基于这一状况，发达国家通常把易受社会经济结构影响的老年人、失业者、妇女和儿童、低工资收入者、家庭收入减少者、乡村居民、移民等七类社会成员划归为低收入者或贫困群体，他们也是政府反贫困政策的主要帮助对象。

2. 发达国家反贫困的典型实践

（1）建立以“普遍福利”为核心的社会保障制度

在 1929—1933 年大危机的影响下，发达国家意识到政府需要构建安全保障体系以在对贫困人口进行救助过程中发挥更积极的作用。此后，主要发达国家均建立了以社会保险为主要内容的社会保障制度，美国 1935 年制定的《社会保障法》就是其中的代表，该法案建立了以为弱势群体的贫困人口提供物质救助为核心的社会保障制度。英国则在 1942 年《贝弗里奇报告》的影响下，开始逐步建立一个面向所有公民的、保障每个公民从出生到坟墓都能够享有的社会福利体系，在先后制定了《国民保险法》《家庭津贴法》《家庭救助法》等一系列社会保障法律体系之后，英国基本按照该报告的内容构建起了完善的社会保障体系，并且宣布英国已经建成了福利国家。在瑞典学派的理论支持和英国实践的影响下，欧洲发达国家纷纷采取了类似措施，实现了福利国家的梦想。在这一过程中，大多数发达国家政府在反贫困方面承担了第一责任，社会福利制度已经涵盖了养老、失业、疾病、工伤、贫困救济、生育、子女照料、孤寡照料以及特殊情况的一次性补助等多方面的内容，这使贫困问题在很多发达国家已经越来越少，尤其是在北欧国家更是如此。但包罗万象的社会福利制度也使得福利支出成为各自政府开支的最庞大的一项，到 20 世纪 70 年代末期，福利开支基本上占到发达国家财政支出的 50% 以上。

（2）实施反贫困的系统化战略，为低收入者提供教育和培训

20世纪60年代在林登·约翰逊总统的领导下，美国政府在全国范围内开展了全面的反贫困行动计划，提出的口号是“向贫困开战”，反贫困的措施以1964年通过的《经济机会法》为基本指导思想，该法案提出的反贫困计划包括以下六个方面：一是青年计划，包括工作队、工作和培训计划、居民点青年队、勤工俭学计划；二是城市和农村社区行动计划，就是促使所服务的地区和成员在“最大限度参与”的原则下发展、引导和管理的计划，当时确定的社区行动计划包括居民点服务、就业援助、教育、住房、居民点医疗中心、家庭、法律服务等；三是农村地区反贫困计划，授权建立机构对农业生产进行拨款和贷款，对移民、季节性农业工人和他们的家庭的其他援助，对奶制品牧场主的补偿支付等；四是就业和投资刺激，通过小企业管理局以贷款、资助的方式促进中小企业发展；五是扩大了由卫生、教育和福利部管理的“扶养未成年儿童家庭”的公共援助计划；六是公共援助项目的收入管理，通过改变计算收入的方法，建立公共援助的资格申请制度来修正社会保障法。

上述法案提出在美国消除贫困，仅仅有一个富于同情心的资本投资方法是不够的，还需要穷人积极地参与到地方计划中去，确定了穷人“最大化参与”的原则，因此，所采取的措施不仅仅是收入再分配，突出体现的是提供工作和工作培训，是通过教育和培训的方式改造低收入者，使他们脱贫。约翰逊总统当时推出的诸多反贫困计划和措施到现在仍然在继续实施。

（3）不断改革社会保障制度，减轻政府负担，建立工作福利制度

20世纪80年代后，为应对社会福利开支带来的沉重债务负担，英国撒切尔领导保守党政府开始采取一些措施削减社会福利开支，这些政策主要集中在养老保险领域，降低了国家基本养老金和常规性养老金的发放标准，并且将自愿参与的职业养老金计划变成强制性要求，从而减少了开支，扩大了养老保障体系的资金来源。在医疗保险方面则将竞争机制引入医疗保险体系，并提高了对医生、医院的资质要求。失业保险方面对长期失业且没有努力寻找工作的人，政府的失业津贴也会有所降低。鼓励失业者参与职业培训，并在全国范围内实施职业资格证书制度。布莱尔的工党政府上台后逐步建立了以促进贫困人群可持续就业为

主旨的新型反贫困政策，主要内容有：一是建立奖惩机制以促进贫困者对持续就业的有效参与，二是采取措施增强贫困人群的持续就业能力，三是鼓励非全职工作。这一政策成为英国福利国家反贫困体系的重要补充。

在美国，尼克松总统、里根总统、克林顿总统以及布什总统都先后对美国的福利制度进行了修改，其中克林顿和布什政府执政期间的社会保障制度改革幅度相对较大，他们改革的主要目的是将接受社会救助的权利与参加工作的义务结合起来，体现“无责任无权利”的救助理念，重新建立工作与福利之间的联系，鼓励受救济者参加工作和帮助失业者再就业，使每一个家庭达到最高程度的自立和自足。主要方向有两方面：一是适当降低政府的社会福利责任，减轻政府的负担；二是积极促使贫困人口开展生产自救，防止社会福利制度成为养“懒汉”的制度，减少人们在社会福利开支的支持下逃避工作的行为。

1996 年，克林顿政府颁布了《个人责任和工作机会协调法案》，又被称为“福利改革法案”，这次改革是美国福利政策的一个转折点。改革之前，美国福利制度对贫困人口提供的主要援助方式是每月发放可兑换现金的支票或可作现金使用的其他票证，比如“食品券”等。改革之后，美国联邦和州政府大力增加为穷人提供就业培训、教育、就业交通和孩子照看等方面的福利性开支，使人们具备走出家庭自谋生路的条件。新政策的目的是通过促进就业鼓励个人承担责任，使救济从原先的无限制终身福利转变为一种有限制的临时福利，并将重点放在督促和帮助失业者再就业方面，使他们树立“以工作求自立”的理念。后来布什政府在 2002 年提出了第二阶段深化福利改革的方案——《为自立而工作法案》，对原法案进行了部分修改和补充。

（4）重视落后地区社会经济的开发和发展

以美国为例，由于经济发展不平衡，一些地区的经济较为落后，也成为其贫困人口相对聚集的区域，因此，美国政府在反贫困过程中一直都十分重视落后地区的经济开发和发展。在 20 世纪 30 年代“罗斯福新政”中，就制定了田纳西河流域工程计划以开发该区域，提高当地经济发展水平；20 世纪 60 年代，约翰逊政府相继通过了“阿巴拉契亚地区发展法”和“公共工程经济开发法案”，旨在强调通过加大政府投资，强化基础设施建设和发展人力资本，发展落后地区经济，进而创造更多的就业机会。之后，里根政府于1993年通过《联邦受援区和受援社区法案》，援助项目包括创造就业机会、兴建公共设施、人力资源培训、住房、环境保护和公共安全等方面，以调动地方参与者的积极性，培育受援地区自我发展能力。总体看，美国联邦政府在开发落后地区方面提供了较多财力，基本上占到联邦政府对地方政府转移支付的15%左右。

（5）根据经济社会运行面临的突出问题，实施具有针对性的反贫困措施

由于新经济的快速发展，美国贫困问题在21世纪初期得到了一定程度的缓解，2000年贫困率为11.3%，但2008年国际金融危机爆发后，美国各项产业受到严重影响，失业人口剧增，严重的失业问题使得美国的贫困问题不断加剧，2009年贫困率上升为14.3%。为此，美国政府推出创新措施以应对日益严重的失业问题。主要措施有：一是延长失业救济领取期限，将失业保险领取期限延长7周，对于失业率超过6%的州，失业保险领取期限延长13周，此外，政府还将以社保支票的方式向每个退休人员、伤残老兵及其他不需支付工薪税的人员提供每月250美元补贴；二是拿出269亿美元用于帮助失业者维持他们的医疗保险；三是鼓励企业雇用新人的刺激计划，2010年，奥巴马正式签署总额180亿美元的促进就业一揽子方案，采取税收抵扣的方式鼓励企业雇用新员工，雇主可免于为符合法定条件的新雇员缴纳社会保障税，如果此后雇主至少连续52周对该员工持续留用并发放工资，便可获得一定的所得税税收抵免，据测算，如果企业雇用的员工年薪6万美元，雇主企业大约可以获得4000美元的税收减免。

二 发展中国家反贫困的实践分析

整体而言，发展中国家的经济要比发达国家落后得多，人均收入水平等诸多经济指标远远低于发达国家，因此，发展中国家整体实力要弱于发达国家，贫困问题在发展中国家要远远比发达国家严重得多，并且发展中国家普遍处于发展本国经济的过程中，经济实力相当有限，贫困救助比发达国家更为困难。发展中国家需要处理好发展经济与减轻贫困

问题之间的关系，其反贫困的理论与实践与发达国家之间具有明显的不同。

1. 发展中国家贫困问题的主要特征

首先，发展中国家的贫困问题要远远比发达国家严重。发展中国家的贫困人口数量和占人口的相对比例都比发达国家多得多、高得多，尤其是那些维持生存的基本物质条件仍然没有保障的绝对贫困人口大多数是生活在发展中国家。

其次，发展中国家界定贫困人口的标准主要是绝对贫困标准。发展中国家的贫困基本上属于物质生存意义上的绝对贫困，甚至有相当一部分可以称为极端贫困。从发展中国家总体情况看，为了更好地制定反贫困战略，贫困标准仅仅能够满足其生存的需要，在这一基础上，发展中国家反贫困的一个主要方向就是要首先解决贫困人口的温饱问题，即使是这样，由于发展中国家贫困人口的绝对数量和相对数量也非常大，其反贫困工作也是任重道远。

最后，发展中国家的贫困人口分布具有一定的乡村区域集中性。发展中国家的乡村贫困与城市贫困并存，但以乡村贫困为主。由于经济和社会发展不平衡，城市的经济发展水平和居民的收入水平明显高于农村地区，这样的经济发展状况决定了发展中国家的大多数贫困人口是居住在农村的，城市贫困当然也存在，但其发生的比例要低于农村地区。

2. 发展中国家反贫困的典型实践

发展中国家包括的国家众多，而且各国经济发展水平不同，经济发展的过程也都不同，因此，尽管发展中国家普遍面临较为严重的贫困问题，但不同国家的表现情况和反贫困的实践各不相同，我们选取了巴西这一经济发展水平相对较高和印度这一人口众多的国家作为代表展开分析。

（1）巴西反贫困的实践

巴西是发展中国家中经济发展程度较高的国家，1968—1974 年的七年间，巴西的经济增长率达到 10.1%，创造了举世瞩目的“巴西奇迹”，此后的5年左右时间，巴西的经济增长速度也达到7%左右。

20世纪60年代以后，巴西政府根据“发展极—增长点”理论，开始实施“发展极”的反贫困战略，主要采取了两项重大举措：一是将首都迁往人烟稀少的内陆地区，新建巴西利亚，以此带动整个内陆地区的快速发展；二是政府决定通过设立自由贸易区的形式开发东北部的亚马孙地区。亚马孙河流域占地广阔，资源丰富，但是由于交通条件落后，没有经济增长动力，一直处于贫穷落后的状态，也是巴西贫困人口众多的地区，1967年，巴西政府在亚马孙地区的玛瑙斯划出了1万平方公里的土地建立了一个自由贸易区，实行进出口自由贸易政策，并给予贸易区优惠的税收政策吸引国内外企业投资建厂。巴西政府希望通过发展玛瑙斯的经济，为亚马孙地区创造一个经济发展极。1974年后，巴西政府又在亚马孙地区相继建立了17个规模不等的发展极，初步形成带动整个区域经济开发的发展极网络，并取得明显成效。与此同时，巴西政府还推进了“全国一体化计划”，其主要目标是要将经济比较落后的中西部地区、东北部河谷地区以及亚马孙地区纳入全国交通网。20世纪70年代初，巴西政府在上述地区修建了3条公路干线，这些公路干线的建成和通车，把边远地区同发达地区连成一片，从而为区域经济开发创造了条件。

“发展极”战略的推进，对巴西的经济增长发挥了重要的作用，带来了就业机会的大量增加，尤其是带动了农村剩余劳动力的转移，为贫困地区的人口带来了较好的发展机遇，从而使得经济增长的“涓滴”效应在经济快速起飞的阶段起到了积极作用，巴西的贫困人口比例出现了明显下降。但在进入20世纪80年代之后，巴西的经济增长面临瓶颈，经济增速出现明显下滑，但巴西政府仍然推行之前的“积累优先”的收入分配政策，这导致巴西的经济增长出现了明显的“向上滴漏”的现象，社会财富的增长加速集聚到少数富人身上，社会贫富差距越来越大，基尼系数已经达到0.6以上，成为世界上收入分配不平等问题最严重的几个国家之一，正因为如此，巴西的“发展极”战略反贫困的效应很有限，大多数人依然生活在贫困之中。据联合国拉美经委会统计，1990年巴西贫困人口高达6750万，占全国人口的一半以上。

如此大量贫困人口的存在和如此高的贫困率，既与巴西发展中国家中的领先国家的经济地位不符，也为巴西的经济发展带来了巨大隐患，社会稳定也受到明显影响，恶性案件层出不穷，巴西每年因人为意外死亡的人数超过10000。因此，20世纪90年代以来，巴西政府认识到，希望市场机制发挥“看不见的手”的作用，实现经济增长过程中社会财富分配“向下滴灌”以减少贫困人口的想法是不切实际的，政府需要在贫困人口救助方面发挥更重要和更直接的作用。从20世纪90年代中后期，巴西政府开始实施一系列的反贫困计划和措施，建立和完善了一个较为系统的反贫困体系。这些反贫困措施主要有两大类：一类是直接对贫困人群进行救助的反贫困计划；另一类是通过对贫困人群提供培训以及就业帮助等措施，帮助贫困人口恢复就业。具体看，巴西政府实施的直接对贫困人口进行救助的计划主要有以下几个。

一是最低收入保证计划。1997年12月，巴西联邦政府制定了最低收入保证计划，该计划由联邦政府按一定的比重向愿意参与计划的最贫困城市拨款，联邦政府和市政府各出资50%，主要帮助群体是人均月收入低于政府规定的最低工资的一半并且有7—14岁在校读书的儿童的家庭，主要目的是降低巴西贫困家庭中的儿童辍学现象。截至2002年底，巴西最低收入保证计划涵盖了巴西480多万个家庭，受惠学生约820多万人。2003年10月，巴西政府将过去由多个部门发放的助学金、基本食品、燃气补贴、最低保障金等整合为“家庭救助金计划”，以便统一管理，提高效率，增加透明度。政府发给符合条件的家庭一个银行卡，每月定期打入救助金。持卡人可以到银行提取现金，也可以到任何超市和商店购物。这种方式把联邦政府的社会救助金直接发到救助对象手中，避免了被地方官员贪污挪用的可能性。经过多年的努力，巴西“家庭救助金计划”的覆盖面在不断扩大，2008年国际金融危机爆发后，为了提高贫困家庭的收入，巴西2009年宣布扩大家庭补助金的发放范围，使享受补助金的家庭从1100万户增加到1290万户，受益人口高达4950万人，约占巴西全国人口的26%。2010年，巴西政府将继续加大社会项目投入，将“家庭救助计划”的预算增加到137亿雷亚尔，比2009年增加了15.1%。

二是贫困地区家庭医疗救助计划。从2006年起，巴西政府开始对贫困地区以及贫民窟中的家庭开展医疗救助计划，组织相对固定的包括相关基本科室的医生在内的家庭医疗救助小组，定期到贫困地区及贫民窟上门了解和检查贫困家庭人口的健康情况，并且还对贫困区群众进行健康教育、卫生知识宣传等。

三是在全国实施“零饥饿”计划。2003 年巴西政府推出了“零饥饿”计划，主要目的是解决绝对贫困人口面临的饥饿问题，保证贫困人口获得适当食物的权利。“零饥饿”计划不仅限于向贫困家庭发放基本食品，而且还鼓励发展家庭农业，为贫困地区创造就业机会，加强教育投入，改善贫困地区的饮水和卫生条件，目的是使贫困家庭通过政府的救助提高自身脱贫能力，融入社会发展进程。

四是推行保障性住房计划。巴西城市化进程伴随着大量贫民窟的形成，据统计，巴西约 5300 万城市居民的住房被认为不宜居住，并且贫民窟带来了严重的社会问题。为解决城市中的贫民窟问题，向贫困阶层提供住房，政府又制定了经济适用房计划，2003—2007 年巴西联邦政府投资 215 亿雷亚尔兴建 120 万套住房以提供给月收入在最低工资水平以下的贫困家庭。此后，巴西在 2009 年又开始实施“国家住房计划”，该计划主要目标是收入水平较低的中低收入阶层，该计划预计总投资为 3000 亿雷亚尔，计划在未来 15 年内为月收入低于 1500 雷亚尔但高于贫困线的中低收入家庭提供 1200 万套保障性住房。

在为贫困人口提供培训和就业辅导方面，巴西政府的主要做法有：一是开展全国性的扫盲计划；二是制定和实施促进就业的计划。城市人口的贫困问题主要是失业问题造成的，在巴西存在大量农村剩余劳动力转移到城市的情况下，城市低端劳动力失业状况更为严重，大量贫民窟的出现就是一个典型的例子。因此，巴西政府对于帮助失业人口重新就业方面做了很多的努力，先后推出了不同的促进就业的计划。1995 年巴西联邦政府制定了“促进就业计划和增加收入计划”，通过向微型和小型企业、个体劳动及自雇人员等提供优惠信贷的方式，帮助它们创造更多的工作岗位提供给失业人员。1997 年在东南亚金融危机席卷全球之后，巴西经济受到严重影响，失业人口剧增，为了应对失业问题，巴西政府又推出了“巴西行动计划”，主要目的是希望通过工程投资以解决大量人口失业之后带来的贫困及其他社会问题。另外，年轻人由于缺乏工作经验，失业状况较为严重，因此，为了帮助年轻人获得就业机会，2003 年巴西联邦政府开始实施“初次就业计划”，主要目的是为16 岁至 24 岁的青年在就业方面提供支持，主要措施有两类：一类是对没有完成学业、没有找到工作的青年人进行免费职业培训，并向希望自己创业的年轻人提供低息贷款；另一类则从企业方面入手，企业招聘首次参加工作的青年人可以得到政府补贴，通过这种方式促使各类企业接受年轻人就业。

从上述反贫困措施的最终结果看，巴西政府的努力还是很有成效的，成功将生活在 2 美元/天贫困线下的人口比例从 2002 年的 37. 5% 降低到 2007 年的 30%，同时带来的是贫富分化程度的略微减轻。2003—2010 年，巴西减少了 2300 多万极端贫困人口，实现了 90% 的入学率。巴西的基尼系数出现了连续 10 年的下降，从 1998 年的 0. 567 降至 2008 年的 0. 515。

（2）印度反贫困的实践

印度也是一个人口大国，目前其人口总数仅次于中国，并且在死亡率迅速降低、无节制生育的情况下，其人口增长率远远高于中国，联合国人口基金会指出，估计到 2050 年时印度人口将达 16. 58 亿人，成为世界人口第一大国。在这样一个发展中国家，贫困问题也是非常严重的，如果按每日 2 美元作为贫困线标准来计算，1990—2003 年印度低于该贫困线的人口占总人口的比重为 79. 9%，大概有 8. 57 亿人。

取得独立以后，印度历届政府也认识到解决贫困问题的重要性，采取了各种反贫困措施以抑制贫困现象的蔓延，由于印度政府受到缪尔达尔思想的影响，采取的主要反贫困措施是以制度反贫困为主，尤其是试图通过土地制度改革为切入点开展反贫困工作，此后，印度政府又采取了一些建立相关社会保障制度反贫困的措施，对贫困人口直接救助或者是以社会保障制度来保证人们的最低需求等。上述反贫困措施虽然收到了一定的效果，但由于一直以来人口增长率较高，其反贫困效果并不明显，贫困人口减少的速度较慢，而且贫困人口比例还有上升的势头。综合来看，印度历年所采取的反贫困措施主要集中在两方面。

第一个方面是采取措施为农业生产创造条件，增加农业人口的收入，减少贫困现象的发生，以缓解农村贫困问题。主要措施包括：一是开展土地改革；二是开展“绿色革命”计划，引进、培育和推广高产农作物品种，运用一系列综合技术措施来增产粮食，从而增加对贫困人口的粮食供给；三是为农业生产提供信贷支持；四是推行缓解农村贫困计划，自20世纪70年代中期以来，印度政府先后在农村地区实施了“以工代赈”（1980年改称全国农村就业计划）、“全印农村开发计划”、“青年职业培训计划”和“农村综合开发计划”等一系列促进农村救济发展的计划。在20世纪80年代初，印度政府将这些计划形成一个体系，统称为“缓解农村贫困计划”。

第二个方面是建立最基本的社会保障制度，提高穷人的生存发展能力。主要措施包括：一是发展公营分配制度，为了保证广大人民特别是贫弱阶层能够以合理的价格获得基本消费品，印度建立了一整套公营分配系统，它实际是由政府在全国各地建立起的控制基本消费品价格的平价商店，保证以合理价格向广大人民供应基本消费品；二是建立和完善社会保障制度，经过几十年的努力，印度政府建立了一个包括医疗、事故和养老等方面在内的社会保险制度，为印度的大多数人提供社会保障服务。但印度最成功的社会保障措施是实行全民免费医疗制度，该制度的核心是政府医院，由遍布全国的公立医院体系负责全民免费医疗制度的落实，起到维护社会公平和救助贫弱的作用。由于印度穷人主要集中在农村，政府还在农村地区健全了包括保健站、初级保健中心和社区保健中心三个层次的医疗服务网络，免费向穷人提供医疗服务。

总之，印度作为目前世界上贫困人口数量最多的国家，由于历史上一直推行的种族隔离政策导致印度并没有实现真正意义上的人人平等，一些反贫困措施对印度的贫困状况有所缓解，可贫困问题仍然非常严重，印度政府要想从根本上解决贫困问题，还有很长的路要走。同时也要看到，尽管印度的贫困人口数量庞大，印度政府建立的那些带有基本保障性质的社会保障措施已起到了明显作用，印度的大多数穷人在粮食、医疗、养老、就业等方面的基本权利得到了基本满足，这对印度多年来能基本保持社会的和谐与稳定发挥了重要的“安全阀”作用。

三 国外反贫困实践对我国的启示

在分析了不同国家反贫困的政策实践及其演化过程之后，我们认为，我国在出台相应的反贫困政策时，也可以借鉴其他国家的经验和教训，少走弯路，更好地解决贫困问题。从各国的反贫困实践看，未来我国可以借鉴的主要有以下几方面。

1. 经济增长是反贫困的最主要的途径

从世界各国的经济增长情况与其贫困问题严重程度关联性看，贫困问题首先是一个社会总供给相对不足的外在表现，并且贫困问题也随着不同国家经济增长情况的差异而存在明显不同。发达国家的绝对贫困问题已经基本得到解决，目前的反贫困工作也是紧紧围绕解决相对收入不足而展开的。同时，除了因为经济发展之后，所有人收入都会水涨船高之外，经济增长的另外一个好处是，随着国家经济实力的增强，政府可以用于解决贫困问题的财力和物力也随之增多，从而对贫困人口的支持力度也会加强，进而能够有效地降低贫困问题的产生。因此，通过大力发展经济提高国家的经济实力，是一个国家解决贫困问题的根本出路。在这种情况下，我国的反贫困问题，根本的出路也是要实现国民经济的不断增长，在发展中解决问题。

2. 在实现经济增长的同时要注意收入分配的公平性问题

虽然经济增长对于解决一个国家的贫困问题非常重要，但在促进经济增长的同时，还要注意的一个问题就是要建立一个有助于社会公平的收入分配体系。因为在市场经济的分配体系下，资本也要参与到收入分配过程中，因此，在按照市场经济规律进行收入分配时，很容易出现的一个结果就是贫富差距的不断扩大。巴西在 20 世纪 60—70 年代的反贫困过程就是一个例子，由于没有处理好经济增长与收入分配之间的关系，随着经济增长的加速，社会的贫富分化也日益加剧，贫困人口的处境没有得到根本性的改变。为此，为了避免一个国家的经济增长出现“贫困的增长”的情况，就需要该国在发展经济的同时，还要制定一系列能够使收入分配趋向公平的政策措施，使得贫困人口也能从国家的经济增长中获得好处，并且使他们逐步摆脱贫困。这一点对于发展中国家尤其重要，在总体经济尚未得到充分发展的情况下，社会收入分配差距越大，产生绝对贫困人口的数量就越多。我国经历了三十多年的经济快速增长之后，贫困问题虽然得到了明显缓解，但收入分配差距拉大的问题已经开始显现，贫富分化的现象较为突出，因此，逐步实现收入分配的公平化是未来我国出台新的反贫困政策时需要给予关注的首要问题。

3. 政府要积极参与到反贫困过程，采取的政策措施也要与时俱进

对于某一个国家而言，指望市场经济的发展自然而然地消除贫困现象是不可能的，因为市场经济主要体现的是“向上滴漏”效应，随着经济的发展，富人的财富积累速度会更快。因此，出于社会公平和稳定的需要，发达国家在认识到反贫困领域存在着市场失灵现象之后，政府就开始采取措施逐步解决贫困问题，并且取得了较好的效果，基本上消除了绝对贫困人口的存在，相对贫困人口的比例维持在一个比较低的水平。很多发展中国家政府在独立之后也对贫困问题非常重视，在政策制定时就把反贫困问题放在一个重要位置，为解决贫困人口的饥饿问题做出了明显贡献。因此，从整个反贫困的历史看，政府要在反贫困过程中发挥主要作用。

同时，一个国家内部随着经济发展阶段和社会历史文化传统的不同，在不同时期贫困人口的特征是不同的，贫困的形成原因也存在一定的差异，政府在制定反贫困措施时要审时度势，根据不同的情况采取相应的反贫困措施。例如在经济发展水平低下的历史阶段，反贫困的措施要以发展经济为主，而在经济发展到一定水平之后，要通过区域发展政策，大力解决落后地区的发展问题，待落后地区经济发展水平达到一定的程度时，政府就要在继续发展经济的同时，着重采取一些能够有效实现收入分配公平化的政策措施，以解决市场经济在收入分配中的失灵现象，让广大人民分享经济发展带来的成果。在解决了区域性的集中贫困之后，贫困人口分布的区域性特点会逐步减弱，更多的贫困人口呈个案性质散居在全国各地，这时在制定反贫困的具体政策措施时，也要转向具有个性化的、能够解决贫困个案的政策措施。

总之，在政府制定反贫困政策时，要充分调查研究，正确认识现实情况，制定出有针对性的反贫困政策，同时，也要根据形势的发展变化，及时对相关的反贫困政策进行调整，使之更为适合各国的实际情况。在当前我国的反贫困战略中，“精准”成为一个核心概念，精准扶贫符合当前和今后一段时期我国反贫困战略的客观要求。

4. 高度重视社会保障制度在反贫困中的重要作用

从其他国家在反贫困方面的实践经验看，建立一个行之有效的社会保障制度是非常重要的。社会保障制度的建立，能够在国民处于童年、疾病、失业、老年等无法获得收入的情况下，对他们给予特定方式的救助，从而使其免受饥饿甚至死亡的威胁。当然，发达国家和发展中国家建立的社会保障制度是有差异的，其向救助者提供的救助金水平也存在差异，发达国家给付水平会更高，发展中国家的给付会相对较低，但发展中国家较低的给付水平最起码能够保证其国民的基本生存的需要，这一点对于发展中国家的贫困人口是具有重要意义的。因此，政府要在建立和完善与其经济发展水平相适应的社会保障制度过程中发挥重要作用，以保障相应人群的生活需要。在社会保障方面，绝大多数发达国家做得较好，尤其是以英国为代表的欧洲国家，通过福利国家的建立和完善，使其国民在人生的各个阶段，生活都能够维持在一个相对较好的水平。而发展中国家虽然经济实力不足，大多没有建立面向所有国民的全方位的社会福利制度，但是，很多国家在结合实际情况后建立起来的一些社会保障措施确实能够对于维护相应群体的利益、保障绝对贫困人口的生存权等方面起到很好的作用。印度的卫生保健体系就是一个较好的例子，通过这一体系，有效地降低了人口死亡率，增强了全民的身体素质，防止了“因病致贫”现象的出现。因此，在设计整体反贫困战略的思路时，要高度重视社会保障制度的建立和完善，充分发挥社会保障制度对于相关群体的救助作用。在这方面，我国还需要进一步改进，目前中国虽然已经建立了覆盖养老、失业、疾病、生育以及工伤在内的社会保障体系，但其覆盖面较窄，占人口大多数的农民、城市贫民并不能得到它的有效保护。在我国的反贫困过程中，需要进一步改革社会保障体系，把农民和城市贫民都纳入社会保障制度的覆盖范围，切实提高社会保障制度对于贫困人口的救助作用。

5. 重视对弱势群体相关社会权利的保护

在经济发展过程中，由于社会的、政治的、经济的、历史的、文化的以及其他各种原因，造成了社会上某些群体处于相对弱势的地位，他们很容易受到其他群体的歧视，社会权利得不到主张，经济地位也相对低下，很容易陷入贫困的境地。而从人类社会的角度讲，一个人社会地位的高低以及其对社会事务的影响力将直接决定他在经济分配中的地位，阿玛蒂亚·森的权利反贫困理论实际就是这一观点的直观反映。在反贫困过程中，政府要注意提高贫困人口的社会地位，增强他们在社会事务中的参与权和决策权，制定的社会政策要侧重于提高贫困人口的经济地位，改善其收入状况。

事实上，上述观点在一些国家已经得到了实践的验证，20 世纪 60 年代美国约翰逊总统开展“向贫困宣战”而制定的反贫困政策中就有提高黑人、有色人种、妇女等美国社会中弱势群体的社会地位，增强其社会权利的方面，这些措施和其他政策一道，对于降低当时美国贫困人口的比例发挥了重要作用，也使得美国社会认识到了弱势群体的影响力，减轻了对他们的歧视，为其能够获得更好的生活条件打下了基础。相反，对于印度而言，由于历史原因，其长期以来实行的种姓制度导致低种姓阶层成为印度的弱势群体，他们只能从事简单的体力劳动，收入微薄，大多数处于贫穷的境地。印度政府在法律上已经废除了种姓制度，但是，上层社会或者说主流社会歧视低种姓群体的思想已经根深蒂固，低种姓阶层很难通过自身努力摆脱贫困状态。而印度政府没有大力主张低种姓群体的权利，为提高低种姓阶层的社会地位而制定特殊的政策，相关政策中只是提到要对贫困人口进行救助，使其免于受到饥饿的威胁，因此，贫困问题在低种姓群体中的代际延续的现象非常明显，各项反贫困措施的效果也相对有限。

对于我国而言，在三十多年的改革开放之后，随着经济的快速发展，我国人民的整体生活水平出现了快速提高，贫困现象迅速缓解。但是，也有部分人口在这一过程中由于各种原因导致缺乏固定收入来源，收入微薄，居无定所，甚至靠乞讨度日，受到其他人的歧视，成为社会弱势群体，他们中的绝大部分属于贫困人口。在当前，很多属于相对贫困和城市贫困的弱势群体在不断增加，由于结构变迁催生的下岗、失业等产生了大量的新贫困层，对于这部分人，我国以前政策制定过程中没有给予充分的关注，关注弱势群体的利益，主张他们的权利应该是下一步在制定相关政策过程中需要着重考虑并解决的问题。

（选自《国外社会科学》2016 年第 4 期）

专题二

社会学理论

欧美社会学的历史和现状

魏章玲

社会学在社会科学各学科中是比较年轻的一门学科，但其发展速度却大大超过了其他各门学科。我国已经正式成立社会学研究会，并即将建立社会学研究所。社会各界对于社会学研究的兴趣也愈来愈大，关心社会学发展前途的人士也愈来愈多。

这里介绍一下欧美社会学研究的历史和现状，供关心和从事社会学研究者参考。

社会学的兴起和发展

社会学的起源可追溯到遥远的古代，在中国、埃及、希腊、巴比伦，很早就有人调查过法典、社会劳动分工、各阶级的权利和义务等。古代哲学家柏拉图和亚里士多德就分析和研究过社会学。

对社会学的兴起产生过影响的人物及其理论有：托马斯·霍比斯的政治著作；孟德斯鸠的法学理论；威廉·佩蒂论述人口的著作；亚当·斯密和大卫·李嘉图的经济著作；杰里米·本瑟姆和约翰·斯图亚特·穆勒的功利主义哲学；马尔萨斯的人口统计理论；伊曼努尔·康德的哲学理论；亚历山大·冯·洪堡的人类学；查尔斯·达尔文的进化论；赫伯特·斯宾塞将社会比作生物学有机体的学说；马克斯·韦伯从自然科学引申的关于社会学的研究；埃米尔·迪尔凯姆（旧译涂尔干）对于社团习俗和宗教的研究；库利有关社会性和团体性的理论等。

20世纪上半期，社会学起初是在法国和德国得到确认，后来又扩展到英国、美国等国。第二次世界大战以来，社会学研究广为传播，几乎遍及世界各地。在社会学研究领域出现了理论社会学和应用社会学两大类。在战后又分出了许多专门学科，研究范围越来越广泛深入。

马克思主义诞生以前，唯心主义观点在社会学研究中占统治地位，这种观点将社会的发展局限于剥削制度的范围内（如循环说、社会契约说、黑格尔的历史哲学等）。科学的社会学原理是由马克思和恩格斯创立的，他们的历史唯物主义和辩证唯物主义思想体系揭示了历史发展的真正动力，正确地反映了社会发展的客观规律。列宁指出：“达尔文推翻了那种把动植物看作彼此毫无联系的、偶然的、‘神造的’、不变的东西的观点，第一次把生物学放在完全科学的基础上，确定了物种的变异性和承续性，同样，马克思也推翻了那种把社会看作可按长官的意志（或者说按社会意志和政府的意志，都是一样）随便改变的、偶然产生和变化的、机械的个人结合体的观点，第一次把社会学置于科学的基础上，确定了社会经济形态是一定生产关系的总和，确定了这种形态的发展是自然历史过程。”①

列宁把唯物主义历史观称为“社会科学的别名”，并且指出：“这个假设……第一次使科学的社会学的出现成为可能。”②

马克思和恩格斯将唯物主义历史观的哲学方法论的原则运用于整个世界史的考察，其中包括对资本主义社会的考察。列宁指出：“现在，自从《资本论》问世以来，唯物主义历史观已经不是假设，而是科学证明了的真理……”③ 马克思主义的创始人在其著作中对形形色色的唯心主义、机会主义和修正主义作了毫不留情的斗争，运用了当时存在着的一切科学考察方法——如统计分析、民意测验、历史比较、综合调查等，并将所研究的过程构成理论模式，在科学综合的基础上作出对未来发展的预测，制定社会改造和革命运动的纲领。

总而言之，只有马克思主义的社会学才是真正科学的社会学。就连

① 见《列宁全集》第1卷，人民出版社1984年版，第121—122页。

② 同上书，第122、120页。

③ 同上书，第122页。

现代资产阶级的学者也不得不承认马克思对社会学所做的重大贡献。《美国百科全书》指出:“孔德和马克思可被看作理论社会学的两大鼻祖……孔德提出了保守和独裁的观点，而马克思则提出了激进和自由解放的观点。”

现代社会学的发展以美国、苏联、日本最为突出，而美国的社会学研究无论是在研究机构和研究人员的数量方面，还是在研究的规模方面都居世界第一位。

社会学已发展成为一门国际性学科，早在20世纪初，国际上的协会就已经起作用了。1949年9月11日，在联合国教科文组织发起下，于挪威奥斯陆成立了国际社会学协会（ISA），美国的路易斯·沃思是第一任会长。该协会举行过九次世界社会学大会。第八次大会于1974年在加拿大多伦多举行，有82个国家的五千名代表参加，论题为“当代社会的科学和革命”等。第九次大会于1978年在瑞典乌普萨拉举行。

英国、法国、德国的学者对社会学的早期发展做出过重要的贡献，但后来美国社会学的发展却超出了这些国家。第二次世界大战以后，日本、以色列、加拿大、澳大利亚、新西兰等国家的社会学有了显著的发展。苏联和东欧的社会学曾经几起几落，但近年来发展迅速，南斯拉夫、罗马尼亚、匈牙利等国的社会学研究也很发达。意大利和西班牙的大学比较保守，但社会学也有发展。在拉丁美洲，社会学研究的阻力较大，但自20世纪60年代以来也有了明显的进步。在发展中国家，社会学也在逐步地扩大阵地，菲律宾、印度、印度尼西亚和巴基斯坦都开始重视社会学的研究，有些非洲国家的大学也开设了社会学系。

社会学的流派

社会学的研究课题包罗万象，再加上世界各国的学者在研究中所采用的方法和方法论原则也不同，这就使得这门学科产生许多不同的派别，我们在这里只能作些简单的介绍。

1. 社会达尔文主义和进化论

许多富有创见的思想家——如赫伯特·斯宾塞、本杰明·基德、刘易斯·H. 摩根、E. B. 泰勒、L. T. 霍布豪斯等将达尔文的进化论应用于人类行为科学，认为人类社会和生物有机体之间有许多相似之处。他们将变异、自然选择和遗传这类生物学观念引进社会学理论，他们认为进化是由于适者生存。这种观点在自由竞争时期是很流行的，但到20世纪已经衰落了。

2. 早期功能主义

法国社会学家埃米尔·迪尔凯姆认为，各种个人之间的相互影响会产生某些新的特征，而这在单个人身上是找不到的。他认为社会各方面的相互关系已被看作是一个整体，一个完整的体系带有它自身的特征，它游离于个体之外，而对个体的行为有约束作用。

迪尔凯姆还指出，团体可以同时建立在两个大不相同的基础之上：由于相似而产生的感情上的吸引力往往存在于友好团体、亲戚与邻里之间，由于互相取长补短，相辅相成而产生的组织，往往存在于工业、军事、政府及其他组织之中，这些组织之所以存在，就是因为它们要协同完成任务。

与迪尔凯姆同时期的亨利·梅因和费迪南德·特尼斯以不同的术语得出了相似的论断。梅因用的是“身份”和“契约”，而特尼斯用的是“团体”和“社会”。他们认为文明的主流是发扬后者，而使前者相对削弱。

稍后一些时候的人类学家布罗尼斯瓦夫·马林诺夫斯基和A. R. 拉德克利夫-布朗认为，社会各部分之间的关系是这样彻头彻尾地相互渗透以至任何个别部分所产生的变化都会引起整体的大动荡。这种观点曾流行一时，有些人甚至宣扬对未开化社会的野蛮行为（例如砍头）也要采取毫不干涉的政策，他们说，如果加以阻挠，就会出大乱子。这显然是一种极端保守和陈腐的观点，它反对变革，主张维护旧的社会秩序，这对于进化论来说也无疑是一种倒退。

3. 结构—功能主义

皮蒂里姆·A. 索洛金、塔尔科特·帕森斯、罗伯特·默顿、埃弗雷特·C. 休斯这类学者阐述了组织的特性以及与人们行为的关系，帕森斯更注重分析社会制度，调查每种制度为求得生存而必须具备的条件（“功能的先决条件”），他还与默顿等人一道研究这类结构的分类和功能的特征。

这种结构—功能主义的分析所涉及的问题和方法愈来愈广泛，库尔特·卢因等人调查小团体、家庭、专业组织和军事组织的性质，他们的观点被称为“小功能主义”。

4. 心理学派

穆勒在其《逻辑学体系》（严复译为《穆勒名学》）第6卷里，试图将社会学作为研究人性原则的科学。

法国社会学家达尔德在法国建立心理学派，反对用生物学理论解释社会现象，主张社会学是“交互心理学”，其名著《模仿律》（1890年）认为社会上一切行动和创造发明都出于心理上的相互模仿。

这个理论传到美国，成为美国社会学的主流。斯莫尔的兴趣说、吉丁斯的同类意识说、库利的个人集合形式与心理协调说、罗斯的心理交互作用说、埃尔伍德的社会过程中的心理原素说、帕克和伯吉斯的社会互动说都是这派代表。第一次世界大战后颇负盛名的托马斯和兹南尼斯基合著的《欧美的波兰农民》也注重心理因素的解释。麦克尔佛、林顿、奥尔波特、墨菲等人的社会学也和心理学分不开。

5. 心理学派进化论

19世纪末、20世纪初，社会学有两派理论：英国的斯宾塞为首的生物学社会学派和德国的达尔德为首的心理社会学学派。美国的沃德建立了心理学派的进化论，他的“同类意识说”是其社会学的核心概念，他发表的动态社会学比达尔德的《模仿律》早七年，后来于1903年出版纯理社会学。吉丁斯继承和发展了沃德的学说。

6. 文化决定论

有些社会学家称迪尔凯姆学派为文化决定论。各国学者对“文化”的定义不同，德国人偏于精神方面，美国人则指全部社会生活。这派学者认为文化的决定因素包含科学、工业、人口密度、技术水准、生活方式、社会邻居（一种特定文化与近邻所流行的文化之义），他们认为文化是决定社会发展的因素。

7. 地理决定论

博丁首创此理论，他认为气候、经纬度、地势高低、位置和土质都对社会进化产生影响，在社会因果论中占有相当的地位。伯克尔在《英国文明史》一书中也认为地理环境是决定人类社会活动的主要因素，这派学者往往忽视人的因素和社会因素。

8. 经济决定论

马克思和恩格斯强调经济为一切社会制度的基础，这被资产阶级学者称为“经济决定论”，实际上马克思和恩格斯也承认上层建筑对经济基础的反作用，他们是辩证地看待这个问题的。后来这个概念也有发展，凡是重视经济因素的（如经济决定一切，经济起主要作用）都被称为“经济决定论”。

9. 种族决定论

戈比诺在《人类种族不平等论》一书中，认为种族因素是决定社会一切问题的关键，这种观点被称为“种族决定论”。

10. 人口决定论

有些人口学学者认为人口因素对社会各种现象具有决定性的作用，例如法国的高士德就是这一派的代表人物。

11. 社会决定论

这派学者认为社会集体生活和文化因素是决定人类行为和社会现实的决定性因素。如社会唯实论者迪尔凯姆认为社会有强制性、约束性，表现在法律制度、道德、宗教、风俗及习惯各方面。

美国的罗斯于1901年出版《社会控制》一书，总计社会控制个人的工具有35项之多，其中最主要的是法律、道德和舆论。

林顿等人认为文化是影响人格形成的主要因素，但不是唯一的决定性因素，他于 1945 年出版《人格的文化背景》。

12. 现象学派

这是一个以哲学为基础的属于现代社会学的支派，现象主义的哲学源于康德，而 19 世纪末至 20 世纪上半期的现象派哲学可以赫塞尔为代表人物，他于 1913 年出版《纯粹现象学中的观念》一书，后来李特著《个人与社区》采用了他的观点，李特的学说又可称为“精神现象学”。

这一派在社会学方面的代表人物有德国的费尔康，他于 1922 年出版了《社会理论》一书，他认为现象学的方法（一称观念化的抽象法）是最适于研究社会的方法。

法国的代表人物是葛维治，他著有《社会学的使命》一书，建立了“深度社会学”，包含对各层次的社会现象的研究。

美国的代表人物是大学教授贝尔沃德。

13. 符号相互作用论

这在现代美国社会学中是最大、最有影响的学术领域。约翰·杜威、乔治·H. 米德和查尔斯·H. 库利认为精神和自我并不是人体内在特质的一部分，而是在经验中产生、在社会过程中形成的，是在人与人之间亲密交往和相互作用的过程中形成的；他们认为自我或自我观念存在于想象和符号之中，由于每个人都具有别人如何看他这种感觉而使得自我观念得以形成和内在化，这种自我观念在社会行为中起到指导作用。这种学说在美国的影响最大，对其他国家也有影响。

14. 数理模式论

有些社会学家用数学方法描绘和调查行为，方式是测量、计算和运用数理模式，这种方式在 J. L. 莫雷诺的早期的“社会测量”（即“社会成员的心理研究及测定”）中已有所体现。库尔特·卢因的“场论”、乔治·K. 普夫、约翰·Q. 斯图尔特及其他人对政治单位的阶层和规模关系、对语言的词汇使用率及其他简单的算术关系所作的调查都体现了这种数理模式论的观点。

15. 博弈论（亦称对策论）

约翰·冯·纽曼和奥斯卡·摩根斯顿首先将博弈论引入经济学，现在博弈论已渗透进社会学了。计算机的使用促进了模仿各种行为的发展。博弈论是对复杂的相互作用方式用游戏设计的方式来进行某些调查，模拟各种政治和军事过程的创造性活动，可用电子计算机来求得其结果。

以上我们介绍的是西方社会学中流行的一些学派。除此之外，还有信奉马克思学说的各种社会学流派，由于这个问题比较复杂，需作专题研究，这里就不准备详谈了。

社会学的分科

第二次世界大战以后，社会学朝着专科的方向发展。以美国为例，美国社会学协会就记载有40个左右的社会学专科。美国全国科学和技术人员登记簿在社会学领域就列举了53个专业。但就社会学专著和期刊中所介绍的专业来说，还不止此数。我们在此简单介绍一些专业的研究课题。

1. 理论社会学

研究社会学发展的各种理论和流派，系统地阐述社会学理论的发展。

2. 应用社会学

即社会工程学，应用社会学的原理和方法研究各种社会问题，用以改进社会。

3. 综合社会学

将社会学扩大为一切社会科学的整体或作为共同的基础，包括伦理学、法学、经济学、政治学等，这与“社会科学”无多大差别，现代社会学家一般不同意这种说法。

4. 宏观社会学（又称巨型社会学）

研究大规模的总体的社会现象，法国社会学家葛维治最先将社会学划分为宏观社会学和微观社会学。

5. 微观社会学（又称小型社会学）

研究非正式的小团体及社会形态，也可说是小型的社会物理学。

6. 工业社会学

研究工业社会中社会关系与经济的相互影响、工业组织的社会结构和各种组织与所属社会结构间的关系、工业组织的社会性、产业工人组织与集体行为、工业界的阶层与社会流动性、工业人口问题等等。

7. 社会心理学

研究人在社会中所表现的行为。德国学者谢夫勒于 1875 年著《社会的构造与生命》，最早使用社会心理学的概念。社会心理学大致分为三派：（1）精神分析派，以弗洛伊德为首；（2）行为主义派，以斯金纳为首；（3）格氏心理学派，以格式塔为首。

8. 科学社会学

以社会学的观点探讨科学与社会的相互关系，研究科学如何影响教育、社会价值、社会结构、生活方式、政治决议，社会又如何影响科学的发展等。

9. 家庭社会学

用社会学的理论与方法来研究家庭制度的起源、演化和功能，不同社会在历史上各时期的家庭形式以及与家庭有关的现代问题，这是在 19 世纪末出现的科学研究，到 20 世纪非常盛行。

10. 教育社会学

应用社会学的科学精神与方法研究教育的科学。杜威曾于 1899 年著

《学校与社会》一书，有人认为这是教育社会学的开端。迪尔凯姆也曾著《教育社会学》一书。

11. 城市社会学（或称都市社会学）

法国莫里耳于1901年出版《城市之起源与经济功能》，韦伯于1921年出版《城市》，帕克等人于1925年也曾著《城市》一书。1926年，帕克与他人合作主编《都市社区》文集，影响很大，奠定了城市社会学的基础。

12. 农村社会学（又称乡村社会学）

研究农村的社会行为及团体关系的科学，即用科学的态度与方法研究农村的起源、发展、结构、功能、演变、趋势等。1937年，美国正式成立了美国农村社会学学会，现在世界上很多国家开展了对这方面的研究。

13. 数理社会学

应用数学的概念、理论、方法及公式来研究社会现象的一门学科，但这种研究有很多缺点，其前途尚难预测。

14. 犯罪社会学

用社会学观点研究犯罪现象，具有半学术、半应用的性质，分为犯罪人类学、犯罪心理学、犯罪法律学、刑罚学、犯罪社会学等。

15. 老年社会学

研究老年现象及老年人问题的科学。许多学者认为经济上的依赖是老年人产生问题的主要原因。

以上只是举例说明，还有很多社会学专业不可能一一列举。例如，还有理解社会学、社会测量学（又译计量社会学）、社会物理学、系统社会学、形式社会学、比较社会学、艺术社会学、法律社会学、历史社会学、宗教社会学、知识社会学、美术社会学、政治社会学、军事社会学、环境社会学、仿生社会学、道德社会学、团体动力学、管理社会学、战争社会学、机械论社会学、职业社会学、医疗社会学、生态学、人口学、人口统计学等。各种社会现象和社会问题如环境污染、种族歧视、青少年犯罪等也都构成专门的学科，我们从中可以看到社会学的研究领域是多么广阔。

社会学的研究方法

随着科学技术的发展和电子计算机的广泛运用，社会学的研究方法也别开生面。这里仅介绍几种主要研究方法。

1. 民意测验

了解公众对政治或社会争论问题的态度或意见，最著名的研究机构要算美国盖洛普民意测验研究所。

2. 社区调查

实地考察社会问题与情况，整理材料，得出结论与建议以引起社会各界的注意，这种调查以改革社会病态为目的。

3. 个案研究

原义是指对个别病案（病例）做详细检查，这种方法来自医学与心理学，现代社会学也使用此法，将社会看作一个整体，分析其生活过程的细节，研究生活各阶段与文化环境及社会体系的关系，这种方法不以个人为单位，而以团体或社区为单位进行研究。

4. 调查表（或称“问卷”）

提出问题，以各种量表的方法系统地收集心理方面的材料，有定值量表、定序量表、社会距离量表、社会计量量表、各种态度量表等，收集到的材料再加以分析处理。

5. 访问法

包括精神诊断、精神治疗、精神指导及人格评价等，又称研究访问，分为正式和非正式两种，这种方法比调查表的调查范围广泛，还可用来对文盲和教育程度低的人进行调查。

6. 团体访问

以团体为对象的访问法，从一个团体中选择8—10人做访问对象，共同就某些问题进行讨论或研究。

7. 实地调查

到调查对象所在地收集实际材料，分为访问法、问卷法、电话法、投射法及观察法五种。访问法花钱多，但资料收集较为丰富与正确；问卷法较经济，但回复率低。投射法是使用图片或玩偶以搜集资料，心理学家采用较普遍，但缺乏客观标准，使用的人较少。

8. 实验法

这是一种归纳法，借实验的程序以发现因果关系或比较各种变化结果的方法。意大利社会学家巴烈托称社会学是一门逻辑实验的科学，近代美国社会学家索罗金等也都致力于实验研究，现在这种方法已经广泛运用于工业社会学、教育社会学及社会心理学等领域的研究。

9. 比较法

根据设定的标准来比较社会现象的异同，这种方法早在古希腊就采用过，现在也有不少人采用，但也有些学者指出这种方法的缺点，主要是比较分析的标准难定。

10. 类比法

由一个特殊事实推论到另一个特殊事实的方法，即由已知者的性质与关系推知未知者亦有同样的性质与关系。这种方法在社会研究上的价值有限。现有一种改良类比法即模拟法，常用于实验研究，模拟是一个现象的某些方面的模型或类比。电脑的模拟是最先进的类比法，它发展多种模型，并操纵变数，以探讨变数间的因果关系。

社会学的未来

各国学者普遍认为，在可以预见的未来，社会学的发展将会加快。由于社会学研究人类安全和福利问题，从而使得公众对社会学的兴趣愈来愈浓。饥饿、疾病、战争、污染、失业、犯罪、吸毒、代际隔膜、种族歧视、政治冲突、阶级斗争等社会问题引起了世界各国的关心，许多国家拨出大量研究和教学经费，愈来愈多的人员参加社会学研究工作。当然，社会学不可能提供解决上述各种问题的灵方，但却可以提供一些选择方案。

在可以预见的未来，社会学的分科将愈来愈细，并渗透到政治学、经济学、人类学、心理学等各个学术领域，而且会出现跨学科的研究和与自然科学相结合的新型学科。

社会学的应用也会愈来愈广泛，可以说是无止境的。社会学家不仅会在教育机构和研究机构就职，而且会在工业、农业、商业、外贸、医疗卫生、宣传机构等各行各业协助工作。社会学家帮助企业界更有效地生产，帮助社会团体增强实力，改革解体的乡村、关心社会福利、给个人和家庭当顾问、为各种各样的消费者服务，甚至参与组织各种政治运动等。

社会学的知识将会愈来愈普及，大专院校和中学开设社会学课程的将会愈来愈多，社会学的研究方法也会愈来愈现代化。电子计算机的使用、多变量分析技术的应用和资料库情报储存的方式都有利于学者们从事大规模的社会学研究。在美国，社会学家运用最新科学技术的成果从事人口调查、国家预算、保健、教育、福利等的实施，有的社会学家甚至在总统办公室工作，参与决策。

总之，社会学的发展向我们展示了广阔的前景，社会学研究在未来是大有可为的。我国的社会学研究人员应当振奋精神，努力赶超世界先进水平，把我国的社会学研究提到一个更高的水平，为我国的四个现代化做出积极的贡献。

（选自《国外社会科学》1980年第5期）

法美社会学比较分析*

[法] M. 佩荣　江小平摘译

比较法国的社会学传统与美国的社会学传统有什么不同，并不是什么创举和卓见，还应该根据这些不同来推动社会学的发展，使其不只限于散乱的、仓促的评论和分析。再说，不是所有的东西都是可以比较的，尽管它们之间存在着很大的差距和分歧，但有一点却是一致的：同属一个学科，使用的是同一类语言。但是，它们互不往来，双方得到的情报都是片面的，宣传也不例外，都是单方面的。P. 布劳不就是在对法国的结构主义的贡献全然不了解的情况下，出版了一本论述社会结构的书①吗？所以说，它们之间的关系很不平等：法国经常不断地谴责美国社会学的“帝国主义”。

事实上，法国对美国社会学的态度是很暧昧的。所有希望自己的论著具有很高学术价值的人都少不了要参照美国的社会学。如果对它的贡献视而不见，或采取回避的态度，整个法国的社会学就有自行毁灭的危险。目前，在无冲突的情况下，法国把美国的社会学归结为经验主义和功能主义，并把经验主义和功能主义作为本国社会学的一种陪衬。也许，我们可以由此看到美国社会学的影响，尽管是被大大简化了的，但影响本身就是对这种简化的否定。例如 C. W. 米尔斯至今仍然是备受学生们欣赏的一个人物。

---

* 本文摘译自法国《国际社会学手册》1982 年第 52 卷，原题为《美国的社会学在法国》。

① P. 布劳：《社会结构的研究方法》，美国新泽西城：自由出版社 1975 年版。

因此，本文的任务首先是就两国社会学各自的特点，注意相互之间的差距，把相互对立的东西加以对比，同时，努力指出美国社会学在法国的主要表现及其特征。诚然，矛盾是存在的，但同时也存在着一致点，例如，两种社会学的格调虽不同，但研究的题目却有许多是相同的，另外，两国的社会学流派之间存在着亲缘关系。

是格调不同吗?

列举一大串社会学的祖先或挑选出一大批社会学的经典作家并不能充分有力地说明社会学的影响和证明它目前的发展方向的正确，但却可以透过法国和美国的社会学与这些经典作家的关系，看出它们各自的格调。首先，马克思对法国的社会学影响甚深，对美国的社会学却几乎没有什么影响，对那些不熟悉他的甚至把他粗暴地抛置一旁的美国社会学家更是影响甚微。美国的新马克思主义的威望并不是来自社会学。相反，在美国占有相当重要地位的是 G. 齐美尔，可是，法国人对他却几乎一无所知。美国的社会学轻视对一些重大的、综合性的问题的研究，这与盎格鲁 - 撒克逊的社会学的倾向基本一致。

同样一些作者却得到两种截然不同的解释，比如对大西洋彼岸的社会科学有很大魅力的 M. 维贝尔。他的研究工作的背后掩藏着许多观点不同的社会学流派，他的经验工作和理论工作之间似乎存在着一条宽大的鸿沟。美国的社会学家非常赞同他的理论：领会社会行动的意义，认为建立社会秩序和权力是合理的，照例采用理想的形式和肯定价值哲学的中性等。但对他的体现出一种社会学的现实主义的经验工作却很不适应。继帕森斯之后，他们选择了一些能为自己找出论据的词汇和表达方式，如唯名论、文化决定论、进化论和人种中性。R. 阿隆认为，与美国社会学相比，法国社会学对维贝尔采取了一种更为谨慎的做法，坚持对他的工作做出实事求是的解释。

功能主义深受 E. 迪尔凯姆思想的影响和启发，试图探讨社会的规律性，努力发展科学和确定社会学的研究对象。同时，功能主义还参考了迪尔凯姆用道德调整解释社会的整体化的做法。道德调整是靠反复灌输道德标准和“社会控制”这两种方法实现的——由此更加明确了这种体现现实社会特点的名副其实的控制结构。但是，实际上帕森斯和绝大多数的美国社会学家在补充迪尔凯姆的思想的同时，已经背离了它，开始转向社会心理学。与此相反，法国有一部分社会学家正是通过迪尔凯姆才认识到社会是一个特殊的、不可能缩小人与人之间差距的事实——所以，法国社会学有一段时期摆脱了迪尔凯姆观点中的“唯心主义”。可见，这位经典著作的作者在这两个国家产生了两种截然不同的作用。

但是，这两种使人联想起各自的社会学传统的格调不是永恒不变的。美国的社会学中心发生了变化，集中围绕着“唯意志论与决定论”的二分法而展开的论战已经取代了前不久关于秩序与变革、协调与不协调的争论。对变革、危机和分裂比对连续性更敏感的法国社会学家曾一度坚持他们的定论的立场。但是，当结构主义衰落之后，法国特有的决定论的信誉也随之扫地。目前，它正在使自己置身于这些对立之外，开始观察与限制作斗争的社会主体，拒绝在自由与必然之间做出选择以避免研究它们之间的辩证关系。反决定论的潮流的出现有可能将决定论的最后一道防线冲垮。但是，P. 布迪厄在强调“社会的再生产”和“型态”（habitus，一种活跃人并把人变成典型的阶级成员的计划）的时候，仍然维护决定论——尽管最近他改变了自己的主张，讲究策略和手段，在社会行动方面，采取了某种与直接决定相对而言的独立的做法。有一个时期法国社会学激烈地反对“社会学主义”，几乎成了法国社会学家一致的倾向。动力社会学对社会成员创建社会的方式方法，以及规则的操作颇感兴趣。R. 布东发现了社会的规律性的背后的个人选择。M. 克罗齐埃也终于在“构成集体行动的”组织中看到了这一点，而且把犹豫不决看成是策略的主要源泉和社会角色们玩的一些游戏。H. 列费弗尔力图使马克思主义摆脱决定论的解释。由此看来，给思想以极大地盘，给意识形态、感觉和信仰以某种效用的法国社会学在这一点上，同始终坚持唯心主义的美国社会学是情投意合的。但唯心主义总是很快就变成了文化主义的解释，表面上承认社会活动具有代表性，实际上却主张一种文化决定论，强调规则、道德标准和集体表现。法国社会学反对把社会现实简化为规则和表现，在这个问题上它与美国社会学是相对立的。

也许在这里我们还应该提到盎格鲁－撒克逊的社会学希望把社会学只确定为一种科学这种愿望，尽管它没有获得大家一致的同意，甚至今天还遭到了否认。法国人对赋予社会学一种科学称号的要求并不强烈。在这个问题上的分歧可能说明两国社会学的制度化的程度不同。美国的社会学的当务之急是解决社会问题和给政府出谋划策，因此它应该符合现实主义的和协调一致的要求。而处于社会边缘的、受到所有政府机构排斥的法国社会学则起着一种批判的作用。进一步说，格调上的不同正如我们将在下文中所分析的那样，是与对现实的看法不同紧密联系在一起的。

重点研究的题目

把两国重点研究的题目加以对照，会发现双方对一些重大问题都不够重视。在美国社会学中列为重点研究或基础课题的"异常现象"（事实上，掩盖了违法和犯罪行为）、"种族性"和"家庭"等问题，在法国社会学的研究课题中几乎找不到。美国社会学包括社会心理学，例如：对态度和社会化的研究，但法国社会学与社会心理学毫无关联，继续轻视不管是社会的，还是非社会的心理学，即便是在盎格鲁－撒克逊的社会学中长期处于中心位置的某些法国社会学家也做出了公认成绩的"组织"研究，在法国也只占着无足轻重的地位。芝加哥学派形成之后，几乎整个美国的社会学都不再重视对城市、城市规划和空间等问题的研究；但这些问题在法国的社会学中却占据着相当重要的位置。艺术、死亡、精神病学、节日等既是法国社会学所重视研究的题目，也是它反复提出的问题。

研究题目的比较并不只是说明一个贫乏，一个丰富。这两种社会学都重视对教育（重点是上学机会）和社会的运动性问题的研究，并你追我赶地前进。法国的社会学把社会变革分析为社会进化、现代化或发明创造的普及；一种与美国的社会学完全不同的格调主宰着法国社会学。在发生了一系列的变化之后，法国社会学开始关心危机、突变和各社会内的各种社会时期难以共存的问题。政治社会学在美国和法国都取得了引人注目的发展；但是，美国社会学对选举行为、政治文化、社会化和政治现代化很感兴趣，法国的社会学则从长时期地研究选举变成了研究国家，因为国家在社会中的出现不但使人们忧虑不安，甚至使人们不得安宁。

看一下当代社会学所注重研究的题目，就不能不谈到游戏这个问题。游戏的理论，由于它的数学形式，过去很少被人应用在社会学方面，但却给热衷于研究整个社会游戏、策略和相互作用的E. 戈夫曼的系统分析的观点很大启发。因此，游戏的模式不仅推动了美国社会学的发展，也以各种不同的形式占据着法国社会学的中心位置。我们不会忘记有关游戏的研究使法国的知识生活发生了深刻的变化，这一点有R. 卡伊瓦的论著①可作证明。J. 迪维尼奥把游戏作为节日和想象经验中的中心问题来论述，把游戏解释为"可能的陶醉"，对日常和常规结构的破坏和对规则的改变。G. 巴朗迪埃再一次在现政权中发现了游戏的存在，权力之所以能够被人行使，主要是因为存在着能控制现实的想象。他描绘了惯例的戏剧性的变化过程：从炫耀自己到不要礼貌，最后从混乱变为社会秩序。R. 布东重点研究个人角色的游戏，并用成本和利润逻辑来解释游戏。另外还有许多旨在使人理解社会现象的模式也都是根据游戏理论建立起来的。P. 布迪厄力求重新建立实践的理论，把注意力主要集中在策略上。无意识的游戏不受计算和合理性的限制，但无时无刻不处于犹豫不决之中，不得不逢场作戏，随机应变，由此导致了社会秩序的重新建立。对社会生活中的游戏和社会生活游戏的研究如此热心，致使一部分否认角色的策略重要的作者陷入困境。例如A. 图雷纳就是其中的一位，他谴责所有有关角色的社会学，认为它将把社会的功能简化为相互作用，并使制度消失在角色中。令人奇怪的是，他所主张的行动社会学竟不是一种有关角色的社会学。

法国与美国社会学的格调不同和重大分歧不仅表现在所选择的题目不同上，而且也表现在对一些共同的题目的处理方式不同上，造成这些不同和分歧的主要原因是对社会现实所下的定义不同。法国社会学把社会现实分为现实和可能两个方面。甚至把潜力、潜在和生成放在优先的地位。尽管道路坎坷不平，但是，辩证思想的持久性、空想和想象的集中性充分证明了这种二分法的正确。由此可以得知，为什么法国的社会学对打着现实旗号、限制和否认可能的意识形态特别感兴趣。意识形态

---

① R. 卡伊瓦：《游戏与人》，巴黎：加利玛出版社1958年版。

是阻碍资本主义社会发展的根本原因；同时也使人很难抓住可能的机会，因为，它在提出一种解释现实社会的体系的同时，已经将这种体系封闭，而且还将这种做法合理化和合法化。有消除意识形态的愿望并不总是能使人摆脱烦恼和战胜困难；但是，至少可以用空想—意识形态来取代合法—意识形态，因为空想—意识形态承认社会现实的复杂性和二元性。

绝大多数的法国社会学学派明确地或不言自明地把分析现实与可能之间的相互作用作为自己的参考范畴。它们确实非常重视可能这个方面，用可能来批判现实，使批判处于绝对的优势。但是，在重视潜力和可能的同时，往往忽视了现实，出现了一种在理智上不相信现实的倾向。有些社会学家对这种现象十分生气，他们揭露经验认识的弊病，主张只研究现实。这些人在这个问题上的观点是与美国社会学一致的。后者重现实而轻可能。很有可能重新倒向对社会现实的片面的看法，倒向长期以来遭到 H. 马尔库塞批判的片面化。美国社会学中的经验理论、天真幼稚的认识观和缺乏批判的观点导致了它在社会现实问题上的平庸的和片面的观点。

社会学的思想流派

直至 20 世纪 60 年代，美国社会学中存在着一种非常特殊的情况：功能主义几乎占绝对优势。但是 60 年代之后，功能主义开始衰败，最后被形形色色的社会学观点所取代。长期以来，法国社会学是由五花八门的流派拼凑而成。现在，由于结构主义学派的地位大幅度地下降和马克思主义遭到歪曲，法国社会学已不存在什么学派或立场观点明确的集团。准确地讲，只有个别人仍然很有影响，推动着某个学派的发展，经常提出一些引起研究人员重视的观点。H. 列费弗尔在新马克思主义派中仍然是一位很有影响的人物；G. 巴朗迪埃继续领导着所谓的动力社会学；R. 布东提出了一种“方法论的个人主义”。同时，在这里我们还应该提到在欧洲社会学中心工作的 P. 布迪厄和 A. 图雷纳。目前，美国的社会学虽然流派繁多，但它们毕竟称得上是流派，而法国的社会学中却没有一个真正的思想流派，仅仅存在着一些接近某种思想流派的倾向或者说是极端。

在法国的社会学论著中，美国社会学通常被解释为经验主义或功能主义社会学。

现在，美国的社会学不仅不再具有功能主义的特征，而且也不再具有经验主义的特征，功能主义只作为一个组成部分被纳入法国的社会学。H. 芒德拉斯编写的教科书[①]是法国出版的为数极少的几部社会学教材之一，他在这本书中把从盎格鲁 - 撒克逊的社会学直接吸收进来的一些思想范畴同法国社会学所提供的情报奇怪地混淆在了一起。这样一本教科书对本国的社会学只作了只言片语的介绍，却把结构、功能、社会化、作用、异常等这些与默顿的功能主义非常接近的问题作为论述和提及的主要范畴。个人与社会的关系、社会化的过程、集团和态度等与社会心理学有密切的联系，可是法国的社会学没有丝毫社会心理学的特征。可想而知，组织、异常、家庭以及对社会层的经验研究等是美国社会学特有的范畴。总之，美国的社会学不是用社会发展的观点，就是用现代化的观点，或是用发明创造的影响的观点来解释社会变革，把问题再一次颠倒。

功能主义也同样是通过一些译著介绍给法国读者的。R. 默顿就是在这种情况下一举成名的；他的文笔比他的绝大多数的功能主义的同事都通俗易懂，他论述问题的方式方法也较之他人更兼收并蓄，易于掌握，所以产生的影响最大。与此相反，T. 帕森斯的书却很少被人翻译，法国竟没有一家丛书出版社担负翻译他的第一本书（《社会行动的结构》）的任务，这是令人奇怪的，因为从解释的新颖独特和清楚贴切来讲，该书可称得上是欧洲社会学的经典著作中最杰出的一部。只有 F. 布里科承担起了把美国的社会学介绍进法国的任务。他翻译了帕森斯的论著，同时对美国的社会科学中的研究工作做了扼要的介绍和说明。最近，他力图使帕森斯的理论适应法国人的口味。但他没有对帕森斯的理论做全面的论述，而是有侧重、有选择地介绍了其中的一部分。这样就把帕森斯著作中的一些中心论题（例如制度化和整体化，或者进一步说进化论）遗漏掉了，而把重点放在了分析第二个我和自我的相互作用上。

但是，从整个情况来看，美国的功能主义遭到大多数法国社会学流

---

① H. 芒德拉斯：《社会学基础知识》，巴黎：A. 科兰出版社 1975 年版。

派的敌视。特别是指责它把社会简化为一种组织，突出强调相互作用中的正常状态，用反复灌输道德准则和“社会控制”来解释社会的整体化，并提出了一种文化主义的决定论。

交换行为和天赋行为仍然是法国社会科学研究的重大题目，M. 莫斯的研究工作仍然产生着很重要的影响。许多研究工作涉及交换行为，但是交换行为同不久以前在美国出现的交换理论截然不同。最近，有些法国社会学家也采纳了交换理论，例如，R. 布东把个人的意向性的行动归结为一种成本与利润的逻辑，与 G. 霍曼斯和 P. 布劳的交换理论越来越接近。另外，他的“社会学的现实主义”也进一步发展了交换理论，“社会学的现实主义”远未把社会现实看成是个人活动的简单产物，而是把无数个个人活动聚集后而产生的反常的作用即“反作用”也包括在内。M. 克罗齐埃最近发表的一些作品也表示了类似的看法，他把反作用这一问题重新纳入了组织问题中，重点强调成本和利润逻辑的推论依据：社会角色的策略性的游戏。F. 布里科也不例外，他反对把社会活动物化了的社会学主义，喜欢研究社会相互作用中的人的策略。简言之，一个在美国的社会学中非常有代表性的流派正在法国形成，而且不是对交换理论的简单的重复。

法国社会学把系统分析列为批判的重点，认为它是功能主义的变种。系统分析在政治科学中有一定的市场和影响，可是法国的社会学家却对它没有任何好感。由此看来，法国的社会学家也同样简单地摈弃了所谓的“现象学”的社会学——“加利福尼亚学派”①，但这并不说明法国的社会学绝对没有受现象学的影响。J－P. 萨特研究的出发点是社会成员的意向性，可是，结果却建立了一种关于集体行动的理论，事实上，没有超越人的相互作用的学说不只是现象学的社会学。美国的现象学对相互作用的策略、感觉的协商、社会现实形成的过程等所有这些法国社会学作为社会生活游戏的主题研究的问题都很感兴趣。但是，两种社会学的汇合只是形式上的，观点上仍是针锋相对的。人种学方法论者如戈夫曼和伯杰等对日常性十分重视，这与法国社会学长期以来所关注的问题是

---

① 美国的现象学流派。从广义上说，这个流派中的代表人物也是形形色色的，如 P. 伯杰、A. 西库莱尔、H. 加芬克尔和 E. 戈夫曼等。

一致的，但是，分析思想截然不同。现象学者以个人及其产生意义的行动为出发点，列斐伏尔对日常生活也很重视，但是他不承认个人是实际经验的典型范畴。前者认为，社会现实是在日常生活中形成的；但后者认为，现实只能说明意向的稳固化，因为在现实中永远不存在可能、想象和复制品。

总之，法国和美国的社会学在确定批判路线的方式方法上是一致的。C. W. 米尔斯赋予他的社会学的使命是：揭露社会的虚伪性和差别，这种社会产生不了替自己辩护的价值。法国的社会学也有这种批判的愿望。以 G. 巴朗迪埃为首的动力社会学拒绝坚持表象，拒绝读那些替社会现实辩护的作品，不相信社会本身的表现。A. 图雷纳支持有辩护愿望的社会学。J. 迪维尼奥断言："社会学的责任是掌握消极性的能力，即新的概念所产生的批判认识的能力。"①

批判的愿望致使社会学本身也成了批判的对象，同时贬低了社会学家本身的形象；社会学家常常坚持的实践正是自己在政治上所谴责的。激进社会学之所以是激进的，是因为它对社会学刨根问底。不仅 A. 古尔德纳希望自己的思辨社会学是合乎道德的，即根据解放或是镇压的性质来判断社会学的著作，可是实际上，思辨社会学把矛头指向了社会学家本身的"实践"，所以说，它是一种有关社会学的社会学。P. 布迪厄揪着知识分子的思想，特别是社会学家的思想紧紧不放，建议人们为了弄懂社会学家所做的一切进一步观察他们的社会立场，他的这些做法和 A. 古尔德纳的倾向几乎是一致的。R. 卢罗也同样以分析制度为借口，要求探讨社会学的社会起源。

总之，战斗的社会学声称自己是实践的社会学，并为一种事业服务，或者更具体地说，变成了一种政治实践。这种观点在美国社会学中没有什么市场，但在法国社会学中却占据着相当重要的地位（因为，这种社会学常常是同 H. 列斐伏尔，特别是 R. 卢罗的名字联系在一起的）。这种社会学试图掌握干涉研究的权力，并努力使自己超越研究主体和客体的对立，经常不断地提出社会学探讨的蕴涵问题。但不管怎样，批判路线都将导致对社会学本身的批判。从以上一些巧合来看，美国和法国的社

① J. 迪维尼奥：《混乱》，巴黎：人类出版社 1978 年版。

会学在这条路线上是一致的：双方都在努力建立一种批判社会学。但是，有一件事实是不能抹杀的："批判"的愿望在法国社会学中表现得异常强烈，但在美国的社会学中却表现得比较微弱。

总结

以上是对法国和美国的社会学的比较分析。本文不仅对两国的社会学作家以及他们对经典作家的态度和看法做了比较分析：一个特别热衷于研究（社会、家庭和种族等）整体化和异常；一个轻现实而重可能（想象、游戏、节日和空想），而且对两国社会学的主要流派及其观点也做了比较分析。

法国的社会学在毁灭的道路上走在了美国的前面，它的"社会学流派"逐渐解体，让位于一些更加不定型的极端。两国的社会学对社会生活中的游戏和相互作用的策略都很重视；但是，对社会生活中的游戏和游戏活动的重要性的认识却不同：一个断然拒绝认识这种重要性，一个非常强调这种重要性。

表面上的一致很容易变成分歧，相似的观点也很容易变成相互对立的观点。一些表面看起来是共同感兴趣的题目，实际上，分析论述的角度则不同。最近，美国的社会学采取了一种反决定论的态度，这使法国的社会学离美国社会学固有的唯心主义更加接近了。但美国的社会学却把唯心主义变成了文化决定论，用规则和标准来解释社会现象，从而抛弃了唯心主义。

由此可以得出结论，法国的社会学有其自己的发展逻辑。它的悲剧或许是得救完全取决于它是否能同美国的社会学彻底决裂。

（选自《国外社会科学》1983 年第 2 期）

科学的形变

——新的联盟

［比利时］I. 普利戈津　李培林译

普利戈津（I. Prigogine）博士是布鲁塞尔自由大学教授、比利时物理和化学国际研究所主任，并任美国德克萨斯大学热力学和统计物理研究中心主任，由于他创立了非平衡热力学和耗散结构理论，于1977年获诺贝尔化学奖。普利戈津不仅是一位科学家，还是享有盛名的思想家。他的“耗散结构”理论与70年代出现的“协同论”“突变论”一起，被称为当代科学的新三论，以别于曾作为科学支柱的老三论：系统论、控制论、信息论。耗散结构理论论证了开放系统是调节熵不可逆过程的可能途径，认为有序来自无序，必然来自偶然，组织产生于波动。作为一种方法论，这一理论在西方社会科学界被广泛地用来解释封闭经济的惰性和开放经济的活力，说明社会调节机制的形成和城市的扩展，阐述思想潮流的兴起和思维结构的变化，因而具有了普遍意义。

普利戈津认为文化是一个整体，自然科学和社会科学都不可能离开对方单独发展。西方学术界普遍认为，普利戈津等人的思想代表了爱因斯坦以后科学认识的新变革和大趋势，也给社会科学领域带来震动。事实上，普利戈津等人强调的“不稳定性”“不确定性”“偶然性”“无序性”给社会科学提出了一些崭新的课题，开拓了一条新的道路，尽管在这方面西方学术界还在进行着激烈的争辩。

本文是普利戈津的代表作《科学的形变——新的联盟》一书的导论，对西方学术指导思想的转变作了提纲挈领的阐述。为了使国内学术界对西方研究领域争论的问题有更切近的了解，现根据该书1983年版本译出，以飨读者。——译者

从牛顿到我们现在的三个世纪中，科学取得了惊人的进步，这已是老生常谈了。但是，在我们所阐述的自然和指导我们进行这种阐述的准则方面，指出我们的观念究竟发生了什么变化，这恐怕并不是没有意义的。这其实就是本书的根本主题：我们是从这样一种自然出发，它类似一种服从于数学定律的自动机，它的平静发展永远地决定了它的未来，正像它曾决定了自己的过去。今天我们碰到一种完全不同的理论状况，碰到一种把人类放进他所形容的世界中去的理论描述，这种理论描述蕴含着世界的开放。把这种观念的变化说成是一种真正的科学形变并非夸张。我们看到，对于某些常常“自古以来”就提出的问题的长期研究在继续使科学的探求发生形变。

我们认为，这些并不只是科学问题，决定科学形变的关键因素并不都来自科学的层次。科学是文化复合体的一部分，从这种文化复合体出发，人类的每一代都试图找到一种知识的协调形式。反过来，这种知识的协调性在每个时代也丰富了科学理论的解释，规定了这些科学理论所能造成的反响，影响了科学家们对于自己的科学计划和研究发展道路的设想。除了科学形变的理论内容之外，我们要说明的这种形变也更新了我们关于人类与自然的关系的观念和作为文化实践的科学。

为了以更为确切的方法来说明这些不同的决定性因素，我们决定引用雅克·莫诺（Jaques Monod）的看法，这一看法集中了莫诺不久前在分子生物学中的收获，具有令人惊讶的清晰性：“旧的联盟破裂了。人终于懂得，他在宇宙惰性的无垠天地中是孤独的，他是偶然地从这个宇宙中冒生出来的。”① 莫诺的论述是一个辉煌的成就，但他最后的语调似乎带

① J. 莫诺：《偶然和必然》，巴黎：瑟伊出版社，第194—195页。

有一种悲怆。分子生物学破译了遗传本文，使遗传的存在对任何人来说都已不是生命的秘密。这样，分子生物学取得的成就证明了我们所能够给予科学活动的最深刻意义：这是一种与自然取得联系的愿望——通过与自然的接触，了解到我们是谁，是以什么名义参加自然的进化。就是这样一种丰富的交流把我们变成了世界上唯一的存在，变成了处于世界边缘的吉卜赛人。

以上就是我们要说明的科学形变的背景。这是一种古典科学的背景，它的成就可以被看作是悲剧性的，但我们认为今天的科学已不再是这样。我们现在以更为确切的方式来探索古典科学，以便弄清楚它的理论内容与它对“人”和科学实践的阐述之间的关系。

我们一直都想猜测自然，发现自然稳定性的秘密和解释那些打断自然进程的稀少事件。怎样确定现代科学三个世纪以来所进行的对话的特征？

最简单地说，现代科学进行的对话重新推动一项远古的事业，但同时也开始了新的奇遇。对此我们将给予说明。亚历山大·科雷（Alexandre Koyre）提出，是实验的对话构成了我们称作现代科学的那些新奇实践。在这儿我们同意科雷的论述。

实验的对话涉及人与自然的关系的两个方面：理解和改变。实验并不仅仅意味着忠实的观察事实的原本现象，也不仅仅是考察现象的经验联系。实验要求理论和实际操作的相互作用，包含着一种真正的战略。被考察的一种自然过程犹如理论假设的钥匙，正是基于这种考虑，在用理论语言考察自然过程之前，我们先制作这一过程，并把它纯粹化。这是一种系统的方法，即重新激发自然，让自然以毫不含混的方式说出它是否服从一种理论。

科学家们曾以上百种方式讲述这种神奇的魔法，对他们来说，碰到“好”的问题就像是幸运地看到零散的碎片又重新聚集起来，看到散乱无章的状态被一种封闭的逻辑取代。我们知道所有关于这种著名发现的类似描述，每个探求者都了解这种经验，使这种小计谋或大秘密众所周知。在这个意义上，科学可被描绘成一种双方的游戏：问题在于识别一种与我们不同的现实的运动形态，这一现实不服从于我们的信仰、志向和希望。我们并不能使自然道出所有我们想知道的事情，因为科学不是扮演独白的角色，被询问的“客体”并不缺少办法来否认最合乎情理的和最诱人的假设，总之，因为游戏是要冒险的，所以游戏是那种少有且炽烈的感情的源泉。

但是，现代科学的特性远未全部包括在这些战略考虑中。卡尔·波佩尔本人从寻求一种科学理性的规范描述出发，也只好承认，归根结底，理性科学应把它的存在归功于它的成就：如果科学步骤可以被实践，那是因为它表现出在我们的理论假设和实验答案之间存在着明显的一致。科学是一种冒险的游戏，它似乎发现了某些自然以具有内在逻辑的方式回答的问题，发现了一种理论语言，按照这种语言，可以识别很多过程。这种现代科学的成就构成了一种历史事实：这一事实是不可预见的，但从它产生的时候起，从那些特殊类型的问题在一定的文化中成为认知钥匙的时候起，它就成为不可避免的了。这一点一旦被接受，就触及我们与自然的关系的不可逆转的改变，正是现代科学的成就造成了这种转变。在这种意义上，我们也可说是科学的革命。

人类历史也碰到过其他特别情况和导致不可逆转变化的其他的“时机汇合”，莫诺称之为选择：当某一方向被确定之前，它似乎并非是必然的，但一旦确定，就会经它所在的世界带来不可避免的变化。人们称作新石器革命的变化就曾是这样一种选择。在科学革命的情况下，我们必然会遇到一些决定性的插曲，我们必须要研究它们的起源。在这方面，科学技术活动嵌入“世俗社会”的历史构成了决定着生物和社会进化的那一过程的确凿例证：一种文化的产生和发展既有偶然性，也有必然性，正是必然性给予变化以历史的风貌。

还有一些人曾采用另外一种方法：他们把现代科学的产生看成一种新文化的出现，与在此之前产生的并成为环境的艺术、道德、政治毫无共同的步调。但是，不管是什么样的解释，对象是同一“成就”。我们已经说过，这些成就具有自相矛盾的方面：科学在它的初期出色地提出的一些问题意味着一种僵死的、被动的自然，17 世纪的人们与自然进行的成功对话只是为了发现他的对话者可怕的迟钝。因此，很多人自以为不得不承受这种悖论。我们把现代科学的最初成就看成是饰有理性标签的代价，认为这一科学“感到”的孤独只是为理性所付出的代价。所以，从这些最初的成就出发阐明的现代科学，也就是说古典科学，似乎强加给人们一种选择：要么认为人从根本上对于世界是陌生的，要么放弃采用这种与自然对话的唯一丰富形式。

这是一种灾难性的进退两难的困境。现代科学威慑住了它的对手和信奉者，它的对手把现代科学看作一种无法接受的且带有威胁性的工作，而它的信奉者投入一种如此壮烈的探索，以致为了进行这种探索必须作出悲剧性的决定。我们认为这种困境是与一些虚幻的确定性相连的，是来自古典科学的排斥。本书的宗旨就是努力结束这种幻想。

现代科学从一开始就否认过去的观念和人类就自己和自然的关系所提出的那些问题的合法性。现代科学进行的是实验对话，却是从一系列的前提和教条论断出发的，这就注定使这种探求的结果（特别是伴随着这些结果的“世界观”）对于包括产生这些结果的领域在内的其他文化领域来说，成为不可接受的了。现代科学是一种文化的产物，但这种产物却与该文化的某些统治观念相对立（特别是亚里士多德主义，也包括魔法和炼丹术）。我们甚至可以说，现代科学是与自然对立的，因为它否认自然的复杂性和变异，把世界描绘成一个永恒的、可知的世界，由少数简单的、不变的规律支配着。

这种“自动的自然”的观念确实是一个大胆的赌注，它把人们通过理性机械论的有限方法掌握的规律作为理解自然运动状态的钥匙。这种观念激起了一种热情和一种同样令人兴奋的排斥，并使精密规律可被实际发现从此成为不可回避的事实。牛顿的科学的确发现了一个天体和尘世都服从的普遍规律，是这同一规律决定了石块落地和星球绕太阳旋转。自那以来，这一最初成就还从未被否定，大量的现象服从于一些简单的、可被数学化的规律。但从那时起，科学似乎表明，自然不过是一架服从的自动机。一种迷人的、大胆的假说从而变成了“可悲的”真理。科学的每一进步都加重了一些人的苦恼和异化感，因为他们相信这一真理，并试图以它为基础建立一种严密的自然观。科学似乎作出这样的结论：自然是迟钝的。

但是，今天的科学不再是“古典的”科学。那些构成“古典世界观”的根本概念在一种理论的进步中显露出它们的局限性，我们毫不犹豫地把这种理论进步称为形变。我们放弃了把整个自然过程化为少数规律的抱负。自然科学今后描绘的是一个被分割开的宇宙，充满着质的多样性和意想不到的可能性。我们发现同自然的理性对话不再是对一个幻想世界进行的令人幻灭的浏览，而是对一个复杂多样的世界的探索，这种探索总是有局限性和选择性的。

怎样更确切地描绘这种“形变”呢？首先必须注意自然科学的对象究竟在哪一点发生了变化。时代变化了，人们的注意力已不再集中在不变的现象，我们首先感兴趣的不再是稳定的状况和持久的现象，而是进化、危机和不稳定性。我们不再愿意只研究静止的现象，也想研究变化的现象、地质和气候的动荡、物种的进化以及决定社会行为的规范的生成和变化。

我们可以说，一种新的自然主义即将建立：工业社会通过探求原始社会的认知和实践来更好地了解自己，它研究从动物到人类的进化问题，考察动物社会。分子生物学阐明了一些令人惊奇的事实，特别是遗传密码的普遍性，从而为人类从属于自然这一发现作出根本性的贡献。但这一变化只是科学在当代更新的一个方面，单靠这一变化促成科学的形变是不够的。首先，我们注意到刚才谈到的那些忧虑并非以前完全不存在，这些忧虑曾通过各种形式表现出来。其次，我们不能无视理论和文化的持久影响及那些作为古典科学基础的概念。

我们知道，在科学史上，人们最经常宣布的是机械世界观的终结，这意味着机械论的常春藤也是最经常地死而复生。实际上，过去和现在，古典概念都为确定理论变革的意义和决定作用作出贡献，那些关于自然和不同阐述方式的局限性的讨论是以这些古典概念为中心的，这些古典概念也无辜地在那些被认为超越了它们的理论中重新涌现，如量子力学。

这些古典概念的文化影响带来了一种危险。我们已经说过，古典科学造成的世界观似乎强迫人们作出选择：要么接受似乎由科学强加的异化性结论，要么放弃科学的方法。因此，古典科学是以一种动荡的文化嵌入为特征，因为它既唤起人们的激情、激发人们勇敢地论述理性的冷酷内容，同时也引起排斥，甚至非理性的反抗。

目前的所谓反科学运动就代表这种局势，对此我们随后将谈及。我们先谈一下非理性运动的悲剧。在20年代的德国，非理性运动曾是产生量子力学的文化背景。面对与一种官方科学相连的一系列纵横交错的概念：“因果性、合规律性、决定论、机械论、唯理性”，突然出现了一批古典科学陌生的研究题目：生命、命运、自由、自发性，这些题目从隐秘的深处发散出来，想使理性无法掌握。

理性科学的排斥说明了我们已就古典科学的危险谈到的问题，更不必多说社会政治的特殊背景曾使这种排斥成为大规模的和迅急的。自由、命运和自发性等概念所代表的现象说明了一些在某些人看来意义深长的探索，但古典科学没有给这些概念任何地位，把它们看作非理性反抗活动的聚合点，给非理性活动一种可怕的知识力量。

我们将指出，这些概念怎样在某些物理学理论中重新出现，从此以后与合规律性、决定性、因果性等概念交织在一起。这大概就是我们所说的科学形变的象征：一个新的理论空间开放了，在这个空间中存在的某些对立过去曾决定了古典科学的界限。然而，在这一空间中也出现了物理对象之间的内在差别，特别是守恒系统和耗散系统之间的差别。这显然并不是认为，从今以后，科学可以决定人的自由是什么了，但是毫无疑问，在我们文化中产生的某些关于自由的观念里，一种决定论的和枯燥的自然的看法的确曾是迷人的一部分。

什么是今天科学已经远离的那些古典科学的前提呢？可以说这些前提都围绕着一个总的信仰，即微观世界是简单的，受简单的数学规律支配。这意味着，科学的任务就是超越复杂的表面现象，把自然过程的多样性全部化为（至少有权这样做）这些规律的结果。这种科学目的观带来这样一种区分：只要是在自然当中的都被认为是符合“客观”现实的，而与我们自己的主动性相连的都被认为是幻想的。其实，我们认为支配着基本运动状态的简单数学规律——这些规律从此成为宇宙的终极真理——几乎都是按照动力学规律的总模式来设想的。然而我们看到，这些规律把世界形容成一些决定性的、可逆的轨道。于是，被否定的并不仅仅是自由和变革的可能性，还否定了这样的看法：某些过程，如蜡烛的燃烧或动物的衰老，从本质上说都是不可逆转的，合成的东西永不会再分解，蜡烛不会“燃而复成”或动物不会返老还童，这些都只成了相对真理，成了由我们操作方法的粗糙性规定的，而不是由支配着既永恒又守恒的世界的“客观规律”规定的。

50年来——自量子力学出现以来，微观世界简单性的观念已经站不住脚了。我们知道，我们只有通过作为媒介的仪器才能了解原子和分子，这些仪器都属于宏观世界，我们的理论本身是从本质上受这种媒介决定的。然而，在量子力学当时的背景下，这种看法只有消极的意义。今天的情况就不是这样了。我们已发现，不可逆性在自然中起着建设性的作用，因为它容许自我构成的过程。在物理学中，关于不可逆过程的理论为这样一种看法恢复了名誉，即自然是创造性的，具有积极的、扩散的结构。另外，我们知道，从今以后，甚至在古典动力学领域和有关星体运动方面，万能的神秘妖怪不存在了，人们曾认为这种妖怪可以从一种即时的描绘推论出未来和过去。我们重新处于一个不可消除的偶然性世界，那儿可逆性和决定性都只是特例，微观世界的不可逆性和非决定论则成为规则。

本书的主题就是说明从古典科学的黄金时代直到目前开放时代的科学观念形变。我们寻求思考一些总的概念，一些给予科学某种时间性的概念和科学所排斥的概念。我们想以此从一个特殊的角度揭示三个世纪以来科学发展的意义，说明科学怎样从一种所谓古典的西方文化出发，通过一个复杂的历史过程逐步开放，直到能够把一些不同的探求包括在自身之中。

我们在个人的科学生涯中想回答与自然的复杂性相关的时间问题，这一问题是由一种文化本身的要求提出的，柏格森用这样的话表达了这种要求："时间是发明，或者什么也不是。"我们在本书中将提及的一些新的发展（第六节和第九节）在这方面初步回答了这一问题。目前的文化状况还要求，为了说明这一问题的丰富性，必须刻不容缓地找到一些理论和技术的方法。柏格森曾研究了古典科学的局限性。我们将要介绍的那些答案或初步答案会使我们超越古典科学的局限性。柏格森曾强调指出，从最初的机械论直到爱因斯坦的相对论（我们可补充说，直到量子力学），时间和空间，时间和运动都如此密切地联系在一起，以致几乎混淆起来。但是，我们今天所从事的是重新发现物理学的时间，我们认为，这种重新发现并不是产生于科学理论的简单、内在逻辑，而是产生于一些问题，我们必须坚持不断地提出这些问题，必须坚持使这些问题不被以认识自然为宗旨的物理学忘掉。

人们可能会对古典动力学在本书中的地位感到惊奇。在我们看来，为了理解科学在当代的形变，动力学是最好的参考例子。量子力学是目前我们关于微观运动形态的理论，它确实提出了一些动力学未触及的新问题，但量子力学保留了动力学的某些观点，特别是在对时间和变异的看法上。另外，我们在本书末尾论述的那些最新理论既适合于古典动力学，也适合于量子力学。

可能正是由于这些最新理论，本书和一本普及性著作之间的差别显得非常突出。实际上，这些最新理论正在发展当中，某些结果还处在发表的过程中，我们要阐明的并不是科学的确定性成果和稳定的、完善的结论。我们并不想让人们游览一种凝固的、辉煌威严的科学大厦。我们要强调的是科学活动的创造性以及科学提出的新前景和新问题。

最后还有一点要说明，某些人可能会从本书中得出“超载”的印象，认为某些涉及的题目对于我们要论述的问题并不是必需的。其实，我们并不想使我们的研究像图样那样清晰。目前科学问题没有典型的探讨方式，我们只知道那些试图使问题“纯净化”的人们已付出了过于沉重的代价，他们忘记了对科学活动的描述不可能同对世界的描述安然分开，因为科学活动是归属于世界的。我们希望本书的特点是我们可以进行多种选择，说明必须对处在社会中的科学进行更为全面的反思。

本书由三个部分组成。第一部分描述古典科学的凯旋史以及这种凯旋给文化带来的后果。我们刚才粗略地描述了那些迫使人们接受的理论和概念。我们将看到，人们在起初是满怀激情地欢迎科学的，这种激情既是由于科学已取得的成果，也是由于科学对未来的发展作出的承诺，但随后，这种激情变成慌乱、不安和敌视。我们还要说明，文化的注意力今后将围绕着由古典科学的存在和这一科学取得的巨大成就所提出的问题：哪怕是缩小这些成就的意义，也必须原原本本地接受这些成就呢？还是相反，一定要宣告科学的方法是有偏见的和幻想式的呢？这两种态度导致同一后果，即人们称作“两种文化”的人学和科学的冲突。

在19世纪初，牛顿的规划统治着曾一度统治过欧洲的法国科学，然而，即便是在这古典科学大唱凯歌的时候，牛顿的大厦就已经碰到最初的威胁。在本书的第二部分，我们从富里埃关于热传播数学规律的公式所提出的挑战出发，描述热力学的发展。今后的历史将表明，这种挑战的重要性并不仅仅是由于这一数学规律的公式与牛顿关于运动的理论是格格不入的，它的意义还要大得多，它是对动力学不能接受的不可逆过程的第一次数学描述。

热力学是第一门非古典科学，它产生于热学（Science de la chaleur）的两个后继理论：能量转化理论和热力机理论——二者还都是按照古典的模式设想的。人们常说，正是热力学把“时间箭”的概念引入物理学。我们将追随热力学直到它在当代的进展，到自我构成过程和耗散结构的发现，后者的产生意味着偶然和必然具有不可分割的联系。从此，物理学重新起用那些古典科学在基本运动状态可逆性的旗号下否认的概念：如结构、功能、历史。

从 19 世纪末开始，人们就认识到两大理论之间存在的对立变成完全无法互相接受了。任何把不可逆性变成一种幻想或一种类似描述结果的解决方法都不再能被接受了：不可逆性成为秩序的源泉和组织的创造者。正是由于相对论，特别是量子力学给我们带来的那些 20 世纪物理学在观念上和技术上的更新，如操作者和互补性的概念，以及人们较少了解的古典动力学本身的进步，人们才克服了以前无法跨越的鸿沟。

当然，古典科学并没有强加给人们幻想，但它却使某些幻想成为可能。这些幻想今天都被排除了。尤其是，我们今天再没有权利声称，符合科学的唯一目的就是从一个只有妖怪才具有的外部角度来发现世界，而在古典科学的理论中，这种妖怪比比皆是。我们将看到，我们理论的最基本结论今后都是处于这些理论探索的世界中的成果。在这种意义上，科学抛弃了一切理论的“超地域性”幻想，因为这一类的奢望只能建立在习惯和期冀的基础上。但是，我们认为也存在着另一种科学应该抛弃的超地域性，这就是文化的超地域性。科学要认识到自己是文化的组成部分，是在文化当中发展的，这是一项紧迫的任务。

埃尔温·薛定谔曾使很多科学哲学家大为恼火地写道：“有一种这样的倾向存在着，即忘记了科学的整体是与总的人类文化相连的，忘记了科学的发现脱离开它的文化背景就毫无意义，即便是这些发现在一定的时期是最先进、最深奥和最难理解的。我们认为，如果一种科学理论没有意识到它视为永恒的和重要的那些概念在一定时期都必然要以对文化界有意义的概念和词汇来表达，注定要处在世界的总画面当中，如果一种科学理论忘记了这一点，它的专家们继续用一些最多只有少数同行才理解的术语喃喃咕咕，那么这种科学理论必然会脱离其他的人类文化……注定走向衰落和僵化。”①

本书的主题之一就是要说明，在文化所提出的问题和科学观念在这一种文化中的进化二者之间存在着强烈的相互作用。我们会发现，这些问题始终处在科学的中心，每一代人都以他们自己的方式提出这些问题，给予自己的回答，从而为科学史和哲学史增添了新的内容。

我们知道，某些哲学家用断裂、决裂、否定等术语来形容科学进步的特征，把科学的进步说成是超越具体的经验，走向愈来愈枯燥的抽象。按照我们的看法，他们只是说明了古典科学的历史状况：古典科学否认在探索人与世界的关系中提出的那些最“明显”的问题，因为它不会给这些问题让路。但是，如果说这种哲学的“说明”证实了一种实际的情况，那它就是帮助掩盖了我们要描述的如下事实：那些被否定的问题并不因一旦被宣布不合理便销声匿迹，正是由于这些问题暗中的顽强存在带来了科学发展的不稳定性，使科学发展从一开始就容易陷入困境。也正是由于对古典科学所否定的那些问题的研究，我们的科学才能够有进步地形变。

当然，还存在着一种科学理论的抽象变异，我们在本书中将谈到动力学语言在发展中的提炼。但是，那些科学进化中的决定性变革都不是这种意义上的。那些决定性变革是由于现实的某个新方面汇入科学文集而产生的，例如不可逆性或不稳定性概念的导入。我们将看到，在这两种情况之中，那些变革是与文化背景甚至“意识形态”背景的影响分不开的，或者更恰当地说，这些变革在自己生长的领域里表达了科学的实际开放。

肯定这种开放，正是与另一种关于科学的流行观念背道而驰的。由于认为科学是通过摆脱出自人们理解的自然过程的要求而发展的（即认为科学是通过摆脱那些所谓与懒惰的常识相连的偏见而获得纯化，从而把这些偏见与理性的“苦行”更鲜明地对立起来），所以导致了这样一种看法：认为科学是由摆脱了世俗利益的一群人单独完成的。从这种看法中得出的结论是，科学领域应当回避社会的要求、需要和愿望。科学的

① 见E. 薛定谔发表在《英国科学哲学杂志》上的文章，1952年，第3卷，第109—110页。

进步构成了一个具有自治权的过程，任何“外部的”影响，任何科学家在参加其他社会文化活动中所产生的兴趣或获得财富的需要所产生的兴趣，都只会干扰、改变和延迟这一进程。

科学家们这种退避社会的抽象理想往往产生于想揭示什么是“真正的”研究者的根本志向，即他们逃避社会变迁的愿望。爱因斯坦曾提到，如果说天使受上帝之命从科学的殿堂里把那些或许不称职的人（但这并不确定）驱逐出去，然而他对于探求者们却是宽容的：“他们中大多数人都是些古怪的、与世隔绝的和孤僻的人，尽管他们有这些共同点，但事实上他们之间的相似之处要少于那些被驱逐出去的人。是什么引导他们进入科学的殿堂呢？推动他们走向艺术和科学的一个最强有力的动因就是想逃避充满着艰难痛苦和空虚绝望的平庸存在，逃避永远变化着的个人欲望的束缚，这一动因促使多愁善感的人们摆脱了个人的存在，走入沉思和客观认识的天地。这种动因类似于这样一种炽热的向往：市民们盼望着离开嘈杂纷乱的闹市，走上高山万籁无声的巅峰，透过纯净平和的大气，悠然地远眺似乎万古永存的空旷田野。但除了这个消极的动因外，还有一个积极的动因。人们想以某种恰当的方式描绘出一幅简单而清晰的世界的图画，努力用它来取代经验世界，从而战胜经验世界。”①

爱因斯坦如此清楚地区分开科学的美妙典雅和世俗经验的平庸纷乱，这种区分还夹杂着一种对立，这是科学和社会之间一种清楚的善恶二元论，更确切地说，是认识的创造性和政治权力之间的善恶二元论。于是，研究不再是应该在某一群人中或某个殿堂里进行，而应在一种监狱里进行，就像是杜伦马特（Dürrenmatt）在《物理学家》一书中想象的那种疯人院：三个科学家一起讨论使物理学进步的方法，同时又想使人类避免政治权力控制这种进步的成就后造成的可怕后果，最后的结论是，唯一的策略就是他们当中的一个人已选择了的：大家都决意继续装成疯子，深藏在一个疯人院里。人们还记得这个剧的结尾：命运占了上风，疯人院的女院长捞到了这些成就，于是她掌握了统治世界的力量。

杜伦马特的戏剧使我们遇到了关于科学活动的第三种观念，这种观念更为通俗，而不是那么具有哲理，它抓住了人们通常接受的那种看法，

---

① A. 爱因斯坦：《我怎样看世界》，巴黎：弗拉马里翁出版社，第139—140页。

即认为科学是通过把现实的复杂性归结为一种隐秘（蔽）的合规律的简单性而进步的。物理学家莫埃比斯要深藏于疯人院的东西：是他系统地解决了引力的问题，揭示了基本粒子的统一论，最后揭示了作为最高权力源泉的“普遍发现律”。我们在这儿又碰到一个已论及的题目：在复杂性仅仅是表面现象的简单世界里，特别是在古典科学的世界中，任何一种知识都能成为万能钥匙。

以上所谈的这些观念提出了我们时代的一个问题。研究科学活动并入社会的那些不同形式已十分紧迫，那些形式使这种并入多少带有目的性，并对共同的需求不再感到陌生。

我们刚刚谈到一种紧迫性。人们再一次，但是以从未有过的规模和不可逆转的方式震动了他们的自然界：根据莫斯柯维茨（Moscovici）的说法，一个“新的自然”通过这种作用产生了。未来比以往更依赖于我们：人类使世界上充满新一代的机器和技术，从而使各种纵横交错的过程按照一种新的方式并存，人类为了理解他所创造的世界，需要运用科学所能提供的所有观念的和技术的工具。人类需要这样一种科学：它既不是受外在于它的前提支配的一种简单工具，也不是生长在社会深层的一种无法了解的怪物。这种开放的、不稳定的状况就是我们的研究所处的背景。

长期以来，科学论述的绝对性一直被视为普遍理性的标志，在这种情况下，普遍性成为对一切文化特殊性的否定和超越。我们认为科学是在社会中发展的，我们的科学不应再否认社会关心的问题和社会的探求，不应再自称与这些毫不相干，科学应能够最终同自然对话，注重自然的各种神奇魔力，能够最终同处于各种文化领域的人们对话，并重视他们提出的问题，只有到那个时候，科学才能具有普遍意义。

我们今天面临的情况是什么呢？我们本想给这本书题名为《重新发现的时间》，因为今天同我们的科学进行对话的自然既不是用一种不变的和重复的时间就可以描绘的自然，也不是用一种单调的增减机能就可以概括它的进化的自然。从今以后，我们探索的是一种处于各种不同进化过程的自然，这种自然使我们不是只考虑一种时间，否定其他的时间，而是使各种完全不同并相互连接的时间共同存在。这里有两种对立的观点：牛顿在《规律论》中写道：“绝对的、真实的和精确的时间，是一种在其本身并由于其固有本质、与外界毫不相关的均匀流逝，它的另一个名字是延续。”柏格森在他《创造性的进化》一书中写道：“宇宙在延续。我们越深入研究时间的本质，我们越理解到，时间意味着发明、形式的创造和崭新事物的不断设计。”今后，这两个方面互相连接起来，而不再是互相排斥了。今天重新发现的时间，也是不再叙说孤独，而是叙说联盟的时间，这个联盟就是人与他所描绘的自然的联盟。

（选自《国外社会科学》1986 年第 5 期）

当代西方教育社会学理论概貌

黄育馥

早在19世纪和20世纪初，一些早期社会学家（如孔德、斯宾塞、涂尔干等）就已经开始用社会学的观点研究教育了。第二次世界大战结束后，西方世界发生了巨大变化。一方面，西方社会现代化、工业化和城市化的步伐大大加快，从而对教育提出了更新更高的要求；另一方面，西方社会上的一些似乎无法直接解决的问题（如失业、犯罪、污染等）日趋严重，致使人们把越来越大的希望寄托于教育，把它视为医治社会弊病的良药。正是在这种形势下，教育社会学作为一门年轻的社会学分支学科，蓬蓬勃勃地发展起来了。尤其是20世纪60年代以来，西方教育社会学主要在三个方面取得了重要发展：一是传统的功能主义教育社会学理论取得新发展；二是西方马克思主义理论进入教育社会学领域；三是出现了激进的微观研究理论。本文拟对近30年来西方教育社会学的新发展及其主要代表人物作一简要介绍。

一　功能主义理论的新发展

在西方教育社会学理论中，功能主义占据着显赫的地位。一些著名的社会学家，如英国的H. 斯宾塞、法国的E. 涂尔干、美国的C. 库利等都是功能主义的早期代表人物；而当代英国的B. 伯恩斯坦、法国的P. 布迪厄和美国的T. 帕森斯、R. 特纳和E. 霍帕则对功能主义的教育社会学理论在西方的发展做出了重要贡献。

1. **伯恩斯坦和他的社会化理论**

社会化即社会成员借以获得个性并学会其所在社会的规范的社会相互作用过程。社会化的目的在于使某一社会或群体的成员彼此之间达成某种一致，使他们按照同样的规范，在追求的目标和为达到这一目标而采取的手段上取得一致。涂尔干的社会化论在传统的教育社会学中曾占据着重要地位，他认为，教育是实现社会化的有效手段，它的目的是使个人社会化，而教育的过程也正是将社会规定的价值标准强加于儿童，使他们成为社会人的过程。

涂尔干的这一理论对英国教育社会学家 B. 伯恩斯坦产生了重要影响。B. 伯恩斯坦（1924—）是英国伦敦大学教育学院教育社会学教授。20 世纪 60 年代初，他曾就社会阶级与儿童学习和运用语言的关系开展研究，提出了他的社会化理论，并因此而成为英国教育社会学界的知名人物，后驰誉欧洲和整个英语世界。伯恩斯坦是从语言学的角度论证人的社会化问题的。他认为，语言是人类相互作用的主要工具，儿童通常都是通过运用语言来接受教育的，因此，语言的学习左右着个人的社会发展，是个人社会化的条件。儿童的初级社会化过程是在家庭中，尤其是在与其母亲的关系中进行的，家庭阶级背景的不同造成了不同的语言习惯，不同的社会阶级不仅所使用的语词汇数量不同，而且语言类型也有差异。伯恩斯坦提出了两种不同的语言习惯：一种是精密型的，又叫详析语法，主要由中上层阶级使用。这些阶级重视子女的语言表达能力和对抽象概念的认识，使用的词汇较多，从而有利于儿童进行逻辑思维和认识人际关系。另一种语言习惯是封闭型的，又叫局限语法，主要由下层阶级使用。下层阶级不重视培养子女的语言表达能力，使用的句子较短、词汇较少、词不达意的情况较多。伯恩斯坦说，由于学校内使用的语言习惯是精密型的，所以，中上层阶级的子女在入学时已经对它十分熟悉，而下层阶级的子女则必须从头学起，这就妨碍了他们的社会化进程，造成了中上层阶级与下层阶级子女在学习成绩上的差异。伯恩斯坦的这一理论后来被有些人用于对所谓“可教育性”的研究，即认为下层阶级的子女由于在语言和文化上遭到了剥夺，因此与中上层阶级的子女相比，可教育性较差，这也正是造成不同阶级的子女学习成绩不同的原因所在。虽然伯恩斯坦认为上述观点曲解了他的理论，并在其后来的著作中否认在语言习惯与社会阶级之间有必然联系，但在他的早期作品中显然带有这样的含义。

70年代以来，伯恩斯坦又运用语言学中“代码”“分类”“框架”的概念来分析正规教育的课程及其变化。这些概念在后来的教育社会学研究中得到了比较广泛的运用。伯恩斯坦的理论还被用来解决一些教育中的实际问题，尤其是在补偿教育（指英美等国政府向偏僻或贫困地区提供经费以加强对下层阶级儿童的教育）中得到应用。

2. 布迪厄和他有关“文化资本”的理论

P. 布迪厄（1930—）是法国著名社会学家，50年代曾从事人类学研究，后来转向社会学研究，并对教育社会学和文化问题进行过广泛的论述。他关于“文化资本”的理论对那些关心教育的性质和功能的社会学家影响很大。

布迪厄十分强调文化在维持现有的社会结构和经济结构方面的重要作用。他认为，文化都是“专横的”，因此，个人在通过社会化过程获得某种文化的同时，也不知不觉地学会了这种文化专横。阶级社会中存在不同的文化，因而也存在不同的文化专横。教育体系也有其自己的文化专横，这种文化专横是统治阶级的文化专横的变种。教师的权威是由统治阶级授予的，教学中对学生进行评价的标准是由统治阶级的文化决定的，而教育的过程则正是试图将统治阶级的文化强加于来自其他文化的儿童的过程。结果，统治阶级的子女觉得学校教育的内容是很明白易懂的，学习成绩也很优秀，而被统治阶级的子女则会有迥然不同的感觉。布迪厄得出结论说，统治阶级的子女之所以在教育中占优势，是因为他们拥有文化资本。

布迪厄将他有关文化资本的理论归纳为以下几点：（1）有些儿童的学习成绩比其他儿童优秀；（2）儿童的学习成绩受到他从家庭中获得的文化的巨大影响；（3）统治阶级的家庭为其子女提供了文化资本，从而使他们在学校里表现出色；（4）教育体系的文化与统治阶级的文化相似；（5）统治阶级的文化规定了评价学生的标准；（6）教育拥有免受外界干预的自主性，因为它使统治阶级的权力和文化合法化。

布迪厄对以下两个问题特别感兴趣：一是为什么社会结构往往能做到自身的再生产；二是教育如何行使它传递知识和思想的功能。布迪厄指出，在任何社会里，当权者都或多或少地想再生产既有的文化，即对他们自己有利的文化，而教育则是一个主要的再生产部门，它再生产了社会上财富和权力的不平等，并使这种不平等合法化。有权势者的子女有较多的机会通过教育而取得成功，并继承了统治阶级的文化，从而长大以后几乎是不可避免地会获得权力。

3. 帕森斯和他的结构功能主义理论

美国当代著名社会学家 T. 帕森斯（1902—1979）是结构功能主义学派的领袖。他的理论在 20 世纪 40 年代至 60 年代一直统治着美国的社会学，并被应用于教育社会学领域。

帕森斯认为，社会犹如一个有机体，其各个组成部分的动作是相互协调的，功能是相互关联的，都对作为一个整体的社会的稳定和发展起着某种作用。帕森斯提出教育具有两种功能：一是社会化，二是筛选。在传统社会中，由于社会变迁不大，教育只具有使个人社会化的功能，也就是说，使人们具备为适应社会生活所必须具备的知识、本领和价值观念。在现代社会中，随着工业化的迅速发展，社会分工日趋复杂，教育的功能也增加了。它除了继续行使其社会化的功能外，还要根据经济制度对职业角色的要求，对劳动力进行“选择”和“分配”，从而成为分配职业角色时对个人进行筛选的工具。

帕森斯对教育社会学的一个突出贡献，是他对美国中小学班级教学的主要功能进行的分析，他指出班级教学同样具有“社会化”和“筛选”两种功能。其社会化功能主要表现在培养学生的责任感和能力，使他们长大以后能适当地扮演成年人的角色。而中小学生的在校表现则可作为对他们进行选择的基本标准，因为他们学习成绩的优劣，常常会决定他们是否升入大学，进而决定他们今后的职业和前途。帕森斯认为，通过社会化和筛选，学校可以为社会培养出具有共同价值标准和信念并具备一定本领的人才，进而促进社会的一体化和发展。

4. 特纳、霍帕及其对教育的研究

功能主义者们一般都认为，教育具有“社会化”和“筛选”两项功能，不过，在哪一项功能更重要上存在着分歧。例如，帕森斯比较强调前一种功能，而 R. 特纳和 E. 霍帕则更注重后一种功能，即筛选的功能。

当代美国著名的教育社会学家 R. 特纳（1919— ）主要从社会流动的角度研究教育的功能。社会流动问题在 50 年代和 60 年代的西方社会中曾是一个相当尖锐的问题。时至今日，也依然是社会学家们十分关注的问题之一。特纳认为教育的流动功能是非常值得研究的，并试图用功能主义的框架，来说明英美教育制度的差异以及教育与社会流动的关系。他提出，美国社会是竞赛式的流动制度的代表，而英国社会则是赞助式的流动制度的代表。在竞赛式的流动制度中，个人可以凭自己的才干或努力，通过各种途径取得应有的成就和地位。在赞助式的流动制度中，社会上的精英人物及其代理人根据他们的标准选拔人才，个人的努力必须符合他们的要求才能获得赞助，进而取得向上流动的机会。特纳认为，英美两国的教育制度正是这两种社会流动方式的生动反映。英国把“未来的英才”送进文法学校，他们在那里学习的课程与普通中学里的课程大不相同，文法学校获得的教育经费也比普通中学多得多。由此可见，英国的教育制度注重早期分化，通过不同类型的学校选择并培养不同的人才。美国的教育制度则尽量推迟分化，以使个人获得充分参与竞争的机会。

和特纳一样，功能主义教育社会学家 E. 霍帕也非常关心维持社会秩序的方法和保持社会稳定的先决条件。他认为，筛选是教育的主要功能，要理解教育制度的结构（尤其是工业社会中的教育制度的结构），必须首先理解它的筛选过程。他提出，在对比发达工业社会的教育制度时应考虑以下 4 个基本方面：（1）选择是怎样出现的？（2）选择在何时出现？（3）哪类人可以被选中？（4）他们为何被选中？霍帕认为，在两种情况下可能出现选择。一是在标准化的集中管理下出现，这就需要有全国统一的教育计划、统一的考试，并有专门机构来管理这一制度。这类似于特纳的“赞助式的流动制度”。二是在非标准化的分散情况下进行，没有集中的管理部门，这类似于特纳的“竞赛式的流动制度”。不过，霍帕强

调说，现实的教育选择往往介乎于上述两种情况之间。霍帕指出，选择的时间可早可晚，选择出现得早是“英才统治论”思想的反映，选择出现得晚则体现了“平等”的思想。霍帕说，有两种人可能被社会看重：一种是具备“社交能力”的人，另一种是具有“专门技能”的人。社会究竟更看重哪种人是由有权势的精英人物决定的。

一些功能主义者对教育的功能进行总结，认为教育作为一种独特的社会制度，具有 5 种外显功能和多种潜功能。这 5 种外显功能是：（1）传播文化（指学校向年轻人提供复杂的现代社会中的极为重要的知识、技能和价值标准）；（2）促进社会一体化（指教育帮助那些来自少数人群体的年轻人同化到一种共同的文化中去，以形成一个比较同一的、有着共同的价值标准的社会）；（3）个人发展（指学校向学生传授多种多样的知识和本领，其中大部分内容对学生今后的生活有用；学校还使学生有机会养成思索的习惯，开阔学生的眼界）；（4）筛选和选择（指教育是通向个人事业上和经济上的成功的重要渠道，文凭把学生引向各行各业，对学生今后的生活有着强有力的影响）；（5）创新（指教育不仅传递现有的知识，还通过发展新知识、新技术来为文化增添新的内容）。教育的潜功能包括照管儿童，充当婚姻市场，形成独特的青年文化，养成遵守时间、温顺听话、服从权威的习惯，并使社会中的阶级不平等和种族不平等长期保持下去等。

概括起来，当代西方教育社会学中的功能主义理论主要有两种倾向：一是侧重论述社会阶级地位与教育成就的关系，把研究家庭和阶级背景纳入教育社会学的研究范围；二是侧重对教育与经济、教育与社会流动、教育与政治秩序的关系以及对学校组织的研究。

功能主义理论本身带有严重缺陷和政治保守性，它提出的一些教育的功能，在资本主义社会的现实生活中根本不可能兑现。正如一位美国社会学家指出的，“我们的教育制度从来没有，而且现在也没有向人们提供平等地取得个人发展和经济报酬的机会，因为它反映的是资本主义经济固有的不平等的结构。”正是在这种情况下，教育社会学中才涌现出一些新的学派。特别是自 60 年代以来，由于马克思主义的、新马克思主义的和形形色色激进的理论和概念的注入，西方教育社会学的理论更加多样化了。

二 “西方马克思主义者”的研究

20 世纪 60 年代以后，西方社会学界对马克思有关教育问题的论述产生了极大兴趣，许多自称是“马克思主义者”“新马克思主义者”或“激进派”的西方社会学家著书立说，试图将马克思主义的理论观点运用于教育社会学研究。在这方面比较突出的人物是法国的 L. 阿尔都塞、美国的 S. 鲍尔斯和 H. 金蒂斯。

1. 阿尔都塞和他有关“意识形态的国家机器”的论述

法国哲学家 L. 阿尔都塞（1918— ）是当代西方马克思主义中“结构主义的马克思主义”的主要代表人物。1971 年，阿尔都塞提出了“意识形态的国家机器”的概念，试图以此作为对马克思主义国家理论的“补充”。阿尔都塞认为有两种国家机器：镇压的国家机器和意识形态的国家机器。国家是通过这两种国家机器的活动来保持现有的生产关系的。他指出，宗教（如各种不同的教会）、教育（如各类公立和私立学校）、家庭、法律、政治（如不同政党）、工会、通讯（如报纸、广播、电视）和文化（如文学、艺术、体育），都是意识形态的国家机器。镇压的国家机器与意识形态的国家机器的主要区别在于它们行使功能的方式不同。前者主要通过强力镇压来行使功能，后者则主要通过意识形态来行使功能，不过有时也使用镇压手段（如学校里也实行适当的惩罚、开除等）。

阿尔都塞很强调教育作为一种意识形态的国家机器的重要作用。他在分析生产力的再生产时提出，生产力包括生产资料和劳动力，而劳动力的再生产是在意识形态的国家机器中（尤其是在家庭和教育机构中）进行的。阿尔都塞说，儿童在学校里不仅学到了知识和技术，还学会了服从已经确立的规矩和准则。至于生产关系的再生产，阿尔都塞说，家庭和学校都在对儿童施加影响，它们将居统治地位的意识形态中所包含的“知识”（如语文、数学、科学、文学等），或者干脆将纯粹的居统治地位的意识形态本身（如伦理学、公民学、哲学等）灌输给学生。教育作为一种意识形态的国家机器，对学生进行长期训练，然后将他们输送到劳动力的队伍中去。这些学生被分送到不同的劳动岗位上，如大部分学生在16岁时就去当工人或农民了。其余的学生继续读书，几年之后，其中一些人被安排在中下等技师、白领工人、中小企业董事等小资产阶级的位置上。剩下的少数人有的进入剥削者的行列（如成为资本家、经理），有的进入压迫机关（如成为军人、警察、政治家、官员），还有的成为专职的思想家（如牧师）。阿尔都塞认为，事实上，各类人都在学校里获得了与他们在阶级社会中必须充当的角色相符的思想。正是通过教育，学生被反复灌输了大量的居统治地位的意识形态，而资本主义社会的生产关系也在此过程中被大量地再生产出来了。阿尔都塞的这一观点对西方马克思主义教育理论家产生了很大影响。

2. 鲍尔斯、金蒂斯和教育的“政治经济学”

1976年，美国马萨诸塞大学经济学教授S. 鲍尔斯和副教授H. 金蒂斯在其《资本主义美国的学校教育》（纽约，基础书屋）中论述了资本主义社会中教育的“政治经济学”的发展。

鲍尔斯和金蒂斯认为，在资本主义社会中，教育的功能是为经济提供“合适的”、受过教育的劳动力。所谓“合适”表现在两方面：第一，教育制度把已经分化了的劳动力投放到经济之中，也就是说，教育制度依照经济的“需求”，安排不同年龄的儿童接受期限长短不同的教育，从而使他们具备不同的本领和资格，以满足经济的需要；第二，教育制度使劳动力“适度地”异化。鲍尔斯和金蒂斯说，资本主义经济不仅需要，而且再生产“异化了的”劳动力。资本主义社会的教育制度是资本主义企业和资本主义生产过程的代表，它采取“预先异化”的方法，再生产着未来的劳动力（即儿童和青年）的异化了的意识——从而再生产着资本主义的生产关系。资本主义的教育与经济之间有一种互惠关系。教育不仅向经济提供受过教育的劳动力，而且它的内部组织结构也与劳动中的等级制度相匹配。

鲍尔斯和金蒂斯还指出，资本主义经济和教育制度之间的关系被一种名叫“智商主义”的理论确认为合法（60年代末，西方的一些学者提出个人在智力上的差异在很大程度上取决于遗传因素，有些种族和社会阶级生来就在智力上低于其他种族和阶级，这种理论被称作“智商主义”)。鲍尔斯和金蒂斯坚决反对智商主义理论和“智商”的概念，他们认为智商主义是一种维护社会和经济不平等的理论。他们论证说，教育制度正是通过提供一种看上去是公开的、客观的和英才教育的机制，来把人们分配到不平等的经济地位上，从而使经济不平等合法化。事实上，教育使人们形成了一种普遍的意识，这种意识妨碍社会结合力的形成，妨碍人们批判地认识现实，从而妨碍人们去改变社会现状。

鲍尔斯和金蒂斯还十分关心对资本主义社会的改造和向社会主义过渡的问题。他们认为，只有改变资本主义的经济制度，才能改变资本主义的教育制度。

三 激进的微观研究

一般说来，功能主义和西方马克思主义的教育社会学研究主要是宏观研究。近年来，西方的一些教育社会学家对上述宏观研究提出了批评，认为它们没能详细说明人类生活的多样性和复杂性，没能抓住校内生活的现实，没能帮助人们深刻理解师生的行动。这些社会学家主张对教育进行微观研究，因为日常生活是构筑社会的砖石。社会生活的每一个方面最终都可追溯到人们在日常生活中的行动方式，教育也不例外。要理解教育，就首先要研究人们在学校里的日常生活。一些教育社会学家在微观研究中提出了激进的理论，其中比较重要的是 M. 扬的“新教育社会学”和 I. 伊利奇的“废校社会”理论。

1. 扬和他的“新教育社会学”

英国著名社会学家和教育理论家 M. 扬（1915— ）于 1971 年发表了一部重要著作《知识和控制：教育社会学的新方向》（伦敦，科利尔 - 麦克米伦出版公司），对教育社会学提出了一系列新见解，指出了教育社会学的新方向。他的理论引起了社会学界广泛的兴趣和争论。

扬批评了曾经长期统治着教育社会学的有关社会阶级和教育机会的理论，尤其是关于“社会阶级决定人的可教育性”的理论。他认为，教育社会学应该引导人们研究学生、教师和知识是怎样被组织在一起的。他主张社会学家们不要迷信经典的教育学家的看法，而应该对他们的看法大胆提出疑问，因为这才是找出其他出路的必要前提。扬所说的"教育社会学的新方向"里包含着教育社会学的激进的"重新取向"。

新教育社会学关心的主要问题之一是教育知识的政治特征。扬主张，应把教育知识看成是一定的政治利益的反映。扬认为，以往对于教育知识的政治性的分析中，主要错误就在于把通过教育传递的知识看成是一套比较持久的、非政治性的、共同价值准则，而没有看到这些知识的政治特征。扬说，在人类贮存的知识中，有一些得到了社会的认可，于是进入了教育课程，并被教育家和当权者说成是非政治性的、天经地义的教育知识。实际上，当权者们给予这些得到社会认可的知识以优先地位，并通过教育把它们强加于权力较小的人们。

以扬为主要代表人物的"新教育社会学"有以下几个基本论点。(1)知识是社会地构成的，因此，教育社会学家应该研究学校里讲授的知识与特定的阶级和群体利益之间的关系；(2)"真理"和"正确"是社会地构成的，而不是绝对的，人们现在有关"合理"和"科学"的概念是"教条"，应该打破这些框框来进行思考；(3)能力和智力的概念是社会的产物，学生在教育中的成功或失败取决于教师为"能力"和"智力"规定的定义和标准：如果这些标准被修改了，成功和失败的表现形式就大不相同；(4)新教育社会学否认教育的或"学术的"知识比人们在日常生活中获得的常识更高级。常识和学校里讲授的知识一样，都是有根据的。既然教育的知识并不比常识更高明，教师就没有理由凌驾于学生之上。

2. 伊利奇和他的"废校社会"理论

I. 伊利奇（1926—）是美国激进的社会学家和教育理论家。1971年，他在《废校社会》（伦敦，考尔德和博亚尔斯出版社）一书中提出了"废校理论"，对当代西方激进的教育理论产生了重要影响。

伊利奇认为，一切学校教育都是有害的，实际上，世界各地的学校都对社会有一种反教育的影响，因为学校的存在本身就妨碍了穷人受教育，使他们不能主宰自己的学习。此外，通过学校来实施教育历来非常昂贵、非常复杂，而且往往不能完成它应该完成的任务。这是因为学校显然被视为从事教育的专门机构，它占用了大量的教育经费和人力，却妨碍了社会的其他方面承担教育的任务。所以，通过学校来普及教育是行不通的，它非但不会促进，而且在某些方面还会妨碍人们的学习。伊利奇认为，现代学校制度行使的潜功能是“照管、选择、灌输和学习”。学校的主要目的是“塑造”人们对现实的看法。在这一过程中，教员是行为者，他们集“法官、思想家和医生”的功能于一身，强迫学生接受现实，而这一现实体现的是统治阶级的利益。

伊利奇还提出“制度光谱”的概念。他认为，社会制度是一个制度的连续统一体。制度光谱从左向右分布（不过这里说的“左”“右”与人们思想上的“左”“右”无关，只说明社会制度及其特有的风格）。在制度光谱中，靠右边的制度是科层制的和控制性的，学校就是这类社会制度的典型。靠左边的制度则与上述制度相反，是“通往更理想的未来”的制度。伊利奇认为，靠右边的制度已经老朽，应该使它“恢复青春”。这个“恢复青春”的过程就是发生社会变迁的过程，即社会制度从制度光谱的右边向左边移动的过程，而社会变迁的关键是废除学校。伊利奇以“废校社会”作为一个激进的革命政治纲领，认为尽管它没有一个政党，但它反对学校制度，而学校制度是最顽固、最无所不包的控制性制度。伊利奇认为，人人都有责任而且有权利为废除学校做出努力。

伊利奇的废校理论在一定程度上反映了当代西方社会要求教育社会化，使教育成为社会事业的呼声。但他的理论遭到不少人的批评，甚至被说成是“无法实现的梦想”。

总的看来，当代西方教育社会学理论比较注重的问题是：教育与社会阶级的关系、教育在整个社会上的作用、教育与生产力和生产关系的再生产的关系、教育的政治性质以及学校里和课堂上的社会相互作用。有一些社会学家在研究中已经触及一些实质性的问题，如有的人明确指出了教育知识的政治性质，批判了以前有关教育是“超阶级的”错误观点；有的人已开始从生产力和生产关系的角度探讨教育的性质和功能。但是，我们也应该看到这些理论中的错误和不足。例如，有些人把教育制度的不完善当作造成社会不平等和劳动阶级的不利处境的根源；有些人试图通过改革教育制度来医治资本主义制度的痼疾；有些人则把目光集中在学校组织本身，孤立地研究学校内外的矛盾和权力关系；还有的人则提出了一些听上去很激进，实际上却不大可能实现的口号。他们都没能从根本改变整个资本主义制度方面去考虑问题，而这也正反映出这些西方教育社会学家的局限性。

（选自《国外社会科学》1987 年第 7 期）

新功能主义：当代社会学理论中的一种新的综合视角

苏国勋

第二次世界大战后，以美国社会学为代表的西方社会学理论的发展，大致经历了从20世纪30—60年代中期结构—功能主义占主导地位、到60—70年代在批判帕森斯巨型理论基础上出现的多种理论并存的多元化局面、到80年代从不同角度尝试对多种理论观点进行整合或综合的过程。在当前的理论综合发展趋势中，美国加利福尼亚大学（洛杉矶）杰弗里·C. 亚历山大倡导的“新功能主义”（neofunctionalism）是引人瞩目的。80年代初，亚氏在两年多的时间里将他的四卷集鸿篇巨制——《社会学的理论逻辑》（1982—1984年）付梓问世，向美国乃至整个西方社会学中历来占主导地位的实证主义、科学主义观点提出了挑战。针对当代西方社会学忽视理论思维的意义，亚氏强调理论对于社会学认识的重要性，指出对于社会科学的发展而言理论逻辑和经验逻辑具有同等意义。倘若据此把亚氏的社会学思想仅仅归结为一种反实证主义的观点，则既有失公允也悖谬于事实。因为在这部巨著发表之前亚氏曾在一篇书评文章①中表达了一种有原则的中间立场：既反对社会学实证主义，同时也反对近年来由于解释学方法的渗透出现的人文化趋势中将理论逻辑化约为价值观或等同于意识形态的极端的相对主义和主观主义。《社会学的理论

① J. 亚历山大：《寻求理论：作为70年代智力遗产的“事实”与“价值”》，载《理论与社会》1981年第10期，第279—292页。

逻辑》出版后的第二年即1985年，亚氏把他收集的其他同行的论文结集出版并冠以《新功能主义》的书名，并在卷首的导言中详细地阐释了这一术语的含义。在以后的几部著作——《第二次世界大战以来的社会理论20讲》(1987)、《行动及其环境：走向新的综合》(1988)和其他一系列论文中，亚氏对这一理论观点不断地加以丰富和完善，从而使新功能主义成为一种对各种理论传统重构和对当代不同理论流派综合的研究纲领。本文试图根据所接触到的材料和个人的理解对亚氏的理论观点做一初步的阐述，意在引起国内学术界对社会科学中正在兴起的综合化发展趋势予以必要的关注。

一 功能主义的兴衰

作为当代社会学中一种理论观点，顾名思义，新功能主义是从扬弃和发展功能主义而来。确切地说，它是从后实证主义立场上试图重构帕森斯理论的功能主义思想，使之能融汇社会学各种传统和当代诸理论观点成为更具包容性的整体而提出的一个多维性（multidi-mensionality）的框架。为了深入地理解这一理论观点，有必要追溯社会学历史上的一些情况。众所周知，从孔德在其《实证哲学教程》中首先使用“社会学”这一术语以来，尤其是自20世纪研究中心从欧洲大陆转到美国以来，实证主义一直是一种占主导地位的理论和方法论。而在属于实证主义社会学的诸流派中，功能主义又是历久弥新、影响最为广泛的一种理论。孔德是功能主义的奠基者，他为社会学确立的“秩序和进步”的基本原则以及他把这门学科分为“社会静力学”（结构、制度）和“社会动力学”（功能、过程），使社会学从创立之日起就与功能主义结下了不解之缘。确实，倘若人们想以系统而客观的态度去看待纷繁驳杂而又变动不居的社会现象时，也就自然而然地进入了功能主义之维。孔德开启的这个思路经过斯宾塞（社会有机体论）、迪尔凯姆（社会实在论或称社会学主义，social realism or sociologism)、马林诺夫斯基—拉达克利夫—布朗（文化人类学）、帕森斯（结构—功能主义）等历代思想家的承续，已成为社会学看待社会生活的一种基本视角和不同时期社会学研究的不可或缺的内容。

就对当代社会学理论发展的影响而言，在上述几家中以帕森斯的结构功能主义为最。帕氏理论是继 M. 韦伯之后对社会科学不同理论要素实行综合的又一次尝试，他试图将英国功利主义经济学（马歇尔）、法国实证主义（迪尔凯姆）和德国历史主义（韦伯）传统整合，为整个社会科学构筑一个跨部门的概念框架。他的成名作《社会行动的结构》把欧洲思想家的不同观点结合为一个以意志为起点的行动理论，用以取代美国盛行的实证主义变种——心理学主义的社会行为理论。帕氏强调人们在价值取向上的含义是社会秩序形成的基本因素。他用行动模式表征社会各系统并探讨为保证系统稳定而必须满足的功能需求，而作为理论抽象形态的结构—功能主义，则是行动理论和功能理论的综合。帕森斯理论的一个基本假设认为，社会是由诸多相互依存的单元组成的统一系统，其内部存在着结构上的分工，每个单元都各自发挥着特定的功能，它们相互依存又相互制约，维系着社会作为一个整合系统而存在。倘若一个部分发生变化，势必影响到其他部分乃至整体发生变化。系统一般保持均衡状态，当受到外部或内部因素的刺激时，原有的均衡被打破，系统内部开始进行调整，为适应新的环境而出现结构分化，继而吸收或同化干扰，尔后建立新的均衡。

结构—功能主义强调社会系统内部的均衡和自我调适，而忽视社会中无处不在的冲突现象，反映了对社会发展前景的乐观情绪。这种理论的产生，与战后美国相对平稳的和平发展，其经济、军事实力如日中天，政治上保守主义势力盛行的态势有很大关系。战后美国社会学广泛开展的社会变迁、现代化、社会分层以及组织社会学研究，基本都是按照结构—功能分析模式进行的。这在客观上促进了这一理论观点的传播，以至 40—50 年代在西方社会学中成为一种主导的理论模式和研究典范。甚至在某些人的心目中结构—功能主义与社会学是一而二、二而一的关系，譬如 1959 年戴维斯在美国社会学学会的就职演说中宣称，在结构—功能主义之外不复有社会学！

20 世纪 60 年代，美国陷入越南战争的泥潭，国内学生、工人的骚乱、暴乱连绵不断，暴露了结构—功能主义夸大社会中均衡、秩序、和谐、稳定假说的保守性，从而招致越来越多的批评。其中的主要指责有：由于忽视冲突致使它在解释社会变迁时显得苍白无力；过分突出社会强制和规范决定对人的社会化作用，使人变成单纯听凭社会制度某种指令的客观结构，抹杀了作为社会行动主体的选择性和创造性；作为一种客观的巨型理论，过分抽象而无视个人和小群体之间的互动，故无法用它来研究微观社会，因此这种理论无法用经验事实加以检验。在批判帕森斯理论过程中，美国社会学出现了学派林立的多元交叉格局，主要有科塞和达伦多夫主张的冲突理论，布劳、霍曼斯倡导的交换理论，来源于米德思想的互动理论，以舒茨为代表的现象学社会学，肇始于法兰克福学派“社会批判理论”的哈贝马斯的沟通行动理论，从结构—功能主义内部提出批判其过于抽象和庞大的默顿所主张的“功能分析”等。60年代中期以后，面对如此众多的批评指责，结构—功能主义已经失却了往昔的权威和尊严，帕森斯本人也时过境迁，似乎已是一个无人问津的过了时的理论家。1975年美国社会学学会在旧金山召开年会，在“现代理论的状况”小组会上，斯蒂芬·沃纳曾感慨而不无嘲讽地声称：功能主义者大势已去了！情况也确实如此，与十几年前的境遇相比，功能主义已经从极盛的巅峰急转直下而跌入了谷底。

二 新功能主义的理论纲领

当功能主义从巅峰滑入低谷的时期，亚历山大正在伯克利加州大学攻读博士学位。在1969—1972年的时间里，亚氏认真地研读了迪尔凯姆、韦伯、马克思和帕森斯的著作以撰写自己的博士论文。他的博士论文后来经过加工修订而出版问世，这就是亚氏的成名作《社会学的理论逻辑》。实际上，酝酿写作这部著作的过程也即作者关于新功能主义思想的运思和形成的过程。不过，这一切都发生在作者与上述几位社会学理论巨人的思想遭遇和撞击之后，其中阅读帕森斯的《社会行动的结构》一书引起的理智上的反思具有至关重要的意义。“以《社会行动的结构》武装起来之后，我终于可以理解，为什么马克思将商品化的计算而非表现的异化作为其解释当代社会生活的中心概念之后，他就再也不能保持一种（早期的）意志论的观点了。我在一篇论马克思著作的论文中详细阐述了（后期的）工具论的内在局限性，以后在《社会学的理论逻辑》中又将这一框架运用于解释韦伯的唯物主义。在这一背景下，迪尔凯姆对团结和信仰所具有的社会力量的强调成了非常绝妙的衬托。然而，出于我对马克思在智力上的崇敬，以及我对社会生活‘现实’的尊重，我始终不能赞同迪尔凯姆的唯心主义、只讲规范的偏颇以及主观浪漫主义。我当时把马克斯·韦伯著作中的某些要素看作趋近多维度之理想的第一次尝试，把帕森斯著作中的重大张力看作最接近这一理想的综合”。

在亚氏看来，《社会行动的结构》对于多维因果性的条件以及在复杂社会秩序中的个人自由这些社会学核心问题都做了系统的分析。帕森斯所持的是一种社会学版本的自由民主主义思想，他对唯物主义和唯心主义理论都做了透彻的批判。唯其如此，它不会符合后帕森斯主义诸理论所持的一维视角的口味，因而招致腹背受敌左右挨批的境况。譬如，在社会学的基本问题——行动与秩序——上，往往用两对二元对立的范畴加以解释，即文化的行动对工具的行动与合作的秩序对强制的秩序；一旦选择其中的某种行动必定意味要选择另一种特定的秩序，如功能主义被认为是使用文化的行动和合作的秩序，而冲突理论则被使用工具的行动和强制的秩序。亚氏认为，在这里出于学派门户之见的片面性思维方式，把行动与秩序这两个本属不同层面的异质性问题莫明其妙地混淆为同一层面的同质性问题。再譬如，对于个人与社会的关系这一社会学探讨的永恒主题，社会学唯名论和社会原子论撇开群体和社会去设定自我和个体，这是又回到文艺复兴时代人文主义者的主观浪漫主义思维方式的窠臼；而社会学唯实论和社会整体论不讲自由意志专注社会、制度、规范的强制性，把社会行动主体的人视为机械系统的结构或有机体系统中的器官，又陷入决定论的独断，无视社会系统与其他无机和有机系统之间质的差异。之所以发生上述的偏颇，究其根本是因为后帕森斯主义的一维或片面思维方式与其所思考的对象——社会多维性之间本质特征的不符合。为此就需从更具综合性或整体性的立场，重构一种更具包容性、更适合社会多维性特征的新的综合性理论。这是亚氏以《社会学的理论逻辑》为开端的研究纲领所要追求的一个目标。

建构一种综合性理论显而易见要在博采众家之长的基础上，同时还要选择一个能够立论的基地。亚氏经过认真研读社会学经典（表现在《社会学的理论逻辑》中）和仔细考察当代流派（在《战后社会学理论二十讲》中)后,他把立足点选在帕森斯著作中的功能主义上。在大多数场合下,亚氏并没有以纯粹的分析命题形式提出自己的新功能主义,而是在对古典传统和当代流派的批判的考察,尤其是与对帕森斯思想的重建联系在一起提出的。其立意并非要阐发帕森斯学说,也不是要修正它,而是努力重新思考这一传统,并将之与帕森斯学派理论家认为是与之对立的观点中的新发展之间重新建立联系,以期传统的功能理论在面对冲突、强制性秩序、工具行动以及属于偶然性的个体意图时更具开放性,更富生命力。

显然,亚氏的理论活动表达了一种对复兴帕森斯学说的努力,而这要具有理论上的自信心和极大勇气。首先要对功能主义传统做出重新解读,并且对被曲解的内容要力排众议地做出理论上的正名。在编辑出版《新功能主义》一书的导言中,亚氏迈出了这一步。在对功能主义的重新解读里寄托了亚氏对新功能主义的构想,其内容有以下几点。

(1)功能主义尽管不提供说明意义上的模式,但它却提供出了社会诸组成部分相互关系的一般图景,亦即描述意义上的一种模式。功能主义把社会模拟成一个可理解的系统。它把社会看成是由诸要素组成的,诸要素之间的互动构造出一个能与周围环境明确区分的模型。这些组成部分以符号形式相互联系和互动。这种关于系统或“总体性”(totality)的理解,正如阿尔杜塞所有力证明的,是截然不同于黑格尔、马克思式的理解。黑格尔的系统与功能主义的系统相类似,但它断定这是一种“表现出的总体性”,所有社会的或文化的要素都被看成是对某种“真正”起决定作用的基本系统的再现。与此相反,功能主义主张彻底的多元决定论而不是一元决定论。

(2)功能主义像关注结构那样关注行动。但它的行动概念既注重表现活动和行动目的,也注重实用性和手段。功能主义尤其关心在正规和规定的手段情况下目的达到的程度。在这一点上,把功能主义等同于迪尔凯姆的社会学主义或拉达克利克—布朗的准功利主义是相当错误的。

(3)功能主义关心作为一种可能性的整合和作为一种事实的越轨行为和社会控制的过程。均衡对于功能主义的系统分析是个参照点,尽管在真实的社会系统中并非如此。均衡有不同方式,既有自稳态均衡、自我调节均衡，也有描述生长和变迁的发展结构的动态均衡，以及凯恩斯描述资本主义经济系统性质的局部均衡。

(4) 功能主义主张在作为社会结构不可或缺的人格、文化、社会与由于它们相互渗透引起的作为变迁和控制之持续源泉的张力之间做出区分。除了“社会”分析或制度分析之外，功能主义既关注相对自主的文化也关注社会化的核心地位。

(5) 功能主义承认在主要的社会变迁模式——文化的、社会的抑或心理的变迁——与由这一历史过程创造的个体和制度的紧张之间具有差别。

(6) 功能主义承诺从社会学分析的其他水平得出抽象概念和推理具有独立性。这六个论题之中的每一个都能为其他范围的社会科学著作所证明，但是没有其他一个传统能把所有这些论题都加以证明。[①]

在分述功能主义上述几方面特征之后，亚氏指出，他是在与“新马克思主义”类似意义上使用“新功能主义”的，其意指新功能主义作为一种发展，它包括对原来理论的某些基本原理的批判；把一些性质上完全对立的理论传统包容进来；从这个意义上可以说，新功能主义倾向只是表明各种竞争着的发展中的一种，而不是唯一的发展形式。

三 后实证主义的认识论特征

亚历山大理论活动的另一个目标是要把新功能主义这一综合的观点牢固地树立在后实证主义的科学哲学和一般社会理论的基础上。在《社会学的理论逻辑》中，他一直力图在众多的根本性理论争论中确立一种中间立场，旨在融汇那些分割着社会学和哲学思维的重大两极中的关键要素，同时保持在社会学理论核心部位潜藏着的科学对意识形态和实证主义对解释学的两对对立中不屈从于任何一方。实际上，这是亚氏在为新功能主义的综合立场寻求认识论的根据，为了解决这一认识论根据问题，就必须阐明什么是科学中的一般性理论问题以及这些问题是如何影响社会学理论的。鉴于社会学自孔德以来的一百多年历史上很大程

① J. C. Alexander (ed.), *Neofunctionalism*, London, 1985, pp. 9 - 10.

度上是以自然科学的理想模式建构自身的，而在当代实证主义又是一种占主导地位的倾向，上述问题关节点就成了围绕科学的本质而展开的争论。亚氏的目的在于为一般性思维在社会学中保持一独立地位，为此他就需要重新解释对科学过程的传统理解。在题为“实证主义、预设与当前的争论”的《社会学的理论逻辑》第一卷中，亚氏对此做了多方面的深入探讨。

针对自己选定论题所要解决的问题，在第一卷中亚氏开宗明义地提出科学思维是一个双向连续统的新解释；继而对充溢于当代社会学著作中的实证主义诸项原则做了深入浅出的论述；然后，对来自另外一个营垒的传统做法进行剖析，这一传统试图用不应把社会学设想为一门科学的观点来取代实证主义，指出这是一种站不住脚的和极不明智的应对；复次，从当代科学哲学家、科学史学家以及历史学家的论述中汲取营养，提出与实证主义的统一科学观相反的一系列设定，发展另外一种对自然科学本身的理解；最后在结论部分，提出并论述关于社会学一般性理论逻辑的问题。

亚氏认为，科学可以看作发生在由两种不同环境构成的背景下的智力活动过程：其一是经验的可观察世界，另一是非经验的形而上学世界。虽然科学的陈述可以更多地指向其中的某一环境，但它们却不能为任何一种环境所单独决定。人们视为分属于不同种类的科学陈述之间的差别，实际上应理解为代表着同一认识连续统上的不同位置，如图所示，靠近这个连续统经验环境一侧的那些科学陈述之所以被说成是“经验性的”，因为其形式更多地受到精确地描述观察这一标准的影响，从而具有经验陈述的“特殊性”。而靠近连续统形而上学环境这一侧的陈述之所以被称为“理论性的”，则是因为其形式较少关注为这些陈述提供信息的观察的直接性。

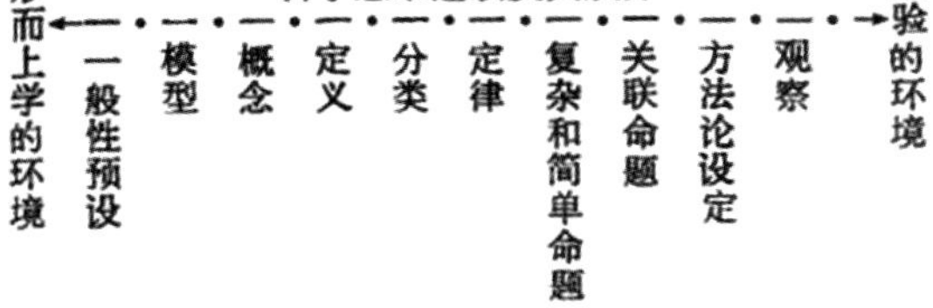

亚氏用上图强调科学思维中的理论/经验之分的相对性；连续统上的每一层次表述之间的相互依赖性；实际的科学分析都隐含着对科学思维其他分析层面的指涉和参照，至少要受到其他每一层面的影响。据此，亚氏向社会学实证主义的三个中心设定提出挑战：第一，实证论者在经验观察和非经验观察之间做出截然的割裂；第二，由于这一割裂，较一般的理智问题——被称为“哲学的”或“形而上学的”问题，对于一门经验取向的学科来说便不具有什么根本性意义；第三，既然取消非经验参照被视为自然科学的明确特征，那么，任何真正的社会学就必须采取一种“科学的”自我意识。

而后，亚氏以一些著名的实证主义社会学家的论述为例，剖析了长期以来在社会学界争论不休的问题：在一门排斥了“哲学”问题而且相应的经验观察完全不成问题的学科中，具有理论性或一般性的问题就只有与这样的经验观察相联系时才会得到正确的解决。就这一问题的具体表现而言，实证主义者认为社会学理论的形成只能是一个通过从观察中进行概括即归纳的方法而“建构”的过程；就理论冲突问题而言，它表现为：如果社会学要成为一门经验的科学，那么，经验的验证乃是一切理论之争的最终裁决，换言之，在实践中社会学理论家必须放弃论辩的工具而代之以一套经验的工具。进而言之，如果理论形成和冲突确实可以全部化约为科学连续统上特殊的、经验的一端，那么，把理论逻辑化约为经验逻辑则是实证主义的必然归宿。

亚氏通过批判性的考察后认为，上述实证主义倾向的盛行是导致当代社会学想象力枯竭的根本原因。不仅如此，由于过分地强调经验实践的观察和证实之维度，实证主义也严重地缩小了经验分析的范围，致使经验概括的努力愈来愈停留在简单的相关陈述的水平上。

依据当代科学哲学和科学史学最新材料层层批驳了实证主义社会学代表性观点之后，亚氏转入从正面阐述后实证主义的科学思维观：全部科学发展是一个双轮的过程，既为经验的论证亦为理论的论证所推动。之后，他由这个中心命题推导出与上述实证主义基本设定相对立的原则：（a）所有的科学资料都是由理论通道传输的（这个原则针对实证主义将事实/理论之分当作具体区分的观点，是由新波普尔派的拉卡托斯最明确表述的）；（b）经验的承诺并非仅以实验证据为基础（这个原则既为波拉尼的论断所支持，即有原则地“拒斥证据”是一门经验科学得以持续的基石所在，又涉及拉卡托斯的证明，即实验对于否证一既定承诺是否是“关键性的”乃是一个只有科学的后见之明才能解决的问题）；（c）一般性理论的阐发在常态下是独断论的和水平向的，而非怀疑论的和垂直向的（对科学理论活动的这一理解在库恩对常态期科学与革命期科学相比具有稳定性和非批判性的论述中得到了彻底的阐释，此外也为各种后实证主义思想从不同方面加以支持，其中包括波拉尼就科学中理论推理的“循环性”所做的探讨和拉卡托斯有关理论策略的阐发）；（d）科学信念的基本转变仅当具备了其他理论承诺从而足以应付经验变化之时才会发生。

亚历山大在批驳实证主义社会学的过程中把新功能主义安置在后实证主义哲学的基础上，从而为其多维性、综合性的社会学研究纲领提供了认识论的依据，最终得出了社会学需要一般性理论逻辑的结论。“因此我相信，社会科学中那种趋向于理论上的还原论和排他性方法论上的一元论，不仅会导致对社会学事业之本性的误解，而且还会歪曲社会学的实践。如果仅凭经验研究并不能使更一般的设定变成无效的东西，如果结果相反只会产生一种更精致的一般化策略，如果这种理论上的斗争必然是导致社会科学中承诺发生重大变化的一个关键性因素，那么，把这种一般性争论赖以进行的逻辑由隐含的变成明确的，便成了头等重要的大事。”

（选自《国外社会科学》1990 年第 8 期）

论传统社会、现代社会和后现代社会*

[以] S. N. 艾森斯塔德　晓良译

前现代、现代和后现代只是非常一般的类型。在每一种类型当中，都存在着很大的变异和区别。例如，当我们谈论前现代或者（像某些人所称呼的那样）传统的社会时，它包括巴布亚新几内亚的小型传统社会和庞大的中华帝国。今天，我将谈谈这三种社会类型的最一般特点。在前现代、现代和后现代的每一种类型当中，我要强调并分析两个方面。一是结构方面，即什么是前现代、现代和后现代社会在社会结构方面的特点。二是思想和文化方面，即什么是这些社会的文化方面的特点。

先谈前现代社会的情况，考察一下它们之间的共同特点。

首先，前现代社会在结构上的一个共同特点，是结构分化程度、专业化程度相对较小。结构分化程度较小，是指社会中不同群体和不同角色之间的差别不大。即使在中华帝国，大多数地区农民的情况也是基本相同的。这里存在着传统的农民家庭、村落，但与存在许多不同职业、不同社会角色的现代城市不同，这里的差别程度相对较小。当然，中华帝国的差别程度要比那些小型传统社会大得多，它有官僚、绅士、农民和商人等，但与现代社会（如今天的中国、欧洲、美国和日本）相比，其差别程度就显得相当小了。

与上述特点相联系，前现代社会的另一特点，是其中的大多数人

---

* 本文系以色列希伯来大学社会学教授、研究现代化问题的国际知名学者 S. N. 艾森斯塔德在中国社会科学院社会学研究所作的题为《论前现代性、现代性和后现代性》学术报告。——译者

（并不是所有人）生活的范围相对来说受到较大的限制。他们生活的类型、范围变化不大，社会、文化眼界很狭窄，因而很难用不同的眼光即从更广泛的角度想象和看待自己。当然，前现代社会中并非所有人都生活在受限制的框架之中。位于中心，特别是位于一些大帝国（中华帝国、印度帝国、欧洲帝国、拜占庭帝国）中心的统治集团和受教育较多的集团，已经有较广泛的联系。他们比其他人能更容易地从一个地方到另一个地方。然而，这部分人的数量毕竟相当少，只限于精英、上层集团、文士和官僚等。与大多数人的联系相当有限的情况相关，前现代社会的另一个重要方面是社会流动性很差。虽然也存在社会流动，但人数很少。很少人能够或者愿意流动。大多数人生来是农民，死时也是农民，生于某个城市职业群体，就可能永远干这个职业。人口中的识字率极低，即使是在中华帝国、印度帝国和罗马帝国这些庞大的社会，会阅读和书写的人也只限于人口中的极少数。

前现代社会的另一个特点，是这种社会的中心与外围（periphery，一译“边缘”，在此译成“外围”似乎更贴切——译者）之间存在巨大差别。在庞大的传统社会（如中华帝国）中通常有由一个官僚、文士构成的中心，他们与外围、与社会中贫困的群体之间存在巨大差别。当然，他们之间也存在联系，但中心非常强大，与受到多得多的限制但却缺乏中心所具有的教育、文化设施的外围很不相同。

不过，在中心与外围的差别程度和流动性的大小等方面，不同的传统社会之间存在着巨大差异。例如，在中国有科举体系，从而造成某种流动。此外中国还有巨大的城市，也使某种程度的流动成为可能。如果我们将此与存在种姓制度的印度比较，种姓制度下的流动性就小多了。

不同的传统社会之间的另一个很重要的差别，是中央集权的程度不同。例如，中国是很中央集权化的，而印度则不很集权。印度从未有过广及全印的大帝国，它总是有各种王国。而在中国，有时候也有一些军阀国家，也有不统一的时期，但总是有新的王朝重新实现统一。在欧洲，则从未有过一个中心，从未成为统一的帝国，而总是有不同的中心。欧洲存在着国家（如法国、英国等），但就是这些国家也是很晚才形成的。在很长的时期里，欧洲的不同部分之间没有明确的疆界。而在中国和拜占庭，则存在着强大的中央集权和疆界。日本的情况与欧洲相似，长时期里并未中央集权化，它甚至比欧洲还要分权化。确实，日本有一个天皇，但天皇与中国的皇帝不同，他不直接进行统治，而是由幕府统治。从9世纪以后很长一段时期里，日本非常分权化，没有强大的幕府。只是在德川家族的统治下，即在16世纪末，日本才统一和非常地集权化。

社会的集权与分权、集权化与分权化的差别对现代化来说是很重要的。从实际情况看来，历史上较不集权的社会（如欧洲和日本）更有能力实现工业化，不太集权的社会比集权的社会要更快地进入现代社会。

不同的前现代社会之间在社会结构方面另一个重要差别，是城市是否具有独立性。这与集权和分权有密切联系。我在此并不是谈论城市的大小。中国的城市很大，可能是前现代社会中世界上最大的，但它们由中心统治着。在欧洲，某种程度上在日本，城市比中国的小得多，但它们更具独立性，从某种程度上说几乎独立于中心权力。这是非常重要的差别。

以上我所强调的是前现代社会在社会结构方面的重要特点及这些社会在这方面的差别。前现代社会还有一些明显的文化特点。

首先，所有这些社会都具有传统性，因此我们将其称为传统社会。什么叫传统社会？它不只是指人们按传统行事，因为在现代社会中许多人日常也按一些传统行事；它不只是指人们遵循传统，因为在任何地方人们都遵循某些传统。而传统社会的文化的中心方面，是传统被看成非常重要的东西。传统不只是被看成某种必须遵循的东西，而且几乎是一种神秘的东西，其中包含着某种神秘的、神圣的成分。权威也具有非常多的传统性。可以说，传统社会中的权威，是建立在韦伯所说的“传统合法性”的基础上的。传统的神秘性，在传统名义下权威的合法化，是前现代社会很重要的特点。

前现代社会的第二个重要的文化特点，是这种社会的大多数人对命运的深刻信念。人们相信某种命运在支配着自己，对它只能无可奈何，也许你自己可以使情况变得好一点，但命运是已经由某种神秘的权威或者由传统安排好了的。

前现代社会的第三个重要的文化特点，是人们对变化存在极大的怀疑。传统社会处于变化之中，一切社会都在不断变化。然而传统社会变化的速度很慢。更重要的是，人们总的来说对变化持否定态度。他们认为，以前是怎么样今后就怎么样，不需要太大的变化。变化是坏事，会引起人们的思想混乱。不过，在变化速度和对变化的态度方面，不同的传统社会之间也存在着很重要的差别，一些社会更强调变化或者能接受变化。

前现代社会之间最重要的文化差别也许是在权威方面。如上所述，前现代社会中的权威和对权威的态度都具有很多的传统性，国王和皇帝都是很神秘的人物。但是，在那些国王或皇帝同时就是神的传统社会（如古埃及，也许还包括日本）和那些国王或皇帝并不是神（他可能很神秘、很神圣，但不是神）的传统社会（如中国和欧洲）之间存在着很大差别。后一种社会存在某种中国人称之为“天命”的事物，即某种比皇帝更高的事物。这是不同传统社会之间的令人感兴趣的、非常重要的区别。那些权威（国王）同时就是神的社会，意味着人们不能向他挑战。如果国王不是神，而存在着比国王更高的神，人们就有可能在神的名义下向国王挑战。

以上是对前现代社会特点的最概括性描述。不同传统社会之间的确存在巨大的变异和区别，但与现代社会相比较，它们还是相似的。那么，什么是现代社会的主要特点？

在此，必须再次将社会结构特点与文化特点区别开来。

现代社会的一个结构性特点，与现代社会所赖以产生的革命有关。现代社会在方式上是从两个方面建立的：一方面是通过大的革命（如最初的英国、法国和后来的俄国、中国），另一方面是通过资本主义和工业主义。在革命中，革命者不只是要打倒坏国王，不只是要更换国王和王朝。他们要求某种激进得多的东西：统治者应对人民负责；应实行我们今天所说的民主和大众参与；中心（统治者）与外围的差别应当大大缩小。他们要改变政治中心，以使人口中更大的部分乃至全社会都能参与（不过，对他们来说，中心仍是很重要的）。他们要求成为有参与权的公民，而不只是国王或皇帝的臣民。人们成为有参与权的公民，意味着中心与外围的总体关系已经发生了很大变化，他们之间的距离已大大缩小。关于公民的整个观念，就是指这种距离的缩小。这是现代社会的一个重要特点，由上可见，现代社会的许多方面的确是大的革命带来的。革命是某种值得强调的巨大力量。

以上是现代社会的非常重要的结构特点。下面我们将分析现代社会的一些主要的文化特点。在我们讨论中心与外围问题时，我们不仅是在讨论社会结构，而且很大程度上也是在讨论某些思想和文化上的问题，但我们还要对文化特点作更多的分析。

首先，现代社会也存在传统，但不是传统社会。传统不再是神秘的东西，不再是合法化的主要方式。现代社会中，还有其他的合法化途径，如权威、习惯和生活方式的民意合法化、合理合法化等。权威的合法化和社会秩序的合法化不再依赖传统作为基础，意味着传统的总体性质已经发生变化。因为现在人们可以向传统挑战，正如可以向权威挑战一样。向传统挑战的可能性，是现代社会一个很重要的文化方面。

以上特点还应与人们对变化的态度联系起来考察。传统社会总体上对变化持否定和怀疑态度：变化是不好的，应受到传统的很多限制。这种对变化的总态度在现代已经有了巨大改变，变化现在成了好的东西，意味着进步。要进步就必须变化。也许变化沿着各种方向，但必须变化。实际上，现代社会的变化速度非常快，比传统社会要快得多，而我们对它越来越持肯定态度，越来越习以为常。它不再是某种因不大了解而让人恐惧的、外在的东西。这种肯定态度，是现代社会很重要的文化特点。

对变化的态度的改变以及实际变化的步伐，还因各种社会之间的联系日益增长而加速。各种传统社会之间的联系很有限，而且限于社会中一小部分群体，而今天世界各社会之间都有联系，尤其是政治经济联系。联合国意味着世界上几乎所有社会在政治上都已走到一起。现代社会联系的加强，是通过旅行，并很大程度上通过报纸、广播、电视等媒介实现的。世界在某种意义上比从前小多了。

正如各个传统社会之间存在许多差别一样，各个现代社会之间也存在许多差别。30 多年前，关于现代化的研究刚刚起步的时候，曾有一种假定（或称为理论）认为，各种社会越现代化、越工业化，它们之间就越相似。虽然也存在差别，但很小。后来人们又提出著名的关于工业社会的“趋同”理论。然而，我们今天看到的却是复杂得多的画面。一方面，各个现代社会相互之间要比各个传统社会相互之间更相似。传统的印度与传统的中国的差别在许多方面比现代印度与现代中国的差别要大得多。几乎一切现代社会都有大城市、工业、实行普通教育、具有更大的流动性等特点。但如果因此认为现代社会完全一样，那是错误的。它们在许多方面相似，存在着许多相似的问题。然而，它们之间在组织方面、在处理这些问题的方式上存在着巨大差别。即使在存在许多相似之处的三个最工业化的社会即欧洲、美国和日本之间，在组织他们的工厂生产方面也存在很大差别。各个现代社会在发展经济的成功程度上，也有很大不同。第一次急剧的工业化，只发生在欧洲、美国和日本。对社会学研究而言，令人感兴趣的是了解这些差别。

我们怎样了解这些差别呢？我们怎样解释这些差别呢？这个问题包含着下述问题：这些社会还未变成现代社会即还是传统社会时的一些方面、一些特点是否会影响到它们变成现代社会的道路？

为了说明这个问题，让我们先回到分权化的问题上去。我曾谈过这样的事实：两个不集权化的传统社会，即欧洲和日本在工业化方面非常成功，在分权化的事实与其成功之间是否存在相关性？有人会说：有。但这一回答会面对这样一个难题：印度也不是集权化的，但它却没有取得那样的成功，这是为什么呢？传统社会中的宗教的性质确实对现代产生了影响。不过，今天，对印度、中国、日本、欧洲、美国和拉美现代的情况与以前的历史是否有某种联系这个很令人感兴趣的社会学问题，我限于时间不能展开论述。我们可以在下次讲课时讨论它。

在结束讲课之前，我还要讨论一下后现代问题。我不能肯定后现代社会已经存在。但无疑，在一些社会或者说在许多社会中，确实存在可以称为“后现代趋势”的东西。这些趋势与现代的趋势不同。在西方，你很容易看到这些趋势。世界其他地方也出现了其中一些趋势。

我们所说的“后现代”，不是指越来越反对传统，也不是指回到传统社会去。在许多方面，这种后现代性是现代社会的一些特点越来越得到发展，如更高度的职业分工和专业化、更丰富的多样性、更高的生活水平等。但它也存在一些有趣的结构和文化趋势。

先谈文化趋势。现在有许多书籍、文章论述后现代的生活方式和态度。它们与现代的生活方式和态度有什么不同呢？第一，对中心的态度。传统社会中，中心与外围之间存在巨大距离。在现代社会中，这种差距已大大缩小。但无论在传统社会还是在现代社会，中心都被看得非常重要。例如，最重要的社会运动——社会主义运动、民族运动，都将注意力集中于中心。他们要改变中心。今天，我们在欧洲、美国等社会中看到，人们已不再像传统社会和现代社会那样，集中关注中心。中心已不再像以往那样重要，人们已不再为中心而拼命争斗。例如，我们可以看到，一些新型的社会运动发动很多斗争，但他们并不与中心对抗。毋宁说，他们想要某种不同的东西，想要创造某种独立于中心的生活空间。他们从社会的角度来说还需要中心，因为他们需要钱和其他资源。但他们不想为中心所管理。他们不想变革中心，不想将其由资产阶级中心变为社会主义中心或社会民主中心。显然，这些都是脱离的思想和文化运动。在这些运动中，中心不再像在旧的运动中那样被看得非常重要。因此，这里也没有猛烈的旧类型的和现代类型的思想斗争。

后现代与现代的第二个很有趣的文化差别是对变化的态度。传统社会对变化持怀疑态度，现代社会对变化持肯定态度。而几乎在所有经过革命产生的现代社会中，人们在对变化持某种肯定态度的同时，都认为他们对变化向何处去已经有了明确的思想。这种情况与一些对变化的方向有某种想法的社会运动，如民族运动、社会主义、共产主义和社会民主运动等有关。后现代画面（我使用“画面”而不使用“社会”，是因为我不认为现在整个社会都已“后现代”化）中的情形怎样呢？在此，人们对变化仍持很肯定的态度，仍认为变化是积极的。然而，现在人们对向何方变化却缺乏明确的设想。人们认为变化可以有许多方式，一些人可能朝着这个方向，另一些人可能朝向那个方向，而并没有必要走到一起。

目前，后现代的趋势主要表现在文化和思想态度方面，而不具有纯粹的结构性。不过，也有一些有趣的结构变化。

第一种结构变化是对中心的态度的变化。在后现代画面中，新型社会运动、一切政治斗争、各种政治关系的意义都已经发生变化。不过，整个社会则还没有发生这样大的变化。毋宁说，现在人们正在创造不同的活动场所，以便社会的不同群体、部分能在这些场所中创造出自己的活动方式。

另一个重要的结构变化是在社会分化方面。在经典的现代社会中，存在着不同结构角色之间形成非常明确的界线的趋势。在工作和家庭之间、公共与私人之间、工作和闲暇之间、男人与女人之间和不同年龄群体之间都有明显的界线。无疑，后现代仍存在巨大的结构分化，但上述不同角色之间的界限变得更有弹性了。各种角色的结合得到了发展。这是在结构方面发生的最重要的后现代变化。

以上是一些后现代趋势。这些都只是趋势，还不是后现代社会。目前，已经有了一些以这些趋势为方向的运动。例如，在西欧建立了共同体，民族国家之间的界线已变得更有弹性。在第二次世界大战之后不久，人们从英国到法国旅行需要护照和签证，今天只要有某种身份证、驾驶证就足矣了。因此，许多旧的界限正在变化。虽然仍存在界限，但已经不再十分强大，而是已经具有大得多的弹性。也许，某种发展已经并正在改变社会的许多方面。

（选自《国外社会科学》1991 年第 12 期）

当代西方女性主义的主要派别

陈一筠

在纷繁复杂的西方女性主义思潮中，自由派（或称温和派）、马克思主义派、社会主义派和有色人种派都各有其影响。其中，马克思主义派、社会主义派和有色人种派在许多基本观点上有相似之处，而自由派和激进派则站在不同的立场上各执一说。各派内部又有不同的分支细流，因此，我们决不可将西方女性主义当作铁板一块，简单地给予肯定或否定的评判。

一　自由派的教育启蒙和“机会均等”思想

历史上最先用资产阶级自由平等思想来解释妇女问题的，是英国自由派妇女活动家 M. 沃斯通克拉夫特。她于 1972 年发表的《拥护女权主义宣言》成为西方妇女运动的号角。她运用了当时反封建制度的“人权宣言”原则，指出，两性之间的男性家长制权力关系就像主仆关系一样不公正。她宣称，男女两性在身体上的差异，不能成为否定妇女平等权利的依据；只有根据个人拥有的智慧和才能来决定其应当享受什么权利，才是合理的。她还指出，女人发挥其聪明才智的机会显然不如男人，这应归咎于她们在受教育方面的不利处境。因此，妇女地位低下是机会不均等的后果。此后，自由派女性主义基本上是以个人自由、独立、天赋人权以及理性对人的发展之重要性为依据来解释妇女解放的含义。她们说，女人同男人一样，生来就是平等的，两者都有发展与完善自己的无限潜力，只要有同等的机会，女人的智慧就能充分发挥出来。她们认为，男女角色与地位差异，是社会通过法律规章施加人为限制的结果，而这些法律规章是植根于男性的偏见之中的。因此，自由派把发扬理性、铲除愚昧和偏见作为妇女争取平等地位的首要任务，这就是要通过教育，启蒙全人类；认为通过学习和进步，将来的社会就比现在好。这方面的代表人物首推 J. 米尔。他在《论妇女的从属地位》一书中指出，两性差异是后天的社会化过程所致，而非先天的生理差异造成的，因而教育是消除不平等的根本途径。

1963 年出版的 B. 弗里丹的《女性奥秘》一书成为 20 世纪 60 年代以来的“新女性主义”宣言。她分析了传统男女角色分工的代价，着力描述了中产阶级白人妇女的生活、苦恼和希望。她的结论仍是妇女要抛弃传统的“女性气”，多受教育，学习专业技术，追求自我实现，而不要陷在专做妻子和母亲的狭隘圈子中。到了 70 年代，自由派将注意力更多地转向社会立法、政策和托儿设施等问题。当时的美国全国妇女组织（NOW）提出了一份“权利清单”，集中表达了中产阶级妇女的要求。其中包括修改宪法中的权利条款；通过法律强制取消对妇女就业的歧视；给就业母亲以生育假和福利保障；对工作母亲的育儿支出减税，建立托幼机构，妇女在教育和职业培训中的平等权，合法堕胎权等。

从自由派女性主义的种种宣言中，人们不难看出，他们并未在其关于“自由”的理想中提出革新政府的要求，也未在其关于“平等”的理想中提出废除财富和权力不平等的主张。由于官方的“合法性”始终被认可，因而官方制定的大多数不平等规章依旧被认为是“合法”的，自由派反对的至多不过是根据家庭、种族、性别决定人们社会与经济地位的那些法规。自由派的平等思想主要是以各种“机会均等”的主张表达出来的。

自由派对“两性劳动分工的起源”之类的历史问题兴趣不大，他们关心的是所有社会成员如何才能得到平等的对待这类现时问题。这是完全可以理解的，因为自由资产阶级是在封建社会末期成长起来的一股政治经济势力，他们日益强烈地感到那种地位世袭的封建秩序限制着他们的才能发展和地位升迁，因此要求与封建贵族一样享有受教育和训练的平等机遇，通过这种机遇去施展才能，从而获取财富、地位和权力。在自由派的平等思想形成之后，西方妇女就开始运用这一思想来指导其争取平等权利的运动。沃斯通克拉夫特的“机会均等”理想，得到自由派女性主义者的继承和发扬，迄今仍是西方白人妇女运动的一面旗帜。19世纪的自由派女性运动领导者泰勒和米尔，都把争取男女受教育机会均等作为其斗争的目标；当代的许多白人妇女，仍在运用机会均等的思想来反对各个领域的性别歧视。

自由派女性主义向传统观念的挑战，并不是要否定男女的生理差别，而是反对根据这种差别来为男女不平等进行辩护。自由派认为，男女两性在心理上的差异也许对其社会参与和政治地位有所影响，但这种心理差异并非天生的和不可改变的；相反，心理差别是社会灌输的而不是生理决定的。米尔等人说，即使两性在心理上的差别有其天然性，也要在待到受教育机会均等之后才能去考察。退一步说，即使两性天生的心理差异得到证实，也不能据此认为男女机会不均等是天经地义的，因为人与人是不同的，并非每个女人都可以被塞进“女性心理”的一般范型之中。他们还说，向两性提供平等的机会给社会带来的好处，远远超过社会为此付出的代价。

二 马克思主义的妇女解放观

随着无产阶级革命运动在世界范围内的兴起，资产阶级自由派的理想才受到了史无前例的挑战。马克思主义的历史唯物论，精辟地分析了妇女受压迫的根源及其历史演变，把妇女解放置于社会革命的广阔背景下加以探讨，第一次指出了全世界受压迫妇女争取解放的共同目标和道路。马克思主义的妇女解放思想，不仅指导了苏联东欧及中国妇女的解放运动，而且在西方妇女解放运动中也产生了广泛的影响。如今，西方的马克思主义女性学派和基本上以马克思主义思想为基础的社会主义女性学派，较之其他派别占有更重要的地位。他们正在联合西方和全世界的妇女理论家和妇女运动领导者，为实现社会主义的妇女解放思想而奋斗，从而成为国际妇女解放的光辉旗帜。

马克思在对自由派的所谓“机会均等”理想进行批判时指出：当财富和权力仍旧掌握在少数人手中，大多数人怎么可能有真正平等地发展其聪明才智的机会呢？在多数人生产的财富被少数人占有的阶级社会中，统治阶级追求利润这一点就决定了生活的一切方面，包括人们在什么条件下工作和受教育，甚至人际关系的性质也取决于获利的动机。马克思认为，这是对人性的贬抑。

马克思从社会组织的特定系统中去揭示妇女的命运，从而认为妇女受压迫是阶级压迫的起源和基础，是生产资料私有制的产物。马克思主义指出，当代的资本帝国主义是阶级压迫制度发展的最后阶段，是当代世界一切不平等和痛苦的根源；对阶级矛盾的认识是理解社会变革方向的关键。从这个角度说，妇女受压迫是第二位的不平等现象，是更为根本的社会不平等现实的一个征候；实际上，妇女不是被男人压迫，而是被资产阶级制度压迫，因而要想解放妇女，就必须推翻资本主义制度，并代之以社会主义制度。在社会主义制度下，生产资料重新归于全社会，包括男人和女人，妇女对男人的经济依赖将不复存在，从而消除妇女从属于男人的物质基础。一旦妇女在家庭中有了经济上的独立自主地位，那么对妇女的传统偏见就会失去其合理性；加上伴随社会革命而进行的“文化革命”，将最终根除私有制社会遗留下来的压迫妇女的观念和行为。马克思主义把统治和压迫视为建立在经济基础上的上层建筑，透彻地阐述了经济基础与上层建筑之间的辩证关系，从而指出了在社会经济变革之后，继续同压迫妇女、歧视妇女的思想观念作斗争的艰巨性和长期性。这些思想在后来列宁和蔡特金的著作中得到进一步的发挥。

三　激进女性主义的“女权”概念

60年代后期，随着社会生活中“反主流”浪潮的出现，各种激进的女性主义思想和行动也崭露头角。它们并无统一的目标和理论体系，也无稳定的组织机构。通观它们的某些著作，大致可看出这样一个特点，即所有激进女性思想都认为妇女受压迫是最基本的压迫，其解释各种各样。例如，（1）妇女是历史上最先受压迫的人群；（2）妇女受压迫存在的范围最广，实际上见于每个已知的社会；（3）妇女受压迫最为深重，即使阶级社会被废除，也无法改变和根绝妇女受压迫的命运；（4）妇女受压迫给其受害者带来的痛苦，无论从受害者人数上看，还是从受害者的后果上看，都是最严重的，可是由于性别偏见如此根深蒂固，以致受压迫者和压迫者常常都认识不到问题的严重性，这就更加可悲了；（5）妇女受压迫是其他一切压迫形式的范例，由此可见一斑。

S. 费尔斯通在1970年发表了《性的辩证法》一书，是激进女性主义者对妇女受压迫的现状及其根源问题做出系统解释的最初尝试。她的这本书特别引人注目的原因在于，书中否定了一般女性主义者不承认妇女处于从属地位的根源在于生物因素。与当代大多数女性主义者的观点相反，费尔斯通认为，妇女不由自主，其根本原因在于普天下共存的人类某些生物学事实。例如，婴儿需要漫长的养育期，其间不得不依赖成人的照料，尤其是需要母亲哺乳；而女人怀孕期间多半得靠男人的援助而生活。于是，费尔斯通在波及妇女解放时，就提出了“生物学革命”这一激进口号，认为开发一系列新技术可望解除妇女由于自然生理因素而形成的对男人的依附，这些新技术包括用奶瓶喂养婴儿，把孕育婴儿的过程移到子宫之外等等，因为孕育和哺育是女人不由自主的根源。乍看起来，费尔斯通的观点与生物决定论如出一辙，但是，由于她认定生物因素是可以被技术征服的，因而所得的结论大不相同。

另一位激进人物C. 邦奇不完全同意费尔斯通关于生物因素的分析，也不热衷于解释妇女受压迫的根源，但相信男人压迫女人是最根本的和最深重的压迫。她说，与男权统治相比，种族统治和阶级统治都是第二位的、间接的。因此，她不同意马克思主义关于解放社会才能解放妇女的观点，而是认为妇女的解放斗争必须直接针对男人的统治，为此，女人必须弃绝同男人之间的性关系，因为正是这种异性关系把女人们隔离开来，使她们落入其“压迫者”之手。

另一位著名的激进女性主义代表人物是法国的M. 威蒂格。她不仅认为“女人气”的心理特点是社会强加的，而且认为女人的身体特征也可以人为地改变。她说，女人并非生来就像个女人，女人的一切都不是“自然”的。当某些激进女权主义者大肆赞颂女人的特有天性时，威蒂格却反其道而行之，她说，妇女的真正解放既不止于自由派的男女机会均等理想，也不止于其他激进派的“女权”至上主张，而是要完全消除男人和女人的分类。在威蒂格构想的“新社会”中，只有“人”的概念，男人和女人的概念都将消失。

四 社会主义的女性主义

在马克思和恩格斯的历史唯物论基础上产生的西方社会主义或称新马克思主义女性主义思想，在承认社会生产方式对人性影响的同时，对生产方式的构成本身提出了补充性的见解。马克思主义把生产方式解释为人们为满足自己的衣食住行需求而组织生产和对产品进行分配的方式，而西方社会主义的女性主义则认为，这一概念在理解不同阶级男人或女人之间的阶级冲突时是很有意义的，但却难以用这一概念来解释同一阶级内部男人对女人的压迫；因此，他们就把马克思的生产方式概念扩大到不仅包括为满足衣食住行等物质需求而组织生产和分配产品的手段，而且包括为满足性需求、养儿育女需求而进行生活和活动的手段。于是，西方社会主义女性主义者就把私生活领域也作为妇女受压迫的一个重要领域来分析。在这方面，C. 卢宾提出的“性别体系”概念具有代表性。她说，女性受压迫的根源很大程度上要在性别体系中去寻找，例如亲属组织就是性别体系中妇女受压迫的一个链条。在亲属组织中，男性家长主宰着女人的命运，把消极的“女人气”强加于女儿，待女儿长大后则把她作为交换物，去与另一亲属群建立关系，从而扩大亲属网络。

卢宾还与那些完全否定弗洛伊德观点的女性主义者有所不同，她第一个运用弗洛伊德的理论来解释原本没有男女心理差异的婴幼儿怎样在后来的发展过程中形成了“男子气”和“女人气”，但她并不把这一过程视为对男女性器官差异的必然反应；相反，她指出，男孩和女孩都是在特定的社会环境中去发现和意识自己身体器官的含义的。在这个社会环境中，男人占主导地位，男人拥有阴茎这一点被赋予诸多的重要性。实际上，身体器官决定人的命运只能发生在以器官看人的那种可悲的环境中；而在一个无性别的歧视、两性平等的社会里，男女身体特征差异将变得无关紧要，人们的心理成长将不再受生理限制，那样一来，弗洛伊德的许多观点就会过时，他所精确描绘的那种男女有别的现实将发生根本的变化。

另一位社会主义女性学者是 H. 哈特曼，她与 A. 布里吉斯合写的《马克思主义与女性主义的不幸姻缘》一文，在 70 年代颇为流行。她既不完全赞成马克思主义的观点，也抨击激进派的思想。她说，传统马克思主义在划分阶级时忽视了每个阶级内部的性别不平等，因而用来解释妇女的从属地位时是不完全的；而激进派女性主义忽视阶级差异和缺乏历史的观点，也不利于认识妇女因其年龄、阶级、人种、民族和婚姻状况的不同而在经历和处境上所反映出的差异性。哈特曼主张从男人控制女人劳动这一意义上来重新定义男性家长制，因为男人在家庭内和家庭之外都控制着妇女的劳动。她在其著作中探讨了家长制与资本主义之间的微妙关系，认为妇女的处境正是由这种关系决定的。她说，男性家长制与资本主义制度是相互依存和相互强化的，因此妇女的解放既要求废除资本主义，也要求废除家长制。哈特曼自己也承认，社会主义女性主义理论目前还不够完美，有许多问题尚待准确地做出回答。

五 有色人种妇女的“三重压迫”观

在西方女性主义运动中，还有一支不可忽视的力量，那就是有色人种的妇女。她们受着男性家长制和白人至上的双重压迫，许多人还受到贫困的威胁。这些因素构成了有色人种妇女在认识上和行动上的某种独特性。她们并未采用任何单一理论构架，只是强调性别压迫与种族压迫的同在。有色人种的女性主义者们在其著作中总是提醒人们，过去的关于妇女处境的探讨，不过是反映了白种妇女，特别是中产阶级妇女的现实，指出当代西方女性运动带有明显的种族偏见和阶级偏见，它们反映的多半是白种妇女、中产阶级妇女和知识分子妇女的利益和要求。例如，当白人中产阶级妇女为安全与合法堕胎而斗争时，有色人种的妇女却在为无钱养育子女和被迫绝育而忧虑，她们所关心的是贫穷的劳动者阶级所关心的那些普遍问题。

有色妇女解放运动的代表人物之一是 E. 胡德，她写了一篇文章探讨白人和黑人妇女处境的异同。文中指出，虽然白人和黑人妇女同受男性家长制的统治，但白人妇女毕竟有许多靠自己的肤色和种族而享有的特权，这些特权甚至是男性黑人也望尘莫及的。因此，在种族压迫尚未消除之时，谈不上一切妇女共同的解放，并且，与性别压迫相比，种族压迫更为可悲，更具有灾难性。黑人妇女面临着反对双重压迫的任务，这使她们很难与白人中产阶级妇女站在一起。

1979年发表的《黑人女性主义宣言》，代表了黑人妇女的解放呼声。该宣言指出，黑人妇女受着种族、阶级和性别的三重压迫，前两种压迫使黑人妇女和黑种男人有着共同的利益。宣言还指出，抽象地谈论妇女解放，实际上掩盖着种族偏见与阶级偏见；黑人妇女解放的理论是最为客观地反映社会现实的理论，只有黑人妇女也获得了解放，整个社会才不再有压迫，就是说，黑人妇女的解放才是一切压迫人的制度解体的标志。

对于西方女性主义的派别及其主张，我们迄今还没有足够深入细致的研究，况且，其中一些派别尚在分化更迭之中，有的观点已经消失，有的派别互相渗透，呈现出一幅动态的图景。根据我个人的初步思考，提出下述几点看法供研究者们参考。

第一，西方资本主义社会制度下的阶级、社会集团及不同利益的存在，是一个基本事实；各个阶级的妇女遭遇不同、处境不同、利益不同、要求不同，必然反映在妇女运动的各种派别观点之中。只要社会的阶级差别继续存在，就不可能有统一的女性主义思想和妇女运动。因此，在分析西方的各种女性主义思潮时，应当探究它所代表的是哪一部分妇女的利益和要求。

第二，西方自由派一向代表在社会中占统治地位的资产阶级妇女的思想。她们是站在自己既得利益和特权的立场上来看待两性不平等现实的，并且由于她们受教育水平较高，拥有的经济资源、文化资源和宣传手段最多，她们中许多人靠丈夫或父母辈的财产生活，不必为生存而劳碌奔波，也就有充沛的精力和足够的时间去搞“运动”，因而有可能广泛宣传其主张。我们看到，自由派的组织最庞杂，出版物最多，声音最响亮。由于她们是在不触动社会制度根基的前提下去争女人的自由、平等、福利等等，因而对统治者和男性世界的威胁不大，还常常能得到政府及部分男性伙伴的支持。如果说西方世界的妇女在教育、就业、社会地位和参政等方面已享受到某些进步权利的话，那么首先的和最大限度获益的便是这一批妇女。

第三，西方社会中一部分知识妇女，包括一部分中产阶级妇女，由于受教育或更多地参与社会实践，确实接受了马克思主义的社会革命思想，她们能够站到本阶级圈子之外的高处去看世界，对阶级、种族、性别等各方面的不平等进行更为科学和严肃的思考，因而提出了社会主义妇女解放的种种主张，代表了社会历史的进步方向。她们与有色人种妇女结合，致力于改革社会。这一派女性主义者，人数还在不断增加，影响也在逐渐扩大。“社会主义”这面旗帜，如今已成了国际妇女运动的联络标志。可以预见，西方社会主义妇女运动的潮流，将会随着第三世界妇女运动的兴盛而进一步发展壮大。

第四，西方激进派女性主义在60—70年代确实有过明显的影响，但随着其主张在社会实践中的若干消极后果暴露出来，拥护者越来越少。激进派在家庭和性问题上的某些荒唐主张，不仅遭到西方“正统派”的坚决抵制，而且也使实践者饱尝苦果。最近几年来，西方妇女运动中出现了日趋强烈的两性共识、两性合作的呼声，可说是在抵消激进派的不良影响。80年代后期在西方兴起的“两性学”或“性别学”，是一个引人注目的新趋势，它向昔日的“妇女解放”观提出了挑战，把“男性的共同成长与解放”作为人类文明进步的最高目标，从而得到众多男性的认同和支持。

（选自《国外社会科学》1992年第5期）

女性主义社会研究述评

吴小英*

一　导言:社会研究的新视角

女性主义思潮的渗透和扩张是20世纪60年代以来西方思想界、文化界的一个不可忽视的现象。这种思潮以当代西方女权运动为社会政治基础，同时植根于西方反主流文化的土壤，它的影响力不仅体现在对千百年来习以为常的性别问题和性别观念的变革，而且体现在一种全新看待历史、社会、文化甚至知识传统的性别视角的出现，其直接结果是促成了一种崭新的跨学科研究领域和方法的形成，这就是女性研究（women's studies）或称女性主义研究（feminist studies）的兴起以及性别分析（gender analysis）方法的出现。

女性研究的主体是学院派女性主义（academic feminism）。研究内容在初期主要涉及妇女受压迫的状况以及性别不平等的根源分析，随后关注的主题不再局限于妇女问题或性别问题，而是转向对西方整个学术传统和知识模式进行重新审视，进而试图建立女性主义自己的知识模式和学术传统。作为女性研究基础的性别分析方法，主要来自女性主义关于性别问题的一个基本理念，即性别（gender）是一种文化构造和社会建制，它与纯粹生理意义上的性别（sex）之间并不存在必然的关联。性别

* 本文作者：吴小英，中国社会科学院社会学研究所。

文化代表着父权制的意识形态，因而渗透在所有的观念、制度和行为之中，成为构成西方文明和知识大厦的一个基点。因此性别分析成为社会研究一个不可或缺的新视角。

二　批判主流社会科学中的男性霸权

女性主义对社会科学的主要贡献是通过对传统社会科学模式的批评来完成的。女性主义认为，主流社会科学的规范模式是由男性创造和规定的，从其研究领域和对象、主题和内容、方法与结论等各方面来看，都是符合男性中心的价值体系，因此与父权制文化之间结成了内在的联盟。它过于注重男性所关注的领域和议题，忽视和排斥女性的经验和情感，使女人和女人的世界成为社会科学中无形的、看不见的东西。同时对于社会现象和人类行为的分析和解释，社会科学总体上站在男性的立场上，从维护现有社会秩序、权力体系和主流男性群体的利益出发，而不顾及女性作为边缘群体的感受和判断，因而充斥着男性霸权。

在社会科学研究中，女性以及与女性相关的议题通常被排除在外，或加以贬抑，女性经验的无形化、边缘化是一种普遍现象。由于社会行动被划分为公共领域和私人领域，并且前者被界定为男性的活动范围，后者被界定为女性的活动范围，因此社会科学以对与男性相联系的公共领域的研究为正统，忽略了社会生活中与女性相联系的所谓私人领域的研究。社会学家强调官方的、公共的行动者和行动，而将同样重要的私人的、支持性的、非正式的社会结构和行动研究排除在外，而这些往往是女人参与最频繁的领域。“结果，在社会科学中，我们不仅未能充分考察女人的活动，甚至歪曲了女人的活动，而且不能理解社会系统实际上是如何运行的，因为我们没有将其最基本的进程之一，即存在于非正式的、解释性的框架与正式的、官方的社会结构之间的相互作用这一因素考虑在内”①。

---

① Marcia Millman & Rosabeth M. Kanter，Introduction to Another Voice Feminist Perspectives on Social Life and Social Science，in*Feminism and Methodology*，ed. by Sandra Harding，Indiana University Press，1987，p. 32.

女性主义认为，男人和女人虽然生活在同一个物质世界中，但他们所生活的社会世界是截然不同的。社会对男人和女人的要求以及男人和女人对生活的感受都各不相同，如社会劳动分工制度将男女职业隔离开来，家庭生活也给男女安排了不同的角色等等。从这个意义上说，男人和女人并非是这个社会的平等参与者，因为社会性别作为一个重要变量起了关键的调节作用，而社会科学往往忽视这一点，把针对男性样本的研究发现概推到全体，漠视女人切身的领域与议题[①]。例如，关于“工作”的定义，往往局限于以男性为主的就业市场上的有酬劳动，而以女性为主的家务劳动既没有报酬，也就不算在“工作”之列。女人在家庭中作为家庭主妇所做的大量无偿工作，都被视为女人的一种“天职”不加过问，因而也就很少成为社会学、经济学等学科研究的正式议题。女性在家庭结构中的地位没有受以足够的关注，或者说，社会科学有关这一议题的研究是以扭曲的方式呈现出来的。

女性主义认为，社会科学中女性和女性经验的无形化，并不是研究对象和主题上的简单疏漏，而是因为社会科学从价值取向上看就是男性中心主义的（androcentric）。社会科学研究中公共领域与私人领域、理性与情感、男性与女性的划分依据是一种与性别隐喻（sexual mettaphor）相对应的意识形态，其中包含着男尊女卑的价值等级观念，有着深刻的文化基础。这种两分法的性别意识形态规定了男女之间差异的先天性和重要性，它将文化塑造的社会性别观念归之于男女之间的生理差别，从而确立了社会性别制度、角色分工、性别身份等存在的合理性，为男人在父权制社会中的支配地位和女人在家庭和社会中的压迫和从属地位提供了辩护。从这个意义上说，社会科学中的男性霸权是与社会生活和社会结构中的男性霸权相一致的。

女性主义社会学家多萝西·史密斯（Dorothy Smith）认为，社会学之所以无视女人和女人的经验，就是因为女性被视为情绪化的、非理性的，女人的经验被视为主观的、不真实的，因而不能作为构成知识的基础。社会学的知识必须建立在男性的所谓普遍经验的基础上，其勾画出的世

① Pamela Abbott & Claire Wallace，《女性主义观点的社会学》，台北：巨流文化出版社 1996 年版。

界恰恰是男人眼中被歪曲了的世界。因此在女人从自己的生活出发所发现和感受的经验与考察这一经验世界可用的概念和理论框架之间存在着严重的分离[①]。同时，由于男人和女人所处的两个世界以及作为知识构成的两种经验之间并不具有同等地位，男人构造的世界对于女人的生活世界来说具有某种权威作用，它构成了这个社会统治关系的基础。“那些使社会学受制于男人所支配的社会结构的制度，也就是那些让女人受困于被压迫境况的制度。因此要打开后一种锁链，就必须先解除前一种锁链”[②]。从这个意义上说，社会学不仅仅是一种意识形态，而且是用来证明这种意识形态的正当性并使之理性化的一种手段。男人对社会生活的理解与社会学所推崇的概念框架以及为统治所需的知识类型之间存在着一种不幸的契合，因此社会学是我们这个社会的统治实践的一部分，它在某种程度上已成为父权制社会中性别统治得以存在和延续的帮凶[③]。

三 关于社会研究方法与方法论的争论

对社会科学更加激进的批判，来自女性主义关于社会科学的范式、模型和研究方法的挑战。在社会科学研究中，实证主义一向是最强有力的研究传统，对社会事实的客观描述和对社会现象之间因果关系的探寻被视为社会研究的主要目标。为了使研究成果达到如自然科学那样的确定性与可靠性，社会科学越来越追求自然科学的研究程式与精确方法，因此主客分离、价值无涉的调查方法和定量分析技巧，成为社会科学中主流的和权威的模式。女性主义认为，这种研究模式将研究对象当作可操作的物，而不是当作有主体意识的人来研究。研究者将自己的目的和意愿强加于被研究者身上，这是一种“形同强奸的研究”[④]。它虽然力主

① Dorothy E. Smith, Women's Perspective as a Radical Critique of Sociology, in *Feminism and Methodology*, ed. by Sandra Harding, Indiana University Press, 1987.

② Dorothy E. Smith, Women's Perspective as a Radical Critique of Sociology, in *Feminism and Methodology*, ed. by Sandra Harding, Indiana University Press, 1987. , p. 86.

③ Dorothy E. Smith, Sociological Theory Methods of Writing Patriarchy, in *Feminism and Sociological Theory*, ed. by Ruth A. Wallace, Newbury Park: Sage Publications, 1989.

④ Pamela Abbott & Claire Wallace,《女性主义观点的社会学》，台北：巨流文化出版社 1996 年版，第 286 – 291 页。

追求所谓客观性，让研究者“不带任何偏见地”收集有关研究对象的事实材料和证据，但是正是由于观察者和对象之间的距离，使得观察者的价值偏好掩盖了对象所处的真实境况，使研究结果成为研究者的主观构造。因此社会科学的这种量化方法并非精确可靠，它实际上只是“男性方法”（male methods）的代名词。

尽管女性主义者并非完全反对社会科学中的定量研究，但是许多女性主义者更加推崇定性研究的方法，如参与观察、深度访谈、口述史的方法等等。因为这类研究方法更易于将研究者和研究对象置于平等的地位来考察，研究者和研究对象共同参与了整个过程，研究者将自己看成是被研究者中的一员，随时随地意识到自己的价值观念和态度情感对研究过程和结果的影响；而研究对象的主体意识和情感意愿也将通过这个过程体现出来，使研究者能够透过研究对象的眼光去理解这个世界，这样所得出的结果是研究者与研究对象互动的产物①。因此女性主义者并不否认研究过程的价值导向，他们认为社会科学研究强调价值中立的原则，偏爱问卷调查、统计分析等所谓“硬方法”，正反映了西方认识论中主体与客体、理性与情感、事实与价值、文化与自然、公共与私人、男性与女性相分离的二元论特征，所谓客观性无非是异性化的客观性而已。

在有关女性主义方法的讨论中，女性主义哲学家桑德拉·哈丁（Sandra Harding）首先将方法与方法论作了区分，指出方法是收集研究证据的技巧，而方法论是关于研究应该如何进行的理论。不存在什么独特的女性主义方法，女性主义研究的与众不同之处就在于它的方法论和知识论，其中包括三个方面的特征：（1）传统的社会科学以男性经验作为社会分析的起点，而女性主义研究运用女性经验作为社会分析的来源；（2）传统的社会研究是为男人服务的，而女性主义研究的目的就是为女人说话；（3）传统的社会科学研究中，研究者是与研究主题相分离的，而女性主义研究坚持将研究者与研究主题放在同一个批判的平面上，使得研究者“不再是一个无名而无形的权威的声音，而是一个有着具体的、特殊的欲

---

① Shulamit Reinharz, *Feminist Methods in Social Research*, Oxford University Press, 1992; Ann Oakley, Interviewing Women A Contradiction in Terms, in*Doing Feminist Research*, ed. by H. Roberts, London Routledge& Kegan Paul, 1981.

望和兴趣的、真实的、历史的人”①。

也就是说，女性主义者将社会性别作为一个重要变量引入社会科学的研究之中。性别在这里不仅作为研究者与被研究者的个人或群体的身份标志，而且作为社会的人受制度约束以及进行行为选择和价值评判的依据，因此性别以及它所包含的文化含义构成了女性主义社会分析的出发点和社会科学知识的来源。然而女性主义在方法论问题上并未形成统一的看法，而是存在着诸多的争论。主张男性和女性有不同的研究方法，因而必须由女性来做女人的研究，这种观点被称为“方法论上的分离主义”（methodological separatism）②。虽然分离主义者声称这并不意味着女性主义的理论家与实践家必须在所有方面与男人不同，也不指涉男性与女性在学术领域和研究活动方面必然存在分离，而只是表明了女性主义研究必须与女性保持一致的目的，但是分离主义还是被大多数女性主义者视为是一种误导，因为分离并不能确立女性独立于男性的主体地位。如果说现有的男性主流（malestream）社会学所主张的方法论分离主义在很大程度上忽略了来自女性立场的社会世界，那么过于强调女性立场的方法论分离主义则代表着与现有的所谓中性学科立场之间的一种新的分离。

哈丁等人则坚持所谓女性主义的立场论（feminist standpoint）观点，强调知识依赖于具体情境，依赖于它得以产生的条件，它内在地包含着研究者的主体意识、价值观、思维框架和认知假定。基于经验的知识并非是等效的，因为人们的生活世界和经验类型各不相同，而建立在女性经验和立场基础上的知识更加完善、更少歪曲。因为这种知识来自女性主义对妇女受压迫状况的深刻了解，来自“局外人”的眼光，来自对压迫的反抗。由于女人比男人更能清晰地看到存在于社会世界中的统治和压迫关系，她们企图以新的知识取代男人生产出来用于控制她们的歪曲的知识，因此女性主义立场论以一种不同于传统科学的“后续科学”

---

① Sandra Harding, Introduction Is There a Feminist Method? in*Feminism and Methodology. Social Science Issues*, ed. by Sandra Harding, Indiana University Press, 1987.

② Liz Stanley & Sue Wise, *Breaking Out*: *Feminist Consciousness and Feminist Research*, London: Rouledge & Kegan Paul, 1983.

（successor science）为目标[1]。他们宣称女性主义知识所呈现的世界将更接近于真实，也更好、更适当。这种知识的产生是与女性主义的政治斗争和伦理取向密切相关的，它本质上是一种实践的成果，而不是一种抽象的姿态。

四 构建女性主义的社会研究模式

女性主义揭示了男性主导的社会科学及其研究行为对女人和女人经验的排斥以及对社会现实的歪曲理解，他们希望建立自己的社会科学和社会研究模式。这种新的研究模式将以女性为焦点，由女性主义者来研究，并以造福于女性为特征。它将以消除男性中心主义和一切等级压迫形式为目标，对传统的社会研究议题和框架进行重新诠释，并试图创建新的议题和表达方式。

女性主义社会研究的模式总体上说可概括为三种基本取向：整合、分离与重构[2]。主张整合的女性主义者认为，主流社会科学中性别主义为主要缺陷，其原因在于以男性为主体的研究者对女性的忽略、排斥和歧视。因此需要在现有的社会研究中加入性别因素，纳入女人及与女人相关的议题，将女性经验作为重要的研究内容，以驱除性别偏见，更全面、真实地揭示现实世界的全貌。这种取向只对现有理论和研究作一些修正和补充，未能触及社会科学研究的根基，也未能建立女性主义自己的知识判断标准，因过于温和而遭到激进派的责难主张分离的女性主义者强调男人与女人、男性经验与女性经验、男性方法与女性方法之间的根本差异，将性别视为社会中的人首要的区分标准，认为有必要开发关于女人及由女人自己来研究的社会科学。女性主义社会研究是基于女性经验和女性的生活世界，因而它是与男性化社会科学相对立、相分离的，其认识论依据就是前面所说的“分离主义”。由于这种女性化的社会科学以两性分离为前提，势必进一步造成女人的边缘化，其结果不但难以确立

---

① Sandra Harding, *The Science Question in Feminism*, Cornist University Press, 1986.

② Pamela Abbott & Claire Wallace,《女性主义观点的社会学》，台北：巨流文化出版社 1996 年版。

女性主义研究的主体地位，而且因难以使用现有的男性研究成果而导致学科地位的边缘化。主张重构的女性主义者强调，女性主义社会研究不只是关于女人（of women）的研究，也不只是由女人来进行（by women）的研究，而且是为女人说话（for women）的研究。这种研究所需的不只是对现存社会研究和理论的修正和补充，而是对主流研究范式的整体变革。因为主流社会科学光靠修补已无济于事，必须挑战其整个基础、假定和通则，建构女性主义自己的研究范式和知识理论，才能真正消除主流社会科学中的男性霸权，使女人和女人经验在社会科学的图景中得以呈现，也才能真正服务于边缘群体的利益。

哈丁曾指出，女性主义研究最初的工作就是将女人加入男性中心主义的研究传统中。其研究对象包括三种候选人：一是女性社会科学家；二是活跃于社会科学所研究的公共生活领域的女性；三是成为男性统治的牺牲品的女性[①]。然而“整合”型的研究模式只能对主流社会科学作些皮毛性的修缮整治工作，而“分离”型的研究模式又可能导致自我孤立，因为女性主义研究还未能对主流研究的庞大传统造成实质性威胁，反而会令自己更加远离主流，使研究陷入尴尬境地。随着女性主义研究日渐成熟，越来越多的人选择对现有社会科学进行批判性重构这一模式。这种重构的基础依然来自独特的女性经验和女性立场。而其他一些非主流的社会科学研究模式，如现象社会学、符号互动论、民族方法学（ethnomethodology）、批判理论等为女性主义社会研究提供了可借鉴的分析工具。

多萝西·史密斯第一个明确提出了女性主义社会学就是为女人说话的社会学。这种社会学从女人的视角出发，强调对“日常生活世界”（everyday world）的研究。她认为了解一个社会的唯一方式就是从内部着手，因为我们永远无法外在于一个世界而了解它。社会学的研究不是构筑独立于具体情境的客观知识，而是必须以具体情境和经验立场作为研究的起点。“如果社会学无法避开情境化，那么社会学就应该将情境化作

① Sandra Harding, Introduction Is There a Feminist Method? in*Feminism and Methodology. Social Science Issues*, ed. by Sandra Harding, Indiana University Press, 1987.

为其研究的开端，并将它纳入社会学的方法策略和理论策略之中”[①]。在社会学研究中，观察者与观察对象、社会学家与研究主题之间构成了一种专门化的社会关系，这种关系在男性模式中是一种分离和控制的关系。女性主义不能将这种传统模式当作权威被动地接受，必须重构社会学中研究者与研究对象的关系，改变提问的方式，使研究对象作为同类主体的声音得以显现出来。“这种重构包括两个方面：首先是将社会学家置于她所在的具体情境之中，也就是置于她所了解或将要了解的行动的开端；其次是让社会学家来自日常生活世界的直接经验成为构成她的知识的主要基础”[②]。

女性主义社会学家莉兹·斯坦利（Liz Stanley）和苏伊·怀斯（Sue Wise）则认为，社会研究中作为研究者的成果所呈现的并非现实世界真正发生的事实，而是研究者根据自己的经验、以自己独特的方式构造并述说出来的故事。因为研究者必定以某种方式涉入了研究过程，其结果必然是与具体情境相关的，研究者的理解依赖于其个人或所属群体的知识结构、情感经验、意识形态等。这并不是说研究者的分析是个体主义的，或者说没有能力做出具有普遍性的判断，而是说：（1）所有的研究和理论都建立在研究者和理论家的经验基础上；（2）社会科学的一个关键问题是如何理解“主体间性”（intersubjectivity），即为何我们可以并能够与他人共享经验；（3）因为主体间性是可能的，我们所有人都对社会世界做出了理论描述，而这些理论描述是可以检验和反驳的。因此女性主义研究应该具备一种反省能力，应该相信我们身为女人的经验是具有知识效力的。“知识的适切性在于它是否可以让我们更加理解我们身为女人的处境，并提供我们自我解放的资源”[③]。

可以看出，女性主义研究和知识建构的一个基本前提，就是假定存在一个具有普遍意义的“女人”这个范畴，她们享有一套共同的经验，这些共同的女性经验不是来自她们作为女人的共同的生理事实，而是来

---

① Dorothy E. Smith, Women's Perspective as a Radical Critique of Sociology, in *Feminism and Methodology*, ed. by Sandra Harding, Indiana University Press, 1987, p. 91.

② Sandra Harding, *The Science Question in Feminism*, Cornist University Press, 1986.

③ Ann Oakley, Interviewing Women A Contradiction in Terms, in*Doing Feminist Research*, ed. by H. Roberts, London Routledge& Kegan Paul, 1981, p. 296.

自她们作为社会和男人的“他者”受压迫的共同经历。然而女性经验作为女性主义研究的基础和女性主义知识的来源受到了两方面的质疑：首先，后现代女性主义，特别是黑人女性主义首先对此提出了挑战。他们认为，女性受压迫的经历并不意味着她们享有共同的经验，比如黑人女性、同性恋女性与白人女性、异性恋女性之间显然存在很大差异，不同种族、阶级、民族、文化的女性具有各自不同的经验。女人的经验从本体论上看是支离破碎、纷繁复杂的，因此所谓共同的女性经验，实际上指的是中产阶级白人异性恋妇女的经验，以之为依据建构的女性主义知识和理论并不具有普遍性，因为它往往忽视、否认或歪曲地理解处在最边缘的“他者”女性的经验。其次，对经验的强调正是女性主义所批判的实证主义传统的一个基本特征，它本身带有很强的主观性和随意性。女性经验是一个变化的、复杂的、多元的概念，由于未加限定而难以捉摸。由于女性主义从未对女性经验以及男性经验与女性经验之间的关系进行充分的考察和定义，因此简单地肯定一方、否定另一方，其结果必然强化传统的两分法模式。

五 简短的结论

女性主义的社会研究是女性主义思潮向学术界进军的体现，也可视为社会科学界的一场性别革命。它一方面越来越走向学院化，另一方面从未将知识变革与妇女解放的政治目标相脱离。从知识论角度看，女性主义研究者都是不同程度的社会建构论者，强调知识、科学的社会建构性以及性别、女性的文化建构性；从学术取向上看，女性主义主张知识旨趣、伦理旨趣与政治旨趣的结合，强调女性主义研究的认识论策略与意识形态主张的一致性。因此，女性主义社会研究的学术性与政治性是不可分离的，这一特点决定了女性主义研究在知识领域的当今地位——边缘的而又具有恒久的生命力。

女性主义抨击主流社会科学中的男性霸权，批判社会研究中流行的价值无涉方法与方法论主张，并将其归咎于父权制文化所隐含的两分法的认识论图式，试图构建一种以女性经验为基础的女性主义的社会研究模式，对主流社会科学形成了强大的冲击力，然而对性别差异的文化夸张以及基于建构论的知识模式，使得女性主义终究无法绕出本质主义与相对主义这个怪圈。然而可以展望的是，人们无法再对知识、性别与权力之间的关系视而不见，这或许将成为女性主义社会研究继续存在和长足发展的合理基础。

（选自《国外社会科学》2000 年第 2 期）

全球化研究与社会学的范式转换

梁光严*

“全球化”是近年来国际国内使用频率越来越高的术语，自20世纪80年代中期以来，它以惊人的速度在世界上流行开来，人们普遍将全球化看作世纪之交发生的各种事件的世界历史背景，正如澳大利亚学者马尔科姆·沃特斯指出的，“就像后现代主义是80年代的概念一样，全球化是90年代的概念，是我们赖以理解人类社会向第三个千年过渡的关键概念”。从国外学术发展的趋势看，社会学乃至整个社会科学的发展都在跟上全球化的步伐，对整体世界的研究也越来越受到人们的重视，它日益“成为一个合法的知识对象”②。在西方，尤其是美国的大学纷纷建立跨学科性的“全球研究”和“跨国研究”机构，一些非政府组织和政府组织也从多个维度探讨全球化，包括探讨全球化的本质、后果和政策意义。

社会学，尤其是社会理论和宏观社会学，在研究全球化方面发挥着关键作用。这一方面是由于全球化是一个复杂、多维的过程，涉及经济、政治、文化等多种形式的社会行动或者像环境这样的社会活动场所。它的动因是多方面的，资本积累、技术革新、国际体系的动态和现代文化的某些特征都在促进全球化的复杂、多维性，要求我们从学科的角度对

* 本文作者：梁光严，中国社会科学院西欧所。

② L. Sklair, *Sociology of the Global System*, 2nd ed., Baltimore, M. D. John Hopkins University Press, 1995, p. 1.

它进行研究。而社会学，尤其是社会理论，在各门社会科学中发挥着某种整合和沟通作用。自帕森斯以来，现代性的多维性已经成为社会学理论家越来越多地坚持的观点，他们普遍倡导社会理论应采用多维的视角分析现代性①，而这样的视角正适合于研究和分析全球化。多维度的视角有助于打破学科划分造成的界限和壁垒，形成整体主义的研究方法。另一方面，社会学有着全球化研究可以利用的丰富资源。社会结构是社会学的核心主题之一，经济的、政治的和文化的活动都嵌入更广大的社会结构之中②。通过对跨国社会结构甚至全球社会结构的研究，人们可以了解各种跨国经济、政治和文化活动的社会背景。政治社会学，由于其在阶级、国家和社会结构、结构与动因以及社会总体性的不同维度之间的相互联系方面具有深刻洞察力，为我们研究全球化提供了重要的分析框架和解释手段。比较社会学和历史社会学，以其对国际发展过程的世界历史背景的重视及其对随时间和地点而异的社会变迁类型的提示，有助于我们理解不同历史时代之间的过渡。社会学的世界体系论，特别是其关于国际社会的发展由一种国际层面上的社会体系的扩展构成这种理论假定，是分析全球化的一个强大的宏观结构框架。

正由于社会学具有上述优势，因此到目前为止，社会学家处在全球化研究的前沿。正如安琪·胡格维特所说，“尽管当今‘关于全球化的咿呀学语’渗透到了所有社会科学学科，但可能这样说才是公平的：在使它（指全球化——本文作者注）具有严格的、前后一致的理论地位的努力中，社会学家已经处在前沿”；社会学家关于全球化的阐述，“有助于我们克服全球化对话中的局限，这些局限给经济学家和国际关系理论家带来了很多困扰”③。

一 社会学研究中的民族国家中心论范式

尽管社会学家在全球化研究方面取得了很大进展，许多学者承认全

① R. Robertson, *Globalization. Social Theory and Global Culture*, London Sage, 1992.

② M. Granovetter, Economic Action and Social Structure the Problem of Embeddedness, *American Journal of Sociology*, 91, 1985.

③ A. Hoogvelt, *Globalization and the Postcolonial World*, Londoii Macmillan, 1997, p. 116.

球化要求从根本上改变社会学研究范式的参照点，但实际情况仍然是，指导大多数社会学研究的分析框架仍然是民族国家中心论范式。即使一些社会学家的研究转向了全球化或跨国研究，他们通常不认为全球化是一种真正系统性的变化，或者说并不是一个大时代的开始。因此，对全球化的研究，是在某种民族国家中心论框架的束缚之下展开的。人们仍明确地或不由自主地将民族国家作为基本的分析单元，全球化研究被认为只不过是社会学比较研究的一个新阶段。

社会科学中的研究范式由特定的本体论假设和认识论原则构成，并体现为一套理论原则。最重要的是，它们对这些原则所适用的研究领域作出界定。社会学自19世纪中叶产生以来，长期处在民族国家中心论范式的影响之下。这种范式认为，人类组织为“社会”这样的实体，它们构成了人类生活的基本框架。不仅如此，人们往往将“社会”与“民族国家”联系在一起，认为民族国家是实行有效社会控制的场所，是社会变迁实际发生的舞台。社会的界限与国家的界限是同一的。或者说，每一个国家之下有一个社会，所谓社会变迁和发展，也就是国家的变迁和发展；各国在变化和发展过程中改变着自己的生产方式，走向现代化、工业化和都市化；在国界之内，各种因素是内部的，而在国界之外，各种因素是外部的。民族国家社会从逻辑上看是独立的实体，在统计方面可以将它们加以比较。

上述关于民族国家是人类生活基本框架的观念，对社会学产生了深刻的影响。特别是在20—30年代以后，随着国际关系学的兴起，社会学只关注社会内部问题的视角便巩固下来。在社会学与国际关系这门政治学的分支学科之间，逐渐形成了比较明确的学术分工。

战后，特别是50年代以后，由于新独立国家的发展问题提上议事日程，西方尤其是美国社会学界兴起了研究大规模社会转型的兴趣，现代化理论流行一时。现代化理论的主流，以民族国家为分析单元，并经常采用“比较研究”的方法。这些理论大多心照不宣地假定，新独立的国家将开始某种发展过程，这一过程最终将经历某些先进国家历史上曾走过的道路。它们“发展”或者说“现代化”的程度，可以量化为一些可以衡量的特征，如富裕程度、教育、职业、识字率和收入等等。通过这些方面的指标，可以对各民族国家进行比较。现代化理论与社会学的民族化、本土化趋势相结合，使民族国家中心论范式无论对发达国家社会学还是对发展中国家社会学都产生了主导性影响。

对社会学中的民族国家中心论范式的挑战，最初是由坚持依附论的学者发起的。依附论认为，先进国家目前不错的状况，很大程度上是由于它们与欠发达国家长期维持一种有利于已的关系。新独立国家已经处在一种结构上完全不同的国际环境之中，它们多半必须走与先进国家不同的发展道路并经历不同的阶段。依附论与现代化理论之间的争论越来越具有历史学性质。一些坚持依附论的学者进一步主张，存在着一系列基本的经济过程，它们决定着世界的不平衡发展。这些过程与民族国家范围的政治过程相结合，曾经产生并将继续维持发达国家的发达和欠发达国家的不发达。这样，原本两个不相关的学术领域——欧洲经济史与第三世界研究便联系起来了。沃勒斯坦明确论证了这种联系。他认为单一的资本主义世界经济（现代世界体系）从16世纪以来一直在发展，而且它的发展是现代社会变迁的推动力量。沃勒斯坦提出的世界体系论，是对社会学中的民族国家中心论范式的强有力挑战，他使社会学乃至其他社会科学学科的分析单元成为争论的问题，并用“历史体系”取代“社会”作为分析单元①。

但是，沃勒斯坦等人的世界体系论仍未能摆脱民族国家中心论范式的局限，国家间体系（inter-state system）在世界体系论中仍具有关键意义，世界体系理论的基本前提仍然是：“现代世界体系的关键政治制度是国家体系（或者说‘国际体系’）”②。沃勒斯坦认为，“资本主义世界经济的边界与某种由主权国家构成的国家间体系的边界相对应”，是该体系的构成特征③。大多数世界体系理论家强调，在世界体系中，民族国家是关键的行动者，它们在某种竞争性的国家间体系中运作。任何一个国家或地区在核心—半边缘—边缘中的移动，都以另一个国家或地区的反向移动为代价。这种观点建立在政治学传统现实主义观点之上，其哲学基

① I. Wallerstein, *Modern World System*, New York Academic Press, 1974.

② Christopher Chase-Dunn and Richard Rubinson, Cycles, Trends, and New Departures in World-system Development, in John W. Meyer and Michael T. Hannan (eds.), *National Development and the World System*, Chicago: University of Chicago Press, 1979, p. 277.

③ I. Wallerstein, World-systems Analysis. A Second Phase, in *Review*, 8, 1990, p. 289.

础仍然是霍布斯关于国际体系中的冲突和零和博弈性动态的自然状态观。在分析世界体系的动态时，世界体系论者不得不运用国家和地区性的参数来说明世界体系的动态。对于新的全球化趋势，他们只是通过修订世界体系论中关于国家间体系的观点来解释，而不认为全球化正在改变和超越民族国家体系本身。

二 民族国家中心论范式的局限性和范式转换

在全球化背景下，社会科学研究中的“民族国家分析框架”面临许多问题[①]。尽管社会学中不同的民族国家中心论范式有着不同的原则，但它们都以民族国家和国家间体系作为探索的领域或参照系，因而未能说明全球化带来的大量新情况。

80 年代中期以后的全球化趋势的一个突出特点是，人类社会的结构正在跨国化和全球化。很多迹象表明，全球经济正在侵蚀民族国家的物质基础。经济全球化为一个单一的全球社会的出现建构了物质基础。全球社会出现的标志是市民社会和政治过程的跨国化、社会生活的全球化和某种“全球文化”。按这种观点看，国家不再是从外部与一个更广大的体系联系在一起，而是从内部与一个单一的全球社会形态联系在一起。民族国家中心论范式描述事物的运动如何在特定系列的历史结构中发生。然而，民族国家本身并不是超历史的，它是生产社会阶级和领土的特定历史组合。社会结构的跨国化和全球化正在超越这种特定的组合，从而使宏观社会学、发展社会学以及更一般意义上的比较社会学的现存范式陷入困境。面对全球化，许多宏观社会学研究仍以国家为分析单元，将国家间的互动视为世界社会的主要动态，因而已经走到认知和解释的极限。围绕民族国家形成的概念，无法解释性质上属跨国性甚至全球性的现象。社会学缺乏探讨跨国现实和全球现实的语汇，人们继续依赖与民族国家相应的术语、概念和经验数据，使社会学全球化研究范式之间存在严重的不可通约性。因此，全球化要求实现某种认识论上的突破。作

---

① W. I. Robinson, Beyond Nation-state Paradigms Globalization, Sociology and the Challenges of Transnational Studies, in *Sociological Forum*, 13, 1998, p. 562.

为全球化研究的基础的社会科学方法和认识论假定，只有通过对当代现实中一系列关系进行理论概括才能形成，这样才能说明现存条件下潜藏的结构和历史运动。当然，这些关系并非不言而喻的。

在全球化研究中，这种认识论转换首先意味着社会学分析中区分表象（从民族国家分析框架中得出的民族国家性现象）与实质（跨国性、全球性的现象）。我们所看到的民族国家性的现象，可能事实上是跨国性和全球性的，我们需要从民族国家性的现象中解读出跨国性和全球性的实质。

以发展研究为例，传统的发展社会学明确地或不由自主地将发展视为民族国家性的现象。然而，全球化背景下复杂生产过程分散分布的特征，意味着发生在某个特定国家的实际生产活动并非一种民族国家性的活动。经济全球化显示，跨国资本往往根据各地的条件和各种时局考虑，在一个开放的全球经济中选择最佳区域和时间分布并重新分布其积累过程。跨国资本在特定空间方位找到的比较优势，从本质上看是依暂时条件而定。生产要素的极大流动性和金融资本的决定性作用表明，在一个开放的国度，看似国家发展战略和政策结局的东西，可能是流动性的跨国资本的一种后果。因此，我们在分析某个国家的发展战略、政策与其发展的结局之间的联系时，需要考虑资本的全球积累过程，这就要求超越民族国家分析框架。

全球化所带来的质变是作为社会组织主要形式的民族国家被其他形式取代。这一过程正在进行，但远未完成。资本的全球流动性和全世界经济资源向跨国资本集中，其首要后果是：与民族国家的直接权力相比较而言，资本的结构性权力大大增强。全球化是我们这个时代的主要动力，其中的关键趋势是跨国资本的地位处于上升状态。而另一方面，尽管民族国家体系的超越或者说被取代仍需要漫长的时期，但从长期的历史观点看，民族国家体系及其参照系无疑正处于衰退状态。新的跨国空间、全球空间正在侵蚀、取代作为社会生活场所的民族国家空间。社会结构方面的决定性正在由民族国家空间转向跨国空间和全球空间。社会结构的跨国化和全球化这种本体论的转换，显然要求进行某种认识论的转换。

三 社会学全球化研究的新方向

未来社会学关于全球化的研究，应当超越民族国家中心论范式，以多种跨国性和全球性现象和过程为主题。社会学对全球化研究的贡献，首先是对跨国社会结构和全球社会结构的研究，应当把这种结构作为这门学科的基本对象之一和全球体系中的关键变项。经济、阶级、政治过程、文化的跨国化和全球化，目前在世界范围发生的整合过程，是社会学研究全球化的“制高点”。其次，跨国性、全球性交往和网络对社会生活和形成单一全球空间意识的影响，也应当成为社会学研究的重要主题。学术上，社会学应当增强与其他学科的互动，特别是社会学的发展研究与政治学的国际关系研究之间，应当进行全面的沟通与合作，使新出现的全球化研究发展成更加一体化的跨学科研究领域。国际关系学者对世界政治经济研究的更新，会大大有助于社会学对全球化动态的理解。通过将社会学视角引入“地区研究”，也有助于说明全球化给作为全球体系的一部分的各地区所带来的变化。

（选自《国外社会科学》2000 年第 3 期）

社会学与社会建构论

苏国勋*

一 社会学与后实证主义

社会学自19世纪上半期从哲学母体中脱胎分化以来，基本上是沿着实证主义的传承发展的。在其早期命名人孔德那里，这门学科以自然科学为楷模，试图发现社会构成和变迁的某种普遍规律性，力求对社会达到客观性和真理性的认识，最终的目标是使社会研究成为一门科学，即“社会学”。可以说，社会学近两个世纪的发展历程基本上以实证主义为主线，其间虽然也曾受到新康德主义的“精神科学”（包括文化和价值）的有力排拒，引起过一次次关于这门学科性质的论辩，但这些对立的观点和视角始终没能改变社会学的初衷。尤其进入20世纪后，社会学的研究重心从欧洲大陆转移到北美后，美国社会学以其鲜明的实用性并以应用研究为主要方向把这门学科推向了新的发展阶段。美国社会学的几个研究中心代表了实证主义社会学所达到的最高成就：以拉扎斯菲尔德和默顿为代表的哥伦比亚大学在调查方法和统计技术上的探讨为社会学研究的规范化提供了标准；以R. 帕克为首的芝加哥大学在社会问题研究上的成就成为应用社会学的典范；而以帕森斯为核心的哈佛大学在理论上的建树，则把结构功能主义推上战后西方社会学方法论的主流地位。帕

* 本文作者：苏国勋，中国社会科学院社会学研究所研究员。

森斯学说具有大而无当的“巨型理论”（rand theory）性质，因而难以在经验上加以验证，但与传统经验主义相比，它在强调经验归纳的概括作用（与生物有机体类比，社会被视为系统）的同时，增加了演绎成分（文化作为价值的体现，对行动具有决定作用）的重要性，这就导致这一理论一方面带有“抽象的经验主义”（abstracted empiricism，米尔斯语）性质，另一方面又表现为整体论的功能主义（holistic functionalism）。概而言之，仍未脱实证主义窠臼。

20 世纪 70 年代以后，随着科学哲学中历史—社会学派的兴起，社会学实证主义受到了沉重打击。波佩尔、库恩、费耶阿本德等人阐发的“后实证主义”（post-positivism）思想导致了科学哲学中的革命，同时也对社会理论产生了重大影响。以库恩为代表的科学哲学中的历史—社会学派阐发了科学理论中的诠释学性质，这极大地鼓舞了社会科学家冲破实证主义的科学统一观、科学方法的整体性的樊篱；不再相信自然科学会提供出某种真理性知识或普遍性法则，以及能够从中产生普遍有效的解释和预测；人们转而相信科学获得巨大成就的秘诀与其说出自某种方法论的内在逻辑，毋宁说取决于科学的社会、文化、制度、组织等外在因素；过去被奉为圭臬的、高不可攀的科学性观念以及所涵括的客观性、合理性、真理性是科学本身不曾达到也不会达到的标准。这样一来，过去实证主义所孜孜以求的社会学之“科学”地位一下子被这种诠释学批判击溃了，以此为契机，社会学在其发展中迎来了后实证主义时代。

后实证主义在科学哲学中也被称为后经验主义，它是当代西方社会理论在科学哲学影响下出现的一股强劲思潮，其主要关注点是社会认识问题，试图在弥合传统的实证主义社会科学与理解的社会科学之间对立的基础上致力创建后实证主义方法论。后实证主义这一总称包括各种不同的取向，其中最重要的当属批判的理性主义（波佩尔、霍尔顿）、科学史—社会学派（库恩、拉卡托斯）和科学实在论等[①]。从发展沿革上看，后实证主义思潮大致经历了三个相互联系的时期。20 世纪 30—40 年代，

① J. Alexander, *Theoretical Logic in Sociology*, *Vol. I*, *Positivism*, *Presuppcsiticns and Current Controversies*, Londoin: Oxford, 1982.

西方社会科学共同体都强烈支持激进的实证主义科学观，把科学仅视为归纳和经验的实证的结果，强调在事实和价值之间做出严格的区分，主张科学只与事实相关而绝不涉及价值。50 年代后，开始转向后来被称为逻辑经验主义的立场，虽然承认了概念化和模型这样一些理论要素在科学认识上的重要性，也接受了“非观察性实体”的存在，但同时仍认为一切理论陈述都可以通过纯粹经验、实验的程序而得到证实或证伪。80 年代以后，后实证主义或后经验主义开始在社会理论中产生影响。在这一过程中，人们可以看到后实证主义的不同形式的表现。例如，一些人站在反实证主义立场上试图把判断的理性主义、哲学诠释学以及存在主义等个别观点结合起来，批判地重新考察实证主义社会科学的基本原理①。另有一些人把“后经验主义”的各种形式与逻辑经验论的批判联系起来，试图表明两者之间的承续性，以求在扩展古典实证主义方法论的立场上为理论知识的构成提出更为严谨的策略②。还有一些人基于实在论的科学哲学立场，借鉴历史唯物主义的个别原理，试图提出能延续自然主义方法论传统的“社会实在论”概念，以克服社会学实证主义和理解的社会学传统二者之间的极端和偏颇③。

虽然后实证主义思想在 60—70 年代甚至更早的 M. 波兰尼（《个人知识》，1958）、奎因（《从逻辑的观点看》，1953；《词与物》，1960）等人的著作中就已显现出端倪，但最具影响的论述当属库恩的《科学革命的结构》一书。库恩的基本观点认为，科学对事实的观察和说明总要通过现存的“范式”（paradigms）或理解的框架（framework of understanding）而展开。“范式是科学的构成要项……也是自然的构成要项”，因此，“范式对科学之持续发展的重要性，同于观察和实验”（库恩，1970/1985）。这样一来，他就把科学革命描绘成一种经验观察和先验范式之间互动的双向过程，直接击中了实证主义将感觉经验绝对化、理想化的要害，为后实证主义的科学观奠立了基石。库恩另外一个对社会科学产生重要影响的概念是“不可共量性”（incommensurability）。这是库恩考察科学史

---

① 可参见 R. S. Cohen, ed., *Epistemology, Methodology and the Social Science*, 1983。

② 可参见 D. Thomas, *Nationalism and Soial Science*, 1979。

③ 可参见 R. Keat, J. Uny, *Sodal Theory as Science*, 1975。

后得出的想法：即使在最严格、客观的物理学中仍然有相互冲突的物理世界。由此进一步引出了关于“不足以确定性”（underdetemination）的概念，它指涉的是这样一个问题：逻辑上可能的理论与经验材料并不一定相符合，因此，经验证据无法确定理论是否正确。人们还可以从费耶阿本德和后期维特根斯坦日常语言分析中找到类似的思想。不足以确定性中所蕴含的相对性成分导致一些人产生了更激进的想法：既然经验论据无法确定一种理论比其竞争对手更优越，那么诉诸社会因素解释即社会学解释就应该被认可。这后一种观点中所包含的对科学合理性的激进怀疑主义态度正是当代被称为“科学知识社会学”所坚持的主张，并使它与后实证主义中占主流地位的理性主义观点分道扬镳，走上一条激进的相对主义不归路。

二　社会建构论与知识社会学传承

“科学知识社会学”（Sociology of Scientific Knowledge，简称 SSK）是 20 世纪 70 年代最初在英国发展起来的一个科学社会学流派，其主要成员一部分来自爱丁堡大学科学研究部（Science Studies Unit of the University of Edinburgh），故被称为爱丁堡学派，代表人物有巴恩斯（B. Barnes）和布卢尔（D. Bloor）他们以对科学知识生产和增长的宏观解释策略——强纲领（strong programme）而著称；另外，科林斯（H. Collins）则以经验相对主义纲领而闻名；而拉图尔（B. Latour）、伍尔加（S. Woolgar）和林奇（M. Lynch）则主张对实验室的科学生产过程做微观的民族志研究。这几种取向共同构成了当代所谓对科学的社会研究（Social Studies of Scence）之主体，虽然在具体问题的认识上他们之间也有细微的差别，但他们的共同之处是反对后实证主义主流学派对科学权威地位的辩护，摒弃科学社会学在美国发展时期的默顿模式，强调要把知识社会学的原理推进到科学知识生产的关键部位，即与知识内容直接相关，而不只是像默顿学派那样仅仅研究影响科学发展的社会、文化等外部因素。他们对库恩关于范式的历史性和相对性思想作了更激进的解释，不仅把它引入对科学的解释，而且还进一步从中引出许多从不同侧面影响科学知识的稳定性和质疑科学理论的客观性的社会性因素，进而认为科学理论具有内在的诠释学性质。换言之，包括科学理论在内的一切知识的内容归根结底都由社会、文化因素的参与和作用而形成。被他们经常引用的那些社会性侧面有：社会关系、利益、共识（consensus）、习俗约定（conventions）、劝说（persuasion）、修辞（rhetoric）、权势网络（networks of power）、文字记载（literary inscription）等。这种对科学的合理性、客观性抱持的怀疑主义态度和相对主义立场构成了 SSK 的基本认识论前提。SSK 这种研究科学知识的方向或策略被称为“社会建构论”（social constructivism or constructionism）。

“社会建构论”作为 SSK 不同取向所共同具有的一种研究策略，从严格意义上讲，本来属于科学哲学范畴。但在发生发展过程中它却从主旨取向上与广义的社会学有着紧密的关联，在内容上与狭义的知识社会学和科学社会学发生了交织。故其影响并不限于哲学和社会理论，而且波及社会学和社会科学各分支学科①。

众所周知，社会学在其早期奠基人那里，具有很强的“社会决定论”色彩，强调研究人类一切活动要把社会性因素放在首位。社会性，如在迪尔凯姆那里，就像“物”一样是一种客观事实，因而具有客观实在性；它外在于人的意识具有普遍性，能支配人的行为，具有强制性。人们还可以通过他对社会学方法规则的论述看到迪尔凯姆思想中的社会实在论、整体论（社会整体大于部分之和，与个体主义相对立）、功能论（功能分析优于因果考察，拒斥各种形式的化约论）成分。迪尔凯姆早年在与莫斯做原始分类研究时就已经认为，应该从群体结构和群体关系中寻找思想范畴的起源，并且这些范畴也是随着社会组织的变迁而变化的②。这也是迪尔凯姆后来被称为“社会学主义”（sociologism）的缘由，这个思想传统在以后的知识社会学中得到了延续。例如，M. 舍勒在论述知识社会学的法则时写道：“全部知识的社会学本性以及所有各种思想形式、直观形式、认识形式的社会学本性，都是不容置疑的……人们用来获得知识的各种心理活动的‘形式’，从社会学角度来看都必然始终受到共同的制

---

① 参见 A. 温特《国际政治的社会理论》，秦亚青译，上海人民出版社，2000 年。该书是社会建构论观点的国际关系理论之代表作。

② ［法］迪尔凯姆、莫斯：《原始分类》，汲喆译，上海人民出版社 1901/2000 年版。

约，也就是说，受到社会结构的共同制约。”① 在此之前，马克思关于社会存在决定意识的论述以及把意识形态分析纳入特定历史时期的社会结构背景下，揭示出社会阶级和阶层分化与意识、意识形态具有内在联系，被认为是开启了知识社会学研究的先河。

处于形成过程中的知识社会学具有几个与本文论旨相关的特点。1. 主要侧重于哲学形而上领域的思考（舍勒把知识主要归结为哲学世界观——本体论和认识论问题，马克思则主要视为意识形态——思想体系），对知识做具体考察的可操作手段尚付阙如；2. 对知识的产生和发展问题的探讨尚有一些社会决定论味道；3. 在知识分类问题上多持二分法，即以数学、自然科学为一方的“精确科学”、形式科学和以宗教信仰、道德学说、“实践智慧”、文化事物为另一方的“精神科学”、文化科学。前者的对象是自然界事实，人必须把它当作被感知到的存在，故能不受主观性的影响。后者的对象是文化现象，它是人类本身活动的产物，必然会受到人的主观意愿、偏好和价值的干扰。这种情况到了 K. 曼海姆那里有了很大改观。曼氏的《意识形态与乌托邦》（1936）一书对知识社会学的确立和发展起到了重要作用。他成功地说明了意识形态和乌托邦不仅使人们的思考偏离了所观察的事物，而且使人们的注意力放到了本来被模糊和忽略的环境方面，他以这种方法从一般的理论阐述中为知识社会学的经验研究确立了有效的手段②。

曼海姆在知识分类上基本沿袭了传统的二分法，所不同的是，他从不在自然科学和文化科学之间作泾渭分明的区分，这导致了他看待知识有时会出现前后矛盾。“社会进程中的社会因素是否仅仅具有外表的重要性？它们是否只应被视为制约思想的根源或实际发展（即它们是否具有发生学关联）呢？抑或能渗透进具体的、特殊的论断的‘观点’之中呢？这也是我们将要试图回答的一个问题。一种思想的历史与社会起源，只是在它出现暂时的和社会的条件对其内容和形式没有影响时，才会与它的最终效力无关。如果情况果真如此，人类知识史上任何两个时期便只能根据这样一个事实进行区分：在较早时期某些事物还是未知的，某些

---

① ［德］舍勒：《知识社会学问题》，艾彦译，华夏出版社 1924/1999 年版。

② 参见 L. 沃斯为《意识形态与乌托邦》一书写的序言，商务印书馆，2000 年。

谬误仍然存在，这些谬误通过较后的知识完全得到纠正。这种较前时期不完全知识与较后时期完全知识之间的简单关系，在很大程度上适用于精确科学（尽管今日这种精确科学范畴结构的稳定性概念较之古典物理学的逻辑已受到极大的动摇）。然而，对文化科学史而言，较前阶段并不是如此简单地被较后阶段所取代，而且，也不那么容易证明较前的谬误后来得到了纠正，每个时代自有其全新的看法和其特殊的观点，因此每个时代均以新的视角来看待‘同一’事物。”①

曼海姆所说的适用于自然科学的“较前时期不完全知识与较后时期完全知识之间的简单关系”，实际上已经被后实证主义科学哲学所否定，无论是主流派还是非主流派现在都承认自然科学知识的增长并非积累的，而是革命的，因为过去的许多理论抑或“事实”都已在后来被推翻。按照曼海姆的逻辑，这是否意味着自然知识也像文化知识一样，具有历史的和社会的性质呢？从他后来的论述来看，显然这不是他的思想。例如，他曾写道：对于形式知识可以说，其内容不受个别主体及其历史一社会属性的影响对所有人都是完全可以理解的。但是，另一方面，有很宽阔的论题只对特定主体或者只在特定历史时期是可理解的，其内容要透过个人的意图才成为明了的。后来，默顿在论及知识的存在基础时也认为：“知识社会学的所有观点都认同的一个中心论点是，就思想不是被内在决定的情形而言，以及就思想的这一或那一方面能够从外在认知因素（extra-cognitive factors）中获得的情形而言，思想有其存在的基础。但是，这仅仅是形式上的认同，实际上有关存在基础的特质问题的理论是纷杂不同的。”默顿所说的“存在的基础”包括社会的基础（社会结构、制度、规范、组织等）和文化的基础（意识形态、宗教、习俗等）两个方面。他和他的弟子们所创立的科学社会学，主要研究思想亦即观念、知识与其社会基础的关系问题。科学社会学广义上虽然也属于知识社会学的一种，但其关注点在于作为一种社会建制（social institution）的科学之常规性（regularity）因素，如科学家共同体的社会组织、制度、规范、评价等与科学活动的互动作用，而波佩尔、奎因等后实证主义哲学家关注的是知识理论与经验材料的关系，都不涉及科学知识内容本身与社会因素是

① 曼海姆 1936/2000：276。

否有关的认识论问题。

与此不同的是，曼海姆的文化社会学（即知识社会学）研究知识与其文化基础的关系，重点考察社会理论与意识形态的关系问题。他与默顿两人同样从事“知识社会学”研究，在主旨追求上却表现出如此大的差异，究其根本是英美经验主义的科学取向与德国思辨哲学传统的精神取向使然。此外，两人的知识社会学却也具有一个共同点，那就是当论及促使知识变迁的动力时都笼统、含糊地指称有内在（理性）因素和外在（社会）因素在起作用，至于何种知识是由内在因素决定以及何种知识是由外在因素决定，则语焉不详。受这种思想影响，在知识社会学传统中就如何评价知识进步的合理性问题，一直存在着内在决定论和外在决定论的困惑。作为一种权宜或变通的办法，当人们想要说明为什么一名科学家或共同体相信某一自然科学理论时，那就会诉诸有效的证据理由；但当人们想要解释为什么某人会相信某种价值上可取的宗教信条、道德规约或其他社会学说时，这时证据的作用就显得微乎其微，甚至根本不成其为证据，于是自然而然地转而求助于导致当时人们做出这种理论选择的决定时正在起作用的社会因素。于是，在知识社会学中形成了一种沿袭已久的习惯：当涉及自然科学时，人们就关注导致知识增长的“证据理由”（evidencing reasons），而当论及社会科学之类的文化事物或“实践智慧”时，人们就会想到导致相信这些事物的社会原因（social causes）。显然，前者看重的是证据理由的有效性（validity），后者则关系到社会原因的可信性（credibility）。这种习焉不察的做法蔓延开来，进一步抬高了自然知识在人们心目中的地位，文化社会知识由于受到主观意识形态的干扰、玷污而蒙受轻视，二者之间呈现出一种不平等关系，其间的鸿沟几近不可逾越。

SSK 还可以在现象学社会学和常人方法学（ethnomethodology）中追寻其思想根源。胡塞尔的现象学哲学强调意识的主观能动作用，将客观对象（意向客体）的结构和性质归结为意识的主观建构。现象学致力于描述现象及意识中被建构的过程，它“悬搁”关于存在的信仰，亦即暂停对存在的判断，存而不论，试图把一切材料无论是实在的抑或非实在的都纳入现象学视野，以期克服启蒙理性所造成的欧洲科学危机。舒茨

(A. Schutz) 承续了现象学的传统，他特别阐发了“生活世界” (life world) 和“主体间性” (intersubjectivity) 概念，并把它们作为现象学社会学的核心范畴加以讨论。在舒茨看来，生活世界是按照人们的常识意义被加以理解、解释和建构起来的，而常识起源于人的社会性。社会行动者根据常识解释、界定情境，领会他人的意图和行动动机，实现主体间有效理解并协调行动，以达到把握社会世界的目的。伯格 (P. Berger) 和拉克曼 (T. Luckmann) 的《实在的社会建构》(1966) 一书延续了舒茨的现象学进路，强调对常识进行知识社会学分析可以加深理解社会实在的建构过程。在他们看来，社会实在可分为客观实在和主观实在，所谓“社会”也就是主观实在（意义）的客观化（外化）以及透过外化过程而建构出的互为主体性的常识世界。换言之，社会世界是通过思想、信念、知识等主观过程社会地建构出来的，这个建构的社会实在表面看来似乎是一种客观实在，但它除了由行动者及其角色构成的客观内容之外，还包含有由信仰体系加以合法化的各种制度等主观过程。从这个意义上说，习俗、规范、权力、知识和科学等都有其社会学起源，亦即都是社会地建构的。加芬克尔 (H. Garfinkel) 的《常人方法学研究》(1967) 提出了一种考察社会秩序的新视角，使原来为传统社会学理论所渲染的社会超验系统、复杂结构及其无所不在的强制力被一种在地性 (local)、偶然性、多元性的社会行动所取代，社会秩序正是在社会行动者的实践中被巧妙地建构——“孤立而又共享一种权宜性交往的人们如何一起共同建构、检验、保持、改变、使之合法化、质疑、界定一种秩序”。常人方法学揭示的正是这样一幅有关社会秩序被建构的普遍图景，即过去被宏观理论视而不见、习而不察的规则、过程和方法的秩序，正是在芸芸众生的日常生活的行动中按照常识推理逻辑建构出来的。循此思路，社会学理论无须把关注的焦点长时间地停留在社会体系这个庞然大物上，转向“反思着的”行动者个体实乃事所必然，并且这些个体也不再是这个社会“巨灵”及其有关理论所操控下的“文化木偶” (cultural dope)。

本文所要考察的社会建构论，它与现象学和常人方法学不同的是，在把这些观点应用于自然科学知识的同时，目的在于论证，不仅社会实在而且自然界实在同样也是社会地建构起来的。[①]

三 强纲领与弱纲领之争

科学知识社会学（SSK）的兴起，促使对科学的研究从“常规性”（regularity）向“社会建构性”（social construction）转变，突出表现在布卢尔关于强纲领（strong programme）的论述上。所谓“强纲领”是指比一般认为对科学史某个片断做出完整解释时社会因素应该受到重视的传统知识社会学观点更为激烈的一种主张，它对“社会因果性”（social causality）的辩护具有强烈的相对主义性质。按布卢尔的说法，强纲领包括四项原则：1. 因果性，指能导使信念（belief）或知识诸状态的条件都应该是因果性的；2. 无偏见性，指不论真或假，合理性或非合理性，成功或失败，都要公正地加以同样对待，这些相悖的两个方面都得到相同的证明；3. 对称性，指在说明的样式上要求是对称的，同样的原因应同时能解释真实的和虚假的信念；4. 反身性，指原则上它们的解释模式能够应用于社会学本身。布卢尔的强纲领向人们展示了一幅十分诱人的科学图景，在这幅图景中，科学似乎又回到了孔德的大一统时代，因为按照布卢尔的彻底因果性原则，社会学也应如自然科学一样致力于因果性说明；不仅如此，对称性又强调同样的原因可以解释真实的和虚假的信念，而公正性又保证了相悖的两个方面都可以得到证明。这样一来，在社会科学与自然科学相互关系上出现了一种新的不平等关系，似乎位于人类知识体系顶端占主导地位的不再是自然科学，而是社会科学。为此，布卢尔在《知识的社会意象》论述的开始，就大力指责无须对科学知识内容进行知识社会学分析的做法，强调全部科学都是社会学的合法领地，批评传统知识社会学家画地为牢、自我设限，完全背离了社会学立场。

“社会学家所关注的是纯粹作为一种自然现象的知识——包括科学知识……与把知识界定为真实的信念不同，对于社会学家来说，人们认为什么是知识，什么就是知识。它是由人们满怀信心地坚持，并以之作为

① ［美］科尔：《科学的制造——在自然界和社会之间》，林建成等译，上海人民出版社2001年版，第38页。

生活支柱的那些信念组成的。社会学家将特别关注那些被人类群体视为理所当然、被人类群体制度化或赋予了权威性的信念。

“对于相对主义者来说，把某些标准或信念看作有别于这种仅仅在局部地区被接受的标准和信念，因而认定前者具有真正的合理性，并没有什么意义。因为在他看来，并不存在与环境无关或超文化的合理性规范，因此他认为，以理性和非理性的方式持有的信念不会构成本质上不同的两类事物。它们并没有成为两种本质上不同的需要诉诸不同人类精神的东西，或者与实在有不同的联系，或者要根据不同的社会组织模式来决定它们的可信性……。因此，相对主义者的结论是，它们将以相对的方式得到解释。”①

强纲领关于知识的相对主义立场以及字里行间流露出的反实在论观点，与科学哲学和传统的知识社会学观点相去甚远，为此受到了以劳丹为代表的科学哲学家的强烈反驳。作为一名后实证主义者，劳丹对科学合理性的看法已经摆脱了实证主义科学观的绝对化、理想化模式，承认“科学半独立于神学和形而上学”的观点。他们自称自己持有的是一种“弱化的合理性和进步概念”，主张一种信念、知识或理论是否具有合理性只与它解决问题的能力相关，与真理、客观性并无必然联系。在他看来，科学史上有一些例子说明哲学、巫术、神学都曾提出和解决过一些问题，在这个意义上它们与科学并无本质差别。那种试图寻求科学与非科学本质差别的努力，不啻是一种乌托邦。在知识社会学与科学思想史之间的相互关系上，他提出了一个与传统理性主义者相比显然是“弱纲领”（weak programme）的建议：“当信念不能用它们的合理性来说明时，知识社会学才可以插手对信念的说明。”② 劳丹把这个建议称为“外合理性原则”（the aractionality principle），并强调这只是一个方法论原则，绝非一种形而上学学说，也不能由此得出“每当一个信念有充足理由予以说明时，它就不可能有社会原因”；而只是说，当一个信念有充足理由予以说明时，就没有必要再去寻找社会原因的说明，而且社会原因的说明

---

① J. Alexander, *Theoretical Logic in Sociology*, *Vol. I*, *Positivism*, *Presuppcsiticns and Current Controversies*, Londoin: Oxford, 1982, pp. 27 – 28.

② ［美］劳丹：《进步及其问题》，刘新民译，华夏出版社 1977 年版，第 207 页。

未必会更好。他对科学史上的实践活动和理论活动进行考察后又补充说，社会学分析应用于科学思想史必须等到发展出科学的理性史或智力史之后才有可能，同样，认知的知识社会学（cognitive sociology of knowledge）在通史中的出现也必须等到发展出某些全新的社会学分析工具和概念之后。在劳丹看来，这两个逻辑上在先的任务解决之前，任何断言科学知识的内容是由社会决定的提法只能是乌托邦式的空想。另一位科学哲学家牛顿－史密斯（Newton-Smith）据此得出结论说，在科学史研究中，社会学只用于反常（deviants）。

拉图尔等人则试图用“互为文本关系”（inter-textuality）取代因果关系。在他们看来，世界上的各种事物都是以一种绝对互动的方式相互关联着的，这意味着每一事物都是相关于每一个其他事物的。在一个如此纷繁复杂、变动不居、相互纠缠、杂乱无章的世界中，要想根据现象的起源或发生时间上的在先性确定因果性和可预测性以及由此假设存在着独立的外部实在，既无可能，也没意义，因为在完全没有作者、彼此只是“互为文本关系”当中，以致根本无法理出任何头绪来。“互为文本关系”取代因果分析包含了这样的思想：社会科学是人类的建构。它又与下述思想是等值的：社会科学建构了人类。因为利用社会科学研究技术必然要遵守它的科学“规则”，这样反过来，研究者是由研究事业“建构”的。在拉图尔看来，甚至像巴斯德氏杀菌法这样的科学程序也再造了社会的和理智的生活，因为细菌、病毒变成了离开实验室进入社会的社会行动者①。由此可见，法国的建构论者，如拉图尔等人，明显带有后现代主义趋向。

强纲领派的巴恩斯和布卢尔对劳丹等人的这一观点痛加挞伐，指出他们不公正地赋予科学知识以霸权地位的同时，极力贬低和矮化社会学是一门只研究“错误”的剩余学科；这一切足以表现出理性主义的独断和专横；与他们散布的相对主义是对理性、科学的一种威胁相反，作为对知识的一种科学理解形式，相对主义恰恰是人类学、制度史和思想史乃至认知心理学不可或缺的，理性主义才对知识和认知的科学理解构成

---

① ［美］波林·罗斯诺：《后现代主义与社会科学》，张国清译，上海译文出版社 1998 年版，第 167 页。

了真正的威胁。劳丹本人虽然不满意科学哲学和科学史学对科学合理性的僵化、绝对化的解释，他从实用主义立场出发要求用解决问题的能力亦即有效性取代与真理性的联系，但这毕竟是理性主义营垒内部的歧见。而强纲领的对称性原理主张无差别地看待和说明合理性的和非理性的、真实的和虚假的、正确的和错误的信念，则是釜底抽薪从根本上否定理性原则，实际上是一种去理性或反理性（derationality or antirationality）观点，这是劳丹所无法接受的。由此可见，强纲领与弱纲领之间在“对称性”和“外合理性原则”上的分歧实质上表达了在科学合理性上相对主义对理性主义的冲突。

四 社会建构论与社会工作

尽管社会建构论从产生之日起即在理论上存有很大争议，但是作为一种独特的社会研究视角，它对打破过去沿袭已久被视为理所当然的观点起到了振聋发聩的作用，其中尤应注意的是社会问题研究领域。

在以往的社会学教科书中，“社会问题”通常被定义为某种客观的、可被观察的客观状态或社会过程。关于社会问题的客观知识可以通过科学方法而获得，因而对社会问题的科学研究可以以社会状态为真实的状态来分析社会问题。一些社会学家把他们使用的假设当成把社会问题定义为可观察的社会状态的根据。例如，默顿认为，“社会问题存在于实然与人们思考的应然之间具有很大差异的时候”[①]。换言之，社会问题就像偏差行为（deviant behavior）一样，是由于文化上认同的目标同达成目标所使用的手段之间存有差距的结果。例如，在现代社会人们追求事业上的成功以获取较高经济收入和社会地位，这是在文化规范上得到允许的目标，而达成这一目标的合法手段往往要求受过良好教育，以便习得现代科技知识和服务社会的本领。但是由于人们的先天和后天条件的限制，每个人在达成目标可供选择的手段上是不平等的。有人无视这种由社会结构、社会力量造成的不平等，出于个人攫取财富的私欲，不惜采取非法途径，如造假欺骗、敲诈勒索、贩毒抢劫等手段敛财，于是造成犯罪

① ［美］斯梅尔瑟：《社会学》，陈光中等译，台北：桂冠图书公司1991年版。

等一系列社会问题。这种从目标（价值）与手段（机会）不一致解释失范（迪尔凯姆）、偏差（默顿）和社会问题是社会学的一个重要传统，它摆脱了前现代纯主观地把社会问题归于“罪”（宗教）、“恶”（伦理）或者“疾病”（生理—病理），而把对这种社会状态的研究描述为客观的分析，务求使关于社会问题的社会学成为一门客观的知识。

社会建构论的观点是对上述传统看待社会问题之方式的一种回应或替代方案。它把社会问题定义为“群体表达不满和要求尊重某些一致认定的条件的活动”[①]。在这个界定中，社会问题不再是某种应该加以研究和改正的客观情境，毋宁说是一种诠释过程，正是在这个诠释过程中，把诸如犯罪、贫困和无家可归等现象认定成应被视为压抑的、不可忍受的、不公正的条件。从这个角度上看，社会问题不再是某种特殊的、不公正的或不道德的状态，而是对被诠释为不公正和不道德的公认状态的界定或取向。换言之，社会问题是一种界定的社会过程。建构论刻意强调，社会问题的建构活动在立意上和取向上是一种修辞或措辞（rhetoric）、做出宣称（claim-making）的过程，亦即选用恰当语汇去名状某种特殊社会环境——给出名称（即取名）的过程。而这个过程是发生和持续在时刻变化着的、各式各样的周边情境之中的，建构论的社会问题社会学就是要“对做出宣称和回应活动的产生和持续作出说明”。这样说来，建构论就为关注社会问题是怎样被命名的，被建构出来的社会过程的社会学提供了理论和应用的基础。

这里，建构论的社会问题社会学表现出了几个特点。

首先从理论上看，“建构”是与维特根斯坦对语言游戏（language games）和生活形式（forms of life）的分析一脉相承的。实际上建构论的理论家 D. 布卢尔正是从研究维特根斯坦的日常语言分析开始其科学知识社会学论述的。[②] 按照维氏的观点，语言游戏是多样的、具体的并且在文化上共享的，它是行动者赖以组织情境和达到实践目的的手段。它可分为提出问题、讲述情节、给定秩序和描绘客体等方面，进而每一类语言

---

① J. Kitsuse & M. Specter, *Toward a Sociology of Social Problems*, 20, 1973, p. 415.

② D. Bloor, *Wittgenstein: A Social Theory of Knowledge*, London, 1994. Knowledge and Social Imagery, Chicago, 1983.

游戏与日常生活中的一种活动相互关联。正是在语言游戏与活动的相互关联中，行动者为赋予自己和他人行动以意义而建构社会情境脉络。因此，语言游戏亦即行为模式与行动者对此行为取向关系的表示。维特根斯坦把这些行为模式当作生活形式加以分析，认为它们是导致意义和意义产生的习惯性行为的基础。维氏以此反驳了把语言、意义和知识归结为个人意向之产物的个人主义（哲学）理论和心灵主义（心理学）理论。在他的分析中，显然意义和意向是社会地组织起来的，它们镶嵌在共享的语言和文化的联系中，从而把行动纳入有意义的模式，进而也就成为行动以及与之相关的心灵状态（亦即意向）能够表示意义的社会情境脉络。

社会建构论者借鉴了维氏对语言游戏和生活形式的分析，从理论上把它引入知识社会学研究，在实践上把它向常人方法学方面引导，成为一种激进的社会研究观点。常人方法学（ethnomethodology）研究人在生活世界中怎样凭借常识性实践、程序和资源得以认识相互可以理解的事物和行动，它注重本土发生和持续进行的实在的建构和保持的实践。具体到社会问题研究上，常人方法学强调行动者描述性地建构意义（包括意向）和赋予意义，并把它视为关注的焦点。它把社会研究者的说明性的实践行为纳入周边情境之中，这即是说，研究者本人就是他所置身于其中的情境的构成性方面。意义的建构和赋予是一个多面向的过程，同时涉及对事件、客体或者对正在思考着的问题的界定，同样也关涉到作出思考时所处的情境。再有，常人方法学重视对日常生活中那些被视为“理所当然的”或者“熟视无睹”方面的分析，这些方面有的涉及舒茨所说的“自然态度”的构成基础，有的涉及世俗性或常识性推理的依据，日常生活正是通过它们才得以组织起来。这些都与维特根斯坦对实践的假设以及对实践与意义建构、意义赋予相互联系的分析相关联的。

常人方法学应用于社会问题的方式，是分析把某些日常生活方面描述为社会问题的人，在做出宣称时他是怎样在特定情境脉络下与对象互动的以及怎样做出说明的。正是被互动双方用来进行分类的社会问题范畴，例如吸毒、卖淫、青少年犯罪等，以及被他们描述是有问题的境况—条件，被我们分析为社会建构。在这里，我们首先考虑的是，常人方法学取向的社会学研究在看待有条理地应用具体的社会问题称谓时所采用的手法或方式，是属于社会建构论式的。常人方法学取向的社会问题研究，多致力于描述分类概念所指称的具体例证的惯常做法，这种把社会问题的现实归结为惯常做法，把规范、法规、制度等公共说明结构与日常生活联系起来的形式，被称为社会问题工作（social problems work）。这是与以往人们所熟悉的结构功能论的社会问题概念完全不同的一种路向①。

西库列尔（A. Cicourel）对美国少年犯罪管理的研究给我们作出了一个很好的说明，他的《少年正义之社会组织》（1968）一书涉及对“少年犯罪”的划分过程的反思。这一研究分析了美国警察行为是怎样受到常识性的犯罪理论影响的。例如，警察对待出自破碎家庭的少年过失者要比对待来自稳定家庭的少年严厉得多。结果，许多来自破碎家庭的过失者更容易被警察逮捕，并以被捏造的罪名当作罪犯加以对待。这种实际做法反过来又以犯罪统计学的形式提供了具体的、有案可查的、可佐证常识理论的证据。因此，警察们的常识性理论自然也就成为生产和再生产他们自身行为的正当有力的证据②。这种反思性观点对于人们矫正以往的一些被视为理所当然、习焉不察的理论之作用是显而易见的。

在社会学史上，与建构论的社会问题理论相似的是标签理论（labeling theory）。贝克（Howard Becker）在《局外人》（*Outsiders*，1963）一书中不同意心理学和社会学对偏差行为的解释，他认为这两种解释忽视了偏差行为的政治层面的原因。他提出偏差行为实际上是由于社会上的强势群体有能力将“偏差者”的标签加诸弱势群体成员之上所致；一旦有人宣称规则被破坏，该弱势群体成员就会遭到制裁，尽管他的违规是假的。有时被标签者会偶犯过失，但并不认为自己是“偏差者”，则被称为初级偏差行为；倘被加以“偏差者”处置后，自己也渐渐地认为自己是“偏差者”则被称为次级偏差行为③。这就是所谓的“标签理论”。从中我们可以看到，在建构论之前，早已有人发现并尝试探讨过社会问题

① G. Miller & J. A. Holstein Reconsidering Social Constructionism, in *Reconsidering Social Constructionism: Debates in Social Problems Theory*, ed. by J. A. Holstein and Miller, NY, 1983, p. 15.

② A. V. Cicourei, *The Social Organization of Juvenile Justice*, NJ: Wiley, 1968.

③ ［美］斯梅尔瑟：《社会学》，陈光中等译，台北：桂冠图书公司 1991 年版，第 212—213 页。

本身固有的建构性。

比贝克更早的是默顿的"自我实现的预言"（self-fufilling prophecy）概念。尽管默顿早在1936年的一篇论文中就提出这一概念并在《社会理论与社会结构》（1949）一书中辟有专章加以论述，但在2000年他为《社会研究与社会政策》一书中译本所写的序言中仍作了比较详尽的介绍。在默顿看来，他在社会学上的贡献，一是《科学的规范结构》一文催生了科学社会学这门分支学科的问世；二是"自我实现的预言"概念揭示了人类社会活动的一个重要特征。"自我实现的预言"这个概念是以著名的托马斯定理为基础提出的，托马斯定理是关于"情境界定"的定理，其含义是说，如果人们把情境界定为真实的，那么其结果将成为真实的。"自我实现的预言"指一种虚假的期望、信念或预测，由于它使人们按所想象的情境去行动，结果最初虚假的东西变成了真实的结果①。这个概念现在已经得到普遍的接受，它对于深入理解当代的民族、种族、宗教关系以及社会偏见和性别歧视，具有重要的启发意义。因此不难看出，自我实现的预言、情境界定、标签理论与社会建构论在社会问题研究上走到了一起。所不同的是，社会建构论并不以社会现实、社会知识为限，它要把自己的全部主张一以贯之地推进到自然知识领域，由此引发了当代知识社会学的各种争论。

五 余论

社会建构论已成为当代社会科学中一种具有很大影响但也极具争议的思潮的统称。它包含有分属不同学科、源于不同流派、具有表面的亲和性但在内部又有重大差异的各种社会研究。从表现形式上至少有科学知识社会学、常人方法学（ethnomethodology）、科学的修辞研究（rhetorical studies of science）、符号人类学（symbolic anthropology）、女性主义理论（参见李银河，1999）和后结构主义文学理论等形式。从性质上看，社会建构论并非是一种知识的基本教义理论（a foundational theory of

① 默顿:《社会研究与社会政策》，林聚任等译，生活·读书·新知三联书店2001年版，第8页。

knowledge)，毋宁说它是科学领域中的一种反原教旨主义的对话。它的主要追求基于以下观点：社会生活对一切认识具有本体论在先性和认识论母本性（matrix）；一切知识立场有其内在固有的价值性和意识形态性；不同学科信念之间所形成的权力和特权分布是知识传播不可或缺的环境。

社会建构论的思想在社会学中源远流长，其主旨是社会学主义的题中应有之义，只不过最初它是从科学史和科学哲学争论中脱颖而出的，具有较多自然科学内容。在社会学中，科学知识社会学的兴起是其理论体现，在应用领域则以社会问题研究的视野不断扩展、内容不断深入得到说明。后者的核心命题——“建构社会问题”（constructing social problems）不但极大地改变了原来社会问题研究的视角，而且也为一门逐渐形成的社会问题社会学（sociology of social problems）的确立提供了理论—方法论基础。确实，“建构社会问题”的提出一语道出了整个社会建构论的精义，对我们重新反思科学与社会的关系也会大有裨益。

回顾刚刚走过的20世纪社会思想历程时，人们会发现一种十分奇特而又吊诡（paradoxes）的现象：一方面，科学在理论和应用两方面都取得了广泛而深刻的进展，不断强化了人类自启蒙运动以来对科学的乐观主义信念，科学在现代社会生活各领域取得了日益稳固的霸权地位；另一方面，自30年代法兰克福学派对现代科技及其实践的负面后果所做的“社会批判”以来，到当代社会建构论对科学信念本身以及进步观念的质疑和驳难，相对主义和怀疑主义的氛围愈益浓厚。相应地，在当代社会理论领域，一方面，伴随现代性伊始而诞生的传统科学观念，以及继之而起的、烙有早期欧洲贵族个体主义印记的实证主义精神，经过哲学和社会理论的各种批判和讨伐后，早已失去了往日的权威而逐渐式微；另一方面，在应用社会研究领域，科学仍被视为可以解决一切有关人类和社会的问题，客观性、合理性以及与之相关的科学规范、科学方法仍被当作追求有效性的不二法门。这种现代社会无处不在的悖谬现象，被韦伯从社会学上表述为目的—手段合理性/价值合理性（形式合理性/实质合理性）之间的矛盾，在康德哲学那里则表现为规范性原则/构成性原则（normative principle/constitutive principle）的对立，实质上，这是启蒙以降近代理性实验科学兴起后西方文化所崇尚的科学理性及其特有的经验分析进路所固有的内在矛盾性。它奉行的是一种“零和”游戏的逻辑——一方得分必须以另一方失分为前提，两方得分相加结果为零。

要克服西方文化这种原子论的、分散的、碎片式的思维方式所形成的科学与社会二元分立对决、非此即彼的思维误区，需借鉴东方文化在长期历史发展中所形成的文化综合思路。奉行一种“双赢”游戏的逻辑——参加游戏的双方是一种相互依存的关系，损益与共，一方得分也即是对方的得分。有时可能会有一些短期的损失，但长期利益是一致的。在全球化背景下正在形成的这种新型文化，强调合作高于竞争；它以对个性的赞美和对多样性的高度肯定正在冲淡工业社会对利润和权力的追逐；它强调人与人之间的沟通和联系、人与自然之间的融汇与和谐，并在这种融合中看到了人类世界和自然界中的多样性和统一性平衡的重要性。正如一位美国哲学家在反思当代科技文明时写的：“西方人典型地认为，科学—技术文化的实力和力量是实在的，而传统文化的精神和力量则不是实在的。然而，把武断的确定性归因于来自科学的任何概念是错误的——正如哲学家波佩尔所指出的那样，科学理论总是可以被改进的，但从来不是可以被证实的。对不确定性和证伪保持开放是当代科学事业的基本标志，也应该是科学事业所依据的世界观的标志。”①

作者表达的这种对科学理论的开放性立场，正是社会建构论赖以产生的土壤，也是它进一步发展的不可或缺的条件。

（选自《国外社会科学》2002 年第 1 期）

① ［美］拉兹洛（Laszlo E.）：《决定命运的选择：21 世纪的生存抉择》，李吟波等译，生活·读书·新知三联书店 1997 年版，第 125 页。

西方国际安全研究的社会学视角

——欧洲学派与美国学派比较探析

李格琴*

国际安全研究一直是西方国际政治研究的核心领域，早期的国际安全研究以世界战争、和平研究与国际战略研究为特色。冷战结束前后，随着社会建构主义国际政治理论越来越深远的影响，学者们对运用社会学理论与方法来解释国际安全现象产生了浓厚的兴趣，西方国际安全研究刮起了一股社会学转向的旋风。他们借鉴社会学理论与方法，超越传统的安全理论的本体论假设、研究对象与研究议程，形成了较有影响的欧洲学派与美国学派。中国学界陆续把一些新概念、新理论介绍到国内，并尝试着进行实证研究。然而截至目前，学界少有对西方国际安全的社会学视角研究进行整体梳理、分析与总结。为此，本文拟对欧洲学派与美国学派进行系统分析与比较研究，从中归纳出国际安全社会学视角研究的整体特征，并给予评价。

一　欧洲学派——国际安全研究社会学视角的先锋

欧洲的国际政治理论研究素有融合社会学、历史学、哲学理论的传

* 本文作者：李格琴，1977 年生，博士，中南财经政法大学人文学院政治学系讲师。

统。早期（20 世纪 50—70 年代）运用社会学理论与方法来研究国际政治的较有影响的代表人物均在欧洲，如北欧奥斯陆和平研究所的约翰·高尔图（John Galtung）、法国的雷蒙阿隆（Raymond Aron）以及英国学派的马丁·怀特（Martin Wight）和赫德利·布尔（Hedley Bull）。高尔图从国际社会的结构性特征入手探讨了国际冲突的形成，阿隆从历史社会学角度分析国际关系的社会特征与反社会特征。英国学派则聚焦于国际社会研究，他们指出，国际体系实质上就是共享规范的社会，而国际社会就是一种社会建构。

冷战结束前后，国际安全环境发生了重大变化，传统安全理论受到巨大冲击。欧洲学者抓住时机，运用社会学理论对传统的安全内涵进行解构，提出了比前辈更具挑战性和影响力的安全理论。最有代表性的是哥本哈根学派（Copenhagen School）与威尔士学派的批判安全研究（Critical Security Studies）。其中，哥本哈根学派以实力雄厚的研究队伍、丰富的研究成果成为欧洲新安全研究的中坚力量。

哥本哈根学派 1985 年形成于哥本哈根冲突与和平研究所，当时确立的研究主题就是欧洲非军事领域的安全问题。以 1997 年的《新安全论》和 2003 年的《地区与强权：国际安全结构》为标志，哥本哈根学派将欧洲安全研究的分析框架扩展到国际安全领域，其学术影响力日渐增强。

哥本哈根学派最具特色的研究在于他们对传统的安全内涵的社会性重构。在传统的安全观念中，安全就是军事安全，它的指涉对象是国家，国家安全意味着不受外来武力威胁的存在，这种存在是一种既定的状态。哥本哈根学派代表人物奥利·维夫（Ole Waver）则指出，传统军事领域的存在性威胁（existential threat）可以超出不同的安全领域和分析层次并使之发生变化，即存在性威胁不但存在于军事领域还可以存在于政治、经济、社会、环境等领域。他认为，安全是超越一切政治规则和政治结构的一种途径，实际上就是一种所有政治之上的特殊政治。这个意思是说，实际上不存在什么既定的安全，当某事物被认定为是一种存在性威胁，它就是一个安全问题，而并不局限于军事安全。

可见，维夫力图打破人们头脑中安全是既定的、客观存在的印象，通过安全议程在其他领域的扩大重构一种“主体间性（intersubjective）的安全”，即安全本质上是一种社会认知，“一个共享的、对某种威胁的集体反应和认识过程”。在维夫看来，安全是一种自我参照的实践，正是在（认知）实践中，某些问题变成了安全事务。维夫进一步指出，由主体之间的认知互动而形成的安全话语，经过渲染，一个问题以具有最高优先权而被提出，并被贴上了安全标签，这个过程就是安全化（securitization）。安全化过程将某些问题变成了一个安全事务，并通过打破规则来实施。这样，“不安全”不仅仅是因为存在真正的威胁，而是某些问题被认知为一种威胁。基于此，维夫将安全化形容为一种“言语一行为”（speech act）的过程。哥本哈根学派以国际行为主体的社会互动与共有认知（共享话语沩假设），提出了“主体间性安全”与“安全化”概念，因此具有社会性的特征。

哥本哈根学派的另一特色是在“主体间安全”内涵的基础上提出了著名的地区复合安全体理论。地区复合安全体理论早在20世纪80年代初由巴瑞·布赞（Barry Buzan）提出，主张从区域层次来研究安全行为体的彼此依赖与安全互动关系。90年代初布赞加入哥本哈根学派，他吸收了哥本哈根学派对安全内涵的社会性界定，实现了对古典复合安全理论的超越。

地区复合安全体理论的核心概念是地区安全复合体。布赞指出，安全的最佳分析层次不是国家层次，也不是全球层次，而是连接它们两者的地区层次。冷战结束后，两个超级大国全球层次的对抗格局瓦解，地区层次的安全力量表现活跃，地区安全现象引人注目。以地区为分析层次，既可以体现地理相连、文化相连的安全依赖性，又能反映国家内部、地区国家之间、地区之间、地区与全球性大国之间多层结构的互动，即国内—区域—区域间—全球4层互动的安全集合。

因此，布赞提出了以地区为聚焦点，以安全相互依存为前提的“安全复合体”定义：一组单元，它们的安全化、非安全化的主要进程或者这两者被紧密地联结在一起，其安全问题不能彼此分开，否则难以合理分析或解决。这种地区安全复合体的结构和动力，通常来自于复合体内各单元对安全的认知互动，也包括外部压力。布赞提出，地区复合安全体的基础结构有4个变量：边界、无政府结构、极与社会建构。布赞借鉴了新现实主义“极”的概念来说明区域安全复合体的物质结构基础，不过他更注重安全主体之间的社会建构，主张将无政府状态也纳入社会结构中来。他指出，地区安全主体的社会结构特征是从敌意到友善的模式，并以此为特征划分了三种地区安全形态：冲突形态—安全机制—安全共同体。这三种安全形态呈现出不同地区安全主体的不同互动与认知水平。

在欧洲，除了哥本哈根学派以外，威尔士学派的批判安全研究也是欧洲安全研究社会学视角的主体力量。批判安全研究（critical security studies）是冷战后以肯·布斯和理查德·魏恩·琼斯为代表的运用法兰克福批判社会理论进行的安全研究，也称威尔士学派。早在20世纪80年代，罗伯特·考克斯就将批判理论引入了国际安全研究领域但一直处于边缘地位。威尔士学派的批判安全研究在继承了考克斯犀利的批判风格之外，还清晰而系统地构建了解释冷战后世界安全主要问题的研究规划，弥补了批判理论“只破不立”的局限，因而获得了广泛的影响。

批判安全研究最鲜明的特色就是对传统安全研究国家中心主义的批判以及对军事安全议题的超越，转而以“个人的解放”作为其安全理论的核心。魏恩。琼斯指出：“就全球多数地区而言，国家非但没有培育可以实现稳定并创造繁荣的氛围，却成为其民众不安全的主要源泉。”这些不安全的因素包括贫困、环境破坏、人权限制等等。批判安全研究主张将安全指涉对象定位在个人身上，强调“人的安全”，而人的安全又以人的解放为终极追求。肯·布斯这样来阐述安全与解放的关系：“安全意味着威胁的消除。真正的安全只有通过人民和集体才能够获得。解放则是使个人与集团免于那些阻止他们完成自己自由选择的事业的物质上的和人为的束缚。……安全和解放是一个硬币的两面。解放，没有强权或指令，才是真正的安全。”

威尔士学派将安全内涵与价值锁定在“个人的解放”上，是一种前卫且具有创造力的安全观，充分显示了威尔士学派对国际安全的社会价值的诉求。把安全的边界扩展或者应该说还原到个人主体以此来区分被传统安全研究掩盖了的国家安全与个人安全在安全认知上的差异。国家安全往往关注边界的军事安全、政权体制的稳固等，而个体安全还关系到国际社会普通民众社会生活的存在性威胁，如失业、贫富分化、环境恶化、社会暴力、文化认同、人权问题等等，而这些都是传统安全研究忽视甚至排除在外的议题。威尔士学派的这种关注充分体现了社会批判的理论特色：安全的终极意义并非体现政治集团的状态和诉求，而是体现社会群体中个人的价值诉求。国家的安全必须与个人的安全诉求保持一致甚至为此服务。与哥本哈根学派把“非安全化”作为安全的终极价值目标一样，威尔士学派的安全研究始终有一种理想主义的情怀，虽然超前，但却反映了国际社会安全理念的进步。

综上所述，以哥本哈根学派、威尔士学派等为代表的欧洲学派，在国际安全研究上具有明显的社会学特征：他们都对安全内涵进行了社会学重构，体现安全价值的社会性诉求；他们运用社会学理论中的社会互动等理论，将国际安全研究拓展到一个多行为体、多层次、多安全议题的立体空间中。欧洲学派是西方国际安全研究社会学视角的先锋。

二 美国学派——制度化构成性规范下的国家安全

如果说欧洲学派是冷战后国际安全研究社会学视角的先锋，那么美国学派则是其有力的支援。20 世纪 90 年代末，美国成为国际政治新现实主义、新自由制度主义、社会建构主义三大流派激烈论战的主要阵地，以彼得·卡赞斯坦、江恩忆、迈克尔·巴奈特等人为代表的一批美国学者借鉴社会建构主义、社会学制度主义等理论，在国际安全领域开创了以“安全文化”“安全共同体”研究为特色的安全理论。1996 年卡赞斯坦主编发表的《国家安全的文化——世界政治中的规范与认同》，收集了大批从文化与规范角度探讨国家安全的论文，引起学界的强烈反响。以卡赞斯坦为代表的美国学派的安全研究的社会学视角体现了以下三方面的特色。

其一，突出以国际文化环境为基础的国家安全。在《国家安全的文化——世界政治的规范与认同》一书中，卡赞斯坦等学者指出了其安全分析视角不同于传统安全研究的两点理论假设：第一，国家的安全环境（国际和国内）主要是文化的和制度的，而不仅仅是物质的；第二，国际文化环境不仅影响不同类型国家行为的动机，而且影响国家的基本特征，即国家认同。他们认为，国际文化环境是影响国家安全认同，继而影响国家安全政策与利益的决定性因素。那么国际文化环境如何构成？作者认为至少包括三个层次的要素：第一层是正式的制度或安全机制，如北约、欧安组织等一些国际组织；第二层是世界政治文化的存在，包括主权原则、国际法、国家独立地位的规范、专业咨询网络制定的标准化社会以及由大赦国际、绿色和平组织等国际社会运动形成的跨国政治话语（transnational political discourse）；最后一层是敌—友特征的国际政治文化模式。这是一个从正式机制到非正式规范再到深层文化模式的完整结构，包含了正式的安全机制与非正式的文化观念的国际文化环境是决定国家安全认同的因变量。

其二，制度化构成性规范（认同）是国际（国内）文化环境的核心要素。基于社会学意义的理解卡赞斯坦把“文化”看成是受习俗与法律承载的表现国家认同的集体模式，它包括一整套评估标准（如规范与价值）和一整套认知标准（如规则与模式）。在美国学派看来，文化环境中最核心的要素就是规范。规范是有特定认同的行为者适当行为的共同期望。规范通常分为两种，一种是规则性规范（regulatory norms），规定和协调行为者的行为；另一种是构成性规范（constitutive norms）影响和塑造行为体的认同。美国学派指出，自由主义流派比较重视规则性规范，把它称为偏好，却忽视了构成性规范，而恰恰是后者塑造行为体的认同。美国学派非常重视塑造认同的构成性规范，甚至把规范与认同等同起来。卡赞斯坦就曾说过，规范就是社会的集体认同。两种规范，一个规定行为，一个塑造认同，美国学派显然以后者作为自我的理论语境。

除了强调规范背后的社会认同特征，美国学派还突出规范的制度性。“制度化的规范塑造了日本的安全政策，它们使确定行为体认同和行为标准的内容具体化。制度化规范塑造了政治行为体在这个充满不确定选择的世界上所追求的利益”。“制度化的规范在国家和社会的不同部分之间创造出稳定和一致性，而没有制度化规范的存在，这种稳定和一致性也不会存在”。可见，美国学派把制度化构成性规范作为国际（国内）文化环境的核心要素，在塑造国家行为体认同、利益与安全政策方面起着核心作用。

其三，强调文化环境、规范认同、国家利益、安全政策的互构。文化环境与规范认同塑造了国家利益、安全政策，反之国家利益与政策行为也会影响环境结构与认同。美国学派试图揭示各个要素之间的互动关系，而不是单线指向。在由杰佩森、温特、卡赞斯坦联合撰写的《规范、认同与国家安全》一文中，作者这样描述它们之间复杂的互动关系：全球或国内环境的文化或制度要素即规范形成了国家认同；国家认同的变化影响国家安全利益与政策的形成；国家认同的结构影响跨国家规范的结构；国家政策也会复制和重塑文化和制度机构。

总的来说，以卡赞斯坦为代表的美国学派将传统安全研究所忽视的国际（国内）文化环境对国家行为的塑造作为其理论的假设前提，而"制度化构成性规范"作为文化环境的核心要素则成为他们诠释国际安全现象的关键变量。美国学派运用社会学中规范、文化、认同概念以及社会互动而将国家安全利益与制度化规范和认同紧密结合，为国家安全研究提供了一个新的视角。

与欧洲学派相比，美国学派展现了不同的研究特色。

其一，核心概念体系不同。欧洲学派对安全内涵进行社会学重构，形成了以主体间安全、安全化、非安全化、地区安全复合体等创新概念为核心的理论体系；美国学派则直接借用构成性规范、制度化、认同等已有的社会学分析变量作为其展开论述的核心概念基础。

其二，研究路径各具特色。欧洲学派侧重从行动者出发来揭示主体间安全的认知与观念性意义，他们引入语言—行为分析模式来说明行动者之间的安全话语，特别是形成共享的话语对他们辨认存在性威胁，确立安全指涉对象和安全议程的决定性作用；美国学者则习惯从国际文化结构出发，突出国际和国内文化环境中的正式、非正式规范对国家安全利益与安全政策的塑造，即结构对行动者的塑造。

其三，分析层次、研究议程各异。欧洲学派是典型的新安全研究的拓展派，他们极力延伸安全指涉对象（个人、国家、地区、全球）扩展安全研究层次（国内、区域、区域间、全球）深化安全研究议题（军事、政治、社会、环境、文化）试图建构全新的立体安全观；而美国学派则主要以国家为安全指涉对象，安全议程也集中于武器扩散、军事干预、联盟行为、国内军警体制等传统的安全议程。他们与传统的安全研究（包括新现实主义与新自由主义）保持良好的对话关系，试图架构传统的安全理论与反思主义之间的桥梁，走中间道路。

美国学派与欧洲学派在国际安全研究核心概念、研究议程上的差异恰好反映了国际政治学界美国视角与欧洲视角的不同：在美国，其主流新现实主义、新自由制度主义的国际政治研究都崇尚科学实证主义认识论，美国学派也受其影响，作了一些在武器扩散、军事干预、联盟行为等方面的实证研究以证明其理论的科学性。美国学派一方面从本体论上对主流理论进行批判与重构，另一方面也试图在指涉对象与研究议程上与主流保持一致，以求达到靠近主流与其对话的效果。欧洲学者受社会学、哲学等学科的深刻影响，善于反思，习惯于用诠释的方法从行动者自身来理解行动的意义。由于身处欧洲一体化的发展潮流中，其理论的价值诉求也比较超前。

三 西方国际安全研究社会学视角的整体特征

虽然美国学派和欧洲学派的研究特色、内容侧重点有所不同，但他们的学术成果集中反映了冷战后西方国际安全研究社会学视角的整体特征。在充分挖掘美国学派与欧洲学派理论内核的基础上，我们对其社会学视角的整体特征进行归纳。

首先，国际安全研究的社会学视角是以“社会实在”为本体论基础的。在社会学理论中，社会实在与物质实在相对，通常是指透过外化过程建构的互为主体间的社会世界。它既包括行动者及其角色构成的客观实在，也包括共享价值、信仰体系与合法化制度的主观过程。社会实在与物质实在最大的区别就是物质实在是纯粹客观性的，没有意义共享，而社会实在的社会世界是主体间性的，即使有客观存在，也是主体间共享的存在。对于国际关系学科来说，本体论问题就是弄清楚“国际关系到底是什么”的根本问题。国际关系社会建构主义流派认为，国际关系就是一种社会实在，国际行为体在互动实践中构建具有共享认知、正式与非正式规范的主体间国际社会。温特曾指出，共有观念是构成国际社会的核心要素。由此可见，社会建构主义以社会实在为本体论。

在国际安全社会学视角研究中，无论是欧洲学派还是美国学派都以社会实在为本体论基础。欧洲学派在对安全、安全化、社会安全、人的安全等概念的界定中，始终贯穿着一个核心假设，即安全不是既定的，而是被认知的，是一种主体间的安全。哥本哈根学派甚至强调，被称为“安全事务”的问题，并不一定就存在着真正的威胁，而是人们的一种社会认定，被认定的过程就是安全化的过程。在欧洲学派看来，安全是一种互动的社会建构，而安全化过程其实就是国际安全社会化的过程。即使布赞在提出地区安全复合体的基本结构时，将物质权力结构作为其中的变量之一，但他也补充说明，物质结构也是社会建构的一部分，其社会实在本体论的内核并未改变。

美国学派在论述其重要概念“国际文化环境”以及“制度化规范”时也体现了其社会实在本体论的特征。他们指出，国家安全的行为与利益始终被嵌入国际文化环境之中，对它的考虑不能脱离这个环境，主要是以制度化、塑造认同的规范构成的国际安全环境建构了不同的安全机制，而机制塑造了国家安全利益与行为。

在国际政治研究领域运用社会学方法进行理论建设并不局限于社会建构主义流派，新现实主义的沃尔兹曾借鉴社会学家涂尔干的机械社会与有机社会的概念来论述其国际社会主要是机械社会的观点。吉尔平在研究世界政治体系的变动机制时运用过帕森斯的社会行动理论模型。新自由制度主义的基欧汉与奈提出的“复合相互依赖”概念也具有社会性特征。然而，他们最终以物质主义、理性主义为本体论假设，这使他们与社会学视角的研究拉开了距离，而以社会实在为本体论假设才是国际安全研究社会学视角的基础特征。

其次，西方国际安全研究的社会学视角是以结构—行动者的社会互动为研究路径的。结构与行动者是社会学研究社会行为的两个重要变量。是社会结构还是行动者决定社会行为，这是一个长期存在争议的问题。提出结构化理论（structuration theory）的著名社会学家安东尼·吉登斯（Anthony Giddens）认为，社会结构是行动者互动实践的结果，但结构一旦形成，就会对行动者的行为产生制约，甚至塑造行动者的身份与利益。结构化理论对主观主义与客观主义两种观点都进行了批驳。主观主义认为社会行为不受社会结构制约，仅是行动者主观想象的随意结果，而客观主义则认定社会结构中的习惯、规则、规范都是既定的和先验的，身处其中的行动者只能被动适应，调整自己的行为。结构化理论指出，结构与行动者是同一硬币的两面，两者相互依存，互为因果，共同解释社会行为。

社会学的结构化理论给国际政治的社会学研究以深刻启发，温特曾运用结构化理论论述国际行为体之间的互动以及国际社会结构与行为体之间的互构关系。在国际安全社会学视角研究中，欧洲学派与美国学派虽然对结构与行动者两个路径各有侧重，但他们并没有把某一面的作用绝对化，而是承认两者的互动关系。欧洲学派强调行动者对安全的主体间认知，但也在其地区安全复合体理论中突出了地区安全文化规范对地区安全行为体的影响和塑造。美国学派强调国际（国内）安全结构的制度化规范对行动者的塑造，同时也突出了行动者的集体认同对规范扩散的影响。

由此可见，社会学视角的国际安全研究把安全行为看作是一种复杂的社会行为，其中安全行为体之间的互动实践形成了主体间意义，并成为构建安全结构特征的基础，而安全结构一旦形成，又会反过来对身处其中的行为体产生影响，甚至塑造行为体的身份和利益追求取向。这是一个结构和行动者相互交融、互为因果的动态过程。

再次，国际安全的社会学研究大量引用或改造社会学的词汇来建构自身的概念系统。除了本体论与研究路径的社会学特征以外，欧洲学派与美国学派的概念系统也充分体现了其社会学色彩。欧洲学派主要运用主体间性、认知安全、社会互动、语言—行为、意义共享、安全相互依存、安全共同体、集体认同、存在性威胁、敌友模式等词汇来说明冷战后国际安全的特征与动力，并自创社会安全、社会不安全、安全化、非安全化等概念来颠覆传统的安全观念，形成自己独树一帜的研究风格。美国学派习惯借鉴与结构、规范相关的社会学词汇，如国际文化环境、国际文化结构、嵌入性、社会化、制度化、规则性规范与构成性规范、内化、身份认同、角色扮演、社会学习、偏好转变等，试图论证结构性规范与国家行为偏好、身份、利益之间的构成性关系。卡赞斯坦与费丽莫还借用社会学制度主义的适当性逻辑和推论逻辑来说明行动者行为的社会特性。

国际安全社会学视角研究借鉴这些社会学词汇给传统的国际安全研究注入了新鲜的血液，带来了新的亮点。

四 结语：对西方国际安全研究社会学视角的评价

冷战后以欧洲学派与美国学派为主导的西方国际安全社会学研究把社会实在作为其本体论基础，运用结构—行动者的社会互动作为研究路径，借鉴社会学概念来组建自身的概念系统，拓展了传统安全研究的理论视角，从而获得较大的学术和现实影响。

社会学视角的国际安全研究，其学术意义充分体现在对冷战后国际政治理论社会学转向的有力推动等方面。冷战结束前后，国际政治局势风云变幻，先是苏联领导人戈尔巴乔夫提出“外交新思维”“共同安全”观念，主动放弃与美国的冷战争霸，并主动解除对中、东欧等传统势力范围的安全控制，之后又是德国统一、冷战和平结束的重大变局，这些有违传统的国际安全研究论证逻辑的事件接连发生，大大削弱了主流视角理论解释的权威性和可信度。具有社会学取向的社会建构主义适时崛起，对主流理论进行激烈批判，并试图构建自身的理论体系以求跻身于主流。学者们纷纷对传统的国际安全理论包括安全内涵、安全研究对象以及安全研究议程提出质疑，积极进行国际安全研究社会学意义的重构，有力推动了这股社会学转向的理论潮流。

国际安全社会学研究的现实意义在于，其对国际安全问题的社会性探索有助于国家、国际组织乃至个人安全观念的更新与深化。21 世纪初的国际政治生活，社会性大大增强，虽然边界对抗、军事威慑等传统的安全因素并没有消失，甚至在某些层次上仍处于主导地位，但综合安全、合作安全与共享安全的观念却越来越深入人心，国家与个人自身安全的维护并不是建立在他人的不安全之上，而是通过沟通和互动构建价值与规范共享的过程。社会学视角的安全研究在一定程度上推动了人类在安全认知上的进化，使民族国家、国际组织甚至个人在确定安全目标与利益，制定安全政策时多一些与外界的沟通与理解，并充分重视构建以共享认知为基础的国际安全机制规范。

其一，安全理论需要进一步的整合与系统化。无论是欧洲学派还是美国学派，它们都是以某一个侧重点切入来论述与安全有关的主题，如哥本哈根学派主要以认知与社会化（安全化）等社会学概念为核心，美国学派则侧重于社会（文化）规范研究。如果把国际安全社会学研究看作是一个整体就需要架构完整的安全研究框架，以“安全”本质的社会学界定为出发点，明确回答安全是什么、谁的安全、如何获得安全三个核心问题，并围绕安全主体与安全结构（环境）之间的互构关系展开对主体与社会性构成要素的分析。除此之外，还必须对如何获得安全的手段进行探讨，如安全机制、安全规范的社会化形成，国际安全与国内安全以及安全与其他社会元素的互动等。

其二，国际安全的社会学视角研究需要实现实证研究的多样化。安全理论要有长久的生命力，需要对当前国际安全的重大问题进行实证研究，哥本哈根学派已经开始尝试将地区复合安全体理论运用到全球各区域的实证研究上。美国学派也在有关武器扩散、苏联安全政策转变、北约集体认同等等议题上尝试着进行实证研究。值得指出的是，国际社会越来越关注的非传统安全问题也是社会学视角实证研究所忽视的内容。有必要加强实证研究的全面性，把反恐、危机管理、跨国犯罪、文化（社会）安全等议题纳入到社会学视角的实证研究中来。

其三，社会学视角的国际安全研究必须扩展其研究队伍，实现多元化发展。目前，国际安全的社会学研究队伍主要集中在欧洲与美国，他们占据绝对的主导地位，这种状况难免会出现其研究的西方中心主义倾向。西方学者即使在主观上努力做到价值中立和判断公正，但其研究的立足点仍是对欧洲经验或是美国经验的理论化总结。学术话语的单一化不利于国际安全研究的发展，这就迫切需要其他地域包括中国学者的踊跃参与和努力实践，与其总是站在边缘地带批判他人的西方立场，不如加强自身在这个理论领域的研究，拿出有分量和有创新的研究成果，展现不同经验的理论思考。中国目前关于国际安全社会学视角的研究才刚刚起步，研究队伍的多元化能促进各种声音的对话与交锋，这无疑能使国际安全的社会学研究更上一层台阶。

（选自《国外社会科学》2007 年第 4 期）

“消费”概念的嬗变与“消费社会”的构建机制*

夏 莹*

消费社会的兴起不仅是一个现实问题，它首先是一个理论问题。作为一个概念，它兴起于20世纪60年代，伴随着“信息社会”“富裕社会”“新工业社会”“后工业社会”等种种新名词的出现而诞生。这些不同的称谓所指向的都是同一个社会形态。需要指出的是，称谓的不同代表的仅仅是考察和研究的视角的不同。因此，消费社会是以消费为视角和切入点来研究和批判当代社会的一种批判理论。然而，消费作为人的极富个性化的行为，何以能够由生产过程中的一个必要环节转变为批判、审视当下社会的切入点？消费的内涵在这一转变过程中发生了怎样的嬗变？本文将以社会经济发展结构的演变过程为视角来回答以上问题，并通过这一转变的形成过程解读“消费社会”的构建机制。

一

消费从来都不是一种可以脱离人及其社会关系而独立存在的纯粹的经济行为，它在本质上是某种社会关系的体现。那么由此不同时期对于

* 本文作者：夏莹，1973年生，博士，复旦大学当代国外马克思主义研究中心，南开大学哲学系副教授。

消费的不同看法也是由其特定的社会关系所决定的。在前工业社会以及工业社会初期，当生产力发展水平相对较低的时候，绝对稀缺制约着社会的发展。社会处于资本的原始积累阶段，如何积累绝对的货币财富成为这一时期的主要问题，因此仅仅将消费视为一种无意义的消耗，并试图完全抑制消费的重商主义是这一时期的主导性思潮。

早期的重商主义者们极力维护着本国对货币量的占有，这一观念所导致的一个直接的后果就是将对外贸易看成是财富获取或流失的关键环节。在贸易中，“一切购买都会使货币减少，一切销售都会使货币增加，因此，实现外贸顺差以增加货币的办法就是绝对的少买或不买，以防止货币外流和增加货币积累”。作为消费行为的购买由于造成了对货币的消耗，从而成为一种有害的行为。由此导致了“各国彼此对立着，就像守财奴一样，双手抱着他心爱的钱袋，用妒忌和猜疑的目光打量着自己的邻居”。在这一意义上，早期的重商主义与重金主义有着必然的联系。两者起初可以重合，但随着作为重商主义政策的积极实施者——西班牙国家的败落，这种极端的重金主义得到了全面的反思与批判。所有的国家与理论家都开始害怕自己最终会陷入西班牙曾有的“富于黄金，贫于生产”的贸易逆差的陷阱中。所以早期的重商主义经济学家孟克列钦就对财富与货币或者黄金的等同关系提出了异议：“一国之富，不在于金银，也不在于珠宝之丰，而在于生活衣着必需品之充斥；一国生活衣着必需品多，该国生活富裕。说老实话，我们所有的金银比我们的祖先多；但是我们的生活并不比他们好些，也不比他们富些。”孟克列钦在此已经具有了一种新的衡量财富的视角，对生活必需品的强调实质上是对消费的认可，但同时由于仅仅停留在对必需品的强调，所以对消费的这种认可又不得不是有限度的。

随着工业社会的发展与成熟，资本主义的生产方式逐渐全面替代了封建社会，从而释放出了巨大的生产力，社会逐渐从绝对性稀缺转变为一种相对性稀缺。因此虽然财富问题仍然是社会发展的核心问题，但理论不再囿于狭隘的地域性财富积累，而转变成了如何真正促进总的财富量的增长。因此以劳动价值论的提出为标志的生产性转向突显出来，而在这一时期中对消费所进行的研究根本上源自对经济危机的关注。

例如，西斯蒙第正是因为看到了资本主义经济危机中相对于严重不足的消费力而产生的生产相对过剩的问题，才发展出极具批判性的浪漫主义政治经济学。在他的《政治经济学新原理》中，第一次系统地阐述了在生产与消费之间需要建立的平衡关系，并将生产与消费之间的矛盾看成是资本主义的基本矛盾："可见在生产、收入和消费之间的相互比例中，如果发生不协调现象同样会有害于国家，有时会使生产的收入比平时减少，有时会使一部分资本变成消费基金，或者相反，这种消费减少，也就不再要求新的生产。只要这种均衡受到破坏，国家就会遭难。"消费在此对生产的影响主要在于阻碍再生产的进行："绝对的消费决定着相等的或扩大的再生产。再生产的范围是否可以扩大，或是成螺旋形变化就取决于这一点。"因为在西斯蒙第看来，财富的主要表现就在于它可以用于"消费"满足自身的需求："人类劳动的唯一目的是供应自己的需要，任何东西，只有它的产品必须能供人类或快或慢地消费才有价值，最后，人类只要开始享用财富，或停止财富的流通，就要开始消费财富。"而"财富一旦没有适当用途，就会使同等数量的再生产陷于停顿，得不到再生产的代替"。生产的停滞无疑将带来国家的危机。但在此由于西斯蒙第所指出的这一消费矛盾是建立在以分配为核心的理论分析基础之上的，所以不可能真正意识到分配关系背后的生产关系，对于这一根源的系统阐发只有在马克思的"生产"视角下才成为可能。

在马克思看来，经济危机的突出特征就在于它的"生产相对过剩"。"相对"，在此所指的是人的购买力与生产力之间的对比关系，在本质上也就是人的消费与生产之间的关系。因此经济危机的产生根源在于生产与消费的脱节。当消费远远低于生产发展的时候，就会产生经济危机。

但是按照马克思的经典理论，消费与生产的这种脱节并不是资本主义所特有的，它是由于货币的诞生而导致的买与卖相脱节所必然产生的结果。

资本主义以永不停止的扩大再生产为自身的生命，资本的积累就在这种不断扩大的再生产中得以实现。为了解释资本积累的量的衡量，马克思提出了资本有机构成的概念。所谓资本的有机构成，就是指资本技术构成决定而又反映技术构成变化的资本价值构成。随着科学技术的发展，资本的积累与扩大主要集中在对固定资产的建设中，资本的有机构成在马克思所处的时代不断提高。这就意味着可变资本，亦即劳动力的需求量在不断减少，从而形成了相对的人口过剩，亦即为数众多的产业后备军。这一后备军的形成直接导致了无产阶级的贫困化，相应的也就必然导致了无产阶级购买力的急剧下降。这就是消费力持续不足的背后原因。

显然，直到马克思时代，在政治经济学的理论之中，消费仍然仅仅被视为一种“消耗”。但这种消耗对于社会发展所具有的影响力正在显现出来，只是这种显现是以否定性的形态展现的。

二

自19世纪至今，社会经济的持续发展迎来了一个可以用消费来命名的时代。消费作为一种消耗的基本内涵并没有改变，改变的只是它作为一种力量对生产所具有的影响已经由反作用转变为主导性作用，消费不仅影响着生产的发展，在其现实性上，它的增长已经直接成为一种生产。

自工业革命以来，衡量社会发展的基本方法在不断精确化的诉求中走向了量化的最终归宿。一国的国民财富的增长最终都要通过可比较的数字来加以衡量。增长所呈现出来的首先是某组数字的变化，从而形成了博德里拉所讽刺的“计算的幻影”“集体迷恋的巫术”。在当代社会中，这一巫术主要附着于国民生产总值的计算。

在目前的国民生产总值三种主要的计算方法中，支出法是大多数国家普遍采用的计算方法。支出法，或称最终产品法，其计算方法为：个人消费支出+政府消费支出+国内资产形成总额（包括固定资本形成和库存净增或净减）+出口与进口的差额。消费的增长在国民经济的计算中已经转变成为一种正值。它在数量上的增长直接反映出了经济增长的速度与水平。消费的这一转变使得其完全成为一种肯定性的因素参与到经济发展的计算之中。这一转变是如此地彻底，以至在其现实性上，一切消耗都直接被转变为一种带有生产性的正值的增长。

不仅消耗本身不再具有任何否定性，而且任何意义上的、任何方式上的消耗都不再具有否定性。只要是对生产出的产品的消耗，或者引发了某种对生产的需求的消耗都对增长具有积极意义，而对经济增长的热切追求反过来也将任何功能障碍性的消费隐蔽在功能性消费之下。作为一种消耗的消费本身的增长就构成了经济增长的重要砝码，因此如何刺激消费的增长将成为经济增长的重要途径。对经济的持续发展的要求必然要求消费从对必需品的需求与消耗转变为对所有可能的产品的消费。

作为一种消耗的消费何以成为增长的决定性因素？国民生产总值为什么要以消费量作为衡量标准？要回答这一问题，需要我们将视野重新放到当代社会发展的现实中来。

20 世纪 60 年代，丹尼尔·贝尔提出了后工业社会的概念，并指出服务行业的兴起应看成是工业社会之后的社会经济发展的基本特征："后工业社会第一个和最简单的特征，是大多数劳动力不再从事农业或制造业，而是从事服务业，如贸易、金融、运输、保健、娱乐、研究、教育和管理。"然而作为服务行业的产业模式在其运行中与生产性产业模式有着根本的不同，其中最为突出的一点在于服务业不需要过于庞大的资本积累，特别是固定资产的比例在这个资本中的比例大幅度减少，这与服务业本身的技术性以及智能化的特征有关。换句话说，在服务性行业中，人作为智能的载体将成为决定性因素。因此，在资本的有机构成中，劳动力的价值比例应获得相应的提高，这与固定资本的降低具有内在的逻辑一致性。因此，一种新的资本积累方式产生出来，大卫·哈维（David Harvey）在 1989 年出版的《后现代的条件》（*The Condition of Postmodernity*）一书中称之为灵活性积累（flexible acumulation）："我所将要说明的灵活性积累是与僵直死板的福特主义相对立的一种积累方式。它建筑于劳动过程、劳动市场、产品以及消费模式的灵活性基础之上。它是由商业化的、技术的以及组织的革新而带来的变化。它内涵着不同部门之间以及地区之间非平衡发展模式的转变，引发了例如大规模的所谓'服务行业'的兴起。"

对应于服务业的兴起而出现的灵活性积累，在其资本积累过程中有其独有的特征。在经济运行中由于通信技术的发达，市场信息的发布与反馈的速度大大提高，即时的信息获取方式决定了个人以及公众的决策所消耗的时间大大缩短。由此，小规模的定做型市场（custom-markets）形成了。信息的多样化与即时性使得人的需求易变与多样，因此"在具有较高的不确定性、即时性以及竞争的环境中迅速地作出转移的决定对于获取利润来说至关重要"。最终这样一个市场的形成必然导致生产周转时间的加速（acceleration of turnover time）。较小的、多样化的市场需求要求生产规模的缩小与多样化，要适应这一迅速的变化，在固定资本的投入中需要不断提高技术性含量，也就是马克思意义上的内涵式的扩大再生产，同时更为重要的是需要加大劳动力的资本投入。后者作为相对灵活性的因素对于灵活性生产具有直接的作用。最终导致了一种新的失业模式——结构性失业（structural unemployment）。劳动者不再被固定在某个行业中的某个位置上，由于生产的灵活性导致了人力资源的灵活性组合，这是应对灵活性生产所必需的一种新的组织方式。

灵活性积累最终导致对社会发展产生两个重要方面的影响。

（1）由于固定资产不断提高而相应减少的劳动力投入在灵活性积累的条件下可能获得缓解，因此资本积累的一般规律中所必然导致的无产阶级的贫困化倾向也相应地得到缓解。这意味着劳动者的购买力在社会财富的增长中也将获得提高，生产与消费的断裂程度在一定范围内得以缓解。

（2）周转时间的加速需要以消费的周转时间减少为前提。小规模、多样化的生产方式得以生存必须以多样化的、快速的消费为前提。需要消费迅速地将生产出的产品消耗掉，并产生新的需求，同时因为灵活性积累中所导致的劳动力资本投入的增大，使得劳动者面对新的需求时有了相当的购买力，从而使这一需求所引发的消费得以实现，因此，灵活性生产才可能持续地发展下去。所以，今天“生产的东西，并不是根据其使用价值或其可能的使用时间而存在，而是恰恰相反——根据其死亡时间。死亡的加速势必引起价格上涨速度的加快”。

正是灵活性积累的内在要求导致了作为消耗性的消费成为经济持续发展的肯定性力量。与之相应，消费的内涵也悄悄地发生了一种转变。正是这一转变最终催生出了一个以消费来驯化人的消费社会。

三

在哈维的灵活性积累中，消费不仅具有一种能动的生产性，同时，消费的对象也相应地发生了变化，正是这一变化为我们理解消费内涵的转变提供了契机：消费的周转时间的加速已导致了强调重点的转移，由对物的生产（如具有物质性的存在状态的刀叉等物）转向了对事件的生产（例如景观，它可以具有即时的周转时间）。

哈维在此所指出的消费对象的转变实际上已经触及了消费这一概念本身发生的变化。消费不再是指向具体的、实体性的物的消费，而变成了对即时性的事件的消费，对一种景观（spectacles）的消费。这一景观作为一种呈现方式，完全可以抛弃被消费物的实体性的存在，完全可以被抽象为一种意义，因此消费越来越由现实的、物质性的满足转向了一种心理性的满足。消费的对象完全可以变成某种象征物，象征出某种幸福，然后期望着这种幸福，并在消费的过程中体验着这种幸福的象征。由此，意义以及象征着这种意义的符号将最终成为消费对象的实质性内涵。

对符号的消费完全是即时性的，因此对应于当代社会的灵活性积累成为社会消费的主要方式。同时对符号的消费也使消费者与意义所赖以存在的现实拉开了距离。它用来刺激与满足消费者的方式在于将一切现实符号化。政治的、历史的或者文化的等事件都可以用符号的方式使其具有消费性。

对于整个社会来说，当消费的对象脱离了实体性的物质形态，并被符号化了，那么任何东西都可能进入消费领域。我们生活中原本自然的、不具有商品性的东西都可能因为具有某种意义性价值而成为需求对象，如新鲜的空气、水等。马克思在《资本论》中明确指出，没有交换价值而不能成为商品的东西在意义消费的视野下由于具有的符号价值而成为可以交换同时也可以消费的对象，但这种意义性的消费并不像物质性的消费一样是一种对对象的消耗，在其现实性上，意义性的或者说符号的消费所产生的效果是社会区分。

在传统政治经济学的理论中，社会的差异或者不平等只可能产生于交换（重商主义者的主张）或者生产（自亚当·斯密以来的古典政治经济学以及马克思）的过程中，消费由于面对着实体性物品的使用价值，而具有了一种平等性。在使用中，相同的物对所有的人都是一样的。但当符号价值附加到了物之上时，这种平等就仅仅变成了一种形式上的平等。因为意义的灵活性使得每件具有相同使用价值的物本身都会有完全不同的符号价值。这一不同的意义在单个物之中是无法体现出来的，正如符号化的意义消费在单个人那里只是代表了一种消费对象的变化，“唯有意义的是当它们汇聚在一起的时候的形状、与这些物的关系以及它们的整个社会‘前景’。那里总有一个区分性的意义”。换句话说，只有当意义性的消费处于一种比较的体系之中，这一消费内涵才可能获得真正的表达。

在此意义上的消费需要从两个方面来加以探讨。（1）作为建立在一个密码（符码）基础之上的明确意义和交流过程，实际消费行为能够在其中得以实现并具有应用的意义。在这里，消费是一种交流体系，而且是一种语言的同等物。（2）作为社会分类和区分过程。物和符号在这里不仅作为对不同意义的区分，按顺序排列于密码（符码）之中，而且作为法定的价值排列于社会等级。这里，消费可能是战略分析的对象，在法定的价值（涉及其他社会含义：知识、权力、文化等）分配中，决定着其特殊的分量。

因此，消费成为建立在特定的社会密码（符码）基础之上的一种交流体系。形成体系的前提在于多种意义的聚合，并在聚合中组成某种特定的结构。而消费如同一种语言，说出了这多种意义聚合的结构，即消费说出了社会分类和区分。通过对物的意义的消费，符号化的物所形成的社会符码以及由此符码所形成的社会等级才得以彰显出来。

从这一意义上说，消费经过了物的体系化（形成一个连续的序列）、符号化（意义化）、符码化（形成社会特定的编码）之后转变成为表征这一符号编码体系的交流体系。这一转变的前提就在于一个“丰盛”社会的诞生。虽然这一丰盛社会并非是真的达到了物质财富的绝对富裕，在某种意义上它的丰富性“不是建立在财富之中，而是建立在人与人之间的具体交流之中”。交流的无限性使得被交换的物的价值不断增加。因此物在一个丰盛社会中的丰富性并不体现为物的大量过剩或堆积，恰恰相反，所有的物都不是多余的，因为它们在当代社会中常常不是作为单个物为消费者所消费，而是作为一个系列而为消费者所认同。物的交流变成了物的体系的整体交流，因此消费者与物的关系发生了变化：“他不会再从特殊用途上去看这个物，而是从它的全部意义上去看全套的物。洗衣机、电冰箱、洗碗机等，除了各自作为器具之外，都含有另外一层意义。厨房、广告、生产的商号和商标在这里起着主要作用，并强加着一种一致的集体观念，好似一个链条。一个几乎无法分离的整体，它们不再是一串简单的商品，而是一串意义，因为它们相互暗示着更复杂的高档商品，并使消费者产生一系列更为复杂的动机。”

因此，消费者的消费在对物的使用中表征出物所有的符号化内涵，并将这一意义放置于物的体系所编制的编码之中，以确定消费者在其中的地位。由于编码体系只有在消费中才能获得真正的实现，所以在某种意义上说，消费本身就变成了一种社会编码。它以消费什么与怎样消费的问题来言说社会的区分与差异。

但需要指出的是，以消费及其编码所设定的差异并非是人与人之间所具有的真实的差异。“使之成为系统的，恰恰是它取消了（必然不同的）每个人本来的内容、本来的存在，取而代之以可作为区分符号进行工业化和商业化的差异形式”。换句话说，这一符号的差异只不过是构成了一种形式上的差异，因此由它所造成的阶层的划分并不能形成一个固定的集体，并持久的具有共同的利益。因为阶层之间的跨越可以在不同的消费过程中轻松地完成，而它所付出的代价不过是一种经济上超出自身承受能力的付出，即可以通过付出较多的钱就可以换取较高的社会地位。所以“在编码层次上是不可能有革命的一或者说，革命每天都在发生，那就是‘模式的革命’，它们是非暴力的而且不影响其他”。换句话说，作为一种交流体系的消费彻底地消解了革命。

在此意义上的消费概念不再与物的使用价值相关，消费的过程也不再仅仅是一种需求的满足，由此从根本上摒弃了传统消费概念的个体性、主观性。因为“一旦人们进行消费，那就绝不是孤立的行为了（这种‘孤立’只是消费者的幻觉，而这一幻觉受到所有关于消费的意识形态话语的精心维护），人们就进入了一个全面的编码价值生产交换系统中，在那里，所有消费者都不由自主地相互牵连”。所以，作为一种交流体系的消费是一个以某种集体的行为取向为前提的功能性概念。概括地说，消费成为“沟通和交换的系统，是被持续发送、接受并重新创造的符号编码，是一种语言”。通过这一语言，人们可以获知整个社会的价值取向、社会结构以及约束机制。在此，消费终于变成了一种社会驯化模式。它的基本运行机制就是通过编制某种社会符码，并通过消费的过程将不同的人规约入这些符码之中来完成社会的一体化功能。因此，当我们将消费作为一种分析视角或者方法，我们所能做的就是从消费所具有的一体化功能入手推出其中所内含的社会不平等与差异。因此，在消费社会的视域下，当消费的内涵由消耗转变为一种交流体系的时候，消费真正变成了整个社会的新的意识形态。它以表面的平等与民主制造着并同时掩盖了内在的社会不公。

在此，我们虽然给出了消费的两个定义，但这两个定义并不是毫无关联地相互独立存在。从现实性上来看，作为消耗的消费永远是消费的基本内涵。而作为一种交流体系的消费是在消耗的对象发生了性质上的转变时（即由原有的实体性转变为即时的符号性）衍生出来的，然而这种衍生却是当下的社会关系以及当下新的意识形态的一种反映，因此，消费才可能在当代社会中发挥着越来越重要的作用，并最终担当起了一种批判社会的视角，从而孕育出了一个消费社会。

（选自《国外社会科学》2009 年第 2 期）

一门关于灾害共生实践的学问

——日本灾害社会学述评

蔡　麟*

日本乃世界著名多灾之邦，地震、海啸、台风、暴雨、火山喷发等自然灾害的发生尤为频繁。置身于这种“危机四伏”的自然环境，第二次世界大战以后，日本关于灾害问题的社会学研究取得长足进步，灾害社会学渐次形成。本文拟从系谱、基本框架、重要概念、主要研究领域和实践取向等五个方面，对日本的灾害社会学做一概观。

一　日本灾害社会学的系谱

论及日本灾害社会学研究的先驱，一般会追溯到明治时期的地震灾害预防调查会和大正时期的临时震灾救护事务局，20 世纪四五十年代关于东京大轰炸和核爆炸受害者的调查也是日本灾害社会学研究史上的重要一页，而作为学术研究的灾害社会学研究的起点，则是关于 1964 年新潟大地震时的恐慌行为及灾害信息问题的美日合作研究。参加这一研究的安倍北夫、冈部庆三和秋元律郎是日本灾害社会学界公认的第一代学者的代表。安倍的主要业绩在于通过对城市居民的灾害应急行为的系统分析，归纳出决定生死的要素，在此基础上提出有助于成功逃生的应急

* 本文作者：蔡麟，1954 年生，博士，上海师范大学法政学院教授、博士生导师。

行动模式。冈部以人际交往理论为主要分析工具，推进了灾害信息和避难行动这两个领域的研究。秋元的学术贡献主要表现在三个方面：一是对战后美国灾害社会学发展阶段的归纳：二是把美国灾害社会学理论运用于日本的灾害案例研究，提出日本城市灾害的组织应对模式；三是培养了一批年轻学者。

就学者梯队而言，日本灾害社会学至今已有六代学者。[①] 以吉井博明和广井脩为代表的第二代学者，在研究重点上，继承第一代学者的传统，继续致力于灾害信息研究；在研究志向上，更加注重服务于社会实践，开启了以“智囊团”身份，参与重大法律法规和政府决策制定的先河。对日本来说，在灾害较少发生的20世纪80年代，第一、第二代学者得以潜心反思和整理以前的调查研究结果，并在此基础上出版了一批灾害社会学基本理论著作，如《都市災害の科学》（安倍北夫等，有斐阁，1982）、《都市と災害》（秋元律郎，至文堂，1982）、《災害報道と社会心理》（广井脩，中央经济社，1987）等。山本康正、浦野正树、广濑弘忠、田中淳、林春男、田中重好等一批年轻人在参加这些著作的资料整理和部分执笔的过程中，成长为第三代学者。大矢根淳、横田尚俊、中森广道、山下祐介、渥美公秀等第四代学者，在20世纪80年代后期开始研究生涯，到1995年阪神·淡路大震灾时成为受灾地长期研究的中坚力量。在阪神·淡路大震灾时初涉灾害社会学研究的菅磨志保、越山健治、永松伸吾、関谷直也、浅野幸子等人，在之后接连发生的芸予地震、中越地震、能登半岛地震等灾害中积累起研究的经验和成果，被称为第五代学者。而活跃于2011年东日本大震灾研究第一线的一批新人，正在成长为第六代学者。

从研究本身来看，日本灾害社会学研究在20世纪80年代之后进步显著，主要表现在四个方面：跨学科研究者增加、研究领域扩大、受灾地长期调查研究方法得以确立以及灾害共生对策成为核心主题。究其背景，以下两点十分重要。（1）新暴露的灾害问题促使更多其他学科的研究者投入灾害社会学研究，从而拓展了灾害社会学的研究领域。如1983年日本海中部地震引发的海啸，致使上百人丧生，这促使信息科学与灾害社

---

① 此为大矢根淳在给笔者的电子邮件中阐述的观点。

会学联手致力于海啸警报迅速化问题研究；遇难者中有13名参加学校郊游的小学生，这使学校如何在突发灾害中保护学生生命的问题成为教育学与灾害社会学共同面对的新课题。沙林事件、东海村JCO临界事件以及美国“9·11”恐怖事件等重大人为灾害的发生，使危机管理成为灾害社会学的研究对象。（2）云仙普贤火山喷发、北海道西南冲地震及其引发的奥尻海啸、阪神·淡路大地震等重大自然灾害所带来的避难生活和复兴建设的长期化问题，使受灾地长期研究成为灾害社会学研究的一种基本方法。而重大灾害的频繁发生以及关于东京圈直下型地震、南海·东海地震的预测，则使灾害共生实践成为日本灾害社会学研究的出发点和归宿。

二 日本灾害社会学的基本框架

以集合行动论、社会信息论、组织论和地域社会论为视角的研究，构成了日本灾害社会学的基本框架。①

1. 集合行动论视角

在研究范式方面，集合行动论视角下的灾害社会学研究经历了由“崩溃论”到“创发论”的转换。20世纪70年代之前，关于灾害时集合行动机制的主流研究，基本上都属于“崩溃论”的范畴，以“致灾因子引起外部物理环境崩溃—社会系统崩溃—行为规范崩溃”为研究假设的基本模式。这种“崩溃论”在20世纪60年代前后就开始受到质疑，研究者的关注焦点逐渐移向社会结构、社会组织以及人们的行为规范如何在灾害这一特殊背景下得以重构或创新的问题，“创发论”的影响力随之渐次增强。

在研究对象方面，集合行动论视角下的灾害社会学研究的关注重点也有明显变化。恐慌行为曾经备受关注，但大量案例研究表明，灾害时很少发生恐慌行为，未能成功逃生的原因大多在于未能及时采取恰当的

---

① 参见田中淳等著《集合行動の社会心理学》（北树出版，2003）和田中淳论文《災害と社会》（船津卫等：《21世紀の社会学》，放送大学教育振兴会，2005）。

避难行动。于是，研究重点就从如何避免恐慌行为转移到如何推进避难行动。此外，随着上述研究范式的转型，救灾志愿者、救灾组织以及社区的活动也成为主要研究对象。

2. 社会信息论视角

若能及时得到准确的灾害信息，人们就会采取适当的避难行动——这一假设是社会信息论视角下的灾害社会学研究的出发点。这一视角下的研究主要包括四个方面：一是关于灾害信息本身的研究（如分类及体系构成、内容及表述形式等）；二是关于灾害信息的发布和传播的研究（如各类媒体灾害信息报道的特点及互补、发布过程等）；三是关于灾害信息的处理和接收的研究（如灾害信息及其报道的负功能、灾害信息处理体制、灾害信息共享系统、救灾组织间的信息沟通等）；四是关于灾害文化和防灾教育的研究。

3. 组织论视角

E. L. 库朗特利和 R. R. 达尹竺领导的俄亥俄州立大学灾害研究中心曾提出一个关于救灾组织的结构和功能分类的分析框架，以组织结构和组织活动内容为两根轴线，根据灾害发生前后有无变化对组织进行分类，并对各类组织的特性和功能进行实证分析。秋元律郎和山本康正将这一分析框架引入日本的灾害社会学研究，而在他们及其后辈研究者的研究实践中又有许多独创性的发展。如东京大学新闻研究所关于长崎暴雨灾害的调查研究和野田隆关于山体滑坡灾害的调查研究，在关于各级行政组织的职责及相互关系的研究方面取得了卓有成效的进展；阪神 · 淡路大震灾研究开启了创发型（emergence）救灾组织研究；还有学者把“自助”“共助”“公助”的理念与组织理论相结合，对灾害相关组织及其相互关系进行系统分析。

4. 地域社会论视角

在灾害社会学领域，普林斯（S. H. Prince）和索罗金（P. A. Sorokin）分别是实证研究和理论研究的开创者，但两者都特别关注受灾地区灾后的长期社会变化。灾害不仅表现为致灾因子引发的瞬间物理性冲击，还表现为这种冲击导致的受灾地社会长期变化的整个过程，在这个意义上，甚至可以说以地域社会为对象的灾害研究才是真正意义上的灾害社会学研究。对于重大灾害频频发生、东海・南海大地震和东京圈直下型地震等巨大灾害随时可能发生的日本来说，地域社会论视角下的灾害社会学研究具有更为重要的现实意义。值得注意的是，日本灾害社会学研究不仅关注灾害对受灾地区社会的长期影响，还关注漫长历史中积淀下来的地域文化对灾害的影响，研究者普遍认为，灾害从哪些方面以及在怎样的程度上影响当地社会，这受制于该地区共有的地域文化。

三 日本灾害社会学的重要概念

1. 灾害

弗瑞茨（C. E. Fritz）、邦顿（A. H. Barton）、库朗特利（E. J. Quarantelli）等人把灾害看作一种社会系统因遭受突发的而且破坏性的冲击而偏离常态的现象。其中，邦顿明确地把致灾因子、物理性破坏及其引起的社会系统的变化看做灾害的三个基本要素，提出分析这种社会系统变化的四个角度：(1) 以受灾地为中心的地理区分（直接受冲击区域、过渡区域、救援区域、外部区域）；(2) 灾害的时间过程（社会准备期、预知・警告期、非组织性反应期、组织性应对期、复旧・复兴期）；(3) 各种层面的社会单位（受灾者、组织、地域社会、国家及国民社会整体、国际社会）；(4) 灾害与社会系统的关系（社会系统遭受的灾害、社会系统的灾害应对）。邦顿的观点很早就被引进日本，① 成为日本灾害社会学灾害认知的理论依据。

日本灾害社会学的灾害概念，也是研究者们在长期研究实践中达到的灾害认知。在日本灾害社会学发展史上，岩崎信彦等人主编的三卷本《阪神・淡路大震災と社会学》具有里程碑的意义，在其中，“灾害”被如此定义：“对社会系统来说，灾害是一种突发事态。在物理空间轴上，受灾区域呈现为以受灾地为中心的同心圆。某个特定地理范围区域内的日常社会系统突然遭遇灾害，其影响会波及各个层面的各种社会单位；

① A. H. 邦顿：《災害の行動科学》，安倍北夫监译，学阳书房，1974。

同时，对灾害的社会应对也表现为各个层面的各种社会单位在紧急应对、复旧、复兴等不同阶段的行动过程。”①

2. 灾害共生论

人类关于灾害原因的认知最先是在“天灾论”层面，并经历了一个从敬畏超自然之“天”到求索自然规律的过程。这一点，日本民族自然也不例外。二战以后，随着上述基于自然与社会的相互作用的“灾害”概念以及“脆弱性”和“复元·恢复力”概念的引进，日本灾害社会学对灾害原因的认知从“天灾论”层面飞跃到“人祸论”层面。20 世纪 60—80 年代，日本从多方面积极开展以防灾减灾为目的的国土建设，而此期间，日本没有发生一次死者超过千人的灾害，这使日本民众乐观地相信：人类可以消除灾害。但是，进入 20 世纪 90 年代以后，重大灾害接踵而来，而日本又是个国土面积狭窄的岛国，不可能把灾害频发地区都宣布为“不宜人居之地”，这一特殊环境孕育了一种新的灾害观：容纳灾害，与其共生。

对于上述灾害共生论，可从三方面把握。首先，其核心理念在于从肯定硬件承受力的有限性出发，思考社会如何把灾害的破坏力控制在最小程度，从而实现与灾害共生。换言之，灾害共生论不是消极的宿命论，而是建立在科学基础上的积极的灾害应对。其次，它强调每个居民、每个社会单位在防灾减灾对策方面的责任，认为只有在每个人、每个社会单位都切实地承担起防灾减灾的责任时，“灾害共生”才可能从理想成为现实。再次，它是一种实践论“灾害共生”是一个贯穿整个灾害过程的实践过程。以 2000 年有珠山火山喷发灾害为例，灾害共生实践表现为如下过程：火山喷发之前，进行各种防灾活动；火山喷发前夕，密切观察前兆的细微变化，及时发布紧急通告、避难劝告和避难指示，组织居民避难；火山喷发灾害发生时，因居民都已安全避难，所以没有造成人员伤亡；火山喷发沉寂之后，展开以“与火山喷发共生”为目标的地区复兴和重建事业。

---

① ［日］岩崎信彦等编：《阪神·淡路大震災と社会学》第 3 卷，昭和堂 1999 年版，第 323 页。

3. “脆弱性”和“复元·恢复力”

“脆弱性”（vulnerability）和“复元·恢复力”（resilience）这对概念并非同时产生，灾害社会学研究者首先发现的是“脆弱性”问题。B. 瓦茨奈把“脆弱性”概括为三个层次：一是根源性·整体性要素，包括贫困、权力结构和资源限定、意识形态、经济体系等；二是动态压力要素，包括公共设施、教育、训练、适宜空间、投资环境、市场和新闻自由等的缺乏以及人口增加、城市化、环境恶化等宏观要素；三是危险的生活环境，包括脆弱的物理环境（如危险地区、危房、安全系数低下的城市基础设施等）和脆弱的地方经济（如朝不保夕的生活状况、低收入等）。B. 瓦茨奈认为，由于上述要素的作用，人们的具体生活环境存在诸多脆弱点，当这些脆弱点遭遇地震、暴风、洪水、火山爆发、滑坡、饥饿、化学灾害等致灾因子，就会引起灾害的发生或扩大灾害造成的损失。

“复元·恢复力”的本意指“回跳”和“反弹”或“伸缩性”，作为学术概念，它首先进入力学领域，指材料会因受力而发生形变但具备恢复势能的能力；20 世纪 70 年代，它被引进生态学领域，先只是指生态系统的一种自我恢复能力，后被用来说明“社会—生态”系统的可持续发展能力；此后，它被作为“脆弱性”概念的补充，指社会系统对致灾因子冲击的承受力和恢复力。在灾害社会学理论体系中，“‘复元·恢复力’概念是一个帮助人们在把握宏观环境的同时，聚焦社会内部的凝聚力、交往能力以及解决问题的能力等要素的逻辑装置”。“复元·恢复力”研究的根本目的有二：发现内在于受灾地区社会文化结构深处的、真正能够帮助受灾地社会从灾害中恢复元气的原动力；从社会系统内部着手，提升其对致灾因子冲击的承受力和恢复力。[①] 和欧美国家的灾害社会学一样，在日本灾害社会学界“脆弱性”研究比“复元·恢复力”研究起步更早，成果更丰硕。而随着“灾害共生”理念的确立，更多的研究者开始更加重视“复元·恢复力”问题。

---

① ［日］浦野正树等：《復興コミュニティ入門复兴》，弘文堂 2007 年版，第 32 页。

四 日本灾害社会学的主要研究领域

1. 灾害中的生命和心理问题

灾时应急反应和逃生行动、医疗急救及其体制、灾害与生死、受灾者心理援助、救援者心理援助、救灾相关组织等问题，都是这个领域的研究重点。

2. 灾害信息

这个领域的研究对象主要包括“灾害信息与行动”（灾害信息对避难行动和防灾行动的影响等）、“灾害信息与媒体”（各类媒体在灾害信息传播方面的特点、互补以及各自需要解决的问题和解决途径等）、“灾害信息发布过程”（灾害信息发布的及时性和迅速性、灾害信息的准确性、灾害信息的详细化和细分化、灾害信息的表述等）以及“灾害文化和防灾教育”。

3. 灾后生活

这个领域的主要研究课题有“灾害弱者问题”“避难生活”“受灾者的生活重建”“受灾地区的复兴建设”等。

在日本“灾害弱者”这个概念最早出现在1986年的《防灾白皮书》中，1995年阪神·淡路大震灾之后，“灾害弱者”问题成为灾害社会学的一个关注重点。[①]“灾害弱者”，也即“灾害时需要援助者”，指那些在灾害发生时无法像普通人那样回避危险或逃避到安全之处，在灾害发生后也无法像普通人那样在避难所生活以及进行复旧复兴工作，因而在整个灾害期间都必须依靠他人援助的人，[②] 具体包括“老年人、需要护理者、身心障碍者、重病患者、孕妇、未满五岁的孩子、不能熟练使用日语的外国人等”。[③] 日本灾害社会学关于灾害弱者的研究，主要集中在灾时灾

① ［日］大矢根淳等：《災害社会学入門》，弘文堂2007年版，第136页。

② ［日］日本红十字会：《災害時要援助者対策ガイドライン》，2006。

③ 《朝日新聞》朝刊，2011年4月13日。

害弱者的逃生困难、灾后灾害弱者的生活重建困难、灾害弱者的社会责任、解决灾害弱者问题的具体措施等方面，其研究成果直接促成日本政府的《灾害时需要援助者提供避难援助的指导意见》和日本红十字会的《灾害时需要援助者对策纲领》的出台。

在日本灾害社会学中，“避难生活”主要指受灾者在避难所的生活，其研究重点包括避难所的生活问题、运营问题以及对“灾害时需要援助者”的照护问题。关于避难所的生活问题，松田丰等人按照时间过程把它划分为灾后最初阶段的“生活功能”问题、稍后的“生活环境”以及再后的“生活重建”问题。[①] 关于避难所的运营问题，岩崎信彦等人根据避难所运营主体把它分成五类。[②] 而避难所对“灾害时需要援助者”的照护问题，也是上述“灾害弱者”研究的一部分。

在灾后复兴研究方面，阪神・淡路大震灾成为一个转折点。此前，灾后复兴一般以受灾地的空间规划、公共基础设施、建筑物修建等为重点；此后，灾害社会学研究者明确地把受灾者生活重建问题与受灾地复兴建设问题区别开来，指出不仅受灾地的复兴并不一定意味着受灾者生活的重建，而且受灾地复兴建设有时还可能影响受灾者生活重建。他们关于受灾者生活重建的研究，推进了“受灾者生活重建援助法”的制定。在受灾地复兴建设方面，街区和居民共同体的恢复和新建，即社区复兴问题，成为研究的重点。

4. 新视点

近年来，以下四个方面受到较多关注，将成为新的重要研究领域。[③] 一是防灾福利社区研究。在现代城市里，基层地域社会应对巨大而复杂灾害的能力愈趋低下，脆弱性日渐增强；随着少子化、老龄化的愈益加剧，基层地域社会面临如何维持和发展老年社会福利的难题。“防灾福利社区”是一种把这两者整合为一个社会问题加以考虑的新思路，试图通

① ［日］岩崎信彦等：《避難所運営の仕組みと問題点》，神户大学震灾研究会编《大震災100日の軌跡》，1995。

② ［日］松井丰等：《あのとき避難場所は——阪神・淡路大震災のリーダーたち》，ブレーン出版，1998。

③ ［日］大矢根淳等：《災害社会学入門》，弘文堂2007年版，第211—263页。

过重新开发传统社会中的“居民互助”这一福利资源，并把它整合进现代社会结构，从而构建社区这种现代居民共同体来解决这一社会问题。代表性研究成果有《防災福祉コミュニティー地域福祉と自主防災の結合》（倉田和四生，ミネルヴァ書院，1999）、《共同性の地域社会学》（田中重好，ハーベスト社，2006）等。

二是灾害与社会性别问题研究。在女性在避难生活中的特殊困难、在防灾救灾中的积极作用以及男女共同参与灾害共生对策制定与地域社会“复元・恢复力”的内在联系等方面，近年已有研究成果问世。而大矢根淳认为，这一领域今后还将关注避难倾向、志愿者活动、避难所集体生活的影响、复兴过程中决策参与程度等方面的性别差异以及灾害对夫妻关系、家庭关系的影响等问题。

三是风险社会中的公民社会建设研究。重点有二：一是志愿者活动及志愿者组织，包括救灾志愿者及志愿者组织、平时多样化的志愿者活动及其防灾减灾功能等；二是居民互助网络及社区的构建。代表性研究成果有《震災ボランティアの社会学》（山下祐介等，ミネルヴア書房，2002）、《ボランティアの知》（渥美公秀，大阪大学出版会，2002）、《震災ボランティア》（大阪ボランティア協会，1996）等。

四是受灾地长期调查方法研究。这是研究者在对自己的研究实践进行反思的基础上，对这种方法进行理论化研究，其代表性研究成果有《災害社会学の研究実践——“時空をこえた問題構造のアナロジー”を把握するフィールドワーク（比較例証法）》（大矢根淳，《専修社会学》第14期，2002）、《実践的研究のすすめ——人間科学のリアリティ》（小泉潤二等編，有斐閣，2007）等。

五　日本灾害社会学的实践取向

1. 灾害社会学的双重取向

按照长田攻一的分析，社会学的灾害研究以描述和揭示灾害引起的社会变动及其规律为重要目的之一，因而必然具有社会变动论取向；同时，随着社会系统的脆弱性、适应性以及复元・恢复力越来越受到重视，社会学灾害研究的重点逐渐移向前灾害期社会系统的备灾状况，因而具有了防灾社会学的取向。他认为，因为具有社会变动论取向，所以社会学的灾害研究能够为已有社会学理论（如社会变动理论）提供研究素材；因为具有防灾社会学取向，所以社会学的灾害研究必然面向实践，直接服务于减少脆弱性、增强复元·恢复力的社会建设。①

在长田之前，田中重好已经提出，可以把社会学的灾害研究区分为“以灾害为研究对象的社会学”和“以灾害为研究素材的社会学”，前者为后者提供宝贵的研究素材，而后者则关注灾害的“非日常性”一面，发现那些在“日常状态”中隐藏很深而被忽视了的社会矛盾，从而修正和完善已有的社会学理论。②

社会学灾害研究四分法

	理论化取向	实践性取向
以灾害为研究对象的社会学	灾害社会学	防灾社会学
以灾害为研究素材的社会学	相关社会学理论研究（如地域社会理论研究、社会阶层理论研究、家庭社会学理论研究、族群社会学理论研究、社会变动理论研究等）	实践社会学（如街区建设、社会运动、社会规划等）

长田把自己的“社会学灾害研究双取向论”与田中的“社会学灾害研究两类论”相结合，首先把“以灾害为研究对象的社会学”区分为“以说明灾害的社会机制为目的的‘灾害社会学’”和“以战胜集合性灾害应急反应，并在实践中创建新的具有更高灾害免疫力的社会系统为目的的‘防灾社会学’”，其次把“以灾害为研究素材的社会学”区分为“以修正和完善已有理论为目的的‘理论性研究’”和“以解决以灾害问题的形式表现出来的基层地域社会矛盾为目的的‘实践性研究’”，由此

① ［日］岩崎信彦等编：《阪神·淡路大震災と社会学》第3卷，昭和堂1999年版，第323—324页。

② 同上书，第334页。

勾画出社会学灾害研究“四分法”的一般图式。①

但是，对于以“脆弱性”和“复元·恢复力”为基本概念的灾害社会学来说，防灾研究是其出发点和归宿。所以，显然不能把防灾社会学从灾害社会学体系中分割出去。不过，长田和田中的分析确实揭示了灾害社会学的一般特性，即这是一门具有“理论化”和“实践性”双重取向的学问。

2. 日本灾害社会学向“实践性取向”的倾斜

在“理论化”和“实践性”的双重取向中，日本的灾害社会学明显地倾斜于“实践性取向”，具体表现在以下两个方面。

其一，就已有研究而言，日本灾害社会学的“理论化取向”较为薄弱。首先，从数量来看，根据田中淳的统计，从二战结束至20世纪90年代初期，日本关于自然灾害的社会科学研究共有2087项，其中，防灾对策研究862项，灾害状况纪实462项，受灾状况调查329项，灾害过程理论研究287项（案例分析171项、基础研究116项）。由此不难推知，日本灾害社会学基础理论研究的数量十分有限。其次，从内涵来看，在为数不多的基础理论研究中，大多属于具体理论领域的研究，而很少有关于灾害社会学理论体系整体框架的研究。至于日本学者撰写的灾害社会学专著，也大多存在理论框架有欠完备、逻辑演绎有欠缜密的倾向。

关于造成上述“理论化取向”薄弱的主要原因，试举两点：（1）灾害社会学这一学科还十分年轻，而理论积累则是有待时日之事；（2）置身重大灾害频繁发生的国度，日本的灾害社会学研究者不得不把大量的时间和精力用于实地调查和对策研究，因而缺少缜密细致的理论思考及在此基础上建构理论体系所需要的时间。

其二，就基本理念而言，日本的灾害社会学具有鲜明的“实践性取向”。这一“实践性取向”主要体现在五个方面：一是明确地以灾害共生实践研究为出发点和归宿；二是研究项目绝大多数为应用性研究；三是研究成果直接服务于相关政策法规的制定和各项相关实践活动；四是受

---

① ［日］岩崎信彦等编：《阪神·淡路大震災と社会学》第3卷，昭和堂1999年版，第325页。

灾地长期调查的研究方法受到普遍重视；五是作为研究成果的实证资料浩瀚、真实、完整。正是这种鲜明的“实践性取向”使日本灾害社会学成为世界灾害社会学体系中的一枝奇葩，尽管“理论化取向”较为薄弱，但总体水平仍位居前列，为其他国家的灾害社会学研究提供了诸多有益的参考和借鉴。

自20世纪末以来，已有越来越多的学者意识到“理论化取向”薄弱这一问题，并明确提出日本灾害社会学应该处理好“理论研究、实证研究和社会实践的关系”,[①] 把构建关于灾害共生实践的学术体系作为重要课题。[②] 随着人类遭遇极端天气和灾害成为一种常态，可以预见日本灾害社会学对于人类社会的积极意义会愈加显现。

（选自《国外社会科学》2012年第5期）

---

① ［日］岩崎信彦等编《阪神·淡路大震災と社会学》第3卷，昭和堂1999年版，第322页。

② ［日］大矢根淳等：《災害社会学入門》，弘文堂2007年版，第32页。

西方社会建设思想:演进逻辑及其“脱域”价值

黄建洪*

一　研究缘起与关注问题

“历史从哪里开始，思想进程也应当从哪里开始。”① 西方社会建设思想的演进逻辑潜藏在西方现代化历程之中。在这一现代化范式中，欧美学界围绕自由与秩序关系的设置与调适所展开的理论思索，不断创生并呈现出了多姿多彩的社会理论且向全球扩散。由于其理论的前沿性以及实践的既成性，这种强势话语在中国的影响也愈来愈广泛。在信息化扩展与全球化深化的时代背景下，中国正以国家战略方式推进和谐社会的建设，面对西方智识，如何在撷英与去芜之间做出审慎而智慧的担当之举，是为要务。② 然而，要实现客观的自我认知与理性的他者借鉴之有机结合，首当其冲的便是方法论的自觉。③ 自觉的十六大将社会建设与社会管理纳入国家建设的总体布局之后，尤其是党的十八大将其与经济、政

* 本文作者：黄建洪，1974 年生，博士，苏州大学政治与公共管理学院副教授。

① 《马克思恩格斯文集》第 2 卷，人民出版社 2009 年版，第 603 页。

② 郑杭生：《我国社会建设社会管理的参照系及其启示》，《国家行政学院学报》2011 年第 6 期。

③ 黄建洪：《借鉴西方社会管理理论需坚持理论自觉》，《中国社会科学报》2013 年 3 月 29 日。

治、文化、生态一并整合到“五位一体”的战略安排之后，社会建设议题更是受到了前所未有的关注。从理论界和实务界对创新社会管理和加强社会建设的基本认识看，目前大体上有五种代表性的思路，即社会控制、社会政策、公共服务、社会组织和国家建设路径。[①] 无论是稳定秩序论、福祉改善论、服务均等论、社会自治论还是国家建构论，都较为丰富地呈现出对社会建设的一个侧面性理解，颇具启发性。但是，需要明确的是，民生重点论，甚至是社会管理取代论等观点，并不能反映社会建设在整体上的主体性价值。根据社会学家陆学艺等人的研究，[②] 社会建设是按照社会发展规律，通过有目的、有规划、有组织的行动，构建公平合理的社会利益关系，增进社会全体成员共同福祉，优化社会结构，促进社会和谐，实现社会现代化的过程。它有丰富内涵：[③] 从实体建设维度讲，社会建设包括社区、社会组织、社会事业、社会环境等建设，旨在为社会提供公共产品和公共服务；从制度建设维度看，包括社会流动机制、社会利益关系协调机制、社会保障体制、社会安全体制、社会管理体制等领域，目标导向社会和谐；而从结构调整维度看，人口、家庭、组织、收入分配、消费、城乡、区域和社会阶层等结构的优化调整，则是社会建设的核心指向。可见，社会建设是一场广泛涉及理念、结构和行为方式转变的“革命”。

然而，就作为一种系统化的社会改造努力和复杂性的社会知识现象而言，关于我国社会建设和管理的理论探讨，都无法绕开对作为先发现代化国家“集体思维记忆”的社会建设思想的参照、理解、援引和发挥。然而，“涉西”问题，在一个极易将“传统—现代”问题置换成为“东方—西方”问题的惯常思维中，又会因为中国现代化历程展开的复杂性、目标任务的多重性、发展时空的压缩性，常常出现非此即彼的简单“极化思维”。这种思维形式上摒弃了以往“全盘拿来”或“根本拒绝”的平面形态，却又形成了新一轮的“不自觉盲随”或“刻意性拒斥”。前者

① 岳经纶、邓智平：《论理解社会管理的五种路径》，《武汉大学学报》（哲社版）2013 年第 3 期。

② 陆学艺：《社会建设是建设社会现代化》，《中国社会科学报》2012 年 10 月 12 日。

③ 当代中国社会建设研究课题组：《当代中国社会建设的目标和任务》（上），《调研文稿》2013 年第 6 期。

的认知基础是学理上的“一路向西”，这与人们把我国经济改革的市场导向与西方社会理论具有天然的内在亲缘性勾连起来进行理解不无关系；后者的判断依据则是来自近年国际金融危机海啸中的“我自岿然不动”，认为这恰恰证明了“我者”的强大与“他者”的弱势。因此，尤其是对于后者，我们必须予以厘清。其主张将特定情势下的政府强化模式予以固化，成为理想的目标取向，势必中阻改革，自然会对更为深入的社会改革和社会建设构成制约。显然，上述以新形式出现的极化观点，有其共通性，即它们都共享着认识论和方法论上“非此即彼”的二元对立观。加之时下人们对现代化推进中出现的种种转型问题和治理问题的认知焦灼和心理焦虑,① 更是使这一讨论态势复杂化，致使社会重建的稳定共识一时难以达成。

针对这种更为立体化且可能继续强化的偏颇认识，有必要基于中国社会现代性发育的复杂性来探讨社会建设的知识资源。当前，中国社会正处在从现代化中期向现代化后期转变的关键期，更加需要我们理论与实践的自信与自觉，而自信和自觉来自于对于自身的清晰体认和准确把握。大转型时代的中国社会建设，正处于传统与现代、后现代之间的挤压性空间、对冲性认知、糅合性结构与寄拒性行为杂陈的实践方位，面临着治理碎片化与整体化并存、市场化与行政化共生、技术化与项目化同行以及区域化与全球化互构等叠加性挑战。② 作为现代国家建构的内生基础，现代性秩序建构是中国社会建设的核心主题。当下社会建设的实质，在于确立生活政治对于解放政治的结构性替代，并循序发展出对权利诉求进行制度化回应的服务行政模式。

显而易见，上述努力旨在解决观察视角的主体性价值问题。然而，从社会建设的目标甄别到社会建设的蓝图实现之间，始终存在着一种如何有机调谐实践工具的有效性与实践价值的人本化之间的持续张力。作为在现代化进程中各国普遍面临的社会建设任务，它并非中国独有，而

---

① 陈明明:《中国的政治改革为何难以形成稳定的共识》，《江苏社会科学》2013 年第 2 期。

② 黄建洪:《中国社会建设的逻辑转换与国家建构》,《苏州大学学报》（哲社版）2013 年第 5 期。

是与市场经济体系建设、现代国家建设一道共同构成实现现代化所必需的三大建设。[①] 无论从实践经验的先行获得而言，还是基于实践中问题困扰的治理矫正及其后续反思而论，西方社会建设思想都值得受到超越于工具有效性的谨慎对待。为此，不可或缺的是，必须在厘清西学知识体系的逻辑脉络基础上，既对西方理论的特殊性普遍化状况及其内隐普遍性有所辨别，也明确中国的实践方位与现实挑战，从而还原出被西方特殊化了的中国普遍性。这就需要我们对西方社会建设知识系统既要有长时段、全球化视野中的整体遥望，也要有对其内在逻辑理路和核心主题的深切近观。

二 西方社会建设思想的演进脉络

自近代以来，西方社会建设思想的演进从根本上讲是现代性的生成与扩展、反思与批判、创新与超越的历程。[②] 在此历程中，这一系统性智识演变，通过与社会现实之间彼此的互动与互塑，其演进脉络得以清晰呈现。

第一，经典构造。现代性的产生是现代意义上的西方社会建设思想诞生的逻辑起点。[③] 面对民族国家的兴起、现代性的出现、工业革命的爆发以及社会结构的巨大变化，致力于合理解释社会变迁并寻求社会重建的理论任务摆在了人们面前。尤其是“三大运动”即文艺复兴、近代科学兴起以及启蒙运动，引发了西方世界影响深远的思想解放、科技进步和政治革命。回应于重大社会变革，社会学产生了科学、解释与批判三大经典范式。孔德—涂尔干开创的实证主义传统，强调通过研究社会的性质来找寻社会发展的规律，提出以科学精神全面重建社会、以公民道德的重塑应对社会失范，[④] 体现出对进步与秩序的双重追求；齐美尔—韦

① 林尚立：《社会建设如何突破当前瓶颈》，《文汇报》2009 年 9 月 18 日。

② ［英］吉登斯：《现代性与自我认同》，赵旭东等译，生活·读书·新知三联书店 1998 年版，第 16 页。

③ 文军：《西方社会学理论》，上海人民出版社 2006 年版，第 16 页。

④ ［法］涂尔干：《社会分工论》，渠东译，生活·读书·新知三联书店 2000 年版，第 91—92 页。

伯开创的人文主义解释传统，主张着重关注社会行动者主体及其主观性，不无奈何地认为人们难逃理性化与科层制的“铁笼”命运；马克思开创的批判主义传统，则以唯物史观为基础，旨在通过批判和革命方式来创建社会，并在实现对资本物化与劳动异化的根本突破实现“自由人的联合体”。在探寻方法、现代性认知以及社会发展动力上三者异趣，如涂尔干主张“社会事实—有机团结—劳动分工”，韦伯强调“社会行动—合理化—理性的多样化”，而马克思则申述“社会关系—资本主义—生产方式”的重要性。[①] 尽管如此，从所面对的走出传统、认知现代与重建秩序任务讲，三种范式又都实质上在做着探索工业文明扩张时代“现代性申述”这一共同的时代命题。

第二，现代发展。20 世纪 20—70 年代是一个持续围绕帕森斯宏观结构功能主义论争的“帕森斯”与“反帕森斯”时代。在西方出现垄断资本与国家政权紧密结合的新形势下，尤其是两次世界大战对文明的摧残及其对现代化以来人类生存秩序的深层挑战甚至颠覆（如工业文明的扭曲、惨烈的战争以及灭绝人性的屠戮）背景下，进步主义的美好憧憬被敲得支离破碎。在此情势下，帕森斯试图解释利益差异化条件下社会秩序如何可能与如何建设（如单位行动与行动体系[②]）的问题，强调社会秩序整合与稳定。同属科学范式的另外两支现代传承，一为冲突理论，如科塞的冲突功能论和达伦多夫的辩证冲突论，是对第二次世界大战后稳定期结束之后社会矛盾激化的反思，重点在于揭示冲突的社会功能与意义；一为社会交换论，如霍曼斯的行为主义交换论与布劳的结构主义交换论，均是回应当时强调个性发展的理论努力。解释范式的现代发展，表现为符号互动论、现象社会学和常人方法论，在关注人与人之间行为方式、心理结构及社会互动、主体间性对生活世界的导人，以及如何利用既存的定义和信念来建构社会秩序等方面，颇有进展。批判范式的现代创新，包括社会批判理论、文化批判理论和其他批判理论，影响深远。这些现代批判学者的理论主题聚焦于社会意识形态和文化，尤其是对现代文化以及现代科技造成的文化心理结构进行了批判反思。

---

① 文军：《西方社会学理论》，上海人民出版社 2006 年版，第 17 页。

② ［美］帕森斯：《社会行动的结构》，张明德等译，译林出版社 2003 年版，第 90—91 页。

第三，当代嬗变。20世纪70年代前后，西方国家先后迈入后现代化行列。工业主义向后工业、物质主义向后物质主义、经典民主向多元民主、官僚制向突破与摒弃官僚制、权威治理向公共治理以及民族国家结构向后民族国家结构等一系列持续的复杂转变，给社会建设思想的新发展提出了新需求。其一，经典传统经由现代传承和时代创新，获得当代的社会建设思想形态。一是科学范式演进到功能主义新阶段，新功能主义和系统功能主义更加强调多维性、建设性地认知社会，在社会行动与社会秩序、社会系统的简化机制、社会分化与整合机制等方面形成了多元整合的典范；二是解释范式演进成为新形态，表现为吉登斯的结构化理论和科尔曼的理性选择理论与社会资本理论，对于拓展社会认知与发展社会合作意义深远；三是批判范式的当代形态，表现为哈贝马斯复兴公共领域中的沟通行为理论和布厄迪、福柯的后结构主义理论，以期通过理性沟通与创建精神价值的新维度达到社会的稳定。其二，西方后现代社会建设理论兴起，旨在批判与颠覆的社会理论思潮快速发展，集中表现在后现代主义和女性主义上。“解释世界就是在建构世界。”[①] 面对因现代性内部的分裂以及现代化与现代性之间的紧张与断裂而引发的社会进化与人的发展悖反困局，出现了激进后现代论以否定方式对现代工业文明进行的批判与解构，以及建设后现代论对于社会重新建构的倡导。其三，西方女性主义社会建设思想获得快速发展。在弥补男性视角看待社会之不足的同时，展现出了抨击与颠覆、整合与重建的新力量。

第四，发展转向。全球化与后现代化时代，新的社会实践与社会需要催生着社会建设理论的未来转向。其中，有六种转向趋势值得关注。[②] 一是文化转向，即强调意义符号、文化构架、认知图式对于社会过程的重要性；二是身体转向，通过反思自身、认识自己来廓清暧昧想象、重建身体意象，从而挖掘人的潜在本质，以建设更人性化的社会；三是空间转向，旨在以空间思维来审视社会和省思空间与社会的交互作用，以应对分化加剧与复杂性倍增的社会挑战；四是语言学转向，伴随“话语”“言说”等语词广泛使用的是结构主义社会学、交往行动理论以及反思社

① 于海：《西方社会思想史》，复旦大学出版社2011年版，第15页。

② 文军：《西方社会学理论》，上海人民出版社2006年版，第14—19章。

会学的迅速发展；五是历史学转向，以国家谱系、世界体系、长时段历史变迁和文明进程论等理论图式深刻揭示社会运行的基本原理；六是全球化转向，即在时空压缩、跨界实践与全球交往的时代，吉登斯的制度转变论、斯克莱尔的全球体系论、卡斯蒂尔的网络社会论等“全球观念”拓展了社会建设的共生界域与生活世界。

三　西方社会建设思想的理论主题

人与社会关系问题是社会建设理论的元命题。无论从理论的发生、构成还是展开看，这一命题都影响着社会理论的生成性要素、结构性要素和具体阐述内容。根据杜威的观点，个体与社会关系可以划分为社会整体主义、个体主义和个体与社会有机关联三种。[①] 与此相应，社会理论上存在着的唯实论、唯名论与互动论，它们分别对应实证范式对社会结构的强调、解释范式的个体行为侧重和批判范式的社会互动思想。[②] 这样的理论预设分殊及其展开的论证与论争，从总体上塑造了西方社会建设思想的传承发展脉络。从知识内容看，西方社会建设思想是从处理“现代社会走向何方”以及“好社会”如何可能这一路向展开探究的。[③] 一方面，人们通过文化观念的更新、技术进步与对资本的工业化、区域化甚至是全球化的组织实现财富的涌流，进而获取更好的生活；另一方面，现代化所导致的生态侵损、贫富分化、犯罪泛起、技术滥用等各种与工具理性极度扩张紧密相连的种种负面效应和社会丑恶，又客观地吁求理论批判与有效治理。因此，社会建设理论的演进，呈现出一种显著的整体变迁态势，即由面向物转为面向人、由结构主义趋向建构主义、由建构性走向反思性以及由民族国家迈向全球化。[④] 也正因为如此，有学者指出，西方社会建设理论的发展史是一个从“乌托邦”到“好社会”的演

---

① ［美］杜威：《哲学的改造》，张颖译，陕西人民出版社 2004 年版，第 8 章。

② 郑杭生、杨敏：《社会学理论体系的构建与拓展》，《社会学研究》2004 年第 2 期。

③ Etzioni, *Next*: *The Road to the Good Society*, New York: Basic Books, 2001, p. 2.

④ 刘少杰、王建民：《现代社会的建构与反思——西方社会建设理论的来龙去脉》，《学习与探索》2006 年第 3 期。

变史。[①]

根据西方社会发展的传统—现代—后现代嬗变，从国家视角看，从传统帝国体制转向现代民族国家，实质上就是从基于土地介质、血缘纽带与村落认同的传统社会运行模式逐步转向基于资本联系、规则交互与制度认同的现代社会运行模式。从社会角度讲，这样的转变也就是国家机器作用于社会从神性主导到人性彰显的实践机制转变。国家形态与社会形态的互塑与互嵌，终归需要社会主体从附属性的臣民向独立人格之公民的重大转变，否则国家建构与社会发展都会因失去可靠的主体性基础和实践服务目标而被悬置。可见，从“天上”来到“人间”的国家如何更具管理力与服务性，从“屈从”逐渐成为“主导”的个体如何构造持续信任、合作的公民社会，正是现代化进程中西方世界变革的核心命题。发展地看，现代西方社会建设是一种按现代性标准对人进行规训的文明进程，主要通过社会控制、文化价值的内化以及国家、市场和社会的互动来达成，“其宗旨是在推动国家理性和向善的同时，也促进社会成员向现代文明人和现代公民转变”。[②] 尤其值得关注的是，从传统到当代，西方社会建设都需要妥善处理市场的力量和调节资本的逻辑。这是因为，市场经济不仅是国家建构的经济基础，而且是社会发展的促进力量，它是沟通国家与社会、政府与公民的资源介质和活动场域。正因如此，波兰尼指出因国家型构之市场体系的跳跃式发展和扩张所造成的社会侵蚀引发了来自社会的抵抗，正是这种市场与社会之间的“双向运动”有助于塑成现代民主法治社会的发展。[③] 与此同时，哈耶克的“自生自发秩序论”则强调尊重社会传统对自由与法治的基础意义。[④] 正因为这些具有辩驳性的理论反思与学说建构，为当代社会建设理论探讨开拓了进路。经过长久的历史叙事，人们从关注理性秩序发展到对生活秩序的重视，体

---

① 成伯清：《从乌托邦到好社会——西方现代社会建设理念的演变》，《江苏社会科学》2007 年第 6 期。

② 张旅平、赵立玮：《自由与秩序：西方社会管理思想的演进》，《社会学研究》2012 年第 3 期。

③ Karl Polanyi, *The Great Transformation*, Boston: Beacon Press, 1957, p. 130.

④ ［英］哈耶克：《自由秩序原理》，邓正来等译，生活·读书·新知三联书店 1997 年版，第 10—16 页。

现了社会建设思想从重视人性到重视人性发展与完善的重大变迁，社会建设实践实现了其本来含义，即好伙伴的意义回归。从近几十年来西方行政改革的效能化、治理化、市场化、服务化与法治化等整体态势看，① 基于社会需要的大规模回应性行政技术革新即“政府再造运动”，大体上反映出了这一演变轨迹。同时，由于稳定统治基础上政府管理服务职能的市场化、工商化与社会化趋势，② 新的政策工具选择与组合使得市场经济成为民主国家与自治社会之间沟通的能量纽带与互动桥梁。

概括而言，西方社会建设思想包含着两大理论主题，即社会稳定与社会发展。一方面，社会稳定是任何社会得以存续并塑造良好生活的基础。“现代性孕育着稳定，而现代化却滋生着不稳定。”③ 作为传统社会发生断裂的产物，以西方社会学为主要学科载体的西方社会建设思想，是一种以知识体系的方式对因工业文明和民主政治而导致的旧制度崩溃所产生的秩序问题作出的反应。西方工业化的社会秩序之诞生，④ 意味着社会自传统向现代转型的开始即现代性的肇始。回应于西方近代革命和现代发展所累积的种种无序、混乱与紧张，社会稳定“是社会价值、利益与行动的一致性达到相当高的程度而出现的一种状况”。⑤ 为此，秩序论用“共识”、功能论用“均衡”、交换论用“等价”、互动论用“沟通”等核心概念来把握动态性的社会稳定。这表明，在基本共识基础上的等价交换与利益均衡，以及充分的社会沟通，是降低经济社会发展负面影响或社会成本，从而达致可持续发展的可行路径。另一方面，社会发展是创造持续稳定和公共善的基本方式。促进社会建设，引领社会有序发展，不仅需要深层反思性的社会理论，更需要有建设性的社会思想。批判理论侧重于对西方社会弊病的制度性剖析，后现代理论则把由现代主义所导致的当代西方经济、政治与文化矛盾彻底“曝光”；冲突理论深掘

---

① 黄建洪、金太军：《西方行政改革：整体态势及其启示》，《国外社会科学》2013 年第 2 期。

② 陈振明：《政府工具导论》，北京大学出版社 2009 年版，第 1—15 页。

③ ［美］塞缪尔·亨廷顿：《变化社会中的政治秩序》，王冠华等译，生活·读书·新知三联书店 1989 年版，第 28 页。

④ ［英］吉登斯：《社会学》（第四版），赵旭东等译，北京大学出版社 2003 年版，第 4 页。

⑤ 宋林飞：《西方社会学理论》，南京大学出版社 1997 年版，第 4 页。

冲突形成过程的社会结构，以图设计避免冲突的社会策略，而介入理论则为政府社会政策的制定供给理论依据和操作性政策意见。这些反思视野与建构思路，夯实了社会建设的本真意义。

实现社会的有序发展、形成既有秩序又有活力、既有效率又有公正的生活社会，是社会建设思想必须面对的重大实践问题。为此，西学视野给出的是“制度—结构—心理”任务框架。

其一，社会制度建设。“制度层面上之问题的核心是国家、社会、市场和个人四者之间的关系。不同的制度，不同取向、立场的社会建设理论对于这四个因素的取舍安排是不同的。”在四种代表性的社会治理制度中，[①] 笃信“国家神话”的法西斯主义与坚信“市场神话”的自由主义并不成功，且社会后果严重；社会民主制有着较好的实践效应；而基于福利市场化举措和志愿福利团体行为的当代英美社会市场结社主义则成为新近的实践亮点。这表明，从社会治理制度层面来兼顾、平衡、协调个人自由与社会发展，是至关重要的。

其二，社会结构调整。一是怎样的社会结构有助于社会秩序与社会发展。结构既是行动的中介又是行动的结果。[②] 静态的社会分层认识与动态的社会流动理解，都需要关照社会结构的开放程度（开放与闭合）、形态结构（金字塔形与橄榄形）、身份权益一致性状况以及分层现实的认可程度等因素，它们极为复杂地影响社会心态，并会持续地作用于社会运动。二是在差异化社会中个体分化与社会整合的协调问题。如何实现分化中的整合、差异中的秩序、结构性不平等中的正义和公正，是社会管理要解决的核心问题。

其三，社会心理塑造。即社会良序运行的社会态度环境。任何社会制度要得到顺畅运行、社会结构能够得到持续支撑，离开了成员的普遍参与和有效介入则极为困难，即或缺成员心理支持的社会治理，势必是成本高昂、难以为继的。面对传统社会解体和价值坍塌，以及伴随现代化展开而出现的种种“赤裸裸”行为与心理不适，就不仅仅需要对现代社会甚至正在行进中的后现代社会“何以可能”“何以美好”作出价值说

---

① 王小章：《“自由”和“共同体”之间》，《浙江社会科学》2011 年第 11 期。

② 杨善华：《当代西方社会学理论》，北京大学出版社 1999 年版，第 222 页。

明，更加需要对此准备好心理的承受能力和接纳能力。正因如此，社会理论对社会成员人格、心理、心态进行了研究，广泛涉及包容与排斥、区隔与认同、尊重与怨恨、需要满足与欲望调节、个人权益与公共精神等。尤其是对社会信任与社会资本的研究，尽管认知视角多样、类型划分丰富，[①] 但有一点是毋庸置疑的，即基于社会信任的社会资本越丰富，便越有利于形成具有可治理性的社会政策体系，从而促成民主质量的提升和经济的繁荣。

然而，必须强调的是法治对于社会建设的基础性价值。它既是社会管理的基本路径，更是社会发展的关键保障。这是因为，整个社会建设的历程，本质上都可以还原成为权力与权利之间以何种方式进行互动、权利价值如何充分实现的问题。故此，法治既是政治国家的建设主题，更是公民社会的发展主题。宪法国家、市场经济与公民社会是西方的社会自由得以实现的“三大支柱”。[②] 自由是秩序下的或法律下的自由。[③] 通过建设普遍的法治，实现三者之间的有机互动，促进管理的有效性与合法性，是实现社会进步的根本途径。而要有效塑成这种有机互动，需要的不仅是信念、制度与机制，更重要的是这种规则系统必须建立在一个最低的普遍社会共识基础之上，既要有社会公共价值的内化，更要有社会价值的理性外化，即行为的规范化。这样，个体自由与社会秩序之间便能够寻得可靠的社会基础。为了达成自由与秩序之间的动态平衡，社会建设的实践就需要认真处理好三个基本问题，[④] 即多元利益冲突的解决及制衡、合理对待法治与行政干预，以及把管理者与被管理者俱纳入共同自由之中的社会秩序的建构。从这个角度讲，在托克维尔所指称的社会民主、将国家规训成为法治之下的“仲裁者”、哈耶克意义下开放式的“大社会”管理模式以及抽象规则下的现代性陌生人社会治理，便成

---

① 郑也夫、彭泗清等:《中国社会中的信任》，中国城市出版社 2003 年版，第 2—3 页、第 220—228 页。

② ［英］达伦道夫:《现代社会冲突》，林荣远译，中国社会科学出版社 2000 年版，第 36 页。

③ ［德］马克斯·韦伯:《经济与社会》（上），林荣远译，商务印书馆 1998 年版，第 241 页。

④ 张旅平、赵立玮:《自由与秩序：西方社会管理思想的演进》，《社会学研究》2012 年第 3 期。

为西方社会具有内在稳定性与持续发展潜力的真正秘籍。

四 西方社会建设思想在“脱域”中国的价值域

思考西方社会理论对于中国的价值域，即它在多大范围内具有中国适用性，首先需要厘清的方法论问题，就是合理认识普遍性与特殊性。根据唯物辩证法，普遍是特殊的一般依据，特殊是普遍的具体实现。在社会科学研究尤其是对社会建设的研究中，不可忽视的是，受文化浸染与实践影响的西方理论家将西方的特殊性普遍化与将东方的普遍性特殊化，由此造成理论幻象与思想桎梏。要走出这种困局，就需要在强势理论话语与实践体验氛围中形成的“特殊性普遍化”中还原出其自有的特殊性，在后发国家场域中从“普遍性被特殊化”的省思中提炼出自身的普遍性。①

现代意义上的“社会”概念，本身是一种历史性的建构，它随着民族国家的兴起而在西方出现。实践层面上，现代性的流动过程是现代社会的逐步生成过程。因此，西方社会建设理论实际上就是伴随着西方现代性进程而被建构出来的理念汇集。与此同时，它也通过观念普及与政策依据等方式渗入社会实践之中，塑成了西方今日之社会面貌。显然，在围绕建设现代性与推进现代化的历史使命与核心主题上，西方理论蕴含有人类社会发展的规律性。一方面，从传统走向现代，实则是人类从蒙昧走向文明、从相对闭塞走向逐步开放、从野性走向理性的过程，它代表了人们以类的方式文明化与持续进步的趋势。另一方面，在驱逐传统性、赢取现代性、倡吁后现代性的过程中，以相对合理的方式来达成社会合作与促进共同福祉，需要依托于现代资源的组织载体，尽管其间并非一帆风顺抑或成本高昂，但其总体是在“超越匮乏型体系、技术的人道化、多层次的民主参与和非军事化四个制度性取向”② 中前进的。因而，从整体态势上看，通过将国家规训成为一种管理与服务的积极力量、促进民众的公民化与文明化的转变，有助于将社会打造成服从于人之需

① 周晓虹：《“中国研究”的国际视野与本土意义》，《学术月刊》2010 年第 9 期。

② ［英］吉登斯：《现代性的后果》，田禾译，译林出版社 2000 年版，第 143 页。

要与人格发展的生活空间和生存家园。与此同时，现代化进程出现的因工具理性膨胀和资本逻辑支配而导致的诸如人口膨胀、贫困失业、贫富差距、越轨犯罪、资源耗竭、环境污染、生态失衡、底层抗争、阶层矛盾紧张甚至激化等共生性问题，也是具有一定普遍性的社会问题。西方的理论探索与实践经验教训，也可供后发国家反思借鉴。

应该客观地承认，西方社会建设理论在经年的历史进程中，较为有效地实现了其维护现存体制并通过一系列调试以确保社会和谐的基本功能。其中，既有他们对于“认识自己”之人性探讨的深刻性，又有对多次转型变迁中对社会结构分析的丰富性，更有那些经由多年的经验总结与教训沉淀。它们以各种社会建设策略和实践方案方式“雕刻”着“异邦世界”的方方面面，创造出了巨大的物质财富和精神财富，将人类文明进程史无前例地向前推进了一大步。尽管在价值偏好与理论意识方面，西方社会建设思想反映着资本主义的主导性，但从其呈现的经验事实和总结的历史教训看，作为一种人类探索历程中积累的精神财富，它无疑对于重建社会和引导发展具有重要的启发价值。

但是，恰恰是基于“现代化范式”的社会理论，从根本上讲，它们通过民族国家中心论、人类主体中心论，尤其是西方中心论，充分表现出其西方知识体系的“地方性”与“特殊性”。这种理论之所以能够获得今天似乎“普适性”的霸权地位，是与先发国家的现代化伴随资本扩张进程而向全球推进所获得的“先入为主”分不开的。作为发轫于局部地域的地方性知识，通过其一般科学叙事与特殊性实践，所要解决的当然是内生于西方社会秩序重建与社会发展的种种问题。时至今日，充分现代化的甚至表现出相当程度后现代的西方社会理论，相对于与其实践方位与现实条件颇为不同的“域外”中国，其实践价值的“脱域性”即其特殊性便表现了出来。

第一，起点不同。中国社会建设承续的是近代中国寻求国家秩序的持续努力。新中国所确立的执政党主导、党政联动的治理结构，决定着当下中国的基本样态。[①] 这种权力广泛渗透、动员治理色彩较突出的态势正是依据中国公民社会力量相对羸弱且面临诸如制度剩余与制度匮乏并

---

① 周雪光：《社会建设之我见：趋势、挑战与契机》，《社会》2013 年第 3 期。

存等多重困境、[①] 市场机制有待进一步发育的后发现实。这与西方国家总体上是在改造绝对主义国家并在民族与民主两个维度上相继展开社会建设有所不同。正是通过工业革命、组织革命、人文启蒙、科技革命及其后续发展等自生自发力量，相继促成了社会的现代化，并于20世纪70年代前后向后现代转变。

第二，主体不同。中国社会建设和管理的主体总体上依赖于国家政府。但是，后发国家的政府如何作用于经济社会的发展，如何调试政府与市场、政府与社会的基本关系以形成良序的社会发展格局，关键受制于实践治理层面中政府与市场的交互方式与行为逻辑。[②] 尽管改革开放后公民社会逐步发育发展，其与权力保持一定距离的独立意识、自主意识尤其是权利意识不断增强，但是政府仍旧因市场机制不畅、社会自主性不足、自治力量孱弱等因素而较多地陷身于微观的经济社会事务之中。[③] 相较于历经长时段内国家—社会双向运动的西方社会发展而言，中国社会管理者与被管理者之间在遵循普遍抽象规则的实践自觉性与约束力等方面存在明显差异，因法治不健全所引致的社会建设与管理成本高昂。

第三，动力不同。中国社会建设的秩序导向和社会相对滞后状况，决定了国家权威是推动社会进步的核心力量。尽管分权式改革促进了社会的分化，但同时也带来了差异化背景下社会共识难以公共形成、社会结构固化、社会信任感弱与社会合作困难等现实问题，通过有序公共参与为社会建设供给持续能量的路径有待进一步拓展。这与西方在从容状态下通过能力政府、能动市场与自主社会之间的有机互动来促成社会的有序效能化发展颇为不同。

第四，路径不同。从30多年的实践看，社会建设的中国路径大体上是一个市场的国家建构与国家的市场建构过程，社会的主体性价值实现程度与其所享有的制度地位之间存在差距。其突出的表现便是当前社会结构显著滞后于经济结构，[④] 而托马斯·马歇尔意义上的阶梯式社会权利

---

① 伍俊斌：《公民社会基础理论研究》，人民出版社2010年版，第352—368页。

② 金太军、袁建军：《政府与企业的交换模式及其演变规律》，《中国社会科学》2011年第1期。

③ 黄建洪：《自主性管理：创新社会管理的导引性议题》，《社会科学》2012年第10期。

④ 陆学艺：《当前社会结构与社会建设》，《学习时报》2010年8月30日。

保障与渐进式发展[1]则相对乏力。因此，社会建设如若持续受到不断强化的资本逻辑俘获，那么国家立场支配下的社会自主性建设即便导入所谓的国家—市场—社会合力助推，西方理论中对于抑制权力、控制资本与技术等“逆治理原则同质化”的知识资源也不过仅具有其形式意义。

第五，归宿不同。中国压缩式的现代化发展是客观约束与主观选择的结果，因此，其社会建设的基本指向具有复合性与超越性特征。它既要解决如何有效走出传统性迈向现代性的问题，同时又要考虑如何有力抑制恶性的现代性后延展出的后现代性问题，同时还需要兼顾传统优秀因子、现代因素与后现代元素的有机结合。从可以预期的阶段来看，这是一个异于西方的多重转型、多重挑战与多元目标的叠加选择，它意味着必须基于中国的实践方位及其时代特征作出审慎的治理结构和整合机制调整，以期达成目标。

基于时间、空间和内在结构上的特殊性、多样性和实现过程的阶段性与不确定性，我们可以将此阶段中国发展的整体特性概括为“复杂现代性”。其规定性表现为:[2] 一是在现代性诸多规范的协调性和内在结构的自洽性方面呈现的复杂性；二是现代性在实现条件和实现方式上的复杂性；三是现代性所呈现出来的一种发展性，即在实现过程中其规范、内在结构所呈现出来的生成性和所具有的开放性。与从西方自然地域性关联中“脱域”出来的文化模式和社会运行机理之现代性不同的是，中国的“复杂现代性”尽管也属于“尚未完成的事业”,[3] 但它不论在价值旨趣、目标导向还是在实践结构与行动模式等方面都展现出与西方现代性的显著不同。然而，我们认为，正是深切尊重而非随意罔顾这种“复杂现代性”，才是中国发展的真正力量之源。

因此，西方社会建设理论的特殊性及其在中国实践中的局限性，可以通过西方理论的自身逻辑与中国场域的实践需求两个方面展现出来。

一方面，西方理论旨在解决西方国家经历两大转型（即从传统到现

---

① T. H. Marshall & Tom Bottomore, *Citizenship and Social Class*, London: Pluto Press, 1992.

② 冯平、汪行福:《“复杂现代性”框架下的核心价值建构》,《中国社会科学》2013 年第 7 期。

③ ［德］哈贝马斯:《现代性》，行远译，《文艺研究》1994 年第 5 期。

代、从现代到后现代）过程中所产生的诸多自身社会问题的历史反映和理论总结。它所要回应的是在实现现代化与后现代化过程中的现代性问题（譬如社会信仰危机、文化危机、阶层冲突加剧、资本的社会侵蚀、社群与个体诉求紧张等）。在寻求改进社会政策、调整社会福利、公正配置资源和缓解社会矛盾的理论反思与建构中，西方社会理论确实蔚为大观，但对于西方之外的“域外”国家，其与时空的跳跃性相关的局限性、拒斥性则不容忽视。

另一方面，中国场域的社会建设需求的复杂性、叠加性与公共性，又绝非演进型现代化国家所可比拟的。为此，就深切地需要基于政府治理水平和社会发育程度的现实考量①来理解和设计中国社会建设之路。党政主导下、以国家战略的方式推进的社会建设和社会管理，必须遵循现阶段中国的发展约束，既需要着眼于以深化改革、推进发展的方式来解决社会所面临的基本矛盾从而推动进步、改善民生，又需要以对社会主体性价值的张扬来循序解决经济社会进步过程中遭遇问题的制度瓶颈、促进社会的公平正义与持续稳定。以改进民生作为切入点但又不止步于此，甚或替代社会权利建设，以政府服务购买同时又不再将社会服务供给组织行政化，以强化行政法制路径推进法治但又不驻足于工具主义法律理解而致使“规训”社会者的自我“规则”失败，以渐进改革方式循序实现社会的效能化与民主化，但又能够有足够的智慧和力量来规避可能出现转型格局固化而引发的“转型陷阱”问题②，如此等等，都否决了中国社会建设过程中对西方理论进行整体移植与简单套用的可行性。

五 结论与讨论

西方社会建设思想演进的逻辑，便是西方现代化进程中现代性生成、展开、调整与局部超越的逻辑。作为面对促进历史进步与解决社会问题的思维记忆和理念集成，西方理论的影响伴随着其率先现代化和正在行进中的后现代化而扩散至全球，逐渐成为一种以其特殊性普遍化方式而

① 郁建兴、任泽涛：《当代中国社会建设中的协同治理》，《学术月刊》2012 年第 8 期。

② 孙立平：《“中等收入陷阱”还是“转型陷阱”?》，《开放时代》2012 年第 3 期。

占据理论高地和话语强势地位的知识体系，社会稳定与社会发展是其核心理论命题。与此相伴的是，其社会建设实践也大体上经历了从自发到自觉的复杂嬗变，社会制度建设、社会结构调整与社会心理塑造在不断完备的法治保障下得到了较为充分的强调。总体而言，西方社会建设思想闪烁着人类智慧的灵光。但是，在政治社会生态迥异的中国鉴借西方理论，需要有方法论的自觉和辩证法的思维。在清晰认知西方理论在一定程度上反映着人类发展轨迹的某些共同经验的同时，应批判性地意识到，从时空变迁序列的错位节点与现实挑战角度看，这种西方“显学”只不过是一个扩散开来的、特殊性普遍化的个别体验。因而，转型期的中国社会建设需要有理论自觉意识，既深度根植于自身的内生性，又合理借鉴“他者”，从而塑成基于本土需求的良序社会发展。

尊重经济社会变迁的基本规律、从实践发展所立基的中国社会土壤中寻求阐释的价值密码和汲取成长的力量源泉，至关重要。在经济体制深刻变革、社会结构深刻变动、利益格局深刻调整、思想观念深刻变化这一特定的中国场域中，借鉴西方社会建设理论的基础出发点在于中国特有的“复杂现代性”，在于中国现代化进程中的多重转型、叠加挑战和多元目标。

一方面，中国社会建设应面向社会“四化”，即社会治理的结构分化、功能专门化、权力理性化以及文化世俗化。这是回应政治现代化框架下的公民社会发展而提出的基本观点。即需要深切体认中国社会建设的现代国家建构力量和价值；同时，必须发展出具有更深切植根于社会权利保障与发展的社会治理模式、社会行动结构和社会心理资源，以实现在西方理论扬弃基础上对中国普遍性的有效挖掘与实践拓展。

另一方面，加强和创新中国社会管理，需要与时俱进地进行理论逻辑与实践逻辑的内生性转换。后发中国的现代化始终面临着平衡保障自由与维持秩序的两难困境。这表明，当下中国对社会建设有效性的强烈渴求与对公共性发展的深切需要之间存在着复杂的关联性。[①] 要有序解决这一结构性挑战，理论逻辑的动态性转换，首要的是需要从同质性的假设转向异质性的体认，重构多重转型的逻辑链；实践逻辑的引导性转换，

① 李友梅等:《当代中国社会建设的公共性困境及其超越》,《中国社会科学》2012 年第 4 期。

则应构建社会资本的持续成长机制，将国家的合法性诉求由经济增长转变为制度建设，并围绕人的主体性价值实现进行制度创新安排，从而在推进国家深度建构的过程中实现社会现代化。

（选自《国外社会科学》2014 年第 4 期）

汽车的福与祸

——国外学者对汽车社会的批判性思考及其启示

陈永森　蔡华杰*

“汽车社会”是随着小汽车大规模进入家庭后出现的一种社会现象。按照国际标准，每百户家庭拥有 20 辆汽车就标志着一国进入“汽车社会”（Auto Society）。有关统计资料显示，中国已于 2012 年迈入汽车社会的门槛。私人汽车的普及带来了城市空间格局的变化，加快了人们的生活节奏，改变着人们的工作、生活和交往方式。可以说，汽车是“改变世界的机器”。然而，汽车在给我们带来很多便利的同时，也引发了诸多问题，有人甚至据此认为，就像塑料袋一样，汽车是人类最糟糕的发明之一。在率先步入汽车社会的发达国家，学者对汽车社会造成的各种问题有着深刻的体验与反思，他们的批判性思考对于刚刚迈入汽车社会门槛的中国无疑具有一定的启示和借鉴意义。

汽车社会以及随之而来的各种问题在 20 世纪 60 年代就引起国外学者的关注。他们对汽车社会的批判，主要从以下几个方面展开。

一是汽车与城市的关系及其对人的生活和生态环境的影响。在欧美国家尤其是美国，汽车普及的进程与城市化进程的关系大致经历了如下

---

* 本文作者：陈永森，男，1961 年生，福建师范大学马克思主义学院教授、博士生导师；蔡华杰，男，1982 年生，福建师范大学马克思主义学院副教授。

的演变过程：随着城市汽车的增多，城市道路不断拓展和延伸，城市规模不断扩大；城市中心的拥挤和污染使越来越多的市民到郊区寻求适宜的居住地，从而使工作和生活相分离；工作和生活的分离导致人们越来越依赖汽车，汽车总量不断膨胀；更多的汽车又造成城市更严重的交通和环境问题。一些国外学者对这种模式进行了猛烈的抨击，认为它造成了空气污染，破坏了生态环境，增加了社会不平等，蚕食了土地，浪费了能源。美国马克思主义经济学家保罗·斯威茨（Paul M. Sweezy）认为，城市扩展以及工作与居住地的分离，使人们不得不日复一日地在城市间以及郊区与城市间来回穿梭。“随着汽车的拥有量以及城市人口的增加、城市区域的蔓延，出现严重的拥堵和污染就不足为奇了，汽车黄金时代的移动性因素已经逐渐转向它的反面。”[①] 詹姆斯·孔斯特勒（James Kunstler）指出，汽车的普遍使用，导致低密度的城市发展方式和郊区化的加剧，人们逐渐远离其工作地点和学校。孔斯特勒将其斥为“无路可走的地理学”（geography of nowhere）。[②] 爱德华·格莱泽（Edward Glaeser）认为，大量中产阶级居住在郊外而工作在城里的“田园资本主义”，是浪费时间、空间、能源并有损生态的。他指出，在美国最大的98个城市中，几乎一半的工作岗位距离市中心在10英里以上。同时，围绕着汽车修建的大型购物中心往往不是在市中心，这就使人们不得不依赖汽车。在美国，由于各方面的原因，公共交通落后，多数人依靠私人汽车出行。与公共汽车、高架轨道或步行相比，汽车需要占用更大的空间。“对于一位沿着第五大道步行的行人来说，9平方英尺的道路空间就非常宽松了；在繁忙的日子里，行人将占用更少的道路面积……从步行改为开车带来了40倍的占用面积的增加，这可以解释为什么以汽车为基础的城市将那么多的土地用在了道路上。”[③]

二是驾车者与非驾驶者的利益关系。许多学者认为，现代城市的格局和城市道路建设更多考虑了驾车者的便利而忽视了行人和骑车者的权

① Paul Sweezy, Cars and Cities, *Monthly Review*, Vol. 23, No. 11, 1972, p. 30.

② James Kunstler, *The Geography of Nowhere: The Rise and Decline of Americans Man-Made Landscape*, New York: Simon & Schuster, 1994.

③ ［美］爱德华·格莱泽：《城市的胜利》，刘润泉译，上海社会科学院出版社2012年版，第165—166页。

益。加拿大建筑师莫什·萨夫迪（Moshe Safdie）认为，汽车的普及将使都市人所希望的诗意安居遥不可及。为了汽车的通行和停泊，建造了越来越多的高速公路和停车场；而不断增多的汽车，很快就使道路和停车场超过负荷，这就进一步要求兴建更多的道路和停车场。之所以形成这样的恶性循环，就在于我们的城市是按照驾车者的意愿而设计的，它忽视了都市生活的基本要素即步行者的权益。日本学者宇泽弘文认为，近代市民社会的主要特点是在不侵害他人自由的情况下允许个人行动的自由，"但是汽车通行却打破了这一基本原则。也就是说，汽车通行危害了行人的安全，污染、破坏了居住环境，可是，人们却仍为了享受个人的便利而使用着汽车。即使是已经到了再也不能无视它的危害的时候，也依然不给予必要的关注"。① 他认为，问题的关键在于驾车者没有实际承担其成本，而是把成本外化。驾驶小汽车，有独立的空间，能遮风挡雨，能快速（在没有拥堵的情况下）到达目的地，但它却把污染、噪音等危害留给他人，导致环境治理的费用由社会来承担。正是因为驾车者不必负担这么多的社会性费用，汽车的普及才变得可能。

三是驾车者的主动性和受动性的矛盾。早在20世纪70年代，威廉·莱斯（Wellian Less）就对包括汽车消费在内的美国式的高消费进行了批评。他以汽车消费为例说明了"高集约度的市场布局"（the high-intensity market setting）的主要特征，揭示了把满足等同于消费的文化和心理因素。20世纪下半叶最激进的政治和社会思想家伊凡·伊里奇（Ivan Illich）揭示了所谓的有汽车就有自由和独立性的虚幻性。他估计，一个典型的美国人一年花在开车、付费、保险、购油等事务上的时间为1500小时，平均一星期大约30小时，平均一天接近4小时，一年的行程大约6000英里，这样每3—4英里就需要1小时，相当于未工业化的农村的步行速度，而后者还有随心所欲和不受道路拥堵影响的优势。② 法国生态马克思主义者高兹（Andre Gorz）持大致相同的主张，他认为："汽车浪费的时间要多于它节省的时间，汽车创造的距离要多于它所克服的距离。"③

① ［日］宇泽弘文：《汽车的社会性费用》，郑剑译，四川出版集团2013年版，第8页。

② Andre Gorz, *Ecology as Politics*, Boston: South End Press, 1989, p. 73.

③ Andre Gorz, *Ecology as Politics*, Boston: South End Press, 1989, p. 74.

他还进一步指出，汽车大众化后，汽车消费可能导致种种异化。首先，“欲速则不达”。汽车大众化后，每个人都利用过去只有少数人才拥有的特权，从而导致整个交通速度骤降甚至瘫痪，尤其在高峰期，车速甚至不如骑车。人们创造了这样的城市和道路，并且将大好的时光都花在上班的路上。其次，意欲独立反受更多约束。汽车使用者自以为是独立的，其实他们可能要比骑车者、驾马车者受到更多的限制。其一，汽车行驶依靠燃料；其二，维修和保养要依靠专家，汽车的使用者对汽车的机理大多一窍不通；其三，汽车使用者自以为在掌控自己，实际上受到消费主义意识形态的控制。米歇尔·博杰（Michael Berger）认为，汽车表面上是个人自由的表达，它促使个人可以自由地扩展空间，在自由选择汽车的颜色、型号中表达自我，但实际上，这是原子化的个人主义，它否认了个体与其他人的联系，也否定了社区和家庭的意义。①

四是资本的逻辑。如果说城市规划者和建筑学者还是囿于资本主义制度的框架思考问题和寻求解决问题的办法，那么西方激进的左翼学者尤其是西方马克思主义者则把汽车的大众化与资本的积累结合起来，从而把批判的视角转向否定资本主义制度本身。高兹认为，人们消费汽车，实际上沦为汽车厂商、经销商、石油大佬以及钢铁大亨追求利润的工具。斯威茨揭示了汽车产业的发展历程与美国城乡关系的演变过程，认为正是私人汽车的普及才导致了美国城市的蔓延，而汽车产业的发展和汽车消费的增加本质上是资本驱动的结果。正是资本的驱动促使发达资本主义国家走上了最大限度依赖汽车的道路，因为这是创造利润的最有效形式。他把汽车制造业以及与之相关的玻璃、橡胶、钢铁、石油等工业，靠高速公路赢利的企业，高速公路建筑商以及与城市建设利益密不可分的房地产业都纳入“汽车工业联合体”（automobile-industrial complex）中，认为汽车工业构成了20世纪资本积累运转的轴心。美国生态马克思主义者福斯特（John Bellamy Foster）也认为，美国的汽车社会和相应的“摊大饼”式的城市扩张模式是资本逻辑的产物。道路宽广，却没有行人

---

① Michael Berger, The Car^s Impact on the American Family, in Martin Wachs and Margaret Crawford (eds.), *The Car and the City*, Ann Arbor: University of Michigan Press, pp. 57 – 74.

和骑车者的位置，就是为了让更多人购车和消费石油，从而让资本家有利可图。美国统治阶层的大多数对发展公共交通网络不感兴趣，而是思考着如何生产单位耗油更少的汽车，甚至转向生产使用清洁能源的汽车。不过，福斯特认为，只要不改变生产的基本结构，能源利用的效率，最终会成为刺激规模生产的动力，从而陷入“杰文斯悖论”。① 美国资产阶级的另一个强大派别奉行微型车创造微小利润和大汽车创造大利润的原则。他们迎合体育赛车和休旅车的市场需求，通过生产大型机动车创造了比以往更多的利润。福斯特的结论是：只要受资本的驱动，汽车产业就不会有真正的生态性。“从这一角度看，在美国参议院几乎无人投票赞成批准《京都议定书》也就不足为奇了。”② 彼得·弗罗因德（Peter Freund）认为，汽车化已经成为人们的一种消费方式，并且在“自我再生产”中挟持了人们的意志，而且汽车资本霸权向南方国家蔓延的进程也是资本进行“空间修复”的过程，这种资本的自我修复给南方国家造成了严重的生态和社会问题。③

一些国外学者不仅关注发达国家的汽车社会问题，同时也在关注汽车不断走入普通家庭的中国。例如，萨夫迪就对北京不断扩大的城市规模和无处不在的汽车多有微词。他认为，本来中国有机会从西方的错误中吸取教训，创造宜居的、保存历史遗迹的城市，但中国并没有把握这个机会。他认为北京重蹈了许多西方、南亚和拉丁美洲国家城市化的覆辙。“同样的发展模式，同样的对汽车的依赖，同样的忽视公共交通，以及到处可见的对历史区域的损毁和混乱布局的高层建筑。而这所有的一

---

① 杰文斯悖论：提高自然资源的利用效率，只能增加而不是减少对这种自然资源的需求。比如，汽油利用技术的改进提高了汽油利用效率，但同时也使得马路上的汽车增加，这反过来加速了汽油的消耗，同时也会加剧空气污染。

② John Bellamy Foster, *Ecology Against Capitalism*, New York: Monthly Review Press, 2002, pp. 99 - 100.

③ Peter Freund, Driving South: The Globalization of Auto Consumption and Its Social Organization of Space, *Capitalism Nature Socialism*, Vol. 11, No. 4, 2000, pp. 51 - 71; Peter Freund, The Revolution will not be Motorized: Moving toward Nonmotorized Spatiality, *Capitalism Nature Socialism*, Vol. 25, No. 4, 2014, pp. 7 - 18.

切是发生在一个拥有良好建制的、集中式规划当局的城市。”① 德国卡尔斯鲁厄大学建筑学博士马特·斯鲁格（Malte Selugga）指出，私家车的普及给欧美国家带来了一系列问题，如消耗了大量的能源，浪费了大量的通勤时间，破坏了耕地等，由于中国的国情和西方国家完全不同，目前还无法预测私家车普及将如何影响未来中国的城市发展，“但是，中国作为世界上人口最多的国家，耕地稀缺，我们可以设想私家车的普及化带来的影响可能会更严重”。②

二 国外学者对解决汽车社会问题的主张

西方学者不仅对西方的汽车社会问题进行了严厉的批判，同时也提出了一些解决汽车社会问题的建设性意见。他们的主张大致如下。

一是重新规划城市。格莱泽主张回归汽车社会以前城市设计的原则，提高城市的人口密度，建造高楼，充分利用公共交通，使人们在有限的空间共享各种资源，从而减少私人汽车的使用，保护自然生态。他提出：“如果要让未来变得更加绿色，那就必须进一步实现城市化。人口密集的城市提供了一种涉及更少驾车出行、需要制冷和取暖的面积更小的房屋的生活方式。”③ 他批评一些环保主义者为保护当地的绿地而阻止在靠近城市中心地区进行高密度开发的做法，认为这种企图将开发转移到郊区的想法会使人们更多地驾车出行。萨夫迪期待一种“后汽车时代”的到来。在这个时代里，城市建设的理念是人性主义。生活在城市中的人因为有方便快捷的通勤车、运送机以及宽敞的步行道路而自觉放弃给城市造成环境压力的汽车，城市的发展模式将由此发生根本转变。而戴夫·霍顿（Dave Horton）则从理论和实践方面考察了自行车在这样一种转型中的重要作用。他认为，自行车的推广是在构建绿色愿景的进程中产生

---

① ［美］莫什·萨夫迪：《后汽车时代的城市》，吴越译，人民文学出版社 2001 年版，第 3 页。

② ［德］马特·斯鲁格：《车轮上的国家》（下），《城市环境设计》2007 年第 5 期。

③ ［美］爱德华·格莱泽：《城市的胜利》，刘润泉译，上海社会科学院出版社 2012 年版，第 205 页。

的，自行车的使用有助于环境活动家绿色生活方式的形成和维持。[①]

当私人汽车随着快速城市化以远远超过西方的速度进入普通中国家庭时，国外学者也对中国的汽车社会和城市化建设提出诸多建议。生态城市设计大师瑞吉斯特说："中国城市要么按照美国的'汽车——城市蔓延——高速公路——石油'的模式去发展经济，重蹈美国破坏世界环境的覆辙；要么就必须利用这个人类历史的重要时机，正视汽车时代固有缺陷的挑战，选择一条可持续发展的新路。"[②] 他认为，美国人太沉溺于汽车社会的安逸生活，已经没有了引导生态城市建设潮流的潜力，"这却给中国提供了一个千载难逢的机会：在别人发展汽车社会的同时另辟蹊径，以一种对自己的人民也对这个美好的星球上其他生物负责的态度去建设生态城市，使自己变得更强大、更聪明。中国不仅有思想基础，有实证经验，而且也有能力和潜力去改变这个世界。这个思想基础就是中国5000多年来积淀的天人合一的人类生态观和儒释道诸子百家融于一体的传统文化。这个实证经验就是中国传统农耕村社朴素的自力更生传统和风水整合、阴阳共济的乡居生态原则。同所有城市文明一样，中国古代村镇、城市是以步行生态和古朴自然为规划准则的，至今，中国和欧洲的一些城镇还保留着这种风格。认真总结这些城市的经验，对未来城市的发展有着极其重要的指导作用。中国地大人多，资源丰富多样，人们勤奋执着，目前正在探索着各种城市生态建设模式，前途无量。希望中国能借鉴工业化国家城市发展的前车之鉴，在汽车城与生态城、机械城与人性城之间做出明智的抉择，后来居上"。[③] 萨夫迪认为："现在虽然为时稍晚，但还不算太迟！我们可以重新考虑城市中的汽车分布；建设一个与私人交通密切配合且高效的公共交通系统；并在公共交通和私人交通的结合点上建设许多新的中心以减缓交通阻塞并容纳未来的发展；可以取得在高密度与中等密度之间的较好平衡；最后，保证在大都市地

---

① Dave Horton, Environmentalism and the Bicycle, *Environmental Politics*, Vol. 15, No. 1, 2006, pp. 41 – 58.

② ［美］里查德·瑞吉斯特：《生态城市》，王如松、于占杰译，社会科学文献出版社 2010 年版，第 19 页。

③ 同上书，第 20 页。

区享受保护的开放空间。”[①]

二是创建人性化的通勤方式。许多城市规划师、建筑师以及人文学者在提倡一种更多依靠步行、自行车、公共交通的通勤方式。国际知名组织“8—80岁城市国际组织”执行长吉列尔莫·潘纳罗萨（Guillermo Penalosa）提出，为创建活跃城市和健康社区，需要特别关注可持续的移动性和公共空间。他认为，城市通勤更应该关注的是步行、骑车和公共交通，而不是小汽车。在他看来，过去的城市设计是把小车放到行人之上，而“在城市里，步行有绝对的优先权”。为了使更多的人使用自行车，城市应该有专门的自行车道，并且要与汽车车道隔离开来。为了让更多的人行走、骑车和使用公交，所有这些选项应该是安全、方便、快速和廉价的。他指出，为了使城市健康和充满活力，就要创造必要的公共空间。公园要足够大，街边的停车场最好改造成步行街。在他看来，这种对可持续的移动性和公共空间的投入能够解决美国的交通堵塞和尾气污染问题，从而实现从汽车依赖型文化（car-dependent culture）向行人友好型文化（pedestrian-friendly culture）的转变。[②] 他从“可持续移动方式”和“公共空间”两个方面阐述了摆脱汽车依赖的城市理念，前者包括步行、骑行和公交车，后者包括公园和街道。

一些学者也针对中国城市交通问题，提出了改善中国城市交通的建议。马特·斯鲁格提出，重视对汽车的使用而不是占有；不必把汽车作为身份的标志；通过减少开车时间来节省汽油消耗不是明智的，制造汽车已经用掉了大量的能源，开车的能源消耗只是“机动性”能源消耗的很小一部分；增加出租车比普及私家车好，因为这减少了停车库的需求，增加了汽车的使用时间；中国大陆、香港地区和新加坡实行的汽车牌照拍卖制度是不明智的，因为购买牌照容易让购买者误以为他已经补偿了因其机动性产生的所有成本；停止修建用于私家车的行驶道路，重点发展公共交通并为公共交通划出更多的专用车道；新规划的城市或者区域

① ［美］莫什·萨夫迪：《后汽车时代的城市》，吴越译，人民文学出版社2001年版，第3页。

② Charlsie Dewey, Designing Cities for People not Cars, http://www.grbj.com/articIes/80623-desiging-cities-for-people-not-cars, 2014-09-19.

需要围绕城市交通来设计，而不应该是设计表面漂亮的建筑；重回“自行车王国”的地位，以维持和促进城市的可持续性发展；打破城市的各种围墙，使堵塞的汽车得以疏通；让越来越多的人通过别的方式来获得社会认同，以“抑制”购车的欲望。

三是把汽车使用成本内化。我们知道，小汽车的使用具有成本外化的特点。这种让开车的人享受其舒适性，而让不开车的人遭受烟尘、噪音、震动以及温室效应的后果是很不公平的。宇泽弘文认为，应该明确市民的基本权利内容以及修建道路所需要的追加的投资金额，依据这个金额，测算出汽车使用的外在性成本，从而让开车的人承担这些费用。“只有当那些因汽车通行而享受方便的人们开始负担这些社会性费用，才能够实现社会共有的最有效配置，汽车才能够在不侵害市民基本权利的基础上顺利通行。”① 针对汽车尾气造成的空气污染问题，基于私有产权的环境主义者主张将公路私有化，要求其所有者承担污染的损害责任。由此，公路私有者为了减少空气污染，就有动力去限制那些高污染车辆的通行，他们可以要求只有装备更优良的污染控制设备的汽车才能通行，或者在高峰时间大幅度提高通行的税费，而汽车所有者为了能够通行，就有动力去改进自己的汽车的污染控制设备，或者与他人共用汽车，或者干脆舍弃汽车改用公交车、自行车，从而达到节能减排的目的。②

四是摆脱资本的逻辑。斯威茨认为，在现代资本主义的框架下，通过限用等方式来缓解城市交通特别是高峰期的拥堵是可能的，但如果没有根本扭转资本的逻辑，要在整体上改变城市结构、阻止城市的蔓延并建立良好的城市社会关系则是不可能的。因为社会的“汽车化”（automobilization of society）所造成的拥堵和污染不是资本主义制度本身可以解决的。他认为，为了使城市真正成为宜居的家园，消除拥堵和污染，就要打破经济活动与利润预期之间的因果联系，确定合理的工作模式，有适当的人口密度和有效的公共交通系统。而要做到这些，最根本的是“不仅要求土地的公共占有，而且要求整个投资的社会化，使生产不被利

① ［日］宇泽弘文：《汽车的社会性费用》，郑剑译，四川出版集团2013年版，第99页。

② Murray Rothbard, Law, Property Rights and Air Pollution, *Cato Journal*, Vol. 2, No. 1, 1982, pp. 55 – 99.

润引导而是满足人民的需要”。[1] 彼得·弗罗因德和乔治·马丁（George Martin）认为，生态社会主义必须直面对社会和生态造成破坏的生产方式和消费方式，在解构与重构中为公众提供通勤需要、经济安全和愉悦感。交通体系应该具有多样性特征，采用较少资源消耗和能源密集型的交通方式，例如自行车和步行；交通体系应该减少私有化，更多满足社会和环境需要而不是以汽车为中心。这样一种转换能否在全球市场经济的背景下得以完成，仍是一个开放的问题。[2]

三　借鉴国外学者观点，创建良好的汽车社会

汽车可以造福人类也会给人类带来祸害；汽车塑造了现代城市，但被汽车充塞的城市未必就是宜居城市；汽车可以推进城市化进程，但也可以导致城市的衰落；人类未必要依赖私人汽车，城市也未必只有现在的模式，通往幸福之路有很多选项；处理好人、汽车、城市和生态的关系是我们求得人与自然的和谐从而实现人类永久幸福的重要保证。面对轰轰烈烈的城市化热潮，面对强大的汽车需求动力，我们应该冷静地思考，寻求可持续性发展和永久幸福之路。国外学者对汽车社会问题的批判和解决汽车社会问题的思考，对于刚刚踏入汽车社会门槛的中国而言至少有如下几点启示。

一是在通勤方式上我们不能效仿“车轮上的国家”——美国。美国不仅是率先进入并具有典型性的汽车社会国家，而且不同于欧洲国家，其总体上并没有改变汽车社会的愿景。美国的汽车社会问题已经招致许多国外学者的批判，我们必须引以为戒。中国的自然环境、资源和人口条件决不允许我们成为美国那样的“车轮上的国家”。美国人口接近3.3亿，国土面积937万平方公里，中国国土面积与美国相当，人口却有14亿之多。如果按照美国人均0.6—0.7辆汽车的标准，中国将有9亿辆汽车，那么道路和停车场所需要的土地面积将是一个极其可怕的数字。人

① Paul Sweezy, Cars and Cities, *Monthly Review*, Vol. 23, No. 11, 1972, p. 33.

② Peter Freund & George Martin, The Commodity that is Eating the World: The Automobile, the Environment, and Capitalism, *Capitalism Nature Socialism*, Vol. 7, No. 4, 1996, pp. 3 – 29.

口众多，汽车剧增，这就可以解释为什么我们不断建路但很快就变得超负荷。就像萨夫迪所说："似乎在高速路上的投资总是难以满足我们使用小汽车作为交通工具的疯狂需求。"① 随着城市化的发展，越来越多的人聚集在城市。如今，中国100万人口以上的城市已达142个，其中1000万人口以上的城市有6个，随着城市化进程加快，将有更多的人涌向城市。大量人口集聚在大城市，拥堵、停车难、尾气污染就难以避免。当然，我们可以开发和推广新能源汽车，但我们必须意识到，新能源汽车只能解决尾气污染问题，并不能解决人、车、道路与我们的生存空间错综复杂的矛盾。即使中国人都开上了新能源汽车，很多问题也是无法解决的。首先是土地问题，要那么多的土地满足行车和停车的要求，显然是不现实的。其次是新能源汽车无法解决发电侧的排放问题。最后，废弃电池的处理也涉及生态问题。因此，我们不能仿效美国，在通勤方式上要走中国自己的路，即尽量减少对私人汽车的依赖。

二是把汽车消费引向节能减排的轨道。如上所述，我们不能效仿出行主要依赖私人汽车的美国，但是对于初步实现小康的中国人来说，拥有一部自己的汽车也是梦寐以求的，西方一些学者对汽车社会的否定态度，也许未必能够被国人接受，但他们提出要重视汽车使用的外部性成本而非面子的观点则值得借鉴。在美国，汽车价格低，油价也低，这导致了美国轿车普遍偏大、偏重、油耗高。就我国的资源环境条件和收入水平而言，现有车型结构明显不合理。"在中国大城市，轿车的排放量、车身尺寸、汽车重量的平均水平不仅比20世纪50年代欧洲、60—70年代日本大众汽车消费起步时高了许多，甚至比今天欧洲一些大城市的平均水平还要高。由此导致中国轿车平均百公里油耗高于欧洲和日本，略低于美国。"② 购车者不是特别关注汽车油耗，很重要的原因在于一些人把汽车看作身份的象征，而不仅仅是代步工具。因此，我们应该借鉴国际经验，在汽车购置和使用环节都应以节能和环保为原则：要依据车价

---

① ［美］莫什·萨夫迪：《后汽车时代的城市》，吴越译，人民文学出版社2001年版，第4页。

② 陈清泰：《汽车产业和汽车社会——一个汽车人的思考》，中信出版社2014年版，第25页。

和耗油量实行差别税费，如可按汽车重量、电动机排气量或百公里耗油量实行差别税费，从而引导汽车消费和汽车企业的生产；制定实施更严格的排放标准，强化对汽车尾气排放的检测和运行状态的监督。在现代城市的布局使市民离开私家车就很不方便的情况下，在汽车已经日渐成为市民必需品的条件下，在圆中国人汽车梦的同时尽量减少汽车对城市环境的破坏作用，或许是一种折中的可行的选择。

三是通过优化城市布局和城市交通体系减少市民对私人汽车的依赖。一方面，要有合理的城市规划和功能布局。城市合理布局要解决的基本问题是避免物流、人流和交通过度向市中心聚集以及改变教育、工作与居住相分离的状态。在中国的城市格局中，政府机构、医疗、商业等设施集中在市中心，为利用这些资源，市民被迫驾车来回奔波，多中心的城市格局则可以减少市民对私家车的依赖。另一方面，大力发展公共交通。公共交通不仅指传统的公共汽车，还包括地面快速公交（BRT）、地上和地下的有轨道交通，甚至可以把出租车和刚刚兴起的“专车”纳入公交体系。

四是创建政府、市场和社会三者相结合的综合治理机制。汽车社会的各种问题涉及政府、市场和社会的方方面面，需要政府、市场、社会三方力量来共同治理。就政府而言，汽车社会问题已引起有关部门的关注，但各个部门常常各自为政，经济发展、城市拓展、道路建设和生态保护并没有很好地协调起来；一些地方政府出台了限购、限行、摇号等政策，但无法从根本上解决拥堵和污染问题。就市场而言，有人主张控制私家车增量应该采取市场机制，但市场在解决汽车社会问题时往往又是失灵的，比如通过竞标获得购车权，可能就会诱使人们购买大排量车，因为购车者更多的是从自身利益考量，而不会太多考虑“社会性费用”（即外部不经济）问题。就社会而言，国人对汽车有着强烈的刚性需求，未购车者对诸如限购政策必然会有所不满，比如深圳市民就认为突如其来的限购令违反了民主程序和诚信执政原则。对此，必须辩证地分析汽车社会问题的复杂性，探求政府、市场和社会的综合治理之道。要发挥市场机制的作用，通过价格机制、供求机制和竞争机制激励市民购买低排量汽车、混合动力汽车和电动汽车，但又要充分认识到市场机制可能失灵。政府要有总体的和前瞻的战略思考，不仅要制定合理的汽车产业政策，更要制定合理的汽车社会政策，从而引导汽车产业的“绿色化”发展方向。政府的决策涉及千家万户的利益，如果把公众排除在公共政策的制定过程之外，如果一项公共政策使某些人的利益受损，必将引起他们的不满，并给政策的执行带来困难，为此，有必要畅通渠道，广泛吸引公众参与。当然，公众的要求与行为并非天然合理，已跨入汽车社会的门槛但还没有建立相应的汽车文明正是当代中国汽车社会的尴尬处境。为此，要加强宣传力度，在全社会形成符合生态文明要求的汽车消费观，最大限度地降低汽车社会带来的负面影响。

（选自《国外社会科学》2015 年第 4 期）

专题三

公共管理与社会保障

交叉文化管理学在国外的发展

胡　军

一　交叉文化管理学的产生

交叉文化管理学（cross-culture management）是20世纪70年代后期在美国逐步形成和发展起来的一门新兴边缘科学。它研究的是在交叉文化条件下（不同民族文化的人在一起工作和生产）如何进行管理的问题。

在这门学科产生以前，关于文化及文化差异与相似的研究仅仅是人类学家的事，公司与企业很少注意对文化的研究。尽管人们已经认识到文化环境与公司的决策有关，但在国内的经营环境中，人们很少把它作为一个主要的影响因素加以考虑。然而，经营国际化趋势的不断增强，使人们对文化环境以及其重要性的认识不断加深。当企业跨国经营时，它们所面对的是与其母国文化根本不同的文化以及由这种文化决定的价值观念、态度与行为。当今，跨国公司的管理过程呈现出十分复杂和多变的特性。管理者所要面对的不仅是恒常的管理变量，他们还要面对文化差异所带来的管理难题。文化的不同直接影响着管理的实践。一个在特定文化环境中行之有效的管理方法，在另一种文化环境中常常会产生出截然相反的后果。由于人们的价值取向不同，不同文化背景中的人采取不同的行为方式，从而导致文化摩擦。这是交叉文化管理学产生的根本原因。

交叉文化管理学在美国的出现不是偶然的，长期以来，美国管理学界一直认为，他们在创造管理思想和高效的管理实践方面是具有垄断地位的。是美国将管理理论进行了系统化的整理和总结，美国的管理思想与实践是普遍适用的。但在50年代后期，管理理论研究中的这种倾向受到了挑战。跨国公司跨国经营的实践证明，将美国的管理理论与方法应用到其他国家是十分困难的。许多例子证明，文化的迟钝以及缺乏文化背景知识，是导致美国公司在新文化环境中失败的主要原因。因此，美国人也不得不去研究别国的管理经验，从而产生了交叉文化管理学这个新的研究领域。

60年代末、70年代初日本企业管理的成功也促使人们对文化作用的重要性给予重新认识。这期间，日本的跨国公司和合资企业的管理日益显示出优越于美国和欧洲公司的管理。事实上，日本人建立了适合于本民族文化和环境的管理系统，这个系统远比美国已有的系统成功。作为这种发现的结果，人们对文化以及不同文化条件下管理行为的研究开始风行起来。

交叉文化管理学研究的主要目的，是如何在不同的文化环境中，设计有效的组织战略和结构，有效地使用有限的人力资源。由于跨国或多国企业都是在不同文化环境中经营的，因此它们必须了解文化是怎样形成的，它又是怎样对公司的经营与管理发生作用的。如果对自身所处环境的各种要素缺乏透彻的了解，任何组织都不可能有效地运行。过去，公司把注意力都放在诸如政治、技术、经济和组织间相互关系等环境要素上，而忽略文化要素对组织经营的巨大影响。这种观念已远不能适应国际经营的战略需要。交叉文化管理学的主要任务之一，就是帮助跨国公司和多国企业进一步证明了其所处的文化环境。

二 交叉文化管理学研究的主要领域

1. 交叉文化比较研究的三个主要观点

（1）普遍适用论的观点。这种观点认为，不同文化环境中的管理者没有根本的不同，管理理论和实践可以很容易地从一种文化环境转移到另外一种文化中去。这种学派更多地强调文化的共同性而非文化的不同性。

（2）经济束的观点。这种观点认为，国与国之间各种经济要素之间的异同性，是决定管理者任务的主要因素。

（3）文化束的观点。这种观点认为，不同文化环境中人的行为与态度的差异，是决定管理者任务的主要因素。

2. 文化的定义与文化要素问题

研究交叉文化条件下的管理问题，首先要弄清文化的定义与文化的要素。关于文化的定义，至今没有一个统一的理解。文化人类学家、社会学家、考古学家、民族学家、管理学家从各自研究的目的出发，从不同的角度对文化给以不同的解释。最先给文化下定义的是英国人类学家泰勒。他认为，文化是一个复合的整体，其中包括知识、信仰、艺术、道德、风格以及人作为社会成员必具的能力和习惯。

许多学者认为，文化就是人们的生活方式和认识世界的方式。人们总是遵循他们已经习惯了的行为方式，这些方式决定了他们生活中的特定规则的内涵和模式。社会的不同就在于他们的文化模式不同。从一般意义上说，文化可以定义和表示为人们的态度和行为，它是世代相传的对于存在、价值和行动的共识。文化是由特定的群体成员共同形成的，它形成了社会与人们共同生活的基础。社会生活在很大程度上依赖于人们的共识，这种共识就构成了特定的文化。这种看法具有一定的代表性，但关于文化概念的认识仍很不统一。

关于文化要素问题，在这门学科中也有争论和不同的看法。文化人类学家怀特认为，人类文化可分成三个部分：（1）经济和技术；（2）社会结构；（3）意识形态。经济和技术是后两者的基础。只有在经济与技术的基础之上才能对社会结构和意识形态有一个完整的了解。管理学家霍夫斯特德曾把文化划分为四个方面：（1）个人主义与集体主义；（2）权力距离的大与小；（3）对未来不确定性的规避；（4）男权化与女权化。他用这四个方面对不同的社会和国家进行了描述。凯利曾创造性地把文化的影响同其他环境因素区别开来。

3. 信息沟通、人际关系与文化的关系

信息沟通是交叉文化管理学研究的一个重要领域。这是因为：（1）

信息沟通与组织的其他功能有着密不可分的关系；（2）文化与沟通的关系是如此紧密，以至于许多类学家把它们看成是同义的。他们认为，如果不了解一种特定文化领域的沟通方式（包括语言），要理解其文化几乎是不可能的。

人际关系，特别是不同文化环境中人们之间的相互关系，是交叉文化管理学所要研究的另一个重要领域。在交叉文化条件下，人们之间的协调方式、关系模式、整合机制是怎样形成和发生作用的，这些问题是学者们颇感兴趣的问题。

4. 雇员的态度与行为、管理行为与领导方式等方面的研究

这方面的研究主要包括：（1）影响雇员与管理者态度与行为的主要文化要素；（2）交叉文化条件下的激励机制研究；（3）管理模式、领导方式的比较研究；（4）不同文化条件下的决策方式研究等。此外，还有对文化氛围功能的研究，文化氛围对价值观形成的影响，共识产生的文化机制，文化氛围对组织成员行为的影响方式和途径的研究等等。

5. 文化的界域问题，文化为特定的群体所拥有，它是社会和公共生活必不可少的基础

要研究文化对管理的影响，首先要确定两种不同文化之间的界域。在研究文化对管理的影响时，一般都把国家作为主要的分析对象。其原因是：（1）国家是受其历史、教育制度、法律系统、人力及管理系统影响的基本单位；（2）国家对该国国民来说具有很强的象征性价值；（3）文化的调整来自特定国家人们的生活与行为方式。当然，这种划分还十分粗糙，需要进行进一步的研究。

三 交叉文化管理研究的基本方法

关于交叉文化管理的研究，有许多不同的观点及方法。这些观点与方法可以归纳为以下几种。

1. **区域性方法**

区域性方法就是由特定文化中的成员对其自身文化进行研究的方法。但交叉文化研究的结果如果只局限于一种特定的文化之中，则既受到理论的限制，也受到实践的限制。

2. **民族中心论的方法**

这种方所研究的是：在 A 文化环境中适用的理论能否在 B 文化环境中也适用。这种研究也试图论证其研究结果和理论的普遍适用性。对于相似性的验证是这种研究的普遍方法。在这种研究中，两种文化中相同的现象或过程被认为是对普遍适用论的验证。然而，这种研究结论的可能的谬误是，用两种文化中相同的事例来表明其理论的普遍适用，这是不能令人信服的。

3. **多中心论的研究方法**

这种研究方法试图解释在特定的外国文化中的管理和组织实践。这种研究的方法基本上是在不同的国家中进行个案研究。其基本假设是任何组织和机构的行为均可在其所处的文化环境中得到解释。这种研究试图创立一种在该文化环境中可应用的理论，它强调文化的独特性。基本观点是，没有一种最好的管理方法。这种研究方法属于归纳法而不是演绎法，它强调对特殊文化环境中的个别和特殊的事例，要进行特殊的描述和研究。这种研究方法也有其潜在的问题，它属于描述性而非评价性的研究。许多学者不同意这个学派的基本观点。

4. **比较研究的方法**

这种研究方法试图确定不同文化的异同点，从而进一步确认哪些理论结果是普遍适用的。在这种研究中，不同文化中出现的相似性被认为是普遍现象，其基本假设是不存在所谓的主体文化。

5. **全球中心论的研究方法**

这种方法主要用于对多国公司的研究。它试图在交叉文化中寻求相同点。其基本假设是，在组织管理中存在一种共同的、有效的、普遍适用的管理方法。米勒认为，传统的跨国公司研究就属于这一研究方式的范畴。在这种研究中，管理理论跨文化的有效性和通用性是无可置疑的。

6. 人际合作模式研究

这种研究方法试图探究来自不同文化背景中的人在工作中相互影响的关系模式。其目的是确定这种相互影响的基本法则。这种研究在很多方面与其他几种研究方法有别。首先，它强调人际间的相互作用。早期的研究注重探明不同文化间的异同性，而人际合作模式研究所强调的是如何在管理模式中的文化特殊性和文化普遍性之间达到理想的均衡。它所关注的行动研究着眼于对现存问题提出新的解决办法。换言之，这种研究的整个过程带有改善组织效率的明确目的。这种研究方法的另一个优点是它着眼于人际间的相互影响。搞清这种相互关系对于跨国企业的经理来说十分重要，因为他本人也将受到来自不同文化环境的管理者的影响。

结论与启示

第一，对于不同文化系统的研究有助于我们客观地认识和理解他人的文化以及在这种文化背景下产生的管理系统与模式，而不是从自己的文化观念出发理解他人的文化及其管理系统与模式。此外，它还有助于我们理解和感受人类各种文化的差异，使我们能更好地在交叉文化条件下进行经营与管理。

第二，在各种文化之间，即态度、信仰、价值系统、需求层次以及管理实践之间存在着明显的不同。当管理的理论与实践从一种文化转移到另一种文化之中时，管理者必须对此加以注意。管理和组织活动自始至终都渗透着文化的影响。通过透彻地了解组织成员所表现出的一定文化环境下的价值观和态度，管理者可以更好地了解既定文化氛围中的组织行为和管理经营。

第三，管理系统是根植于既定文化氛围之中的。管理系统必须与民族文化环境相互适应。卓越的管理内涵在于它融合于民族文化之中，任何模式或沿袭他人的管理模式都不会形成超越。我们需要创造具有中国特色的管理体系，但这种体系必须是建立在分析我国的传统文化和外国文化的基础之上，选择和借鉴那些与本民族文化深层结构相契合的管理体系与模式的内容，运用我国的优秀传统、历史与文化的精华，创造出有中国特色的管理理论、手段和方法。

（选自《国外社会科学》1994 年第 9 期）

美国应急管理的发展与演变

王宏伟*

美国幅员辽阔，地处世界自然灾害三大频发地带之一的太平洋沿岸，历史上曾多次遭受地震、飓风、龙卷风等自然灾害的侵袭。同时，作为经济与技术发展迅速、社会矛盾错综复杂的发达资本主义国家，美国的人为灾难与技术事故也时有发生。回顾历史，在处理各种自然、人为与技术突发事件的过程中，美国不断地调整应急管理的理念，完善应急管理的体制。深入了解美国应急管理的发展与演变，有助于我们把握美国应急管理的特点，进而汲取其在应急管理方面的经验和教训。

一　第二次世界大战结束前的美国应急管理

“简而言之，应急管理就是风险管理，其目的是使社会能够承受环境、技术风险，应对环境、技术风险所导致的灾害。”① 作为美国政府的重要职能之一，应急管理的目的就是规避风险与应对风险。美国学者认为，应急管理包括4个阶段，即减缓（mitigation）、准备（preparedness）、响应（response）和恢复（recovery）。从本质上看，应急管理所提供的产品是公共安全，它具有两个特点：受益的非排他性与效用的不可分割性。

* 本文作者：王宏伟，男，1968年生，博士，中国人民大学公共管理学院公共政策与公共安全研究所讲师。

① William L. Waugh, Jr., *Living With Hazards, Dealing With Disasters: An Introduction to Emergency Management*, Armonk, N. Y., M. E. Sharpe Publishers, 2000, p. 3.

这决定了政府在应急管理中发挥着不可替代的作用。“美国宪法开宗明义地指出，政府的目标是，‘保障国内安宁，规划共同防务，促进公共福利’。”① 为此，美国政府一向高度重视应急管理。早在1786年，联邦政府就曾派出军队平息在马萨诸塞州西部发生的谢伊斯叛乱，这可以看作是美国政府较早的一次应急管理实践。

美国是一个实行三权分立的联邦制国家。美国宪法规定，各州具体负责各自的公共卫生及公共安全事务。联邦政府只有在州、地方、个人无力应对公共风险的情况下才会给予必要的援助。1803年，新罕布什尔州的朴次茅斯发生特大火灾，联邦政府首次提供了经济援助。此后，从1803年到1950年，联邦政府对各州及地方发生的洪水、龙卷风、地震和火灾等灾害实施了100多次救助。1905年，美国红十字会受命于国会，成为应对全美灾害的协调机构。次年，旧金山发生里氏8.3级大地震，造成478人死亡，25万多人无家可归。红十字会第一次发挥了非常重要的救灾协调作用。

美国应急管理的发展与战争动员关系密切。20世纪初，人类科学技术获得了突飞猛进的发展并被应用到军事领域，武器装备的杀伤能力得到了大幅度的提高。第一次世界大战展示了大规模空袭的威力和化学武器打击的恐怖场景。在这种情形下，美国国会于1916年颁布了《美国军队拨款法案》，成立了“国防理事会”。该理事会又下设“战争工业委员会”，并要求各州、地方成立相应的机构。这标志着美国民防（civil defense）制度的开端，其作用在于避免美国公民遭受战争的打击，并为美国赢得战争调动一切人力、物力和财力。

20世纪30年代，美国爆发了以滞胀为特点的经济危机。罗斯福总统在实施“新政”的过程中成立了“田纳西流域管理局”，以减轻洪灾的影响并发展水电。“重建融资公司”和“公共道路局”还被授权发放赈灾贷款以修复被灾害毁坏的设施，包括公路和桥梁等。1934年，美国政府出台了《洪水控制法》，授权美国陆军工程师部队设计和兴建防洪工程。这些措施的背后有一个共同的目的：创造就业机会，推动经济增长。

第二次世界大战期间，为确保战时生产的安全，罗斯福总统责成联

① 转引自夏保成《西方公共安全管理》，化学工业出版社2006年版，第3页。

邦调查局（FBI）对战时物资生产工厂进行调查，并成立了“应急管理办公室”，负责战时生产的安全保卫工作。随着战争形势的发展，应急管理办公室的职能不断扩大。1941 年，罗斯福取消了“联邦国防理事会”的机构设置，以“民防办公室”取而代之。该民防办公室下辖 44 个州、1000 个地区的国防理事会，为美国取得反法西斯战争的胜利立下了汗马功劳。

在这一时期，美国除参加了两次世界大战之外，还经历过许多自然与人为灾害，如 1811—1812 年的密苏里州新马德里地震、1873 年的芝加哥大火、1889 年的宾夕法尼亚州约翰斯敦崩坝、1900 年的加尔文斯敦飓风、1906 年的旧金山地震和大火、1927 年的密西西比河下游洪灾、1938 年的新英格兰飓风等等。总体而言，此时美国的应急管理体制尚处于摸索阶段，还没有形成统一的法律与政策来规范应急管理。从广义上说，美国的应急管理包括战时应急与非战时应急。如果说应急管理平时以救灾为主，那么战时则要以应战为主。美国在两次世界大战中建立起了成熟的民防体制，为其非战时应急管理积累了丰富的经验。

二 冷战前期的美国应急管理

第二次世界大战结束后，美国与苏联为争夺世界霸权，展开了长达半个世纪之久的冷战对峙。在此期间，美国的应急管理深受国际安全形势，特别是美苏关系变化的影响，但始终没有偏离一个核心是：应对苏联的核打击。

1947 年，美国颁布了《国家安全法》。根据该法，美国成立了“国家安全资源委员会”，主要职责是向总统通报美国战时动员的协调情况，特别是工业生产能力及关键性战略物资的储备情况。1949 年，苏联成功地爆炸了第一颗原子弹，打破了美国在世界上的核垄断地位。为此，避免苏联的核打击成为美国应急管理的重中之重。是年，杜鲁门政府在“应急管理办公室”下成立了“联邦民防局”，主要职责是对民防事务提供技术支持。

1950 年，美国出台《联邦灾害救援法》。尽管该法只规定联邦政府可以在某些灾害发生时给予各州以有限的援助，但它标志着美国开始以联邦法律与政策的形式来抵御自然灾害对民众与社会的影响。[①] 同年，美国国会通过《联邦民防法》，规定联邦政府有权向各州及地方政府提供与装备和给养采购相关的指导、援助、协调、培训和贷款。1951 年 1 月，“联邦民防局”成为联邦政府的独立机构，并接管了“国家安全资源委员会”的职责。它所履行的职责与五角大楼在 1950 年成立的“国防动员办公室”相关，因为国防动员办公室的主要职能是确保战时物资与生产的快速动员。1958 年，“联邦民防局”与“国防动员办公室”最终被合并为“民防与国防动员办公室”。

可见，20 世纪 50 年代，出于与苏联争霸和打赢朝鲜战争的需要，美国民防主要的侧重点是战争准备，而非灾难救助。1953 年，“国防动员办公室”被赋予应急准备与灾害救助协调的职能。实际上，在整个国家机器以战争为核心运转的情况下，民防被视为事关“国家安全”的部门，其主要任务是避免公民遭受敌国打击，保障战略物资的生产。无疑，灾害救助在很大程度上遭到了忽视。但是，在此期间，自然灾害却经常“光顾”美国：1954 年，飓风“黑兹尔”（Hazel）袭击了弗吉尼亚和北卡罗来纳；1955 年，飓风“戴安娜”（Diana）袭击了美国东北部的几个州；1957 年，飓风“奥德丽”（Audrey）袭击了路易斯安那和北德克萨斯。美国政府的应对策略只是通过临时立法向灾区增加灾害援助。

20 世纪 60 年代初，三场大规模的自然灾害引起了美国政府的特别关注：1960 年，蒙大拿发生了里氏 7.3 级地震；同年，飓风“唐娜”（Donna）袭击了佛罗里达西海岸；1961 年，飓风“卡拉”（Carla）袭击了德克萨斯。肯尼迪政府于 1961 年将民防事务与其他应急事务区分开来，在白宫内部成立了专门应对自然灾害的“应急规划办公室”（1968 年改称“应急准备办公室”），其主要职能包括：资源调配与利用、灾害救助与恢复、经济稳定与政府的持续性。民防职责由国防部内的“民防办公室”行使。可是，就在美国应急管理重心开始向救灾转移时，1962 年爆发的古巴导弹危机使美国政府再次绷紧了防范核打击的神经。加上越南战争的爆发，美国军费开支一涨再涨。战争准备依然占据着美国应急管理的

① Rutherford H. Platt, *Disasters and Democracy*: *The Politics of Extreme Natural Events*, Washington D. C.: Island Press, 1999, p. 9.

主要地位。

20 世纪 60 年代是美国自然灾害的频发期：1962 年，“风暴圣灰节”（Ash Wednesday）席卷美国东海岸 620 英里的沿海地带，导致的经济损失高达三亿美元；1964 年，阿拉斯加发生里氏 9.2 级地震，并在太平洋沿岸引起海啸，造成 123 人死亡；1965 年和 1969 年，飓风“贝齐”（Betsey）和飓风“卡米尔”（Camille）造成墨西哥湾数百名美国公民丧生及巨大的经济损失。对此，美国政府的灾害应对策略依然是撞击—反射式的，即通过临时立法向灾区增加灾害援助。不过，美国于 1968 年启动了“国家洪水保险计划”，通过了《国家洪水保险法》，以保险的形式来分担灾害成本，减少政府的灾后援助负担。

20 世纪 70 年代初，由于尼克松政府以灵活、务实的态度发展与苏联的关系，美国与苏联的关系处于相对缓和时期。在国内，美国许多州的州长对民防与应急职能分割的做法提出质疑，建议联邦政府将民防部门的两用资金和设备用于自然灾害的预防与应对。1971 年，民防办公室被更名为“防务民事准备局”，各州及地区获得的拨款一半用于民防，另一半用于应急。民防工作人员要协助各州及地方政府制订应对自然灾害及核打击的计划。

1973 年到 1975 年，美国遭受了严重的自然灾害。特别是 1974 年，美国中西部暴发的龙卷风使数百人丧命。1977 年，田纳西河流域遭受巨大洪灾，发生多起崩坝事件。1979 年，三里岛发生核电站事故。这些都使得美国政府越来越重视灾害和事故的应对。但是，美国应急管理出现了碎片化的现象，应急管理职能主要分散于几个联邦部门中：美国通用服务局主要负责大型灾害中各联邦机构的响应协调，包括政府的持续性、物资储备、联邦准备；联邦住房与城市发展部主要负责联邦灾害救助活动的协调，包括洪水保险；1974 年的《联邦火灾预防与控制法》使商业部除负责天气和预警外，还负责防火；财政部负责进口调查；核管制委员会负责电厂安全。此外，军方还设有负责防范核打击的防务民事准备局和负责洪水控制的美国陆军工程师部队。此时，美国有 100 多个联邦机构参与了风险及灾害的应对与处置。众多部门职责不清，彼此重叠，关系混乱，经常发生“势力范围”之争。在各州及地方政府层面，应急管理碎片化的趋势更加明显，问题更加突出。为此，美国的应急管理迫切需要加以整合。

1977 年，全美州长联合会指出，美国缺少一个全国性的综合应急政策，联邦应急职能分散于诸多部门中削弱了各州管理灾害的能力。1978 年，该联合会发表了《1978 年应急准备计划：最终报告》，建议联邦、州及地方政府建立平等的伙伴关系以推行综合应急管理方式；创建一个联邦应急机构，其职能包括减缓、准备、响应与恢复；在各州建立相应的机构。

在这个时期，美国的应急管理体制处于频繁的调整过程。从总体上看，应急管理主要是服从与苏联进行冷战对抗的需要。但是，在美苏关系出现某种缓和趋向及美国遭受巨灾之时，美国的应急管理就会表现出向平时灾害应急倾斜的趋向。但是，这种调整经常为国际形势的再度紧张所打乱。到 20 世纪 70 年代末期，美国应急管理政出多门，成立一个独立的应急管理机构的呼声日高。

三 冷战后期的美国应急管理

1979 年，卡特政府成立了联邦应急管理署（FEMA），实现了救灾与民防的功能整合。这在美国应急管理发展史上是一件具有里程碑意义的大事。联邦应急管理署由一系列的联邦部门合并而成，包括国家消防管理局、联邦保险局、联邦广播系统、防务民事准备局、联邦灾害援助局、联邦准备局等。不仅如此，它还被赋予了许多新的应急准备与减缓职能，如监督地震风险减除计划，协调大坝安全，协助社区制订严重气象灾害的准备计划，协调自然与核灾害预警系统，协调旨在减轻恐怖袭击后果的准备与规划等。

可以说，联邦应急管理署的成立体现了美国应急管理的一种全新理念，即“综合性应急管理”。其具体含义包括两层，即全风险管理与全过程管理。第一，从横向来看，应急管理的对象由单灾种向多灾种转变，也就是说，联邦应急管理署将各个下属机构协调起来以应对不同类型的灾害；第二，从纵向来看，应急管理应该是一种全过程的管理，也就是说，联邦应急管理署无论应对任何一种灾害，都要经过减缓、准备、响应与恢复 4 个阶段。约翰·马西是联邦应急管理署的首任署长。他提出

“一体化的应急管理体系”（IEMS）的概念，强调将自然风险准备与民防融合起来，使指挥、控制与预警功能适用于各种突发事件，包括应对核打击。

但是，联邦应急管理署从诞生之日起就面临着严峻的挑战：它需要协调各种关系，即如何协调内部组织关系，自身与国会及各州、地方政府的关系。从内部来看，联邦应急管理署组织上的整合容易，而运行模式的整合困难；从外部来看，联邦应急管理署要接受国会 23 个委员会和分委员会的监督。1982 年，路易斯·O. 古伊弗里达接管联邦应急管理署并进行重组，将其主要职能再次转向应对苏联的核打击。他的继任者朱利斯·贝克顿将军依然奉行此政策。

由此可见，在联邦应急管理署成立之后，美国的应急管理虽然表现出民防与救灾相结合的原则，但依旧以应对苏联的军事进攻为重点。1984 年，美国政府的一份报告中指出：“美国民防计划的主要目的是：（1）在核打击发生时，拯救美国人的生命；（2）增强美国的防御能力，吓阻苏联对美国发动攻击；（3）提高各州及地区应对自然灾害及技术灾难的能力。”① 所幸的是，联邦应急管理署从成立到 20 世纪 80 年代中期，美国并没有遭受重大的自然灾害。到 20 世纪 80 年代末，联邦应急管理署陷入严重的组织危机，具体表现为士气低落，组成部门各自为政，与各州及地方应急机构在经费支出问题上龃龉不断。

四 后冷战时代的美国应急管理

从 20 世纪 80 年代末到 90 年代初，东欧剧变、苏联解体，美国成为世界上硕果仅存的超级大国。苏联核打击的威胁淡去，自然灾害逐渐成为应急管理关注的焦点。同时，由于经济全球化的加速发展以及媒体报道的“CNN 效应”，政府应对各种灾害的效能成为左右民众手中选票的重要因素。

---

① John Dowling, FEMA: Programs, Problems, and Accomplishments, in Dowling John & Evans M. Harrell (eds.), *Civil Defense* : *A Choice of Disaster*, New York: American Institute of Physics, 1987.

1989 年，美国暴发的两场大规模自然灾害使联邦应急管理署隐藏的问题开始浮出水面。是年 9 月，飓风“雨果”（Hugo）袭击了波多黎各和处女岛后，又席卷了北卡罗来纳州和南卡罗来纳州，造成 85 人死亡，经济损失达 150 亿美元。联邦应急管理署的行动非常迟缓，受到公共舆论的严厉谴责。不久，加利福尼亚州又发生了洛马－普利埃塔（Loma Prieta）地震。然而，由于加州的应急机构一直在进行防震演练，且加州实施了严格的建筑标准，因此，这次地震虽然给当地造成了严重的损失，但死亡人数非常少。

1992 年，飓风“安德鲁”袭击了佛罗里达和路易斯安那，飓风“伊尼基”（Iniki）又袭击了夏威夷。联邦应急管理署对于这两场飓风都没有能够成功地应对，将其自身的救灾体系与救灾程序上存在的缺陷暴露无遗，导致了美国公众的强烈不满。美国媒体对此进行了大规模的报道。布什总统派交通部长安德鲁·卡德接管了灾害的响应工作，同时动用军队救灾。许多人主张对联邦应急管理署进行脱胎换骨的改革，甚至取消该部门。

1993 年，美国公共管理国家研究院发布了影响非常之大的《应对巨灾：建立自然及人为灾害中满足人民需要的应急管理系统》。同年，美国总审计署也发表了两份报告，题目分别是《灾害管理：改善国家对巨灾的响应》和《灾害管理：最近发生的灾害表明需要改善国家的响应战略》。这三份文件所涉及的主要问题有 6 个：“联邦应急管理署是否应当被解散；军队在灾害中应该发挥什么作用；联邦应急管理署与抵御核打击的民防在灾害中应该发挥什么作用；联邦应急管理职能如何才能得到改进；如何建立联邦应急管理署与州及地方应急管理机构之间更为良好的关系；联邦应急管理署如何改进与白宫及国会的良好关系。”① 可以说，这三份报告的结论在某种意义上是对联邦应急管理署的改革进行理论探讨。

以上报告表明，联邦应急管理署存在着很多问题，如损失与需求估价不充分、沟通不畅、法律授权不清晰、州及地方的应急反应者缺乏训

① Richard T. Sylves, Ferment at FEMA: Reforming Emergency Management, *Public Administration Review*, May/June, Vol. 54, No. 3, 1994.

练等，但它不应该被取消。这些报告提出了以下建议：第一，总统与白宫更多地参与灾害响应，确保对灾害作出快速、有效的反应；第二，在紧急状态下，迅速地部署联邦应急管理署的灾害评估团队；第三，从法律上更为清晰地授权联邦应急管理署来进行巨灾动员；第四，号召国防部将其与灾害响应相关的资源，特别是国民警卫队整合到联邦响应的大系统中来；第五，联邦应急管理署需要推行综合应急管理计划，放弃民防计划；第六，增加对州及地方政府拨款的灵活性以改进其灾害应急计划；第七，联邦应急管理署的高级管理职位应该由拥有应急管理专业背景和灾害响应经验的人士来出任。①

克林顿当选美国总统后，任命詹姆斯·李·维特执掌联邦应急管理署的大权。受命于危难之际的维特拥有丰富的应急管理经验，上任伊始就在联邦应急管理署内外进行了大刀阔斧的改革。在内部，他在灾害服务领域大胆地采用新技术，突出强调应急管理的风险减缓及风险规避的作用；在外部，他加强了与各州及地方应急管理者的联系，建立了联邦应急管理署与国会、媒体的新型合作关系。具体而言，维特在以下方面进行了改革："与其他联邦机构、州及地方政府、志愿者组织、私人部门建立应急管理伙伴关系；与联邦应急管理署的伙伴一道，构建综合性的、以风险为基础、采用全风险方法的国家应急管理体系；将风险减缓作为国家应急管理系统的基础；对任何灾害都提供快速、有效的回应；加强州及地方的应急管理；振兴联邦应急管理署，发展更有效率的管理骨干、雇员及灾害预备人员。"② 这些行之有效的改革措施使联邦应急管理署起死回生。1993 年，中西部 9 个州遭受洪灾；1994 年，加州发生北岭（Northridge）地震。联邦应急管理署在这两场灾害中采用了新的运作方式和先进技术，反应迅速，应对有力，重新赢得了公众的信心。维特也因出色的政绩被擢升为克林顿政府的内阁成员，应急管理的价值与重要性

---

① Aaron Schroeder, et al., The Evolution of Emergency Management in America: From a Painful Past to a Promising but Uncertain Future, in Ali Farazmand (ed.), *Handbook of Crisis and Emergency Management*, New York: Marcel Dekker, 2001.

② Steven R. Daniels, et al., Transforming Government: The Renewal and Revitalization of the Federal Emergency Management Agency, in C. V. Anderson (ed.), *The Federal Emergency Management Agency (FEMA)*, Nova Science Publishers, Inc, 2002.

也因此而得到提升。

联邦应急管理署在此期间还向全国发出倡议，推行一个以社区为基础的全新灾害减缓计划，即“影响工程：建设抵御灾害的社区”。它要求建立包括各利益相关者在内的伙伴关系，识别并减少风险。商业部门首次被融入伙伴关系的范畴之内，体现了全民参与的思想。这个工程的目的是：把风险及风险规避决策纳入社区日常决策之中，促进社区经济的可持续发展，保护自然资源，确保公民的生活质量。这个计划受到了社区的欢迎，也得到了国会的认可，并取得了良好的减灾与防灾效果。

总之，20 世纪 90 年代，联邦应急管理署进行了卓有成效的改革，成功地应对了组织生存的危机。同时，美国应急管理在处理突发事件的过程中不断完善自身的机制，进入了良性发展的轨道。然而，“9・11”事件的发生使美国的应急管理又一次受到冲击。

五 “9・11”之后的美国应急管理

“9・11”事件是美国应急管理的一个转折点，它标志着反恐成为应急管理的核心。2001 年 10 月，美国通过了《反恐怖主义法》；2002 年 11 月，布什签署《国土安全法》；2003 年 1 月 25 日，美国内阁级的国土安全部正式成立，下辖 22 个联邦部门，拥有雇员 17.9 万人，成为美国的第 17 个部。联邦应急管理署并入国土安全部。

根据美国《国土安全法》，国土安全部的主要职责是：预防美国境内发生的恐怖袭击；减少美国对恐怖主义的脆弱性；一旦美国境内发生恐怖袭击，将损害减到最小，并从事恢复工作；履行划归国土安全部门的所有职责，包括承担处理自然与人为危机和紧急事态预案编制的所有责任；确保与国土安全部所属部门和保护国土不直接相关的功能不被削弱或忽略，除非通过国会特别明确的法令许可；保证美国全面的经济安全不因旨在保护国土安全的工作、行动和计划而被削弱；监控非法毒品交易与恐怖主义的联系。

早在 1995 年 4 月，俄克拉荷马州就曾遭受恐怖主义炸弹袭击。当时，美国政府认为，恐怖主义应当成为联邦应急管理署全风险应急管理的对象之一。但是，应急管理部门缺少解决诸如生物战、大规模杀伤性武器等问题所需要的资源和技术。因此，美国在“9·11”后将联邦应急管理署并入国土安全部。这个举动从理论上讲，具有一定的合理性。有学者认为：“今天，由于现代恐怖主义分子可能获取的武器和仪器以及它们可能造成的损失，比起冷战时期民防与国内应急管理的关系，在国土安全名下以恐怖主义为核心的应急管理与灾害管理实际上更能够相互补充。”①

但是，国土安全部如何将22个不同部门协调起来、融为一体，避免官僚机构的权力之争，这不是轻而易举的事情。更为糟糕的是，在应急管理实践中，美国国土安全部在将反恐作为首要职责的同时，忽略了对自然灾害、技术灾难等的预防和应对。2005年，美国南部墨西哥湾沿岸遭受“卡特里娜”飓风的袭击，国土安全部的救援不利，造成1000多名美国公民丧生。“卡特里娜”飓风是美国有史以来最为严重的自然灾害，被称为“天灾版的9·11”。这引起了美国学者的深刻反思：“美国国土安全部官员短视地将注意力集中在恐怖主义威胁上面，这导致了联邦应急管理署的解体以及对更为确定的自然风险威胁的忽视。”②

在自然灾害救援过程中，各州的国民警卫队一向扮演着关键性的角色。特别是当灾区发生治安事件时，国民警卫队就成为维持社会秩序的有生力量。在“卡特里娜”飓风来袭时，路易斯安那州与密西西比州数万名国民警卫队及预备役部队士兵被派往阿富汗和伊拉克参加反恐战争，当地的救援工作无力展开，强奸、抢劫等犯罪行为十分猖獗。不仅如此，由于国民警卫队参加反恐战争的原因，参与卡特里娜灾害救援的国民警卫队士兵缺少先进的运输工具和工程设备。

全风险应急管理本来是美国联邦应急管理的主旨，这意味着反恐只是应急管理的一项重要任务。但是，在国土安全部成立之后，美国实际上背离了应急管理全风险的原则，单纯地以反恐为核心，其他应急业务领域呈现出萎缩状态。“卡特里娜”飓风灾害发生之后，美国政府和公众展开了对应急管理的新一轮反思。许多学者认为，“联邦应急管理署再

---

① Richard T. Sylves & William R. Cumming, FEMA's Path to Homeland Security: 1979 - 2003, *Journal of Homeland Security and Emergency Management*, Vol. 1, No. 2, 2004.

② William L. Waugh, Jr., Preface, *Annals of the American Academy of Political and Social Science*, 2006.

造”成为美国应急管理的当务之急。归纳起来，其主要观点有。

第一，联邦应急管理署的再造不可能在国土安全部的框架下完成。“原来的联邦应急管理署之优势在于它与州、地方官员的合作关系，在于它能集中精力发展地方应对自然风险与灾害的能力。但是，在对待公众参与的问题上，国土安全部有着不同的看法。同时，它对自身在巨灾中的作用也有着不同的理解”。[①] 成功的应急管理需要调动公众、志愿者、非营利组织等多种力量的积极性，而国土安全部单纯依赖政府力量以应对危机。

第二，联邦应急管理署应该从国土安全部中独立出来，恢复其应对自然灾害的管理职能。对于“卡特里娜”飓风的应对不利，媒体大肆批评联邦应急管理署，而专业人士则认为联邦应急管理署不过是“替罪羊”，应该受到指责的是国土安全部。其原因是：“随着国土安全部的成立，联邦应急管理署所扮演的角色变了。它不再是一个内阁级的机构，在预算、开支、任务等方面更多地依赖于国土安全部的官员。联邦应急管理署的预算被缩减，联邦应急管理署的人员和资源也被转移到其他反恐项目中。这个机构由于自身的组成部分被分散到国土安全部的其他部门，实际上已经解体。国土安全部的主要精力集中于反恐，没有组织起来以应对自然灾害，包括恐怖主义所导致的灾害。”[②]

第三，应急管理系统的重心向反恐转移，但反恐不能削弱应对自然风险的能力。为此，美国学者指出，以下原则是必须坚持和恪守的：应急管理必须实施“全风险管理”；联邦响应的基础设施必须在《联邦响应计划》的基础上运转；必须使美国应急管理系统成为世界上最好的系统；必须将“减缓”作为美国应急管理的焦点。

回顾历史，我们可以看出：首先，美国的应急管理是一个含义广泛的概念，既包括战时应急管理，也包括非战时应急管理；既包括民防，也包括灾害管理；既包括反恐应急管理，也包括非反恐应急管理。美国政府试图在其间找到一个平衡点。在经济全球化背景下，人类面临的各

① William L. Waugh, Jr. , The Political Costs of Failure in the Katrina and Rita Disasters, *Annals of the American Academy of Political and Social Science*, 2006.

② Ibid. .

种风险之间具有很强的相互关联性和可转化性。美国的综合性应急管理是一种有效的应急管理模式，因为它既是一种全风险管理，也是一种全过程管理。“卡特里娜飓风”救援的失败在很大程度上是因为美国应急管理在“9・11”后偏离了综合性应急管理的轨道。其次，美国经验和教训告诉我们，成功的应急管理还应该是全参与的，即能调动政府、市场、第三部门的各种力量，实现全社会的共同参与。美国应急管理署推出的“影响工程”之所以起到良好的防灾、救灾效果，就说明了这个道理。

（选自《国外社会科学》2007 年第 2 期）

西方福利模式的改革趋势：日益背离普享原则*

[加] R. 米什拉　郑秉文**译

一　削减政府公共支出规模

人们普遍认为，货币主义的新自由主义政策（例如通过提高利率来抵御通货膨胀）、通货紧缩以及失业是推动赤字上升的主要因素。此外，随着20世纪80年代货币及资本的跨国流动性的增强，各国为了防止资金流入利率较高的国家均倾向于采取加息措施，这加重了政府的债务成本。

在政府支出不断增多时，经济呈现低速增长，失业不断扩大，政府收入也在开始下降。减税和各种支出的增加也使得税收收入下降。这些是造成西方工业国家赤字攀升的主要原因。

赤字具有周期性，尽管在某些好的年份赤字会缩减或者消失，而政府负债则开始上升。毫无疑问，高额的债务（无论是国内还是国外）给政府财政带来沉重的利息支付压力，因此，控制预算赤字和债务非常重要。两个核心问题值得关注：首先，一国的债务和赤字警戒线如何确定，

---

* 译自[加] R. 米什拉的《全球化与福利国家》[*The Globalization and the Welfare States* (R. Mishra, Edward Elgar, 1999)]第3章，原章名为《福利国家收缩过程中的社会政策》。为压缩篇幅，这里省略了几乎所有的注释，并做了少量删节。——译者

** 本文译者：郑秉文，1955年生，博士，中国社会科学院拉丁美洲研究所所长，教授，博士生导师。

例如在什么利率水平下应该偿清债务；其次，如何解决债务和赤字问题。这是全球性的问题。

如同早期新自由主义者建议的那样，抵御通货膨胀比其他目标更为重要，金融和资本的全球化似乎可以解决政府债务和赤字问题，而不是解决其他问题，如维持就业、促进经济增长与维护社会安全等。一定的赤字降低意味着国家通过高利率吸引私人资本购买国债，大规模的国债也就意味着高利率。这些因素不利于经济增长和刺激就业，因此企业界对缩减赤字持保留态度。

事实上减税是全球化政策的重要手段之一。降低赤字并不一定意味着减少公共（社会）支出。对企业界和新自由主义来说，不考虑经济和社会成本（失业、破产、生产率下降）的缩减赤字简直是一种妄想。新自由主义的长期目标是达到政府收支平衡和清算积累的政府负债，实现平衡预算、减少国家负债和减少税收这些长期目标的最重要手段是减少公共支出。

自20世纪70年代末以来，新自由主义的目标就没有改变过，而其新主张是金融管制的减少和资本的流动，这使得新自由主义在一国范围内从一种政治意识形态转变为全球资本主义的经济政策需要。政府中的左翼和右翼在这一点上持不同的观点：前者对以上政策并不热心，并且对金融市场的负面作用颇有微词；而后者却强烈支持这一观点，对全球经济一体化和自由化大力追捧。不同的政治立场也就造成了不同的政策后果。

其中一种方式是通过穆迪公司和标准普尔等债券评级机构来评价金融市场的影响力，其中也会涉及对政府或其他债务人的信用等级进行评价。如果债券评级机构判定一国政府的信用等级过低，则该国债券将不得不支付较高的利息，并可能会成为投资人回避的对象。当一国政府面临信用评级下调的风险，甚至可能被列入“信用观察名单”时，就需要对政府的政策进行修正，国家资本就是如此受到市场力量影响的。

有时政府会与评级机构达成默契，给予政府一定的预警时间来采取削减支出的措施。1995年的加拿大政府就有过如此经历，当时经济危机气氛弥漫加拿大，政府对庞大的公共支出进行了大幅度削减，这吸引了人们开始重新关注赤字问题。从1994年秋天到1995年初，赤字规模骤增。有警告说，如果加拿大不采取严厉的财政措施，国际金融市场和 IMF 将对我们采取更严厉的措施。当时民意测验显示，公众第一次密切关注赤字削减问题。随后大力消减赤字的预算案在议会通过。连加拿大财政部长都承认："这是战后最严厉的一次削减计划，与 1984 年新西兰应对财政危机时的激进改革如出一辙。"

这些例子并未说明全球化是新自由主义的济世良方，它是 20 世纪 90 年代全球经济的"主观"和"客观"表现，它给一国政府带来了外部压力并使得政府政策迫于民主政治压力而转向其他。

除了国际市场的限制，IMF 和 OECD 等政府间国际组织也对政府决策有重大影响。如何应对债务和赤字问题就是这些组织向工业化国家所提供的专家意见之一。尽管它们对富足工业国家的影响通常是间接的，不像对前共产主义国家和第三世界国家那样具有制约意义，但也十分重要。除此之外，这些国际机构对政策的评估和建议为热衷于用新自由主义的方法来处理财政赤字和福利支出问题的国内机构提供了相当大的帮助。

就欧盟而言，《马斯特里赫特条约》包含了取得欧洲货币联盟成员资格必须遵守的严格的货币和财政标准。这些汇合标准要求财政赤字不得超过 GDP 的 3%，国家的累积债务不得超过 GDP 的 60%。通货膨胀也必须控制在一定范围之内。尽管一些欧盟成员国的累积债务仍然很高，但其 15 个成员国中有 11 个已成功地将其财政赤字控制在 GDP 的 3% 以内，从而满足了资格要求，加入了货币联盟。在这样的财政工作中，包括法国和德国在内的许多国家，尽管尽力减少赤字并大幅度削减社会福利支出，但还是难以达到这样的标准。在法国，源于《马斯特里赫特条约》的紧缩政策引起了包括罢工在内的广泛抗议，并且导致了社会主义政府的上台执政，势将逆转这样的政策。

在此能够注意到欧盟对社会保障的影响是双方面的，这已经足够了。一方面，欧盟已经制定了像福利宪章这样的措施，它以为成员国的工人提供最低社会保障为目标。另一方面，它的财政紧缩政策，如记录在《马斯特里赫特条约》中的那样，则是与社会保障这一目标背道而驰的，也就是说，是在缩减成员国的社会保障。此外，欧盟所签署的"津贴"标准意味着社会福利政策是一个国家性问题，而不是仅仅与社区相关。

二 紧缩财政政策

征税和财政支出的自由可能是国家建立独立的社会福利政策能力的核心。高福利国家如比利时、荷兰、瑞典以及丹麦都是以政府具有征税和财政支出的自治权为前提的，而该自由服从国家的利益和公民投票的结果。该自治权包含了与实体性福利国家紧密相关的累进税收原则。

新自由主义者为大幅度削减对高收入者的征税所提供的依据是它会在更大范围内刺激财富的创造并增强市场的力量。无论如何，新自由主义加强市场导向、减少政府干预的哲学大致表现为调降所得税率和缩减政府支出。

在美国和英国，自20世纪70年代后期以来对高收入者的税率急剧下降，这被阐述为年度税收下降的实质原因。其他盎格鲁—撒克逊国家追随美国和英国，尽管其变化的具体内容和涉及面有所不同。在欧洲大陆和日本，税率也被调降。20世纪80年代，资本和金融市场的不规范意味着资本有更大的灵活性，意味着在全球范围内产生了更多的投资机会，这为降低最高税率和减轻公司税收提供了进一步的推动力。

至此我们仍未看到所谓的“税收大战”，也就是国家之间降低税收以吸引投资资金的公开竞争，但毫无疑问，当企业考虑在一个国家开展业务或者进行投资时，低税率对于它们而言是主要的诱惑之一，政府不能忽视这一点。因此，全球化降低税率，尤其是降低高收入税和公司税成为必然。在过去的20多年中，大多数OECD国家降低了个人所得税的最高税率和公司税。

但就平均水平而言，OECD国家的年度税收总额占GDP的百分比并没有下降。因降低直接税收而造成的税收损失通过非直接税收得到了补偿，特别是通过消费税，如增值税、商品或服务税，以及强迫征收的相对较高的社会保险税费。其中的一些，如较高的工薪税或者雇主的缴费，因不利于激励雇员而遭到非议。

在大多数国家，税收改革将负担转移给中低收入阶层，而对高收入者给予优待。从而社会支出的资金部分来源于借贷，于是导致了高额赤字，保持了总体税收水平而改革了累进税。尽管税收改革的大致方向在大多数国家看来完全一致，但以上倾向包括改革累进税，在盎格鲁—撒克逊国家再度明确起来。全球化的压力使新自由主义意识形态的上升趋势得到加强，从而倾向于否定累进税制的合法性，并极大地改变了支持减少直接税的意识形态环境。

该意识形态的部分观点认为，包括消费在内的经济活动应该尽可能地私有化。应当尽可能让人们自由支配他们的收入。最后我们应当注意到，一些国际机构通过上述方式积极地推动了税收改革的发展。类似地，欧盟也对推动消费税的发展起到了一定作用，如欧盟成员国推动了增值税等消费税的发展。

否定累进税制的合法性以及递减累进税的发展产生了一系列影响。首先，这意味着税收和划拨的结合使之对下层收入再分配的影响减小。在大多数英语国家中收入不平等（既包括税前收入，也包括税后收入）急剧增长，与此同时递减累进税对上层的收入再分配做出了贡献。其次，赖克关于美国的论述是正确的，有更广泛的正确性，具体来说就是工薪阶层中大多数人“无法承受附加的相对较高的公共消费”。最后，在实际操作中，似乎有一种棘轮效应，[①] 一旦调降了直接税收，从政治角度而言很难再对它进行调升。

表 1　　OECD 国家中央政府最高边际个人收入所得税率（%）

	国家	1980 年	1986 年	1992 年
七国集团	加拿大	43	34	31.8
	法国	60	65	56.8
	德国	56	56	55
	意大利	72	62	50
	日本	75	70	50
	英国	60	60	40
	美国	70	50	31

① “棘轮效应”意指由于安装了棘爪，轮子无法滑回，只能朝一个方向移动。——译者注

续表

	国家	1980 年	1986 年	1992 年
其他	澳大利亚	65	57	48
	奥地利	62	62	50
	丹麦	39.6	45	40
	荷兰	72	72	60
	新西兰	60	57	33
	挪威	48	40	13
	瑞典	50	50	25

表 2 OECD（中央政府和地方政府）公司税税率（%）

	国家	1980 年	1986 年	1992 年
七国集团	加拿大	42.4	51.6	43.5
	法国	50	50	34
	德国	61.7/44.3	61.7/44.3	58.6/46.0
	意大利	36.3	47.8/36.0	47.8/36.0
	日本	52/42	55.4/45.4	50
	英国	52	40	33
	美国	49.2	49.5	38.3
其他	奥地利	61.5/38.3	61.5/38.3	39
	丹麦	37	50	38
	荷兰	46	42	35
	瑞典	40	52	30

三 收缩税基

跨国公司的发展以及商品生产和劳务的不断国际化对国家税收产生

了负面影响。大约1/3的世界贸易（就个别国家而言比例可能更高，如美国高达1/2）成为公司内部贸易，即交换在跨国公司的成员之间发生。这些商品被出售或者交换的价格不是由市场决定，而是由跨国公司本身决定。

现在可以通过利润最小化来调节这些交易的价格，实际上就是指在高税收的国家账面上表现出亏损，而在公司税较低或者没有公司税的国家账面上表现出赢利。有关“交易定价”的技巧为跨国公司避税提供了好的思路，因交易定价而造成的国家税收损失却鲜为人知。

美国国会的一项调查显示，在被调查的大约40家外国公司中，有一半以上实际上已经有十多年没有纳税了。1987年本是一个经济繁荣的年份，美国却有59%的外国公司的财务报告显示不赢利，因此没有纳税。在过去的三年中，它们的收入增长了50%，其纳税额却仅仅增长了两个百分点。生产的国际化为跨国公司提供了足够的避税机会。银根吃紧驱使各国政府苦思对策。如美国加利福尼亚州的州政府不能再容忍州内活跃的跨国公司将其利润转移到其他地区，于是决定公司必须基于其在世界范围内的营利来纳税，但是否通过这一立法尚在争论之中。根据澳大利亚税收权威机构的研究，“数百亿美元”的国家税收被跨国公司中饱私囊。在澳大利亚，减少利息支付和使用交易定价策略是国家税收流失的主要原因。1993—1994年，60%的跨国公司（既有外国公司，也有本国公司）宣称没有赢利，也没有纳税。

美国最近采取行动，对不据实报告跨国交易情况的公司处以实质性的罚金处罚。这促使加拿大政府采取严格的保证措施，以防止跨国公司将盈利转移到国外以逃避加拿大税收。在德国，由于政府试图对居民利息征收代扣所得税，导致大量资金流向邻国卢森堡。实际上，因为国家之间的资金流动十分容易，当前有相当数量的投资流向海外（其中包括一些避税场所）。

所有这些情况都对税基造成了实质性的损害。尽管各国政府已经觉察到相关问题的存在，OECD对此类情况的研究也有相当一段时间，但迄今为止尚未出台具体的对策。

更深层次的国家税收流失源于公司从政府获得的各种形式的特权，如免税期、补助、销账等。问题在于由于政府退出了生产领域，不再从事创造就业机会和生产力的相关活动，国家不得不依赖私人资本来解决经济发展和就业问题。因为跨国公司可以根据自己的意愿选择在任何地方投资，于是可以从政府那里获取实质性的资助。资助的数额随着价格竞争的加剧而不断增加。

例如，1977 年美国俄亥俄州政府许诺向本田汽车公司提供 2200 万美元的补助和税收优惠，以促使该公司在俄亥俄州建立汽车生产基地。到 1986 年为止，肯塔基州花费了 1 亿美元以使丰田汽车公司在那里创造了 100 个工作岗位。当 1985 年三菱公司宣布它将在美国组装汽车时，有 4 个州参与角逐，力邀该公司在本州建厂。“获胜者”是伊利诺伊州，它提供了一个价值 2. 76 亿美元的 10 年计划，并将每年为每个新增工作岗位提供价值 2. 5 万美元的直接资助。

这样的激励措施“越来越慷慨”。近期对投资方式的研究结果更加表现出与此的一致性。根据联合国近期的一份报告，对外国直接投资的竞争使得越来越多的政府用日渐慷慨的激励方案去影响“落户的决定”，而且为外国投资者提供的激励措施的数量和范围在过去 10 年中持续增长。

四 削减社会福利

压力迫使政府由减少赤字、负债及降低税收演化为减少福利支出。其结果削弱（即使算不上侵蚀）了凯恩斯福利国家建立的第二道防线，其中第二道防线以社会福利机构的改革形式反对贫困、社会排斥和依附。如果国家政府是新保守主义追随者，社会福利制度的衰退则更快。盎格鲁—撒克逊国家的变革最为剧烈。当然西欧和日本的发展趋向也大势趋同。对国际竞争的考虑，国际决策中盎格鲁 - 撒克逊新自由主义模式的主导地位，经济开放程度的提高以及资本的加速流动都产生了类似的压力，使得改革成为一种必然。

社会福利制度遭侵蚀的表现之一是背离了凯恩斯福利国家的根本原则——普享性。在一些国家，普享性原则遭到破坏和侵蚀，而在另一些国家其比例有实质性的缩减。在作为福利国家的两个主要项目——收入保障和医疗保健中，对普享性原则的背离在前者中表现得更为明显。

由于社会福利国家可用资源的衰退，关于高收入阶层能够独善其身的看法变得更有吸引力。相反，在资源稀缺时，资源应被用来帮助贫困者，而不是毫无差别地耗费在所有公民身上，这一观点的正确性是显而易见的。全球化使新自由主义的意识形态成为一种价值和需要，从而有理由将收入保障体系由普享性实施转向选择性实施。

对普享性进行攻击的第一个恶果是对由普遍收入资助的收入保障体系的影响。这一体系在分配福利时，面向所有公民而不是将收入差别考虑在内。通过收入调查和家计调查，这种制度不再适用于高收入者。尽管在一般情况下缴费型保险制度具有普享性，但仍然受到种种限制并遭到各种削减，如福利削减，权利受到更多的限制。

失业保险在许多国家，如美国、英国、加拿大遭遇大幅度削减。这与劳动力市场“弹性”的意识形态部分相关，“弹性”把失业救济看作“刚性”和“畸变”的原因，认为失业救济带来了求职和流动性的障碍，并阻碍了工资的降低。因此，降低（即使不是取消）身体健康的失业者的福利被看作是私人部门创造工作岗位的必要条件。

社会救济或“福利”被认为提出了类似的问题。随着长期失业的增多，依靠社会救济生活的人口不断增加。就身体健康却依赖社会福利生活的人群而言，或者更明确地说，就失业的单身母亲而言，又出现了我们所了解的工作障碍问题以及对社会福利的依赖。此外，社会救济费用呈上升趋势，针对以上发展趋势相应产生了降低社会福利水平和严格控制身体健康者享受社会福利权利的条件的压力。后者以从事某种形式的工作或者接受培训作为享受社会福利的条件。这就是“工作福利”的实质——社会救济的一种方式，形成于美国里根政府任期内。克林顿执政期间将其进一步发展和深化，对于身体健康者而言，社会福利通过某种形式的劳动实现并且会在一定时期后加以严格限制。① 尽管美国以“工作福利”的发源地而自豪，但该思想也已通过各种方式在其他国家被运用。

---

① 1996 年，美国《未成年子女家庭援助》（AFDC）或者说“福利”被《困难家庭临时援助》（TANF）所替代。该计划设立了 5 年限制期。接受救济的成年人需在两年内开始“劳动”（就业、参加社区服务、接受教育或者培训）。法律要求政府承担该计划的大部分设计工作。

保护失业者的收入保障制度的重新构建与“弹性”和前面章节概述的劳动力市场再度商品化有关。

在医疗保健领域，较难背离普享性原则和平等享受权利原则。无疑，这是由于它得到了绝大多数人的强烈支持，但不能认为它是不会被削减的。我们同样可以看到费用上涨、服务缩减、服务质量差和私有化问题。由于直接破坏医疗保健的普享性具有政治风险，政府部门则通过间接的手段来达到目的。例如，加拿大政府已经采取了一项被称为“秘密福利政策”的战略。在推广医疗的普享性原则和准入平等性原则的同时，联邦政府通过大幅度削减财政拨款来减少福利支出并平衡财政预算。从表面上看，这将拨款责任转移给省级政府，但实质上意味着医疗服务水平的下降。

纵观20世纪70年代以来一些英语国家收入保障的发展趋向的实例。在英国，由普享性到选择性的趋向十分明显。靠家计调查后发放救济金生活的人口由1979年的440万迅速增长为1988年的820万。家计调查后发放的救济金支出在1978—1994年翻了一番，占全部福利支出的34%。

在新西兰，20世纪80年代中期以来的这一段时期，目标人群更加明确以及对权利规定更加严格的倾向已初见端倪，不过主要的变化还是发生在1990年新自由主义政府上台之后。在工党政府的领导下，新西兰开始朝着私有化和经济自由化方向发展。而紧跟其后的右翼政府执政时期的社会福利开始萎缩，打着减少财政赤字和增加新西兰竞争的旗号，社会保障体系实质上遭到毁灭。

20世纪80年代中期以后新西兰的改革列举如下：普享性家庭福利被取消；基于收入或者家计调查的福利制度如失业、疾病以及寡居所享受的福利在很大程度上被紧缩，而且福利保障的水准也被调低，对失业者享受的福利待遇的降幅高达30%；普遍发放养老金方面，高收入老年人还需缴纳25%的额外费用，并且2001年将退休年龄从60岁调至65岁。

加拿大的改革趋向也基本一样，普遍的家庭津贴从1989年开始仰仗于退税，1993年开始又代之以收入调查后发放的家庭福利。1989年普遍发放的养老金也开始仰仗退税（如新西兰）。失业保险的发放范围和金额近年来不断遭到削减。这种削减以及失业期延长共同导致了接受救济的失业人口比例从1989年的87%下降到1997年的40%。联邦政府对医疗、高等教育和社会救济的拨款大幅度削减并把责任推卸给省级政府，严重破坏了普遍的医疗保健体系。有助于保持加拿大境内的最低国家救济线的加拿大联邦政府援助计划已被取消。

总之，减少财政赤字和债务的需要以及为私人部门投资和私有企业创造良好环境的需要为这些改革提供了充分的理由。这些改革也是联邦政府摆脱社会福利制度责任，并将其移交给省级政府战略的一个组成部分。我们再次看到，政治并不是关键所在。其实，在保守派执政时期就已经开始削弱社会福利和普享性，并撤销联邦政府对国家最低保障的承诺。自由党——加拿大福利社会的前建筑师——发展和强化了这一政策。实际上加拿大通过大幅度削减社会福利支出而在缩减财政赤字（后来实现了财政盈余）方面的惊人成功并没有被国际社会所忽视。有评论认为，加拿大已经将自己转型为“发达国家中最具倾斜性的公共经济”。而自由党的首相克雷蒂安领导的“财政预算缩减几乎比其他任何西方国家的领袖都要成功”。美国近年来财政赤字也有了实质性的缩减。但这更多地归功于经济的繁荣和国家税收的增加，而不是社会福利支出的削减，尽管后者也起到了一定的作用。有趣的是，美国很少表现出由普享性福利政策转向选择性福利政策的倾向，部分是因为除了基于保险的“收入保障”，如养老和伤残救济金，并不存在多少具有普享性的福利制度。与加拿大不同，美国没有家庭津贴和老年津贴。目前，这两种非缴费型福利制度中的一项在加拿大已经被取消。社会保险作为一种缴费型并针对老年群体的福利制度，极难改变。

在美国，“社会福利”引起了相当程度的关注。经过家计调查后的福利制度被削减的可能性更大。但是，在美国从来就不怎么慷慨的失业保险制度已经遭到实质性的削减。针对老年人的医疗保健和健康保险制度也在缩水，同时更多具有深远影响的社会保障制度和医疗保健制度的改革已经在最近被提上日程，其实质就是朝着私人负担的方向发展。社会福利政策紧缩的具体情况根据各国国情有所不同。例如在美国，“社会福利”的目标不能离开种族问题来加以考虑和理解，如未成年子女家庭援助。美国在其他方面也具有一定的特殊性，它的军事开支相对庞大，这为缩减民事开支以减少财政赤字提供了可能性。当然，各种因素造成了社会福利制度的紧缩，包括国家社会福利机构的本质、收入保障制度的结构和政策反馈。就为政策制定创造更宽泛的经济和意识形态背景而言，全球化十分重要，但国家政府的政治经济学调停了它的影响。

毫无疑问，即使在盎格鲁－撒克逊国家，社会保障的结构在相当程度上得以保留。此外，在大多数国家社会福利支出占GDP的百分比并没有下降，但面对社会福利支出数据时必须保持警惕。劳动力市场的再度商品化（就长期失业、低工资和就业不稳定而言）意味着需要更多的福利支出来维持最低保障标准。例如，曾在美国被大力吹捧的劳动收入的税收优惠政策的确是在帮助贫穷者，但实际上它是因为低工资就业的大幅度增长而不得不存在。

对今天社会福利支出的任何现实考虑都必须把为补偿全球化和“后福特主义”劳动力市场引起的“社会福利解体”所必需的费用计算在内，如失业不仅引起了经济问题，还导致了其他各种社会问题，像家庭暴力、酗酒、心理压力和疾病，这些都需要额外的社会福利支出。当我们把这些“社会福利制度解体”的费用考虑在内时，社会福利的有效支出很可能比名义上的社会福利支出在GDP中所占的比例还要小得多。

随着凯恩斯福利国家针对不安全和剥夺而设立的第一道防线（充分就业和高工资防线）遭到全球化的削弱，第二道防线即社会福利权利的制度化这一防线是否正在得到加强或者至少是得以维持？第二道防线即使没有遭到攻击也经受了相当的压力，并且已经在一些国家遭到削弱。

表面上看来，“竞争性紧缩”的压力在工业国家正在制度化。直接与劳动力再度商品化相关的收入保障制度作为由税收收入资助的普遍制度正在受到排斥，其中比较引人注目的是对失业保险以及对身体健康者救济的排斥。而且因为与竞争力和其他全球化问题相关的各种法定政策的制定，社会福利支出间接受到了压力。这些包括减少赤字和债务，以及减税（工资税包含在内）。

新自由主义政府看上去的确是比中立态度或者左翼政府更加积极地推动这一进程。此外，盎格鲁—撒克逊国家在这条道路上走得更远。从资本流出具有高度社会保障体系的国家这一角度而言，几乎没有关于社会倾销的直接证据。无论如何，假定“投资者是友善的”这样的政策意味着社会保障政策可能会面临进一步向下的压力。总而言之，不管是按照计划实施还是随机产生，现在的情形都是：社会福利保障制度正在走向衰退。

五 结论

与经济、劳动力市场及社会保障有关的改革带来不断增长的社会（福利方面）赤字吗？尽管在“黄金时代”（1950—1975 年）西方国家的生活水平稳步增长，但很大程度上由于福利干预的缘故，这一增长趋势在 20 世纪 70 年代后期就停止了。

正如人们预期的那样，这种情况在盎格鲁 - 撒克逊国家尤为糟糕，特别是英国、美国和新西兰。在这些国家里，全球化和政策制定时强烈的新自由主义倾向共同影响了社会福利制度，并且削弱了（如果不能说是批判的话）早先把最低社会保障线作为一种权利的承诺。劳动力市场重建、消除价格管制以及税收政策导致了收入和医疗分配中的实质性不平等。

的确，“选择性”政策收到了良好的效果，如在加拿大。在澳大利亚和新西兰，长期以来相对宽松的家计调查制度是收入保障制度的主要特征。此外，收入调查已被应用于实践。它区别于社会福利制度中典型的家计调查，它能够解决瑕疵问题并能被得到较大程度的运用。近年来在美国迅速发展的劳动收入的税收优惠政策的目的就是帮助贫穷的工薪阶层。

但应当记住，针对性和选择性政策引起了贫困陷阱问题并成为工作和储蓄的障碍。因此，福利应该维持较低的水准，特别是对正值工作年龄的人口，从而限制其需要救济的可能性。无论如何根据收入保障制度来判断，盎格鲁－撒克逊国家的福利制度正从“制度型”转向“补救型”。①

（选自《国外社会科学》2008 年第 3 期）

① “制度型”和“补救型”福利制度的概念是维伦斯基（Wilensky）和勒博（Lebeaux）在其 1958 年发表的《工业社会与社会福利》中首次提出来的。“补救型”和“制度型福利”这两种模式是相对应的两种不同类型的模式。所谓“补救型”福利国家是指，在福利提供的正常结构即家庭和市场不能起作用时，福利国家才发挥作用，家庭和国家（the economy）之间的关系是相互依赖的；“制度型”模式是指，福利国家提供社会服务是“天经地义”的，是现代工业社会的一项首要职能，即政府和国家应当发挥作用。蒂特马斯（Titmuss）在同年发表的《福利国家文论》中对维伦斯基和勒博的上述研究给予了肯定，提出了基本相同的看法。后来蒂特马斯 1974 年的《社会政策》这本名著基本上承继了维伦斯基和勒博传统的“补救型”福利模式的概念，认为这个概念的含义是指在市场和家庭这两个部门不能正常发挥有效的作用时，社会福利机构才临时发挥作用。艾斯平－安德森（Esping－Andersen）在其《福利资本主义的三个世界》中对蒂特马斯给予了高度的评价，认为所谓“补救型”福利国家是指“只有当家庭或市场运作失灵时，国家才承担起责任”的那种类型的福利制度，这种福利制度“试图将其责任限定在少数应该得到帮助的社会群体范围”；“制度型”福利模式“致力于全体居民，具有普救主义的性质，并且体现为一种对福利的制度性义务”。请参见（1）Harold L. Wilensky & Charles N. Lebeaux, *Industrial Society and Social Welfare: The Impact of Industrialization on the Supply and Organization of Social Welfare Services in the United States*, New York: Russell Sage Foundation, 1958, pp. 137－147, 283－334。（2）R. Titmuss, *Essays on the Welfare State*, London: Allen and Unwin, 1958。（3）R. Titmuss, *Social Policy*, London: Allen and Unwin, 1974。（4）艾斯平－安德森：《福利资本主义的三个世界》，郑秉文译，法律出版社 2003 年版。——译者注

国外公职人员养老保险制度比较分析与改革借鉴

王延中　龙玉其*

一　国外公职人员养老保险制度的比较

在了解国外公职人员养老保险制度之前，首先要明确公职人员的概念。由于各国的文化、历史、政治等方面的差异，对公职人员的界定也有所不同，因而在养老保险实践中也有所差别。

国外对公职人员的定义分为狭义、中义和广义三种。狭义的公职人员，主要是指政府行政机关中的公务人员，如在美国、澳大利亚、荷兰等国。中义的公职人员，除了国家和地方政府机构中的工作人员外，还包括军队、政党和各类公益性的事业单位——科研院所、医院、各级各类学校中的工作人员，如在新加坡、韩国、日本、法国等国。广义的公职人员包括的对象除了国家行政机关和公益性的事业单位的工作人员外，还包括其他类型的事业单位和国有企业人员，如在加拿大、德国、瑞典、英国等国。

在本文所选取的10个国家中，既有欧美国家，也有亚洲国家，这些国家在经济发展水平和公职人员养老保险制度的发展与运行上，均具有很强的代表性。其中亚洲的韩国、日本、新加坡三国在历史、文化、地

* 本文作者：王延中，1963年生，中国社会科学院劳动与社会保障研究中心主任；龙玉其，1982年生，中国人民大学劳动人事学院博士生。

缘等方面比较接近，其公职人员的养老保障制度建设更值得中国学习和借鉴。以下从覆盖对象、制度模式、管理体制、资金筹集、基金管理、待遇享受、法制建设等方面进行简要介绍（见表1）。

表1 各国公职人员养老保险制度的比较

国家 项目	美国	德国	英国	法国	瑞典
覆盖对象	联邦和地方政府公务员	联邦和地方公务员、法官、军人	所有政府、公共部门雇员	政府、议会、军队、铁路、电力、燃气公司雇员	政府公务员和公共部门职员
制度模式	参加全国统一的养老保险，部分积累式	建立独立的养老保险制度，现收现付制	现收现付制的养老保险，三支柱：基本养老保险、补充养老保险、个人储蓄积累	公职人员有独立的养老保险制度	实行现收现付的“名义账户制”，并设立职业养老金制度，即基础养老金 + 职业（公务员）养老金的模式
管理体制	由社会保障署管理，在全国各州设立经办机构	由联邦政府独立的公务员养老机构管理	由社会保障部管理	由财政部和国家信托局管理，各省市设经办机构	国家成立社会保障委员会，各省设有社会保障管理办公室
资金筹集	由国家或雇主和雇员按比例缴纳，目前各缴纳雇员工资的7.5%，费率根据收支平衡原则进行调整，缴费基数有上限	由政府财政统一负担，通过税收融资	由国家、单位和个人三方负担	按雇员毛工资收入的一定比率（18%）收缴，由政府或单位（10.8%）和个人（7.2%）分别缴纳	由国家或单位和个人共同负担（总费率为18.5%），由税务局收缴

续表

项目＼国家	美国	德国	英国	法国	瑞典
基金管理	积累基金统一转入社会保障信托基金，由财政部负责管理与运营，主要用于购买联邦政府发行的债券	由政府财政统一预算和管理	由政府统一管理	由全国社会养老保险基金总会管理	名义个人账户由国民养老金管理公司管理，职业养老金由私营保险公司运营
待遇支付	年满 65 岁并在工作期间缴费满 10 年的，可按月领取养老金，以退休者一生的平均工资为基数计发，并根据物价进行指数化调整。提前退休者减发养老金，70 岁退休者可全额领取	退休年龄统一为 65 岁，退休后即可按规定领取养老金。养老金税前达到平均工资的 75%	退休年龄为男 65 岁，女 60 岁。退休后即可按规定领取养老金	退休年龄为 60 岁，养老金根据“退休前 6 个月的平均工资 × 服务年限 × 2%”的公式计算。服务年限最低为 15 年，最高 37.5 年	65 岁退休后即可领取养老金。提前退休（但不得早于 60 岁）养老金相应减少，推迟退休则增发养老金。除退休金外，还可领取残疾养老金、遗属养老金、补充性养老金
法制建设	《社会保障法》《养老保险法》	《联邦公务员社会保险法》	《社会保障法》《养老保险法》	《社会保险法》《公务员章程》	《全国养老金法案》

续表

国家 项目	日本	加拿大	韩国	新加坡	智利
覆盖对象	政府公务员、军人、法官、各类学校教师	联邦和地方政府公务员、公共部门雇员	政府公务员、军人、私立学校职员	政府公务员和所有公共部门雇员	政府公务员和所有公共部门雇员
制度模式	实行年金制，由国民年金加共济年金组成	参加国家养老金计划和公务员养老金计划，部分积累制	实行职业年金制	统一实行公积金制度，实行个人账户制	统一参加养老保险，实行强制性的个人储蓄制
管理体制	由厚生省进行管理，中央和地方分设经办机构——社会保险事务所，并设立了专门的监督机构——社会保险基金联合会	由联邦政府管理，全国统筹	由总务部负责法规的制定和实施	由中央公积金局（隶属于劳工部）统一管理	由国家养老金机构履行监督职能，具体由私营管理机构进行管理
资金筹集	国民年金由国家负担1/2、单位和个人负担1/2。共济年金费率为15.2%，由个人和单位各负担一半	养老保险费由税务部门征收。国家养老金计划和公务员养老金计划的保险费由政府和雇员按比例缴纳	个人缴纳月工资的5.5%（超过33年工龄则不再缴纳），国家财政缴纳其月工资的5.5%	个人账户由单位和个人共同缴费。个人账户分为普通账户、特别账户和保健账户。缴费率在30%—40%之间。最低存款额为8万新元	设立个人账户，全部由个人缴费积累。按工资的13%扣除，其中10%计入个人账户，3%交由商业保险公司作为养老金补充

续表

项目＼国家	日本	加拿大	韩国	新加坡	智利
基金管理	委托大藏省资金运用部，纳入国家财政投融资计划统一管理使用。大部分资金用于购买国债和长线投资，兴建福利设施	由联邦政府社会保障部门管理（魁北克省除外）	由公务员养老金管理公团具体管理。投资主要用于公共、金融和福利三个部门	基金由中央公积金局进行管理和投资运营，并适度引入市场竞争	由私营基金管理公司进行管理和运营。政府负责制定政策法规并进行监督，实行投资限制，保证最低收益率
待遇支付	国民年金的领取资格是男性60岁退休，女性58岁退休，参保年限为25年，共济年金的参保年限为20年。替代率为40%左右	退休年龄为65岁，按规定缴纳养老保险费即可在退休后领取养老金，国家养老金计划的替代率一般为25%左右。公务员的养老金替代率为75%，可按月领取，也可一次性领取	年满60岁，缴费满20年则可领取养老金。包括老龄年金、伤残年金、遗属年金和一次性年金	领取养老金的条件是达到退休年龄，且符合最低存款要求。退休年龄为60岁，在退休后可按月领取养老金，直至最低存款用完	男性年满65岁，女性年满60岁，缴费满20年，退休可享受养老金。养老金数额按本人退休前10年的月平均工资的60%支付，全部由个人账户支出。政府承担最低养老金补贴
法制建设	《国民年金法》	《就业和社会保障法》	《公务员年金法》《社会保障法》	《公积金法》	《养老保险法》

资料来源：吕学静主编：《现代各国社会保障制度》，中国劳动社会保障出版社2006年版；于洪主编：《外国养老保障制度》，上海财经大学出版社2005年版；侯立平：《欧美养老保险制度改革及其启示》，西南财经大学出版社2008年版。

二　国外公职人员养老保险改革与发展的特点分析

通过对上述各国公职人员养老保险制度的比较，结合国外公职人员养老保险的实际，可以总结出以下几个规律或特点。

1. 改革的根本动因是人口老龄化

国外公职人员的养老保险经历了多次改革，影响改革的因素众多，但其中最根本的原因是各国的人口老龄化（见表2）。在这些国家中，法国、日本、德国、英国、瑞典5国60岁以上的人口已经超过了20%，其他国家也都在10%以上。[①] 老龄人口的增长，使得劳动力逐渐减少，抚养比例增加，社会保障财政收支压力剧增。如果不进行改革，将影响到整个社会保障制度的发展和市场经济的运行，甚至影响到国家的稳定与和谐。这些国家的公职人员大多数已参加不同形式的养老保险，近些年来，随着老龄化程度的加深，这些国家正在进一步改革和完善公职人员的养老保险制度。

表2　　　　一些国家的老龄化情况

国家	年份	总人口数	60岁以上人口数	占总人口的比例（%）	65岁以上人口数	占总人口的比例（%）
美国	2005	296410404	49791976	16.8	36790113	12.4
德国	2006	82365810	20566967	25.0	16080712	19.5
英国	2006	60587349	12928071	21.3	9687937	16.0
法国	2005	60995911	12732059	20.9	10025013	16.4
瑞典	2006	9080505	2162472	23.8	1573406	17.3
日本	2006	127756000	34532000	27.0	26380000	20.7
加拿大	2006	32623490	5898478	18.1	4314241	13.2

① 根据《联合国人口年鉴（2006）》的统计数据，中国在2000年的总人口数为1242612226人，其中60岁以上人口数为129977870人，占10.5%，65岁以上人口数为88274022人，占7.1%。

续表

国家	年份	总人口数	60 岁以上人口数	占总人口的比例（%）	65 岁以上人口数	占总人口的比例（%）
韩国	2005	47041434	6254071	13. 3	4365218	9. 3
新加坡	2005	3543900	411000	11. 6	290800	8. 2
智利	2006	16432674	1936435	11. 8	1340498	8. 2

资料来源：2006 年《联合国人口年鉴》。

2. 改革存在较大的困难与阻力

近些年来，国外的公职人员养老保险制度进行了一系列改革，有的是大改革，比如智利、新加坡；有的是小调整，比如德国、英国。但不论什么形式的改革都不是一帆风顺的。这些国家在改革中遇到了众多的困难与阻力，既有经济方面的，也有政治方面的，还有制度设计方面的。[①] 在经济方面，在改革的初期，需要进行较大的投入，用更多的财力来解决制度的转型问题。在政治方面，各国公职人员都属于政治强势群体，养老保险制度改革势必影响其既得利益，因而产生很大的阻力。例如，在法国，曾经几次改革都引发了公务员的大规模罢工。在制度设计方面，如何使改革既符合国家利益，减轻国家财政负担，又要使改革不至于产生较大的待遇差别和心里落差，从而使得改革顺利进行，成为改革的一个难点，既要考虑到历史（原有制度）和现实（新制度）的结合，又要考虑到不同群体之间的平等与差异。

3. 制度发展注重公平与效率的结合

国外公职人员养老保险制度改革的重要目标就是要减轻国家财政负担，促进劳动力的顺利流动和市场经济的有效运行。制度发展的一个重要特点就是在提高制度运行效率的同时兼顾公平。提高效率就是突出责任共担原则，从现收现付制度和固定受益制度向基金积累制转型，管理

① 孙纪守、黄晓鹏：《国外公务员养老保险制度改革及其启示》，《中国社会科学院研究生院学报》2008 年第 4 期，第 10—14 页。

服务社会化；兼顾公平体现在制度发展的多层次性，至于养老金待遇在体现差别的同时强调相对公平。

（1）资金筹集体现责任共担的原则

在改革之前，很多国家尤其是欧洲福利国家，如英国、德国、瑞典，公职人员的养老金主要由政府财政负担，现收现付，随着老龄化的加剧，政府财政压力极大。通过上述各国公职人员养老保险制度的比较可以看出，大部分国家（除智利和新加坡外）现行的制度在资金筹集方面基本上体现了责任共担的原则，由国家、单位和个人三者共同负担，或者是单位和个人分担，至于缴费的比例，各个国家根据自己的实际有所差别。在资金筹集方面的责任共担，既符合效率原则，也符合公平原则。

（2）制度建设体现出多层次性

在这些国家中，公职人员的养老制度在改革前大多数是单一的国家负责制度，通过改革，大部分国家现行的公职人员养老保险制度体现出了多层次性。比如，英国实行的就是基本养老保险、补充养老保险、个人储蓄积累三个层次；瑞典实行的是现收现付的基础养老金名义账户制度+职业年金制；日本则是由国民年金和共济年金两个层次组成；加拿大则是由国家养老金和职业养老金计划组成。其中大多数国家设立了职业养老金，其在各国公职人员养老保险制度的发展过程中发挥了重要作用。

（3）从现收现付制向基金积累制转型

从资金筹集和管理的模式来看，这些国家大部分实行的是部分积累制或完全积累制，只有德国、英国和瑞典的制度中体现了现收现付的成分，智利和新加坡则实行完全的个人账户积累制。由于现收现付制是由年轻人负担老年人，在老龄化程度加深的背景下有些不堪重负。因而各国的改革在强调个人责任的基础上，注重基金的积累和投资运营，以此应对人口老龄化带来的挑战。

（4）养老金待遇既体现差别，又注重公平

大多数国家的公职人员养老金待遇要高于普通雇员，而且在缴费方面要低于企业。除此之外，公务员还有各种各样的津贴、补贴和福利。美、英、德、法、日5国中公务员养老金替代率最低的英国为67%，最高的日本为84%，德国和法国为75%，美国为80%左右，而这5国的企业职工的平均替代率在30%—60%之间。[①] 这体现了公职人员与企业雇员在职位身份与权利义务方面的差别，这种适度的差别是可以接受的，也是有利的。与此同时，为了不让公职人员与企业雇员的养老金待遇差别过大，各国都采取了相应的手段，注重不同职业群体之间的公平性，比如工资制度改革，适度降低替代率等。

（5）管理相对集中统一，服务突出社会化

从以上各国的公职人员养老保险的管理体制来看，管理相对比较集中，大多数国家的公职人员的养老保险在中央设有独立的集中管理机构，并在地方设立管理机构和经办机构。对于经办机构，大多数国家由政府统一设立，但是实行“管办分开”的原则，保持管理监督机构与经办机构的相对独立，突出社会化，有利于提高效率与促进公平。大部分实行基金积累制度的国家，对于基金的管理和保值增值，在实施适度监管的同时，引入了市场竞争机制，有的甚至完全私有化运营。

4. 注重政府主导和法制规范

各国公职人员养老保险的发展有市场化的趋势，但几乎都是由政府主导，充分发挥政府在制度发展中的作用，包括制定法规，制度设计，加强财政投入，加强管理和监督。各国在改革中将一部分职能比如经办和基金运营委托给市场，但并不意味着减少政府的责任和负担，而是为了更好地发挥政府的作用，加强监督管理。几乎各国的社会保障制度都坚持了立法先行的原则，各国在发展公职人员养老保险制度的同时，都注重制度规范和法制建设。有的国家是在综合性的社会保障法中进行规定，有的国家制定了养老保险法，还有一些国家制定了专门的公职人员养老保险法。比如，德国的联邦公务员社会保险法、美国的养老保险法、瑞典的全国养老金法案、日本的公务员年金法、智利的养老保险法等等。

---

① 刘泓：《国外公务员养老保险制度及其启示》，《天津师范大学学报》（社科版）2008年第3期，第15—19页。

5. 制度不断完善，发展趋势多样化

尽管上述各国的公职人员养老保险制度的基本框架已经确定，有的已经稳定运行或较为成熟，但是，随着各国老龄化程度的加深、市场经济的完善、政治体制改革的深入和经济社会的发展变化，几乎各国都在改革和完善公职人员的养老保险制度和其他社会保障制度。一些国家正在调整公务员养老保险制度，比如推迟退休年龄，延长缴费年限，增加个人缴费比例，进一步降低养老金替代率，减少公职人员数量，完善市场化运营，等等。

各国公职人员养老保险制度不是固定不变的，也不是完美无缺的，更不是完全相同的。一个时期的科学制度在另一个时期并不一定是合适的，一个国家的制度在另一个国家也不一定适用。通过上述各国公职人员养老保险制度的比较可以看出，各国都在根据自己的国情和发展需要制定和调整公职人员养老保险制度，尽管有一些共同的改革趋势，但没有两个国家的制度安排是完全一致的，比如有的国家实行的是现收现付的制度，有的国家实行的是部分积累制度，还有的国家则是完全积累制；有的国家实行固定受益制，有的是缴费受益制；有的国家是单一支柱的国家养老保险或公务员年金制度，有的国家是国家基本养老保险 + 职业年金制，有的国家则是国家基本养老保险、职业年金和个人储蓄积累相结合的制度；有的国家的养老保险基金由国家统一管理和运营，有的国家实行的是半市场化的运营方式，有的国家则是完全的市场化运营；有的国家是以集中管理为主，有的则是分散管理。总之，制度的改革和发展呈现出多样化的趋势。

三 对深化中国机关事业单位国家公职人员养老保险改革的建议

结合上述对国外公职人员养老保险制度的比较与分析，可以看出，随着经济社会结构的调整与变化，有必要对过去的养老保障制度进行适时的调整与变革，以增强其适应性。我国企业养老保险制度改革已经取得了重大进展，现在需要将机关事业单位养老保险制度改革问题纳入议事日程。但是，由于中国特殊的国情以及保持社会保障制度完整性的考虑，需要把机关事业单位社会保险制度尤其是养老保险制度改革一并考虑，同步协调推进，而不适宜将事业单位养老保险改革单独推进。2009年年初，人力资源与社会保障部表示将在上海、山西等5省市试行以事业单位单独推进为特征的《事业单位养老保险制度改革方案》。与此同时，向社会广泛征求意见的《社会保险法（草案）》也将原本统一的公务员与事业单位的养老保险制度进行了区别对待。这种安排割裂了我国近60年来公务员与事业单位职工的一体关系，引起了事业单位职工的巨大反响和整个社会的极大关注，带来新的矛盾和问题。

1. 明确事业单位养老保险改革的价值理念与指导思想

对于事业单位养老保险制度改革，首先要确立合理的价值理念，也就是说，首先要解决的是为什么要改革的问题，改革的根本目的究竟是什么。事业单位养老保险改革的目的就是要促进制度的完善，有利于市场经济的发展，促进经济社会的可持续发展。改革最根本的目的就是促进社会的公平发展，使得全体国民共享经济社会的发展成果。如果违背了这些理念和目标，改革是很难取得成功的，也不会是顺利的。因此，事业单位养老保险改革的价值理念应该是公平与效率相结合、和谐共享。在明确合理的价值理念的基础上，还应该坚持一些具体的原则。我国事业单位养老保险制度的改革应该坚持以下原则：借鉴国际经验与尊重本国国情相结合；既要考虑历史，又要立足当前，更要考虑未来发展；坚持制度的相对统一性与适度体现差别相结合；责任共担与多层次性等等。

事业单位养老保险制度进行改革不仅是一个制度问题、政策问题、经济问题，更是一个政治问题，改革的好坏关系到各方的利益，关系到社会的稳定与和谐。因此，事业单位养老保险改革，既要使改革符合国家的利益，又要不损害事业单位人员的利益，应该适时稳步推进。不仅要从经济角度，而且要从政治高度来把握事业单位养老制度改革，把它放在完善我国收入分配格局中进行方案设计。改革思路要更多地考虑公平性、效率性和可持续性原则。推进机关事业单位养老保险制度改革，要有利于保障事业单位人员队伍稳定，有利于促进科技创新和社会事业发展，有利于形成弱化初次收入分配不平衡和收入差距过大的合理机制，有利于整体推进社会主义和谐社会建设并完善社会主义市场经济体制。

2. 将公务员与事业单位人员的养老保险改革同步协调推进

在我国，公职人员主要包括公务员和事业单位人员，[①] 公务员与事业单位人员有着一些共同的特征，都是为了履行社会管理和公共服务的国家工作人员，一定数量的公务员和事业单位人员是一个国家正常运转和经济社会持续发展所必需的。在很多国家和地区，公务员和事业单位人员的工资和养老保险待遇是相同或基本一致的。但在我国，机关事业单位人员的待遇差别很大。事业单位人员和公务员同属于公职人员，具有许多社会管理和公共服务的责任和义务，在养老保险制度和养老金待遇享受方面不应该有太大的差别。因此，养老保险改革应该同步进行。这样，既可以避免制度的碎片化，也可以减少不公平性，推动改革的顺利进行。

3. 做好相关的基础工作与配套改革

在进行事业单位养老保险改革之前，需要弄清楚一些最基本的问题，比如，公务员和事业单位人员的概念内涵与存量、国家财政收支情况、改革前后的成本比较、改革可能带来的影响等。应该参照国外的做法并结合中国的实际情况，对公务员的概念有一个清楚的界定：公务员包括哪些人，事业单位包括哪些类别，人员数量分别是多少，公务员和事业单位人员占劳动力的比重及国际比较，未来的发展变动情况，以及国家财政收入总量及增长情况、社会保障财政支出比、机关事业单位财政支出比、机关事业单位养老金财政支出比等。对于改革前后的成本应该进行具体精算，不仅考虑当前，而且考虑长远，不仅考虑经济方面，而且要考虑社会效益。对于改革可能带来的负面影响，应该进行权衡。这些

---

① 根据公务员法，公务员是指依法履行公职、纳入国家行政编制、由国家财政负担工资福利的工作人员。根据《事业单位登记管理暂行条例》，事业单位是指国家为了社会公益目的，由国家机关举办或者其他组织利用国有资产举办的从事教育、科技、文化、卫生等活动的社会服务组织，事业单位人员就是在这些组织中工作的人员。

都是改革前的基础工作。

加强相关的配套改革，其中最为重要的是要加强收入分配制度改革，应该针对分配不公的突出问题进行改革，重点加强初次分配领域的改革。收入分配制度的改革是事业单位养老保险制度改革的基础，加强公务员与事业单位人员的工资改革，规范公务员与事业单位人员的工资制度，缩小收入分配差距，促进公平分配，有利于事业单位养老保险制度改革的顺利推进。同时，还应继续完善其他社会保障制度，如企业职工养老保险制度、医疗保障制度，改革养老金替代方案，缩小不同群体之间的待遇差别，使改革不致产生较大的心理落差。此外，还应该继续深化事业单位改革，为养老保险改革创造条件。

4. 事业单位养老保险改革应分类进行

事业单位是我国行政体制改革转轨时期的特殊产物，具有复杂性和多样性。国家需要根据建立高效行政体系的目标和满足基本公共服务的要求，加快事业单位分类改革，明确将事业单位分为公立机构和非公立机构。[①] 从目前我国的事业单位分类情况来看，主要分为行政类、公益类和生产经营类三大类。公益类事业单位又包括不能市场化的、半市场化的和可以市场化的三种类型。

为便于事业单位养老保险改革的顺利进行，在以上分类的基础上可以进行分类改革。对于行政职能型的和不能市场化的公益型事业单位，应该参照公务员制度进行管理，同步推进改革。对于市场经营型和一些可以市场化的原事业单位，可以改为企业性质，参照企业职工基本养老保险制度进行改革。但是，我国养老保险制度改革要逐步缩小企业、机关事业单位人员的基本养老金的待遇差别，使养老金成为缩小收入差别而不是扩大收入差别的内在机制。这样的改革外在压力可能相对小一些，也有利于制度的整合与统一。

---

① 郑功成主笔：《中国社会保障改革与发展战略——理念、目标与行动方案》，人民出版社2008年版，第146页。

5. 完善事业单位养老保险改革的制度方案

事业单位养老保险制度改革需要设计和制定一个科学合理的制度，需要经过充分调研、专家研讨、征求意见等程序进行充分酝酿，然后进行试点，最后逐步扩大范围，不宜盲目推进。目前的制度方案存在诸多的问题，需要进行完善，包括制度的指导思想、政府责任、财政投入、制度模式、资金筹集、待遇差别、制度衔接、转移接续等方面都需要进一步完善。

在制度模式的选择上，应该坚持设立独立的事业单位养老保险改革方案，或者连同公务员考虑在内制定公职人员养老保险改革方案，应该坚持缴费受益制的部分积累模式。制度设计应该真正体现出多层次性，主要由基本养老保险和职业年金组成，在适当的时候还可加入个人储蓄积累的层次。在目前的情况下，应该同时设计出职业年金方案，既是作为整个制度的组成部分，又可以缓冲改革所带来的待遇落差和心理落差。

在资金筹集方面，应该在体现政府承担主要筹资责任的同时坚持责任共担、权利与义务相结合的原则。具体来说，事业单位人员基本养老保险的主要缴费部分应该由政府负担，包括中央政府和地方政府，至于比例的划分应该根据各地经济发展情况、财政实力、人员数量等方面综合考虑。同时，单位和个人还应该承担部分缴费义务。至于职业年金的缴费，主要应该由单位和个人负担，政府只负责相关的政策支持。

管理体制方面，应该坚持全国集中统一管理，在中央由人力资源与社会保障部统一进行管理，包括制定政策、履行监督职能，并在地方设立相应的管理机构和经办机构。可以将机关事业单位与企业养老保险合并统一经办。

在具体的制度设计上，应该与企业职工养老保险制度既相互统一，又有所区别。在待遇方面，在尽量缩小差距的基础上又要适度体现差别。既体现出制度的整合与长远发展，又体现出公平与效率相结合的原则。

在制度设计中，对新老制度的衔接和地区之间转移问题应该有更为明确的规定，同时，对制度的转轨成本问题、管理费用问题、基金的保值增值问题应该有更为明确和合理的规定。

此外，事业单位养老保险改革应该加强法制建设。目前，应该将事业单位养老保险改革的问题纳入社会保险法的范围进行具体规定。同时，制定出事业单位养老保险条例和事业单位人员年金方案，以此来促进事业单位养老保险改革的规范运行和持续发展。

（选自《国外社会科学》2009 年第 3 期）

西方管理学流派的重新划分

魏文斌*

自20世纪初美国工程师泰勒（Frederick W. Taylor）创立科学管理理论以来，管理学在理论研究者和实践者的共同努力下，出现了空前的繁荣，已经发展成为人类知识体系的重要组成部分。西方管理学的理论流派亦呈现出百花齐放、百家争鸣的状态，影响较大的学派有数十个之多，各种理论多达数百种。学术流派形成的主要标志是对学科研究对象基本假设的多样化进行认知，这些认知从不同角度，运用不同学科的研究方法或侧重学科研究对象的某个组成要素，能够对学科研究对象提供新的解释。对管理学科的不同研究取向以及多元化的研究范式导致了一些混乱和管理学的分歧，管理学领域正如美国管理学家孔茨（Harold Koontz）所言："已经过于滋蔓，成了各种管理理论和管理学派相互盘根错节的一片丛林。"① 本文并不是要消除管理学派的分歧，而是以管理文化为依据，对西方管理学的理论流派进行重新划分，以期把握管理学流派演变的内在轨迹和管理学流派并存的全貌。

一 问题的提出

在20世纪西方兴起了一股研究管理的浪潮，"在过去的100年里，

---

* 本文作者：魏文斌，男，1964年生，苏州大学东吴商学院教授。

① Harold Koontz, Management Theory of Jungle, *Academy of Management Journal*, 3 (4), 1961, pp. 174 - 188.

管理才得到认识、分析、监控和传授，才有了一定的形式。20 世纪是管理的世纪”。[①] 由于心理学家、社会学家、人类学家、经济学家、数学家、物理学家、生物学家、政治学家和管理学家以及实际管理人员都一拥而上追赶这一浪潮，出现了许多新的理论和学说，从而形成了众多学派。对于愈演愈烈的管理理论之“丛林”现象，在 20 世纪 60 年代初引发了西方管理学界关于管理学派划分与专业化的有效性的争论。这场争论的导火线是以 1961 年 12 月孔茨发表《管理理论的丛林》一文作为标志。孔茨在此篇论文中，将当时的管理学理论归纳为 6 大学派或研究方向——管理过程学派、经验或案例学派、人类行为学派、社会系统学派、决策理论学派和数学学派。1962 年，孔茨邀请了一批著名的管理学学者和实际管理工作者，在加利福尼亚大学举行了一次管理学理论的讨论会，此次会议未能达成共识。然而，管理学知识的更新是永远不变的要求，以至于到了 1980 年，孔茨不得不对管理理论“丛林”重新加以考察。“考察结果，我发现，现在至少已经有 11 个学派，而不只是 1961 年我所提到的那 6 个学派了。‘丛林’已显得更加茂密而难以通过。但是，也出现一些发展趋势，可能导致将来各学派逐步融合，以至于形成一种统一的、更为有用的管理学理论。”[②] 孔茨所称的 11 个学派分别是：经验或案例学派、人际行为学派、群体行为学派、社会协作系统学派、社会技术系统学派、决策理论学派、系统学派、数学或管理科学学派、权变理论学派、经理角色学派、经营管理学派或管理过程学派。孔茨的结论是管理学正在走向分歧，而并不是走向统一。

尽管孔茨期待出现“以一统众”的管理学理论，但这只是一种良好的愿望。事实上，不同学派的并存是管理学的一大特色，不同的管理学理论学派在不同时期会有不同程度的发展，即使在同一时期也是同时并存，各自发挥不同的作用，甚至其理论观点也会有不同程度的交叉，只不过其侧重点各有不同而已。因此，任何企图消除管理学分歧的想法都

---

① ［英］斯图尔特·克雷纳：《管理百年：20 世纪管理思想与实践的批判性回顾》，邱琼译，海南出版社 2004 年版，第 1 页。

② Harold Koontz, The Management Theory of Jungle Resived, *Academy of Management Journal*, 5 (2), 1980, pp. 175 – 187.

是不可取的，也是不可能的。我们应做的是需要对已有管理学派进行梳理和划分，以把握西方主流管理学学派和主流派系。除了孔茨把管理理论划分为11个学派外，英国学者胡克金斯基（A. Huczynski）在1996年把管理思想流派划分为6大学派，即官位主义、科学管理、行政管理、人际关系、新人际关系和大师理论。[①] 自20世纪80年代以来，随着知识社会的到来，则更出现了诸如企业文化理论、知识管理理论、组织学习理论、企业再造理论、核心能力理论、团队管理理论、管理伦理理论和创新管理理论等众多新的管理学学派。有学者认为，现代管理理论可分为7大流派：战略管理学理论、现代企业理论、企业再造理论、企业文化理论、企业能力理论、企业资源理论和知识管理理论。[②] 也有学者认为，进入21世纪，管理学的发展焦点是现代性、超现代性和后现代性之争。[③] 纵观上述对管理学流派的不同划分，虽然对某一阶段的管理学论争有所归纳和分析，但缺乏划分这些流派的充分依据，只是根据理论观点的相近进行归类而已，未能反映西方管理学派的全貌。因此，从总体上对西方管理学流派进行重新划分就显得非常必要，它直接关系到管理学理论发展的内在轨迹及其发展方向。

二 管理学流派的划分依据

就孔茨所划分的11个管理学派而言，每个学派都对管理学理论做出了贡献，从而使管理学理论丛林枝繁叶茂。依照孔茨的看法，造成这种混乱以及各个学派之间“丛林战”的原因很多，主要有：（1）语义上的混乱，对组织、领导、管理和决策等术语在用法和解释方面有所不同；（2）由于在不同的环境下使用这些术语，造成了对作为知识整体的管理和管理学的定义以及所包含的范围未能取得一致意见；（3）主观先验的结果，一些管理学学者常倾向于把前人对管理经验的概括和总结看成是

① ［英］安德泽杰·胡克金斯基：《管理宗师：世界一流的管理思想》，王宏方译，东北财经大学出版社1998年版，第6页。

② 苏勇主编：《当代西方管理学流派》，复旦大学出版社2007年版，第3页。

③ 罗珉：《管理学前沿理论研究》，西南财经大学出版社2006年版，第193页。

“先验的假设”而予以摒弃；（4）曲解并抛弃前人提出的一些管理原则。当某些原则不符合实际时，就企图否定整个原则的框架；（5）管理学学者没有机会或不愿意相互了解，其原因是学科或个人的职业话语之“墙”，以及维护个人意见或职业的愿望。尽管孔茨分析了形成管理理论“丛林”的原因，但他并未从管理学流派演变的内在轨迹来划分管理学派，因而显得划分管理学流派的依据并不充分。

本文认为，对西方管理学流派进行划分应以管理学理论的发展线索为依据。管理学理论的产生和发展始终是与社会生产力的发展紧密联系在一起的，生产力的发展以及生产组织方式的变化决定着管理思想的发展变化。作为人类特殊社会实践活动的管理，其每一项管理行为无不受到特定时空所具有的社会文化背景的影响，由此形成的管理学理论“既是文化环境的一个过程，也是文化环境的产物”。① 管理不只是一门科学，还是一种文化，有它自己的价值观、信仰、工具和语言。“管理是一种社会职能并植根于一种文化，一种价值传统、习惯和信念之中，以及政府制度和政治制度中”。② 因此，管理文化深深地影响甚至在某种程度上决定着管理理论和管理的实践模式。

由此认为，管理与文化是共生、同构和互动的，在它们的内在关联中，文化是管理学理论发展的深层力量，从管理学理论的文化基因入手比人性假设的观点更能把握管理学流派演变的轨迹。纵观百年管理学流派的演变，以特定的管理文化为基础发生了三次重大的管理学理论变革：以科学文化为基础的科学管理、以人文文化为基础的行为管理和以知识文化为基础的文化管理。这三次重大的管理学理论变革，构成了西方管理学的科学管理学派、行为管理学派和文化管理学派三大主流学派，并由此形成了西方管理学的主流派系。

---

① ［美］丹尼尔·A. 雷恩：《管理思想的演变》，赵睿等译，中国社会科学出版社 2000 年版，第 13 页。

② ［美］彼得·德鲁克：《管理：任务、责任和实践》，孙耀君等译，中国社会科学出版社 1997 年版，第 5 页。

三　西方管理学的主流学派

管理学流派和派系是管理学史上的重要现象。如上所述，以管理文化为依据，西方管理学流派可分为科学管理学派、行为管理学派和文化管理学派三大主流学派，而管理学派系则是指多个不同的时代或时期对某一或某些基本的管理学问题同感兴趣的管理学学者所提出的类似的甚或相同的观念和学说所结成的理论阵线。西方管理学的流派与派系的关系表现为既相对独立又相互交叉、相互渗透，一个主流学派可能包含某种主流派系，也可能不包含这种主流派系；而一种主流派系可能出现于某个主流学派中，也可能不出现于这个主流学派中，甚至某个主流派系会成为另一个主流派系的学术渊源。从总体上来看，西方管理学的主流学派和分支派系之间表现为既相互独立又相互交叉、相互渗透的关系。

1. 科学管理学派

科学管理学派对管理的本质认识是，管理就是一门科学，管理可以形成一门学问。在管理学理论的开创时期，由于不同的研究者所处的环境和所关注的对象不同，他们在对科学管理进行研究时所选取的角度也是不一样的，从而形成了不同的理论主张。科学管理学派的代表人物主要有泰罗、法约尔（Henri Favol）和马克斯·韦伯（Max Weber）。正是泰罗、法约尔和韦伯试图从三个不同的角度，即个人、组织和社会来解决现实中的管理问题，从而为管理科学奠定了坚实的基础。

科学管理的根本任务在于提高管理效率，追求管理的科学化、规范化与有序化，因而成为一切管理的基础与起点。特别是在第二次世界大战以后，随着科学技术急速发展，企业竞争不断加剧，管理对象日益复杂多变，对管理理念和方法的要求也就越来越理性化、科学化，因此，如何运用现代科技发展的成果，使管理更加科学化，已成为管理学理论研究经久不衰的主题之一。在对科学管理的探索中，除了泰罗、法约尔和韦伯外，影响较大的还有以下诸学派。

（1）社会系统学派。巴纳德（C. I. Barnard）认为，组织是一个复杂的社会系统，因而主张用系统理论和社会学的观点来分析和研究组织管理的问题。(2) 决策理论学派。西蒙(H. A. Simon)提出了具有“有限理性”的人即基于“令人满意”而不是“最优”方案决策模型，借助于心理学的研究成果，对决策过程进行了科学的分析，认为管理就是决策。(3) 管理科学学派。该学派以运筹学为基础，认为管理就是制定和运用数学模型与程序的系统，就是用数学符号和公式来表示计划、组织、控制和决策等合乎逻辑的程序，并求出最优解，以达到组织的目标，它要求使用现代科学技术对管理进行整体性、系统性和全面性的研究。(4) 管理过程学派。孔茨等把管理看作是在组织团体中通过他人或同他人一起完成工作的过程，而管理过程同管理的计划、组织、人事、领导和控制的职能是分不开的，并将此作为其理论的核心结构。(5) 系统管理学派。卡斯特(F. E. Kast)等人把一般系统论应用于工商企业管理，系统地阐述了系统观点、系统分析与系统管理的关系，全面分析和研究企业及其他组织的管理活动和各项管理职能，重视对组织结构和系统模型的分析。

上述管理学学派及其理论主张表明，它们都力图按照科学研究的基本要求来思考和探索反映管理活动过程中客观规律的基本原则、原理和一般方法，它们的理论基础是现代科学的方法论及其技术。无论是运筹学、系统论、信息论、控制论、耗散结构论和突变论，还是决策技术、信息技术、网络技术在管理上的应用，都充分说明了追求效率、效用、科学和理性，是推动管理学理论发展的原动力。

2. 行为管理学派

任何管理都离不开人的活动，人既是管理的主体，又是管理的客体。自从梅奥(G. E. Mavo)把人当作“社会人”开始，研究人的需要和行为，如何调动和发挥人的积极性，重视人的发展就成为管理理论研究的又一重大取向。

行为管理的主要学派如下。(1) 人际关系学派。人际关系学说是行为科学建立的基础，梅奥通过“霍桑实验”，对泰罗主义提出了批评，认为组织中的人绝不是单纯的“经济人”，而是“社会人”，管理人员必须考虑工作场所的社会结构和社会及心理方面的需要，因此，研究管理必须着重于人际关系。(2) 个体行为学派。该学派的起点是马斯洛

(A. H. Maslow) 提出的需要层次理论，经过赫茨伯格（Herzberg）、弗罗姆（V. H. Vroom）等人的努力，认为人的积极性和受激励的程度取决于需要的满足程度，因而他们着重研究人的各种需要，以及满足何种需要将导致最大的激励等。麦格雷戈（MacGregor）则对人性假设理论进行了总结，认为 Y 理论能使组织成员在努力实现组织目标的同时，最好地实现个人目标。(3) 团体行为学派。库尔特·卢因（Kurt Lewin）最早提出团体动力学理论，认为团体中各个成员的活动、相互影响和情绪的综合构成了团体行为，而团体的一致性如共同目标、团体规范、共同的兴趣爱好等就会产生团体动力。经过几十年的实践，团队已成为组织的主要运作方式，致使团队管理理论得到了较大发展。(4) 组织行为学派。组织行为是行为科学研究的最高层次的行为，其核心问题是如何进行领导，促进组织发展，而组织领导水平的高低在一定程度上又取决于领导方式。自斯托格第（Stogdill）和沙特尔（Shartle）提出领导行为四分图理论以来，管理学者对此进行了多方面的研究，出现了管理方格理论、经理角色学派、企业领导理论、组织发展理论等学派。(5) 管理伦理学派。管理伦理是自 20 世纪 60 年代尤其是 80 年代以来西方管理学理论界和企业实践界普遍关注的一个热门话题，管理学家几乎把伦理提到了关系企业或组织生存与发展的至高地位。在管理伦理的研究中，其核心是着重研究反映现代人性的人文价值，建构组织系统的价值模式和考察现代人的行为价值逻辑。

总之，正是行为管理学派才确立了人在管理中的主导地位，它不再将人视为仅仅是获取利润的一种生产要素，而是注重人的需要和行为动机，研究个人与个人、个人与群体及群体与群体之间的关系，以创造一个良好的工作环境，使人的主观能动性得到充分发挥。因此，就其思想渊源而言，行为科学管理方式是人类自身对其本质认识的某种结果，是人文主义原则在管理活动中最直接的反映。

3. 文化管理学派

随着现代科学技术的迅猛发展，作为人类文化最高成就的知识亦不断“爆炸”，特别是在第二次世界大战结束以后，“知识被应用于知识本身”，引发了管理革命。由于知识文化是人类文化发展的最高阶段，因而在现代管理活动中，对文化管理的探索将促使管理学理论向纵深方向发展。这种探索由“现代管理之父”德鲁克（Drucker）开始，德鲁克认为，在当今社会，知识已经成为“最重要的资源，而不是某种资源”。[①]文化管理的核心是利用价值观这个“无形之手”进行管理，而价值观又主要体现为战略观、变革观、创新观、知识观等观念，相应地出现了战略管理、变革管理、创新管理、知识管理等新的管理学派，为组织的发展注入了知识文化的力量。

在对文化管理的探索中，影响较大的学派主要有如下几个。（1）管理实践学派。该学派以德鲁克为杰出代表，主张管理理论不应是理性的推理或分析，而必须从特定的管理实践和管理文化出发，通过研究管理中成功和失败的各种案例，并总结、概括出理论性的管理原理与方法，然后传授给管理人员或向经理提供实际建议，从而使他们学会进行有效管理。（2）战略管理学派。该学派自 20 世纪 60 年代形成以来，就一直居于管理学的前沿地位，吸引管理学家们广泛进行探讨。就其发展历程而言，主要有战略规划学派、环境适应学派、竞争战略学派、资源基础论与核心能力学派。然而，由于人们对战略的本质没有达成共识，因而战略形成的整体就像一头大象，存在着各种各样的战略管理学派。（3）变革管理学派。变革管理源于权变管理学派，该学派认为，在管理中要根据组织所处的内外环境、条件的变化而随机应变，没有一成不变、普遍适用的最好的管理理论与管理方法，其后出现了创新管理理论、企业再造理论等。（4）组织文化学派。自 20 世纪 80 年代初以来，西方管理学界掀起了研究组织文化的热潮，他们向传统的纯理性主义管理理论提出了挑战，把管理的重点转向软性管理，强调管理中的文化因素，倡导文化管理，主要表现为企业文化学派、组织文化模型学派、文化适宜学派及跨文化管理学派。这些学派的出现，标志着管理理论的研究向更深层的文化层面发展。（5）知识管理学派。该学派的兴起是与信息社会和新经济的发展密切相关的，其出发点是将知识视为企业最重要的战略资源和最核心的无形资产，通过将隐性知识沉积在制度及操作层面，创造

---

① ［美］彼得·德鲁克：《后资本主义社会》，张星岩译，上海译文出版社 1998 年版，第 48 页。

有利于隐性知识传递的环境条件，实现知识共享，从而最大限度地掌握和利用知识。对知识型组织而言，应以动态的方式应对复杂、变动的环境，其最重要的资本将不再是传统的物质资本（包括货币资本），而是知识和智力资本。因而围绕智力资本的运营进行知识的生产、创新、传递、利用和保护的知识管理，就成为组织在价值提升过程中的一个关键问题。新的组织观是“组织通过摧毁现有的知识系统，然后创造新思维及做事方法，从而达到对自身进行再创造”。[①] 知识管理是一种新兴的交叉学科，这一新兴学科领域引起了广泛关注，不同领域的学者从多个角度对知识管理进行了探索。利用作者被引和多元统计分析形成的知识图谱，又可分为知识管理战略流派、组织变革流派、过程流派、技术流派和应用流派。[②]

综上所述，文化管理并不是将科学管理与行为管理对立起来，而是在知识社会的时代背景下，对以往的人类管理智慧进行新的整合，它依靠知识，对自然资源进行合理、科学、综合的配置，实现资源的优化利用，实现科学管理和行为管理的互补与综合。

四 流派纷呈对于西方管理学的意义

本文把西方管理学流派分为 3 大主流学派和 16 个分支派系，并不是强调它们之间的对立，而是为了把握西方管理学的发展脉络以及从广度和深度上理解西方管理学的理论范式。管理理论的“丛林”现象与管理学科本身的特点和性质密切相关，流派纷呈本身是西方管理学发展和多元化范式的一个基本表征，它对于西方管理学的兴盛具有重要意义。

管理学科是一门介于社会科学与自然科学之间的交叉科学，从管理学科的性质出发，管理学的研究是有多种研究范式和研究方法的，亦即管理学的研究存在着多元化范式。这种多元化范式可以促使管理学研究

---

① ［日］野中郁次郎、竹内弘高：《创造知识的企业》，李萌、高飞译，知识产权出版社 2006 年版，第 62 页。

② 仲秋雁等：《知识管理流派特征分析及内涵界定》，《研究与发展管理》2010 年第 2 期，第 80—87 页。

者们从各种不同的方向、不同的层面、不同的角度和采用不同的方法进行研究和探索，使管理理论研究的层面比较广泛，各个层面的研究也比较充分和深入。自20世纪80年代以来，人类社会已经进入一个以知识为主导的时代，工商企业领域正在经历一场从未出现过的极其深刻的变化。管理学正在面临一个新的转折点，非线性、偶然性、不确定性、混沌、自组织等复杂性科学的引入，使管理学的发展出现了某种“断裂”和“不连贯”。

应当看到，管理学科如同其他学科一样，是建立在意见分歧、学派论争和各种不同观点共存的基础之上的。从多方位、多角度来考虑和探讨管理问题而形成的不同学派，将直接导致西方管理学在广度和深度上的发展与繁荣。从人类管理活动和管理知识的文化本性来看，科学主义范式和人本主义范式之间的对立并非不可融合，它们存在着共同的文化基因，都是管理的一种文化存在。未来的管理学将会随着知识经济和信息技术的深入发展，不断吸收和融合其他学科的知识，形成一种更高层次、更大范围的融合。

（选自《国外社会科学》2011年第3期）

国外关于食品安全问题理论研究现状

张志红　田永胜　张志英*

近年来，我国频发食品安全事件，使得食品安全研究迅速成为热门的研究领域。不过，与国外社会科学界特别是发达国家社会科学界对食品安全的研究相比，我国的研究还处于初始阶段。本文选取了国外比较有代表性的近100篇文章，分食品安全问题产生原因、食品安全控制体系、食品安全风险认知、食品安全支付意愿及选择行为、食品安全监管制度等五个方面，进行了梳理和总结，以期对我国的食品安全研究有所启迪。

一　食品安全问题产生的原因

很多学者探讨了食品安全问题产生的原因，主要观点有如下几种。

一是信息不对称。马修（Matthew）通过研究奶产品生产商，发现奶产品供应链失效的主要原因在于土农场主和奶业生产商之间信息的不对称。① 奥尔特加（Ortega）等认为，消费者对食品质量信息掌握不充分，

---

* 本文作者：张志红，女，1974年生，硕士，深圳市宝安区委党校，深圳广播电视大学宝安分校讲师；田永胜，男，1969年生，博士后，广东嘉应学院高级编辑；张志英，女，1970年生，中央编译局博士后工作站副研究员。

① G. Matthew, "Overcoming Supply Chain Failure in the Agir-food Sector: A Case Study from Moldova", *Food Policy*, Vol. 31, 2006, pp. 90 – 103.

只能在购买或食用后才能对食品质量做出经验上的判断，食品安全问题经常是由于消费者和供应商之间的信息不对称而产生的。①

二是生产者消费者的利益冲突。肖菲尔（Schofield）等认为，生产者、消费者之间长期存在的利益冲突是食品安全问题产生的根本原因。②

三是政府监管失灵。乔治（Giorgi）等认为，20 世纪 90 年代的“疯牛病”事件暴露了政府和食品相关部门对食品安全监管的失灵，食品安全问题产生的主要原因还是政府监管不力。③ 大卫（David）研究了政府食品安全控制体系失效的原因：（1）由于地理位置引发的失灵；（2）对产品属性、生产过程以及管制效果的不信任；（3）信息不对称导致缺乏对保证食品质量激励；（4）由于控制体系不够灵活而在新风险面前的脆弱性。④

四是消费者自身原因。雷德蒙（Redmond）等认为，近年来由食源性疾病造成的食品安全事故在全球范围内频发，消费者对食物处理不当的行为可能是其中一个重要原因。⑤ 米利科维奇（Miljkovic）等研究发现，在食品安全法律法规完善的同时，潜在的受害消费者对食品相关政策的关注也在减少，这种抵消行为（offsetting behavior）会对食品相关政策产生削弱甚至逆反作用。⑥

五是多种综合因素的影响。兹瓦特（Zwart）等认为，导致食品安全

---

① David L. Ortega, Modeling Heterogeneity in Consumer Preferences for Select Food Safety Attributes in China, *Food Policy*, Vol. 36, 2011, pp. 318 – 324.

② Richard Schofield & Jean Shaoul, Food Safety Regulation and the Conflict of Interest: The Case of Meat Safety and E. Coli0157, *Food Safety Regulation*, Vol 3, 2000, pp. 531 – 554.

③ Liana Giorgi & Line Friis Lindner, The Contrmporary Governance of Food Safety: Taking Stock and Looking Ahead, *Quality Assurance and Safety of Crops & Foods*, Vol. 36, 2009, pp. 36 – 49.

④ A. David, Systemic Failure in the Provision of Safe Food, *Food Policy*, Vol. 28, 2003, pp. 77 – 961.

⑤ Elizabeth C. Redmond & Christo Pher J. Griffith, A Comparison and Evaluation of Research Methods Used in Comsumer Food Safety Studies, *International Journal of Consumer Studies*, Vol. 27, 2003, pp. 17 – 33.

⑥ Dragan Miljkovic, William Nganje & Benjamin Onyango, Offsetting Behavior and the Benefits of Food Safety Regulation, *Journal of Food Safety*, Vol. 29, 2009, pp. 49 – 58.

问题的因素存在于整个农产品供应链的各个环节。[①] 基夫（Keeffe）等认为，食品中的化学残留物是造成食品安全的重要因素。[②] 斯威尼（Sweeney）等认为，霉菌毒素，如黄曲霉毒素和赭曲霉毒素能够通过多种途径进入肉类的食物链，造成中毒甚至致癌。[③] 杨（Young）等对38篇关于有机及常规家禽、猪肉和牛肉产品中的人畜共患病和潜在的人畜共患病菌及耐抗生素病菌造成的食品安全问题进行综述，认为有机肉鸡屠宰后的弯曲杆菌的患病率较高，但零售的鸡患病率无明显差异；传统的零售鸡中的弯曲杆菌菌株更可能是环丙沙星耐药性造成的。从传统的动物产品中分离出来的病菌耐抗生素非常明显。然而，在有机的动物产品中也有耐药菌株。[④] 鲁程生（Chensheng Lu）等研究发现，儿童食品中含有的杀虫剂残留会影响幼儿发育，影响儿童的神经系统。[⑤]

二 食品安全管理手段研究

国外食品安全管理手段众多，学者们也非常重视食品安全管理手段的研究，其主要研究的食品安全管理手段有：危害分析与关键控制点（HACCP）、食品安全追溯系统等。

1. 对 HACCP 的讨论

美国在 20 世纪 60 年代提出了 HACCP 概念，一些研究还探讨了

---

① A. C. Zwart & D. A. Mollenkopf, Consumers'Assessment of Risk in Food Consumption: Implications for Supply Chain Strategies, Chain Management in Agribusiness and the Food Industry, Proceedings of the Fourth International Conference, 2000, pp. 369 – 378.

② M. O'Keeffe & F. Farrell, The Importance of Chemical Residues as a Food Safety Issue, *Irish Journal of Agricultural and Food Research*, Vol. 39, 2000, pp. 257 – 264.

③ M. J. Sweeney, et al., Mycotoxins in Agricultural and Food Safety, *Irish Journal of Agricultural and Food Research*, Vol. 39, 2000, pp. 235 – 244.

④ I. Young, et al., Comparison of the Prevalence of Bacterial Enteropathogens, Potentially Zoonotic Bacteria and Conventional Poultry, Swine and Beef Production: A Systematic Review and Meta-analysis, *Epidemiology and Infection*, Vol. 137, 2009, pp. 1217 – 1232.

⑤ Chesheng Lu & Frank J. Schenck, et al., Assessing Children's Dietary Pesticide Exposure: Dorect Measurement of Pesticide Residues in 24 – Hr Duplicate Food Samples, *Environmental Health Perspectives*, Vol. 118, 2010, pp. 1625 – 1630.

HACCP 实施的制度与政府角色。多数学者认可政府在 HACCP 中的积极作用。格雷戈里（Gregory）等人探讨了政府和企业在 HACCP 实施中的具体责任，认为政府的责任主要是制定标准、法案并强制执行，企业的责任在于达到国家规定的标准和法案。[①] 比肯亚（Bukenya）调查山羊养殖业后，认为超过一半的养殖场愿意采纳 HACCP 体系。[②]

企业执行 HACCP 规则的成本引起学者们的广泛争议。罗伯茨（Roberts）等根据美国当前的食源性疾病状况，认为实施 HACCP 使企业成本增加，但是，即使四种病原体（沙门氏菌、空肠弯曲杆菌、大肠杆菌/0157：H7、单核细胞增多性李斯特氏菌）减少 10%，20 年的净利润也会增加 6 倍多。[③] 泰勒（Taylor）等认为，小型食品企业难以实施 HACCP 的主要原因是不愿意改变现状、缺乏相关的信息来源和技术支持、缺乏时间和资金等。[④] 古德温（Goodwin）等通过对参加堪萨斯大学 HACCP 圆桌会议的 11 家公司的管理者进行调查发现，因实施 HACCP，肉鸡产业及消费者的平均福利损失高达每年 3500 万美元。[⑤] 奥林格尔（Ollinger）等通过对肉类工厂和禽肉工厂执行 HACCP 费用的全国性调查，得出如下结论：（a）监管有利于大型的、产品专业化的工厂，而不利于小型的、产品多样化的工厂；（b）私人行为产生相当大的成本；（c）除了鸡的屠宰之外，与允许工厂选择食品安全的技术来满足 HACCP 的标准相比，联邦政府授权的加工过程的费用要高达 160%—500%。[⑥] 安德斯（Anders）等

---

① D. Gregory, Hazard Analysisi and Critical Contrli Point（HACCP）as a Part of an Overall Quality Assurance System in International Food Trade, *Food Control*, Vol. 11, 2000, pp. 345 – 351.

② James O. Bukenya & Latisha Nettles, Perceptions and Willingness to Adopt Hazard Analysis Critical Control Point Practices among Goat Producers, *Review of Agricultural Economics*, Vol. 29, 2007, pp. 306 – 317.

③ Tanya Robers, Jean C Buzby & Michael Ollinger, Using Benefit and Cost Information to Evaluate a Food Safety Regulation: HACCP for Meat and Poultry, *American Journal of Agricultural Economics*, Vol. 78, No、5, pp. 1297 – 1301.

④ E. Taylor, HACCP in Small Companies: Benefit or Burden? *Food Control*, Vol. 12, 2001, pp. 217 – 222.

⑤ H. L. Goodwin & Rimma Ahiptsova, Changes in Market Equilibria Resulting from Food Safety Regulation in the Meat and Poiltry Industries, *International Food and Agribusiness Management Review*, Vol. 5, No. 1, 2002, pp. 61 – 74.

⑥ Michael Ollinger & Danna Moore, The Direct and Indirect Costs of Food-safety Regulation, *Review of Agricultural Economics*, Vol. 31, No. 2, 2009, pp. 247 – 265.

根据1990—2004年的翼段模型（pannel model），认为HACCP的实施对海外前33个供应国的海鲜进口具有明显的负面影响，而对发达国家的海鲜进口具有积极的影响。对发展中国家的负面影响，支持了“标准壁垒”与“标准作为催化剂”的观点。①

2. 对可追溯体系的研究

20世纪90年代，欧盟提出建立食品可追溯体系（food traceability system）。国外学者运用交易成本理论和不完全契约理论，重点研究了食品产业链中的治理结构、纵向契约协作和纵向一体化机制，研究成果丰硕。斯塔伯德（Starbird）等提出，监管和可追溯性的目的是促使食品供应商提供更加安全的食品。这些政策在多大程度上能够驱动食品供应商，取决于监管的准确性、监管失效的成本、造成食源性疾病的成本以及供应商支付这些成本的份额。他们根据一种新的模型研究供应商在何种条件下倾向于提供无污染的食品，结果发现当监管失效的成本由供应商承担时，最低程度的监管错误就能驱使供应商提供无污染的食物。但是，如果监管失效的成本不需要供应商承担时，这个结论就不成立。②

目前，国外学者对于食品追溯问题的研究主要集中在以下三个维度上。一是对追溯关键技术的研究。二是对食品链内部追溯体系的研究。赫德森（Hudson）对食品供应链中的契约协作机制进行了理论和实证分析。③ 马泽（Maza）等对食品供应链中的食品质量与治理结构的关系进行了分析。④

---

① Sven M. Anders & Julie A. Caswell, Standards as Barriers versus Standards as Catalysts: Assessing the Impact of HACCP Inplementation on U. S Seafood Imports, *American Journal of Agricultural Economics*, Vol. 91, No. 2, 2009, pp. 310 – 321.

② S. Andrew Starbird & Vincent Amanor-Boadu, Do Inspection and Traceability Provide Incentives for Food Safety? *Journal of Agricultural and Resource Economics*, Vol. 31, No. 1, 2006, pp. 14 – 26.

③ Darren Hudson, Using Experimental Economies to Gain Perspective on Producer Contracting Behaciour: Data Needs and Experimental Design, Paper Presented at the 78th EAAE Seminar and NJF Seminar, Economies of Contracts in Agriculture and the Food Supply Chain, 2001, pp. 15 – 16.

④ A. Maze, S. Polin, E. Raynand, L. Sauve & E. Valces-chini, Quality Signals and Governance Structures within European Agro-food Chains: A New Institutional Economics Approach, Paper Presented at the 78th EAAE Seminar and NJF Seminar 330, Economies of Contracts in Agriculture and the Food Supply Chain, 2001, pp. 15 – 16.

埃内西（Hennessy）认为，食品产业链中的核心企业对食品质量的刚性约束，能有效控制整个食品链中食品的质量。[①] 他还讨论了食品产业在安全食品供给过程中的领导力量及作用和机制。维特（Vetter）等对食品产业治理结构进行了讨论，认为纵向一体化可以解决消费者无法识别质量特征的信任品（credence goods）和道德风险问题。[②] 三是集中在食品可追溯的目的、内容及企业的成本、收益等的研究上。佩蒂特（Pettitt）[③]、戈兰（Golan）、[④] 霍布斯（Hobbs）、苏扎－蒙蒂罗（Souza-Monteiro）[⑤] 等人认为，降低有安全隐患食品的召回成本是可追溯系统在公共和私人部门得到推广的重要原因。追溯制度可以使企业增强对供应方的管理，加大安全和质量控制，在市场中树立某种产品信息的可信性，便于识别食品安全事故的责任人等。雷森迪－菲洛（Resende-Filho）等则认为，可追溯性并非更加安全的食品的明确标志，依靠制裁的强制性可追溯体系也并不必然保证食品安全，反而增加食品供应商的成本。[⑥]

---

① David A Hennessy, Information Asymmetry as a Reason for Food Industry Vertical Integration, *American Journal Agricultural Economics*, Vol. 78, 1996, pp. 1034 - 1043; David A. Hennessy, J. Roosen & J. A Miranowski, Leadership and the Provision of Safe Food, *American Journal Agricultural Economics*, Vol. 4, 2001, pp. 862 - 874.

② Henrik Vette, Rostas Karantininis & MoralHazard, Vertical Integration, and Public Monitoring in Credence Goods, *European Review of Agricultural Economies*, Vol. 29, No. 2, 2002, pp. 271 - 279.

③ R. G. Pttitt, Traceability in the Food Animal Industry and Supermarket Chains, *Scientific and Technical Review*, Vol. 20, 2001, pp. 584 - 597.

④ E. Golan, et al., Traceability in the U. S. Food Supply: Economic Theory and Industry Studies, USDA/Economic Research Service/ AER - 830, Vol. 3, 2004, pp. 1 - 48; E. Golan, F. Kuchler, L Mitchell, et al., Economics of Food Labeling, USDA/ Economic Research Service/AER793, Vol. 10, 2000, pp. 1 - 41.

⑤ D. M. Souza-Monteiro & J. Caswell, The Economics of Implementing Traceability in Beef Supply Chain: Trends in Major Producing and Trading Countries, *Annual Meeting of the Northeastern Agricultural and Resource Economics Association*, 2004.

⑥ Moises A. Resende-Filho & Terrance M. Hurley, Information Asymmetry and Traceability Incentivesfor Food Safety, *International Journal of Production Economics*, Vol. 139, No. 2, 2012, pp. 596 - 603.

三 对食品安全风险认知的研究

风险分析主要是对食物链过程中各个环节可能产生的危害进行评估和鉴定，找出有效的管理方案。

近年来，消费者的风险感知已经成为国外学者研究关注的重点。罗曼诺斯卡（Romanowska）通过问卷调查测定了消费者对食品安全通常的态度、购买鸡蛋时个人健康风险的感知度、对农作物生产方法相关的更加广泛的食品工业问题的顾虑程度和对确保食品安全机构的信任。① 乌泽亚（Uzea）等探究了消费者是否认为动物在具有较高福利标准的生产系统饲养下，其肉类更加健康、更加可口，也探究了消费者对加拿大当前的动物福利的信心水平。② 英尼斯（Innes）等以面包为例，研究了消费者对不同认证机构关于面包产品环境可持续性和无农药保证的风险感知，测定了消费者对各认证机构（公共、私人和第三方）确保食品中环境质量属性的信任。③

关于食品安全风险认知维度的研究，学者们研究了消费者对不同食品的风险感知，分别提出很多不同的风险认知维度的观点。如，马洪（Mahon）等以牛肉市场研究为例，认为消费者的风险认知有三个维度：身体风险、心理风险和性能风险。④ 米切尔（Mitchell）等通过对葡萄酒市场的研究，发现消费者的风险认知有四个维度：性能风险、社会风险、金钱风险和健康风险。⑤ 霍尼布鲁克（Hornibrook）等通过对牛肉市场的

---

① P. Romanowska, Consumer Preferences and Willingness to Pay for Certification of Eggs with Credence Attributes, Unpublished MSc Thesis, 2009.

② A. Uzea, J. E. Hobbs & J. Zhang, Activists and Animal Welfare: Quality Verifications in the Canadian Pork Sector, *Journal of Agricultural Economics*, Vol. 62, No. 2, 2011, pp. 281 – 304.

③ B. G. Innes & J. E. Hobbs, Does It Matter Who Verifies Production Derived Quality? *Canadian Journal of Agricultural Economics*, Vol. 59, No. 1, 2011, pp. 87 – 107. D. Mahon & C. Cowan, Irish Consumers Perception of Food Safety Risk in Minced Beef, *British Food Journal*, Vol. 106, No. 4, 2004, pp. 301 – 312.

④ D. Mahon & C. Cowan, Irish Consumers Perception of Food Safety Risk in Minced Beef, *British Food Journal*, Vol. 106, No. 4, 2004, pp. 301 – 312.

⑤ V. -M. Mitchell & M. Greatorex, Risk Reducing Strategies Used in the Purchase of Wine in the UK, *European Journal of Marketing*, Vol. 23, No. 9, 1989, pp. 31 – 46.

研究，认为消费者存在五个风险认知维度，即身体风险、心理风险、时间风险、金钱风险以及性能风险。① 米切尔等提出消费者食品安全风险认知的六个维度，即身体风险、心理风险、金钱风险、时间风险、性能风险以及社会风险。② 杨（Yeung）等通过分析鸡肉市场，认为消费者有七个风险认知维度，即健康损失、性能损失、心理损失、时间损失、金钱损失、社会损失以及生活损失。③ 可见，风险认知的维度与食品种类直接相关。

学者们还从认知和情感两方面探讨了影响食品安全风险认知的因素。斯格雷特（Siegrist）发现性别因素对食品新技术的风险认知有显著影响，女性往往比男性更加关心新技术所引起的食品安全风险。④ 雷恩（Renn）则发现年龄是食品安全风险认知的影响因素，年龄因素与消费者食品安全风险认知正相关，年龄越大，食品安全风险认知水平越高。⑤ 奈特（Knight）的研究进一步证实了前人提出的风险熟悉程度、恐惧感和风险暴露程度等三个公共因素对食品安全风险认知的影响。⑥

四　食品安全支付意愿及选择行为等问题的研究

消费者对食品安全的支付意愿及选择行为等问题的研究一直受到国外学者的重视。一方面，他们研究了消费者对标识信息的关注与搜寻利用行为。穆恩（Moon）等通过研究人们购买打折的转基因食品的意愿与

---

① S. A. Hornibrook, M. McCarthy & A. Fearne, 2005, pp. 701 – 715.

② Mitchell, 1999, pp. 163 – 195.

③ R. M. W. Yeung & J. Morris, Consumer Perception of Food Risk in Chicken Meat, *Nutrition & Food Science*, Vol. 31, No. 6, 2001, pp. 270 – 278.

④ M. Siegrist, A Casual Model Explaining the Perception and Acceptance of Genetechnology, *Journal of Applied Social Psychology*, Vol. 29, 1999, pp. 2093 – 2106.

⑤ O. Renn, Risk Perception and Communication: Lessons for the Food and Food Packaging Industry, *Food Additives and Contaminants*, Vol. 22, No. 10, 2005, pp. 1061 – 1071.

⑥ A. J. Knight & R. Warland, Determinants of Food Safety Risks: A Multi-disciplinary Approach, *Rural Sociology*, Vol. 70, No. 2, 2005, pp. 253 – 275.

优先购买非转基因食品的意愿，发现消费者对转基因食品的感知风险，会增加消费者买打折的转基因食品和购买非转基因食品，而消费者对转基因食品的风险感知减少，会减少购买打折的转基因食品和减少购买非转基因食品。①

迪金森（Dickinson）等通过实验室模拟消费者对不同特征的肉类进行投标的状况，包括可追溯性（如能够从零售的肉类追溯到农场甚至来源的动物）、透明度（如了解动物没有被饲喂生长激素、得到人道的对待）、额外的认证（如额外的肉类认证），结果表明，消费者愿意支付这种具有可追溯性、透明度和额外认证的肉类，消费者的出价幅度表明，在美国开发这种肉类是一个有利可图的市场。② 高志峰（Zhifeng Gao）等认为，选择试验经常被用来引发消费者关于某些食品属性的支付意愿。

傅（Fu）等通过研究媒体信息对消费者购买食品或非食品的影响，发现正面信息和负面信息对消费者的购买决策和风险认知的影响在时间上是不对称的。③ 皮戈特（Piggot）等研究了美国市场猪肉、牛肉和鸡肉的安全信息对肉类消费的影响。结果发现，一般的食品安全信息对肉类消费的影响要比价格的影响程度小，重大的食品安全事件信息对需求影响较大，且不存在明显的滞后作用。④ 韦德（Wade）等指出，食品市场存在某种程度的信息过度供给现象，消费者接受到一些冲突信息后容易产生困惑与不信任感。因此，解决食品市场失灵不仅要从数量上提高安全信息的可获得性，而且要设法减少信息供给的偏差程度。⑤ 很多学者研

---

① Wanki Moon, et al., Willingness to Pay (WTP) a Premium for Non-GM Foods versus Willingness to Accept (WTA) a Discount for GM Foods, *Journal of Agricultural and Resource Economics*, Vol. 32, 2007, pp. 363 – 382.

② David L. Dickinson, Dee Von Bailey, pp. 348 – 364.

③ T. T. Fu, J. T. Liu & J. K. Hammitt, Consumer Willingness to Pay for Low-pesticide Fresh Produce in Tai Wan, *Journal of Agricultural Economics*, Vol. 50, No. 2, 1999, pp. 220 – 233.

④ N. E. Piggott & T. L. Marsh, Does Food Safety I Information Impact U. S. Meat Demand? *American Journal of Agricultural Economics*, Vol. 86, No. 1, 2004, pp. 154 – 174.

⑤ A. Wade & M. Conley, *Assessing Informational Bias and Food Safety: A Matrix Method I Approach*, International Food and Agribusiness Management Association (IAMA), Chicago, 2000, p. 2428.

究了消费者的支付意愿。迪金森等通过各种实验，证实了收入高的消费者愿意为具备可追溯性的农产品支付更高的费用。[①] 凯尼恩（Kenyon）等根据两个美国零售商对消费者进行的调查研究，进一步说明消费者愿意为优良属性可辨认、来源可核实的产品支付 12%—15% 的额外费用。[②]

五　对食品安全监管制度的研究

发达国家在食品安全监管制度研究方面已建立了一套有效的理论和实证研究体系。很多学者提出政府在食品安全监管中的重要地位。例如，斯塔伯德的研究表明，买家只能得到食品供应商提供的关于食品安全的不完全信息，为获得相对完全的食品安全信息，买家通常会进行抽样检验。由于抽样检验存在误差，一些不安全的产品有可能通过检验，而一些安全的产品则可能通不过。这种不确定性会影响买家和供应商的行为。他应用委托——代理模型研究了抽样检验政策后，认为对希望改善食品安全的政策制定者而言，抽样检验程序的监管是一个有效的工具。[③]

总体而言，对食品安全监管体系构成的分析包括如下几个视角。

一是探讨是政府还是企业应该负责食品安全监管。汤普金（Tompkin）提出政府与企业共同承担保障食品安全这一公共目标，企业具有保障食品安全的基本责任，而政府的角色在于检查和核实企业是否履行了其职责。[④] 巴林（Barling）等认为，政府制定并实施食品安全政策可以增加优良品质食品的供给，食品质量规则制定后必须加以控制，不然会导

---

① D. L. Dickinson & D. V. Bailey, 2002, pp. 348 – 364.

② D. W. G. Kenyon, R. P. William & J. Bill, et al., Food Retailers Push the Traceability Envelope, *Food Traceability Report*, Vol. 11, 2004, pp. 14 – 15.

③ S. Andrew Starbird & Moral Hazard, Inspection Policy and Food Safety, *American Journal of Agricultural Economies*, Vol. 87, No. 1, 2005, p. 1527.

④ R. B. I. Tompkin, Interactions between Government and Industry Food Safety Activities, *Food Control*, Vol 12, 2001, pp. 203 – 207.

致比市场失灵更为严重的政策失败，降低消费者的福利。① 加西亚（Garcia）等认为，无论是政府公共监管体系还是企业私人监管体系都存在一定的缺陷，因此，要建立一个由政府和企业协调配合、共同行动的联合监管（规制）系统。② 随着国际食品贸易的发展，食品链条从国内延伸到国外，食品质量安全的风险范围也从国内扩大到国外。国外学者不仅探讨国内食品监管，而且开始研究国际食品安全监管问题。阿鲁奥马（Aruoma）认为，食品安全监管应该覆盖国内国际的食品生产商以及餐饮服务场所。③

二是探讨政府监管主体由单一部门监管更加有效还是多部门监管更加有效。许多学者分析了单一部门监管的优越性。例如，德瓦尔（Dewaal）从消费者的角度出发，认为建立单一的食品安全管理部门会促进相关资源优化配置。④ 有的研究则指出单一部门和多部门应根据具体情况而定。例如，克鲁瑟（Kruse）提出，由于各个地区都有自身的特点，应根据情况进行多样化的管理和控制。⑤

三是探讨食品监管的成本。很多学者采用成本收益方法，对企业遵从监管的成本和收益进行定量评估。亨森（Henson）等认为，如果要求食品生产者遵守更严格的食品安全标准，只有当小规模生产者能够达到与大规模生产者相同的食品安全标准时，多层次的动态监管制度才能维持效果。⑥ 纳特劳（Natallal）等以荷兰国内牛奶供应链为例，分析了与提

① D. Barling & T. Lang, The Politics of Food, Political Quarterly, Vol. 74, No. 1, 2003, p. 47.

② M. M. Carcia, A. Feame & J. A Caswell, et al., Co-Regulation as a Possible Model for Food Safety Covemance: Opportunities, for Public-private Partnershipe, *Food Policy*, Vol 32, 2007, pp. 299 – 314.

③ Okezie I. Aruoma, The Impact of Food Regulation on the Food Supply Chain, *Toxicology*, Vol. 221, No. 1, 2006, pp. 119 – 127.

④ C. DeWaal, Safe Food from Consumer Perspective, *Food Control*, Vol. 14, 2003, pp. 75 – 79.

⑤ H. Kruse, Globalization of the Food Supply-foodSafety Implications Special Regional Requirements: Future Concems, *Food Control*, Vol. 10, 199, pp. 315 – 320.

⑥ S. Henson, O. Masakure, et al., Private Food Safety and Quality Standards for Fresh Produce Exporters: The Case of Hortieo Agrisystems, Zimbabwe, *Food Policy*, Vol. 30, 2005, pp. 371 – 384.

高食品安全相关的成本因素，得出结论：如果将牛奶的食用安全性提高到65%，整个牛奶供应链每产出一吨牛奶将在现有基础上增加4.27欧元成本；如果要达到更高的食用安全率，则产出每吨牛奶要增加44.37欧元的成本。[①] 斯塔伯德[②]、亨森等人[③]认为，食品交易环节之间的信息不对称与监管困难，使食品企业逐步走向纵向一体化经营、连锁经营、长期合作等，以节约信息成本和监控成本。里尔登（Reardon）等[④]、焦万努奇（Giovannucei）等[⑤]、法里纳（Fraina）等[⑥]的研究表明，企业的自有标准和质量控制方式对解决食品质量安全问题的作用日益显著，特别是当政府的质量标准制度及相应的管理制度无法给企业带来潜在收益时。

这些研究表明，食品安全监管措施增加了企业的遵从成本，政府机构在实施监管时也不是免费的午餐，同样面临成本和收益的衡量。

六 结语

国外理论界对食品安全研究起步较早，理论也比较成熟，总体上呈现出几个特点：一是研究内容非常广泛，涵盖了食品安全的方方面面；二是学科种类多，相互促进、相互影响；三是在研究方法上，定性研究与定量研究并重；四是与现实紧密结合。国外食品安全实践和操作比较

---

① *European Review of Agricultural Economies* 200633, No. 4, pp. 511 – 541.

② S. A. Starbird, Designing Food Safety Regulations: The Effect of Inspection Policy and Penalties for Non-Compliance on Food Processor Behavior, *Journal of Agriculture and Resource Economics*, Vol. 25, No. 2, 2000, pp. 615 – 635.

③ S. Henson & N. H. Hook, Private Sector Management of Food Safety: Public Regulation and the Role of Private Controls, *The International Food and Agribusiness Management Review*, Vol. 4, No. 1, 2001, pp. 7 – 17.

④ T. Reardon & J. M. Codron, et al., Global Change in Agrifood Grades and Standards: Agribusiness Strategic Responses in Developing Countries, *International Food and Agribusiness Management Review*, Vol. 2, No. 3. 2001, pp. 329 – 334.

⑤ D. Giovannueei & T. Reardon, Understanding Grades and Standards and How to Apply Them, in D. Giovannucci (ed.), *A Guide to Developing Agricultural Markets and Agro-enterprises*, World Bank, 2000.

⑥ Farina & T. Reardon, Agrifood Grades and Standards in the Extended Mereosure: Their Role in the Changing Agrifood System, *American Journal of Agricultural Economics*, Vol. 82, No. 5, 2000, pp. 1170 – 1176.

完善，学者们的研究来自现实，并以解决现实问题为目的。

国外的食品安全研究可以为我国的食品安全研究提供几点启示。

第一，我国的食品安全研究起步比国外晚，尽管对食品安全的重要性等方面已经形成共识，但是，实证研究仍然比较欠缺，没有深入到食品链上的各个利益相关者进行研究，也缺乏数据和案例分析等。

第二，加强食品安全研究的跨学科合作。食品安全问题涉及经济学、管理学、社会学、法学、农村经济等学科领域，迫切需要不同领域的食品安全研究者进行合作，取长补短。

第三，研究时需要着眼于中国食品安全的现实特点。由于中国食品安全问题、产生原因、监管体系、监管手段、食品安全法律法规和政策都不同于西方国家，具有自身的特殊性，这就要求我们在借鉴国外经验和成果的基础上，针对中国食品安全的现实状况进行理论研究，以利于提高食品安全管理水平，有效保障食品安全与公众健康。

（选自《国外社会科学》2014 年第 4 期）

国外公共管理抗解问题研究综述

吴　森　邵　欣*

正如韦伯和克哈德曼所说，“在公共管理和政策研究领域，由于充分的原因，抗解问题（wicked problems）正成为热门议题”。① 所谓抗解问题，指问题本身和解决方案都无法明确界定的问题，② 广泛存在于气候变化、自然资源和医疗保障等领域，影响个人日常生活、国家治理乃至世界秩序。抗解问题研究在西方学界兴起且蓬勃发展，近年来中国学者也有零散讨论。③ 但是，国内研究尚处于起步阶段，更多只是引入抗解问题这个概念和治理措施，鲜有对国外研究的系统梳理和反思，更缺乏本土性经验研究。鉴于此，系统阐释国外公共管理抗解问题的研究状况和发展脉络，既有利于检视学术发展的成就和动态，也能为国内深入开展相关研究积累理论资源。

---

* 本文作者：吴森，1975 年生，华中科技大学公共管理学院行政管理系副教授；邵欣，1993 年生，华中科技大学公共管理学院行政管理系研究生。

① E. P. Weber & A. M. Khademian, Managing Collaborative Processes: Common Practices, Uncommon Circumstances, *Administration & Society*, Vol. 40, 2008, pp. 431 – 464.

② Nancy Roberts, Wicked Problems and Network Approaches to Resolution, *International Public Management Review*, Vol. 1, 2000, pp. 1 – 19.

③ 郑文强、刘滢：《政府间合作研究的评述》，《公共行政评论》2014 年第 6 期。

一 抗解问题的界定及产生原因

现有文献显示，抗解问题首先由彻奇曼提及，[1] 但是，明确定义这一概念并系统阐释的却是霍斯特·里特尔和麦尔文·韦伯。[2] 20 世纪 70 年代，里特尔和韦伯在研究城市规划时发现，专业人士提供的公共服务无法令民众满意，反而激起社会抗议甚至是“反智运动”。通过与“驯服”（tame）和“友善”（benign）问题相比较，他们定义抗解问题为无法清晰界定、依靠专业技术不能解决的问题，并且阐释抗解性在于问题涉及多元利益主体和不同价值观、没有根本原因和最佳解决方案。[3] 里特尔和韦伯对抗解问题的提出和凝练，开创了一个新的研究领域，吸引学者进一步跟进和发展。尽管学者基本认同这类问题的客观性，也有学者认为抗解问题这一提法并不完全恰当，试图提出替代性概念，如拉塞尔·阿克夫的“混沌问题”（mess problems）[4]、罗伯特·霍恩的社会混沌问题（social messes）。[5] 尽管如此，学术界广泛接受抗解问题，并在这一概念之下展开研究。

里特尔和韦伯将抗解问题视作与驯服问题相对应的一类问题，从公共问题目标形成和问题界定两个维度，归纳出为学术界广泛认可的抗解问题的十大特征：（1）问题没有确定的形式；（2）问题没有终止规则；（3）解决方式只分好坏，难辨对错；（4）解决方式不可直接或最终检验；（5）每个问题都必须一次性解决，没有试错机会；（6）不具有可列或清晰界定的潜在解决方案集；（7）每个问题从根本上都是独一无二的；（8）每个问题都能被看成另一问题的表征；（9）问题表现出的纷争有多种解

---

① C. Churchman, Wicked Problems, *Management Science*, Vol. 4, 1967, pp. 141 – 142.

② H. W. J. Rittel & M. M. Webber, Dilemmas in a General Theory of Planning, *Policy Sciences*, Vol. 4, 1973, pp. 155 – 169.

③ Nancy Roberts, Wicked Problems and Network Approaches to Resolution, 2000.

④ R. Ackoff, *Redesigning the Futures*: *A Systems Approach to Societal Problems*, New York: John Wiley and Sons Inc., 1974.

⑤ R. E. Horn, Knowledge Mapping for Complex Social Messes, A Presentation to the “Foundations in the Knowledge Economy” at the David and Lucile Packard Foundation, 2001.

释，而解释方式的选择决定解决方式的性质；（10）规划者没有犯错的权利。[①] 以上对抗解问题特征的概括非常全面，但后续研究者认为这种概括复杂且有交叉，出现了多种简化的尝试。如澳大利亚公共服务部门（APSC）缩减为八个方面，除保留（1）（2）（4）（5）（8）项内容外，将抗解问题的社会复杂性、跨组织责任边界性和要求公民行为变化作为其他三个特征，以强调抗解问题的社会属性。[②] 而凯蒂娅通过对简单问题和复杂问题的比较，将抗解问题的特征简化为问题定义的复杂性、确立解决方案的复杂性和方案评估的复杂性。[③] 凯蒂娅对抗解问题的概括，合并且提升了前人论述，更简洁、清晰地呈现了抗解问题的本质特征。

抗解问题的存在已经得到广泛认同，但是，作为类型的抗解问题是如何出现的？里特尔和韦伯在回答市民为什么反抗、抗议专业化和专家的问题时发现，文化共享的同质性社会被异质性社会代替，价值信仰差异化、社会多样化导致普遍共识不复存在，对社会最优态缺乏一致意见是主要原因。[④] 概言之，价值、观念和利益的差异甚至冲突，是导致问题抗解化的根本原因。[⑤] 这种开创性的论述，得到后来学者如黑德和奥尔福德的认同和进一步阐发，他们认为抗解问题也可能是由于信息不足产生的，[⑥] 这是里特尔和韦伯所忽视的。总之，抗解问题形成的两种原因——信息不充分和意见不统一——成为解释抗解问题的两种根本范式。只是不同研究者各有侧重，偏重前者的有莫斯特勒和巴鲁克[⑦]、佩蒂格鲁和罗

---

① Nancy Roberts，Wicked Problems and Network Approaches to Resolution，2000.

② Australian Public Service Commission，Tackling Wicked Problems：A Public Policy Perspective，2007.

③ K. Balassiano & K. Balassiano，Tackling "Wicked Problems" in Planning Studio Courses，*Journal of Planning Education & Research*，Vol. 31，2011，pp. 449 – 460.

④ H. W. J. Rittel & M. M. Webber，Dilemmas in a General Theory of Planning，*Policy Sciences*，Vol. 4，1973，pp. 155 – 169.

⑤ Answ Sydney，Wicked Problems：Clumsy Solutions-diagnoses and Prescriptions for Environmental Ills，James Martin Institute for Science and Civilization，2006.

⑥ Brian W. Head & John Alford，Wicked Problems：Implications for PublicPolicy and Management，*Administration & Society*，Vol. 47，No. 6，2013，pp. 711 – 739.

⑦ F. Mosteller & R. F. Boruch，*Evidence Matters*：*Randomized Trials in Education Research*，*Evidence Matters Randomized Trials in Education Research*，Washington D. C.，Brookings Institution Press，2002.

伯特[①]，后者如英尼斯和布赫[②]。

尽管里特尔和韦伯从前工业社会、工业社会和后工业社会的社会形态阐述了抗解问题产生的宏观原因，却并没有追问现代社会为什么会出现价值、观念和利益的多样化以及社会的多元化。罗伯特认为，民主和市场经济的扩张、旅行和社会交流的增多，加剧、凸显了价值差异；技术和信息革命让更多的人能够参与问题进程，使得问题解决程序更复杂；政策和管理中意识形态转变产生的分权、试验、弹性化和创新弱化了传统权威、控制机制对冲突的统摄功能，管理和管理者不得不借助更多外界力量来应对抗解问题。[③] 相较里特尔和韦伯的研究，罗伯特的分析补充了抗解问题产生的体制、技术和组织层面的原因，这暗示抗解问题在不同情境下表现不一，但是作者并没有进一步阐发，而由卢曼和黑德完成了这一任务，集中探讨了抗解问题的时空情境性。他们以控枪和流行病为案例，论述了一个区域（如民族国家）的抗解问题在另外一个区域未必抗解，一个时期被认为是解决不了的问题在另一个时期却能够解决，从而推导出抗解性未必是天然内生而是受制于政治和文化因素。[④] 卢曼和黑德所持的抗解问题相对性、情境性的观点质疑了抗解问题的固有性和客观性，从而推进研究不断向前探索。

二 公共管理抗解问题的属性

诞生于社会规划领域的抗解问题属于广义的公共管理问题，里特尔和韦伯所举案例如社会工作、教育、住房和公共健康也都是涉及公共政

---

① J. Popay, J. Roberts, H. Sowden, M. Petticrew, M. Arai & L. Rodgers, *Guidance on the Conduct of Narrative Synthesis in Systematic Reviews*, Version 2, Lancaster, UK: Lancaster University, 2005.

② Judith E. Innes & David E. Booher, Consensus Building and Complex Adaptive Systems, Journal of the American Planning Association, Vol. 4, 1999, pp. 412 – 423.

③ Nancy Roberts, Wicked Problems and Network Approaches to Resolution, 2000.

④ Joshua Newman & Brian Head, *Perceptions of Wickedness: The Spatial Dimensions of Wicked Policy Problems*, International Political Science Association World Congress, Montreal, 2014.

策的问题。之后抗解问题的研究扩展至公共领域所有相关学科[①]，如政治研究领域[②]，甚至还吸引了非公共领域实践者的注意，如商业战略家[③]、生态环境保护者[④]及事务设计者等。在公共管理领域，抗解问题涉及范围非常广泛，除里特尔和韦伯所提议题之外，还包括自然资源管理、气候变化、水资源管理、环境污染、居民健康等。正如研究者所发现的，当今政策问题都非常复杂且具有竞争性，有充足的理由被视作抗解问题。[⑤] 因此，几乎所有的公共问题都可置于抗解问题视角下进行研究。

也有学者认识到需要专门将公共领域抗解问题的属性进行凝练。研究者首先强调了抗解问题的不确定性（uncertainty），如科彭杨和克里金等认为，从公共管理的视角来看，不确定性是抗解问题的核心属性，这种不确定性嵌入制度和知识场景中。[⑥] 凡·布尔伦则将不确定性结构化为三个方面：认知不确定性（cognitive uncertainty）、战略不确定性（strategical uncertainty）和制度不确定性（institutional uncertainty）。[⑦⑧] 在凡·

---

① Brian W. Head & John Alford, Wicked Problems: Implications for Public Policy and Management, 2013.

② M. Harmon & R. Mayer, Organizational Theory for Public Administration, Boston, MA: Little, Brown, 1986; F. Fischer, Citizen Participation and the Democratization of Policy Expertise: From Theoretical Inquiry to Practical Cases, *Policy Sciences*, Vol. 26, 1993, pp. 163 – 187.

③ M. Pacanowsky, Team Tools for Wicked Problems, *Organizational Dynamics*, Vol. 23, 1995, pp. 36 – 51; J. C. Camillus, Strategy as a Wicked Problem, *Harvard Business Review*, Vol. 86, 2008, pp. 99 – 106.

④ D. M. Freeman, Wicked Water Problems: Sociology and Local Water Organizations in Addressing Water Resources Policy, *Journal of the American Water Resources Association*, Vol. 36, 2000, pp. 483 – 491; J. J. Brooks & P. A. Champ, Understanding the Wicked Nature of Unmanaged Recreation in Colorados Front Range, *Environmental Management*, Vol. 38, No. 5, 2006, pp. 784 – 798.

⑤ K. J. Radford, *Complex Decision Problems: An Integrated Strategy for Resolution*, Virginia: Reston Publishers, 1977; Richard O. Mason & I. Mitroff Ian, *Challenging Strategic Planning Assumptions: Theory, Cases and Techniques*, New York: Wiley, 1981.

⑥ J. Koppenjan & E. H. Klijn, Managing Uncertai*nties in Networks: A Network Approach to Problem Solving and Decision Making*, London, England: Routledge, 2004.

⑦ E. M. Van Bueren, E. H. Klijn & J. F. M Koppenjan, Dealing with Wicked Problems in Networks: Analyzing an Environmental Debate from a Network Perspective, 2003.

⑧ 认知不确定性是指缺乏科学知识造成对抗解问题的本质无法理解或达成一致，常存在于自然和社会边界；战略不确定性是指利益相关者在问题的界定和解决方法上有不同的观点，这些差异化和冲突的战略可能导致政策讨论停止不前或者出其不意的结果；制度不确定性是指决策在不同政策场域做出，处理抗解问题的制度安排高度碎片化。

布尔伦等人看来，只有这三个不确定性结合在一起才形成抗解问题。

黑德等学者认为，社会生活各个领域天然地具有不确定性，不确定性很高的问题不能自然地被归为抗解问题，还必须满足复杂性强和价值冲突的条件。[①] 所以，黑德等人强调，抗解问题的特征应该包括复杂性（complexity）、多样性（diversity）和不确定性（uncertainty）。其中，不确定性继承了前人的论述；复杂性是指问题有多个相互影响的要素和子系统，产生于问题进程和结构交错复杂的依赖关系、社会议题和过程固有的不确定性、潜在风险的不可通约性和利益相关者的多样性，[②] 将导致歧义而非共识，本质是一种社会复杂性（social complexity）；[③] 多样性表现为抗解问题参与者的看法、价值和策略意图不一致，[④] 多样化的行动者和制度场景导致相异的观点、价值和知识基础，使得对问题的界定和解决看法不一甚至完全冲突。[⑤] 黑德及其合作者还用离散性（divergence）、异见性（disagreement）甚至碎片化来表达抗解问题的多样性，[⑥] 但这些替代性描述没有脱离黑德的概括。

应该说，黑德等学者对抗解问题属性的三重分析，精准地把握了抗解问题的本质，也能够很好将其与简单问题、复杂问题区分开来。但是，由于抗解问题本身的复杂性和多样性，学界对抗解问题属性并没有形成完全的共识，其他学者进行了改进或者提出不同见解。如哈特曼同意复杂性、不确定性是抗解问题的属性，但认为应该用规范性替换多样性；[⑦]

---

① B. W. Head, Wicked Problems in Public Policy, *Public Policy*, Vol. 3, No. 2, 2008, pp. 101 – 118; Brian W. Head & John Alford, Wicked Problems: Implications for Public Policy and Management, 2013.

② Brian W. Head & John Alford, Wicked Problems: Implications for Public Policy and Management, 2013.

③ Robert E. Horn, Knowledge Mapping for Complex Social Messes, July 16, 2001.

④ B. W. Head, Wicked Problems in Public Policy, 2008.

⑤ Brian W. Head & John Alford, Wicked Problems: Implications for Public Policy and Management, 2013.

⑥ . B. W. Head, Wicked Problems in Public Policy, 2008; Brian W. Head & John Alford, Wicked Problems: Implications for Public Policy and Management, 2013.

⑦ Thomas Hartmann, Wicked Problems and Clumsy Solutions: Planning as Expectation Management, *Planning Theory*, Vol. 11, No. 3, 1973, pp. 242 – 256.

库伊曼在坚持复杂性、异见性的同时，认为另一个特征应为动态性。[①] 当然，尽管不同学者甚至同一学者用词存在差异，但是他们概括抗解问题属性的基本框架都是在问题界定和解决方法两个维度下展开的，都认识到抗解问题模糊性、不确定性和价值上的异见性，表达的实际意见基本一致。

但是，韦伯从对管理者挑战的新视角来概括抗解问题的属性，提出了同样有价值的意见。在《抗解问题、知识挑战和网络情境的合作能力建设者》一文中，韦伯将抗解问题的属性概括为非结构化（unstructured）、交错性（cross-cutting）和无止性（relentless）。[②] 非结构化是指问题的原因和影响都难以识别和模型化，决策过程既没有模板也无预设的明确的命令指示，[③] 导致问题的界定和解决方法意见冲突、难成共识；交错性除包括多个利益相关者的价值、观点多样性外，还包括利益相关者相互影响、加强的政治及社会复杂性和非正式的社会性嵌入以及多样化知识来源等方面；无止性指问题没有完成的标准，不能一劳永逸地解决。[④] 韦伯是从管理和管理者的角度来结构化抗解问题的属性维度，他的这种概括既是对里特尔和韦伯所述一般特征的综合，也是对黑德等人观点的又一种表述，无非是侧重点和用语差异。但是，这种差异化的表述却使抗解问题的研究顺利过渡到对公共管理的挑战上。

三 抗解问题对公共管理的挑战

抗解问题之所以引起学术界的关注，是由于学者意识到该问题对现有管理模式的挑战日益凸显。如里特尔和韦伯所转述肖的论述那样，“每一个专业都是对大众的背叛”。公众对于职业专家提出的政策越来越不满意，抗解问题首先对专业化构成挑战。专业人士经典的科学—工程范式

---

① J. Kooiman, *Modern Governance: New Government-Society Interactions*, London: Sage, 1993.

② E. P. Weber & A. M. Khademian, Wicked Problems, Knowledge Challenges, and Collaborative Capacity Builders in Network Settings, 2008.

③ H. Mintzberg, D. Raisinghani & A. Théorêt, The Structure of “Unstructured” Decision Processes, *Administrative Science Quarterly*, Vol. 21, No. 2, 1976, pp. 246 – 275.

④ H. W. J. Rittel & M. M. Webber, Dilemmas in a General Theory of Planning, 1973.

能够解决清晰的、易理解的和共识性的问题，但不适用于开放的社会系统问题。沿着对专业主义（professionalism）的反思，黑德更详细研究了抗解问题对理性—技术（rational-technological）或工程（engineering）范式的冲击。因为，诸如贫困问题、都市贫困区域的住房问题不能满足传统的问题解决方式所需要的信息充分、目标清晰的条件，技术路径避免不了利益相关者价值、观点和生活经验的差异，工程方法更无法解决依靠政治判断而不是科学依据的问题。① 总之，传统的问题解决方式（traditional approach）只能处理驯服、友善、简单或复杂问题，对抗解问题往往无能为力。② 抗解问题没有现成、速效、万金油式的公式，更不会有类似“粉碎社会复杂性的七个步骤”的操作指南。③ 在《公共政策中的抗解问题》一文中，黑德认为抗解问题对政治处理机制形成巨大挑战。他认为，受意识形态热情的驱使，政治家通常被认为是武断的（decisive），他们热衷于制定解决方案，在事实不充分、市民不同意和不确定性没有完全凸显的情况下就贸然采取行动，④ 使问题变得更糟。然而，当面对抗解议题时（intractable issue），政治家往往走向另一个极端，即采取非常谨慎保守的方式，将精力放在麻烦中可见的、能感知的部分上，而不是力图寻找解决问题的整体性方案。政治家的这种行为偏好为科层管理和预算程序所强化，他们专注于离散的、琐碎的事务，而不是系统的、相互联结的模糊产出，因为这两者都追求产出的可见和渐进措施的累积。渐进方法盛行，捏软柿子式的（cherry-picking）问题解决办法被看作应付抗解问题的有效政治策略，它让政治家处理当前可以管理的部分，许诺以后再应对其他方面。然而，除非采取其他行动，抗解问题的短期策略并不能为长远解决提供任何帮助，因为长远解决需要关于问题本质的基本信息和先前、当前干预影响的评估信息。⑤ 总之，抗解问题的不可分解

① B. W. Head, Wicked Problems in Public Policy, 2008; Brian W. Head & John Alford, Wicked Problems: Implications for Public Policy and Management, 2013.

② E. P. Weber & A. M. Khademin, Managing Collaborative Processes: Common Practices, Uncommon Circumstances, 2008.

③ J. Conklin, *Dialogue Mapping: Building Shared Understanding of Wicked Problems*, West Sussex: Wiley, 2006.

④ B. W. Head, Wicked Problems in Public Policy, 2008.

⑤ B. W. Head, Wicked Problems in Public Policy, 2008.

性、相互交织性决定无论是武断还是小步走的解决措施，都难以有效发挥作用。

处理抗解问题的挑战，不仅源于问题本身的复杂性，公共管理部门使抗解问题复杂化的运行机制以及试图解决问题的无效努力也加重了问题的抗解性。[①] 抗解问题不遵循“烟囱式”系统（stovepipe）对问题界定、管理和解决的线性路径，[②] 传统官僚制（traditional hierarchical forms）无助于抗解问题的有效应对。黑德和阿尔福德认为，关注于输入监督和程序服从的层级化组织控制系统，从根本上限制了以广阔视野看待这类政策议题的可能。招聘带来的行业专业化、部门间的文化壁垒、组织内部功能分化的筒仓，均导致难以实现协调合作的部门本位主义。按项目拨付的预算程序，更加剧部门间的碎片化趋势。[③] 而且，官僚制偏爱规避风险，不能容忍混乱的程序，善于解决边界清晰而不是需要试验、创新的混沌议题。[④] 总之，传统官僚体制和利益集团政治偏爱的渐进决策方法（muddling-through approach）无法提出解决抗解问题的综合性措施。[⑤]

为了克服传统公共行政管理的缺陷，20 世纪 80 年代，新公共管理运动兴起。[⑥] 但是，无论是其标榜的以结果为导向的管理主义，还是以购买者—供应者分离、外包和私有化为重点的契约主义，都普遍不适用于抗解问题。[⑦] 首先，管理主义的核心是采取理性—技术方法决策，借鉴私人部门的策略措施，使公共部门的组织结构、协作机制、财政管

---

① B. W. Head & John Alford, Wicked Problems: Implications for Public Policy and Management, 2013.

② E. P. Weber & A. M. Khademian, Wicked Problems, Knowledge Challenges, and Collaborative Capacity Builders in Network Settings, 2008.

③ E. M. Van Bueren, E. H. Klijn & J. F. M Koppenjan, Dealing with Wicked Problems in Networks: Analyzing an Environmental Debate from a Network Perspective, 2003; Brian W. Head & John Alford, Wicked Problems: Implications for Public Policy and Management, 2013.

④ Australian Public Service Commission, Tackling Wicked Problems: A Public Policy Perspective, 2007.

⑤ C. E. Lindblom, Still Muddling, Not Yet Through, *Public Administration Review*, Vol. 39, 1979, pp. 517 – 526.

⑥ C. Hood, A Public Management for All Seasons? *Public Administration*, Vol. 69, 1991, pp. 3 – 19.

⑦ Brian W. Head & John Alford, Wicked Problems: Implications for Public Policy and Management, 2013.

理、人员配置和报酬计算均指向最终结果。现实中抗解问题面临的是复杂的政治环境、有限的资源和多元化的价值观，新公共管理结果导向的决策方法限制了处理抗解问题的视野和能力。而且，实施这些决策的结构和程序也妨碍应对抗解问题。当经理对特定的项目或任务负责时，法人治理框架将抗解问题原有内在联系的项目相互孤立，出现基于项目的内部部门冲突、政策优先性竞争甚至内部部门或外部组织间的地盘争斗。[①]

然而，新公共管理中由于管理主义所导致的部门碎片化又被契约主义所强化。首先，基于合同的服务提供模式倾向于将重点从项目物流链的产出拉至输出，以满足合同对于生产要求的明确规定，而宽泛的产出不如输出容易具体化。[②] 但是，规定将一个特殊的输出作为实现产出的手段将限制考虑用其他手段来实现产出的可能。其次，在契约主义中，服务传递功能从政策构想、决定所需服务与供给者安排递送服务等功能分离出来，这种政策—递送或购买者—供给者分离，将导致抗解问题产生和影响因素的信息和理解更加碎片化。再次，契约主义者在服务提供者中形成竞争，[③] 但是竞争降低了拥有抗解问题重要信息和见解的主体之间的合作，激励他们去截留而不是分享信息。[④] 更为不幸的是，新公共管理解决抗解问题的这些障碍又被与之相伴随的系统和控制进一步强化。以输出预算和权责会计为模式的财政管理程序，使抗解问题跨主体的解决方法更加困难；雇佣合同和基于绩效的报酬机制，迫使雇员特别是经理优先考虑他们的部门利益。[⑤] 所以，在传统公共部门的结构和系统之内，不能完成对抗解问题的构想、构思和反思的任务。

---

① Ibid. .

② N. Carter, R. Klein & P. Day, *How Organizations Measure Success: The Use of Performance Indicators in Government*, London, UK: Routledge, 1992; J. Wilson, *Bureaucracy: What Government Agencies Do and Why They Do It*, New York: Basic Books, 1989.

③ J. O'Flynn & J. Alford, The Separation / Specification Dilemma in Contracting: The Local Government Experience in Victoria, *Public Administration*, Vol. 86, 2008, pp. 205 – 224.

④ N. Carter, R. Klein & P. Day, How Organizations Measure Success: The Use of Performance Indicators in Government, 1992; J. Wilson, Bureaucracy: What Government Agencies Do and Why They Do It, 1989.

⑤ Ibid.

四 抗解问题的应对

里特尔和韦伯断言，抗解问题的特性使其从根本上抗拒任何形式的科学分析和线性规划，违背计划、管理和决策的传统路径。① 但是，无论是公共管理的研究还是实践，都已经着手解决抗解问题的概念困境和现实挑战。② 尽管绝大部分文献主张以合作方法应对抗解问题，但是，也有学者认识到应对抗解问题的方式应多样化。如南希·罗伯茨认为，根据权力的分立性和竞争性，可以将抗解问题的应对策略分为三种类型：威权型策略（authoritative strategies）、竞争型策略（competitive strategies）和合作型策略（collaborative strategies）。③ 其中，威权型策略是"驯服策略"，由掌权者界定问题、提出解决办法来降低抗解问题固有冲突。这些靠专业知识、层级位置、信息垄断的少部分人拥有解决问题的权力，其他人只需遵守他们的决策。④ 威权策略的主要优势是通过减少利益相关者来降低解决过程的复杂性，且依靠专家解决会更"专业"，从而保证效率和效果；缺点主要是专家可能误断问题或解决措施，他们有限的经验会将特殊领域内有争议的问题搁置一边，⑤ 无形中漏掉其他重要问题和措施。竞争型战略的中心是通过获得处理抗解问题的权力和影响，采取伦理道德允许的任何措施去建立相对于对手的权力基础。⑥ 权力集中后，竞争型应对抗解问题的策略就滑向威权型策略。⑦ 竞争型策略的主要优势在于没有清晰共识时可搁置问题，制度化的挑战权力因竞争而流动，还可创造新点子、提供选择；其不足包括当利益相关者有足够的设碍权但无

① H. W. J. Rittel & M. M. Webber, Dilemmas in a General Theory of Planning, 1973.

② N. Carter, R. Klein & P. Day, How Organizations Measure Success: The Use of Performance Indicators in Government, 1992; J. Wilson, Bureaucracy: What Government Agencies Do and Why They Do It, 1989.

③ Nancy Roberts, Wicked Problems and Network Approaches to Resolution, 2000.

④ Nancy Roberts, Wicked Problems and Network Approaches to Resolution, 2000; Australian Public Service Commission, Tackling Wicked Problems: A Public Policy Perspective, 2007.

⑤ E. P. Weber & A. M. Khademian, Managing Collaborafive Processes: Common Practice, 2008.

⑥ J. Pfeffer, *Managing With Power*, Boston: Harvard Business School Press, 1992.

⑦ E. P. Weber & A. M. Khademian, Managing Collaborafive Processes: Common Practice, 2008.

处理权时会导致冲突、僵局,[①] 诱发暴力和战争,[②] 使本可以用于解决问题的资源浪费掉。合作型策略是权力分散在很多利益相关者中，以联盟、伙伴关系来实现共赢而不是零和博弈的解决方案。[③] 合作型策略的主要优点是更多的利益相关者承担义务，减少了单一利益相关者的投入，采取更综合和更有效的处理方法。三种不同的策略在现实生活中都有应用，而且有各自的优缺点，但是，合作型策略却被大部分研究者所支持和推崇。[④]

尽管更充分的信息对于提升决策的科学性[⑤]和提高共识水平很有价值,[⑥] 但是，更多的研究投入和更多的科学成果仍难以应对信息问题。因此，绝大部分文献没有将重点放在提高信息对称性上，而是根据政策网络理论、资源依存理论、交换理论和公共管理中的合作理论，提出网络治理、整体治理、知识地图和系统治理等不同的应对方式，着力提高主体共识性。从概念和具体主张来看，这些治理方式差异很大，但是，从实质上看，这些主张都强调突破传统的技术—理性、部门化的线性机制，强调多主体、跨部门合作治理，只是对部门间、主体间关系的亲密程度强调不同而已,[⑦] 其实都可以归在合作治理（collaborative approach）“屋檐”下。学者认为，合作运转良好的地方能够促进抗解问题的有效应对。[⑧] 因为，合作网络的出现提高了认识问题本质和潜在因果关系的

---

① Noncy Roberts, Wicked Problems and Network Approaches to Resolution, 2000.

② E. P. Weber & A. M. Khademian, Managing Collaborafive Processes: Common Practice, 2008.

③ Noncy Roberts, Wicked Problems and Network Approaches to Resolution, 2000.

④ Ibid.

⑤ B. W. Head, Three Lenses of Evidence-based Policy, *Australian Journal of Public Administration*, Vol. 67, 2008b, pp. 1 – 11; I. Sanderson, Complexity, “Practical Rationality” and Evidence-based Policy Making, *Policy & Politics*, Vol. 34, 2006, pp. 115 – 132.

⑥ B. W. Head & J. Alford, Wicked Problems: Implications for Public Policy and Management, 2013.

⑦ R. Keast, M. Mandell, K. Brown & G. Woolcock, Network Structures: Working Differently and Changing Expectations, *Public Administration Review*, Vol. 64, 2004, pp. 363 – 371; Brian W. Head & John Alford, Wicked Problems: Implications for Public Policy and Management, 2013.

⑧ C. Ansell & A. Gash, Collaborative Governance in Theory and Practice, *Journal of Public Administration Research and Theory*, Vol. 18, 2008, pp. 543 – 571; B. W. Head, Assessing Network-based Collaborations: Effectiveness for Whom? *Public Management Review*, Vol. 10, 2008a, pp. 733 – 749.

可能性；[①] 合作有利于发现问题的解决方案并达成共识；[②] 合作还通过主体间共同付出、协调行为和相互妥协从而有利于问题解决方案的实施。

尽管合作方式有如此多的好处，政府公共行政的组织和程序却限制了它的施展。要使合作治理方式具有更多的可能性，黑德提出公共组织和程序需要进行相应的改革。

首先，组织结构要更具有弹性，建立矩阵式的结构，即员工虽然在组织中有自己分内责任，但是，可能被随时重新调配到战略项目；[③] 其次，需要更灵活的预算和财政系统，将以输出、产出或程序为依据的预算改为总体性预算，并适当将权力分解给地方政府；再次，需要更加复杂和精巧的绩效和项目评估方式；[④] 最后，人力资源管理和人员招募、晋升、技能发展程序需要在程序和态度上重构公共部门的能力。[⑤]

正如黑德和阿尔福特所说的那样，应对抗解问题的合作和伙伴关系可以采取很多不同形式。[⑥] 首先，在同一层级的公共部门内部，打破原有的部门边界，实现跨部门的协作、合作和伙伴关系；[⑦] 其次，实现不同层级、不同区域范围内的公共部门之间的合作，如联邦制国家中地方政府、州政府与联邦政府间的合作；再次，合作还包括政府与私人企业、非营

---

① P. North, Is There Space for Organization From Below within the UK Government's Action Zones? A Test of "Collaborative Planning", *Urban Studies*, Vol. 37, 2000, pp. 1261 - 1278; Y. C. Padilla & L. Daigle, Inter-agency Collaboration in an International Setting, *Administration in Social Work*, Vol. 22, 1998, pp. 65 - 81.

② R. A. W. Rhodes, Understanding Governance: Ten Years on, *Organization Studies*, Vol. 28, 2007, pp. 1243 - 1264.

③ P. Karre, M. Van Twist, J. Alford & M. Van Der Steen, Whole of Government in Theory and Practice: An Exploratory Account of How Australian and Dutch Governments Deal with Wicked Problems in an Integrated Way, in V. Bekkers & M. Fenger (eds.), *Beyond Fragmentation and Interconnectivity: Public Governance and the Search for Connective Capacity*, Netherlands: ISO Press, 2012, pp. 97 - 113.

④ W. Van Dooren, G. Bouckaert & J. Halligan, Performance Management in the Public Sector, London, UK: Routledge, *Australian Journal of Public Administration*, Vol. 74, 2010, pp. 73 - 81.

⑤ E. P. Weber & A. M. Khademian, Managig CollaborativeProcesses: Common Practices, Uncommon Circumstances, 2008.

⑥ Ibid.

⑦ E. P. Weber & A. M. Khademian, Wicked Problems, Knowledge Challenges, and Collaborative Capacity Builders in Network Settings, 2008.

利组织或社区的合作,[①] 建立针对特殊议题的跨组织工作机制。除此之外，学者认为，合作应对机制还包括利益相关者和市民的有效参与和行为改变，以便更好理解抗解问题的复杂性，并使政策更好地传递。[②] 总之，合作工作包括不同程度的志愿或正式契约关系，其核心是共享理解、达成目标、相互信任和相互依赖。[③]

尽管合作作为处理抗解问题的总体方案是非常重要的，但合作并不总是最好的方式，因为单独的合作未必能解决抗解问题复杂性的所有方面。因此，一些学者补充了其他方案，如以更开阔思维考虑抗解问题的变量、选择和联系，具体包括以下几种形式。首先，肖恩和赖因提出基于框架反射的方法。[④] 他们认为抗解问题无法调和的争议很可能是思考问题的框架和价值观不同，应对抗解问题需要建立“元框架”，这个框架体现主要参与者分析问题所运用的冲突框架。其次，非技术性的系统思维。要克服组织中普遍存在的“命令—控制”的机制和线性隐喻，就应该采取整体的和互动的方法处理致因和影响，不仅考虑直接产出，还要考虑输入、过程、输出和结果这些影响产出的复杂网络。[⑤] 类似的分析方法有认知地图[⑥]、因果地图[⑦]和逻辑模型[⑧]等。最后，复杂性理论被用来突出

---

① R. Agranoff & M. McGuire, *Collaborative Public Management: New Strategies for Local Governments*, Washington, D. C.: Georgetown University Press, 2003; S. Goldsmith & W. D. Eggers, *Governing by Network: The New Shape of the Public Sector*, Washington, D. C.: Brookings Institution, 2004; M. T. Imperial, *Collaboration and Performance Management in Network Settings*, Washington, D. C.: IBM Center for the Business of Government, 2004.

② R. E. Horn, Knowledge Mapping for Complex Social Messes, 2001.

③ C. Huxham & S. Vangen, *Managing to Collaborate: The Theory and Practice of Collaborative Advantage*, New York, NY: Routledge, 2005.

④ D. A. Schon & M. Rein, *Frame Reflection: Toward the Resolution of Intractable Policy Controversies*, New York, NY: Basic Books, 1994.

⑤ P. Senge, The Fifth Discipline, New York, N. Y.: Doubleday, 1992; J. Chapman, *System Failure: Why Governments Must Learn to Think Differently* (2nd ed.), London, UK: Demos, 2004; J. Seddon, Systems Thinking in the Public Sector, Axminster, UK: Triarchy Press, 2008.

⑥ S. Toulmin, *Return to Reason* (2nd ed.), Cambridge, MA: Harvard University Press, 2001.

⑦ R. Axelrod, *Structure of Decision*, Princeton, NJ: University of Princeton Press, 1976; J. M. Bryson, F. Ackermann, C. Eden & C. Finn, *Visible Thinking: Unlocking Causal Mapping for Practical Business Results*, Chichester, UK: John Wiley, 2004.

⑧ A. Millar, R. Simeone & J. Carnevale, Logic Models: A Systems Tool for Performance Management, *Evaluation and Program Planning*, Vol. 24, 2001, pp. 73 – 81.

在复杂环境中政策干预的混沌和冲突方面。[①] 复杂性理论主要用于辅助分析问题趋势和挑战，而不是呈现更有效的解决办法，对其他方法形成补充。[②]

抗解问题的复杂性和处理的困难性，使得研究应对措施的文献日益多样化，除了主流学者的合作范式主张外，还有其他方面研究。如特默等人对处理抗解问题的治理能力研究，认为目前抗解问题的文献都集中于“怎么做”的行动策略，却忽视了对抗解问题的观察分析和有利环境的创造，他们从观察、行动和赋能三个维度，提出了应对抗解问题的自反、抗逆、回应和活力等治理能力；[③] 海菲茨等人对抗解问题中领导作用的探索，认为抗解问题的合作因利益和能力的多样化而在本质上是游离不稳的，[④] 领导扮演着整合、聚神的角色。[⑤] 不仅如此，学者还认识到不仅每种策略都有其价值，而且策略间的互动、匹配也是十分关键的。[⑥]

五　总结与展望

自20世纪60、70年代，抗解问题被彻奇曼、里特尔和韦伯概念化以来，经过40多年的发展，它作为一个概念和议题被学术研究和管理实践接纳响应，在不同的领域内扩展。从逐渐累积起来的文献看，在一些重

---

① F. Berkes, J. Colding & C. Folke, *Navigating Social-ecological Systems: Building Resilience for Complexity and Change*, Cambridge, UK: Cambridge University Press, 2003.

② E. P. Weber & A. M. Khademian, Managing Collaborative Processes: Common Practices, 2008.

③ C. J. A. M. Termeer, A. Dewulf, G. Breeman, et al., Governance Capabilities for Dealing Wisely with Wicked Problems, 2012.

④ R. A. Heifetz, *Leadership without Easy Answers*, Cambridge, MA: Harvard University Press, 1994; R. A. Heifetz & M. Linsky, *Leadership on the Line*, Cambridge, MA: Harvard University Press, 2002.

⑤ B. C. Crosby & J. M. Bryson, *Leadership for the Common Good* (2nd ed.), San Francisco, CA: Jossey-Bass, 2005.

⑥ C. Huxham & S. Vangen, *Managing to Collaborate: The Theory and Practice of Collaborative Advantage*, New York, N. Y.: Routledge, 2005; R. Lasker & E. S. Weiss, Broadening Participation in Community Problem-solving, *Journal of Urban Health*, Vol. 80, 2003, pp. 14–46.

要的领域达成了基本共识。首先，抗解问题作为一类新型的问题，获得广泛的承认。起初抗解问题只涉及规划议题，后来逐渐扩展到包括城市化、恐怖主义、资源管理、可持续发展、气候变化等几乎所有的公共政策和公共管理领域。其次，对抗解问题的复杂属性形成基本共识。里特尔和韦伯开创性地总结了抗解问题的十大属性，尽管后面的研究都试图去简化，但是，都坚持抗解问题的复杂性更多来源于社会，问题界定的模糊性、解决的多样性和影响的复杂性是其核心属性。再次，传统管理方式无法应对抗解问题。学者们认为，传统问题解决方式，包括职业化专家、理性—技术路径、线性分析框架、科层制和新公共管理，都不能应对抗解问题，更遑论解决。最后，应对抗解问题需要创新管理方式，而多主体的协作、合作机制被认为是应对抗解问题的有效方法。大量研究文献表明，要有效应对抗解问题带来的挑战，必须建立更具适应性、抗逆性的管理方法，打破公共部门内部、行政区域间的界限，建立跨区域、跨部门、跨主体的合作协调机制，构建政府、企业和公民协同行动的新体制。总之，既有的文献在抗解问题概念界定、类型特征、管理挑战和应对模式创新性等方面，积累了丰富的资料并达成基本共识，为进一步的研究奠定了基础。

但是，累积的文献和基本共识的存在并不能掩盖目前学术界对抗解问题研究的不足与困境。首先，大量的研究成果停留在重复描述不同现实问题的抗解性，而不是扎实进行理论探索或者实证研究，系统的学术积累有待加强。相当多的文献以既有的抗解问题定义和属性为框架，去识别不同领域的抗解问题及其抗解性，尽管这些研究拓展了抗解问题概念的应用领域并开创了不同的研究议题，但未能提出系统的学术问题和命题，也缺乏系统的经验研究，本质上只是现有知识的运用，实质性的知识贡献有限，常常导致重复性的研究。其次，抗解问题的发生机制被忽视，抗解问题的类型化不足。尽管学者认识到抗解问题的技术因素和社会因素，个别学者还发现抗解问题发生的时空因素，但对不同因素的作用机制及相互影响却鲜有关注，基于此的抗解问题类型化研究缺乏，仍停留在笼统的相对于驯服问题的阶段，内部的层级和结构探讨尚未开启。再次，合作治理被作为传统治理模式的对立面提出，缺乏系统的理论论证和经验检验。学者往往根据抗解问题的特征，论证传统治理方式的不足和缺陷，最后就推导出需要建立与传统治理方式不一样的机制。这种论述方式不仅本身有问题，还使得合作治理有意识形态的嫌疑，而不是严格的学术论断。当然，目前的研究还存在其他诸如文献积累不足、研究更多集中在欧美发达国家等问题。

抗解问题的演化和学术的积累，要求学术研究不断推进。目前抗解问题研究文献的亮点和不足需要学术界积极做出响应，全面提升抗解问题的研究层次。首先，拓展问题的研究视角和维度，改变当下集中于抗解问题识别和应对机制设计的狭窄视角，引入更广的研究视野和维度；其次，对抗解问题进行类型化研究，探讨抗解问题产生的多样化因素，区分技术和社会因素的不同影响，细分抗解问题的不同类型及其特征，探索差异化的治理模式，使政策倡议多样化和操作化；再次，注意抗解问题应对方式的多样性，用更系统的方式对合作治理模式进行检验，重视威权型、竞争型模式的积极功能，从理论推演和经验研究中提出寻找更综合的治理模式；最后，重视抗解问题本身的多样性和学者观点的差异，从经验和理论中提出有价值的学术命题，并进行系统的科学研究，以实现抗解问题从目前的现实问题研究向学术研究的转变。

（选自《国外社会科学》2016 年第 6 期）

国外对儿童保护的批判性研究及启示

杨生勇　陈小蓓*

一　引言

20世纪90年代以来，儿童①保护在我国逐渐成为多学科的学者及不同政府部门关心的话题。有的研究着眼于儿童伤害在中国的发生率及分布规律，以论证目前儿童遭受的身体虐待、精神虐待等亟须得到管治。例如王美芳与陈晶琦在河北大学生中的调查显示，在参与研究的大学生中，76.2%在儿童期有遭受虐待的经历。② 有的论文从政策研究的角度梳理我国30多年有关儿童保护的法律及行政条例、评价政策的有效性及执

* 本文作者：杨生勇，1966年生，华中师范大学社会学院、湖北省社会发展与社会政策研究中心教授；陈小蓓，1969年生，加拿大卡尔顿大学社会学与人类学系副教授。

① 在西方，“childhood”等通常指生命过程中的起始6年或18年的阶段，因环境、政策、文化、历史时期不同而有不同的定义，联合国《儿童权利公约》对儿童的定义是“年龄18岁以下的每个人”，除非缔约国的法律另有定义。根据尹力的总结，在中国，不同类别的法律对儿童期的具体年龄有不同规定，刑事类法律及一些福利保障类法律界定儿童为未满14周岁的人，少年为年满14周岁未满18周岁的人；其他法律界定儿童为未满18周岁的人。参见尹力《良法视域下中国儿童保护法律制度的发展》，《北京师范大学学报》（社会科学版）2015年第3期，第40—50页。在儿童保护领域，西方对儿童（child）的界定通常为未满16岁或18岁的人，包括幼童（young children）和少年人（teenagers），本文依循此界定。

② 王永红、陈晶琦：《1732名大专学生童年期虐待经历及影响因素分析》，《现代预防医学》2012年第39卷第18期，第4654—4656页。

行政策的机制问题。此外，国外学术界围绕社会问题及相应政策的批判性研究也是政策研究的一个重要内容。本文的主要目的是介绍与讨论国外（尤其加拿大）学术界有关儿童保护的批判性研究，促进国内学术界思考一些主要的批判思路，以期对国内儿童保护研究提供启示。本文的讨论集中于两方面：一是从社会建构主义、历史化（historicizing）的视角探讨儿童保护；二是讨论儿童保护与社会分层、权力关系的交织矩阵（intersection of power relations）的密切联系。

二 社会建构视角下的儿童保护

国外不少学者从社会建构的角度解读儿童、童年、少年等课题。从社会建构的角度出发，对儿童保护的研究强调分析儿童保护出现的具体社会环境、分析与之相辅相成的一系列关于童年以及国家、社会、集体干预的理念，以达到理解、诠释儿童保护这一社会现象及所处的社会的目的。这与其他角度的研究有什么差别呢？社会工作包括儿童保护，通常被西方自由主义流派认为是人类道德发展的必然结果，是人性、文明的进步；儿童保护是文明和现代的标志，只需要大力推进，得到国家和大众的认可。可是从批判性社会学和社会工作的角度来看，这样的立意遮蔽了儿童保护作为一种社会现象与社会诸方面（如社会阶级分层、社会不平等、权利纷争等）不可分裂的关系。从批判性研究的角度出发，儿童保护是出现在一定政治、经济、社会条件下的，它包含的内容如一系列概念（儿童、少年、虐待、忽视、儿童权利等），儿童保护的理由及目的、儿童保护的策略与措施等都有其历史特殊性。基于此，对儿童保护进行历史化分析有助于讨论现行儿童保护政策和工作受到哪些结构性、集体性因素的影响，而不仅仅是将视野局限在对父母抚育观念误区、法律力度薄弱及治理机制欠缺的描述和评价中。儿童保护的历史由来已久，以加拿大为例，与英国和美国类似，有关儿童的主要公共救济事务涉及孤儿、荣军遗孤、聋盲儿童及精神病患儿等。中国古代也有类似的儿童救济。[①] 而针对儿童与抚养人关系的干预出现相对较晚。在群体意义上儿

① 王文素：《中国古代社会保障研究》，中国财政经济出版社2009年版。

童经历的暴力、困苦有史以来就存在。在16—18世纪末的欧洲、北美，受人文主义的影响，“儿童”这一概念有了大转折，开始强调儿童受到的抚育对他们成年后的影响。在这样的理念环境下，抚育者的凶暴和任性疏忽/放纵开始被作为问题提出，“父母的这种凶暴、疏忽开始受到谴责”。[①] 相比之下，后者被认为是更严重的问题，因为疏忽/放纵的父母拒绝抚育责任，而凶暴的父母有时把责任看得太重，走向了极端。[②]

加拿大及英、美的现代儿童保护体系源于19世纪末期的儿童拯救运动，是社会和道德改良运动（social and moral reforms）大环境的一个组成部分。儿童拯救运动极大地改变了当时关于不恰当抚育的观念。首先，过分的体罚开始被认为是残酷（cruelty）（而不仅仅是凶暴）；其次，任性疏忽/放纵演变为对儿童的忽视（neglect），并成为工人阶级普遍存在的问题；再次，这两方面的问题——残酷和忽视——开始被认为是普遍的社会问题，需要法律的、政府的介入；最后，社区的作用依旧很重要，但是社区的介入改变为主要由陌生人、逐渐专业化的人士承担。通过儿童拯救运动，父母及其他抚养者的“残酷和忽视”第一次被作为主要社会问题提出来，成为立法及体系化干预的对象。从社会建构理论的角度出发，儿童保护制度的出现不应该被简单地视为人类的进步或一件不需要解释的很自然的现象。就残酷而言，社会建构理论强调对残酷的批判出现在城市改革的大环境下，尤其是当时强调道德重树（moral regeneration）的一系列社会活动。这样来看，反残酷的情操和活动是涉及广泛的关于“我们”与社会中的弱者（包括儿童）的关系应该如何定位的问题。同样，儿童忽视这一问题的提出也是在社会、道德改革的大环境下，被认为与犯罪、道德败落、贫穷等社会问题密不可分。儿童保护被视作从根本上解决这些社会问题的方法，与社会利益密切相关，既合理有效也相对经济，因为儿童保护针对的问题是早期的、小型的而不是已成形的

---

① Linda Gordon, Child Abuse, Gender, and the Myth of Family Independence: Thoughts on the History of Family Violence and Its Social Control 1880 - 1920, *New York University Review of Law & Social Change*, Vol. 12, No. 3, 1983 - 1984, pp. 523 - 538.

② Xiaobei Chen, *Tending the Gardens of Citizenship: Child Saving in Toronto, 1880s - 1920s*, University of Toronto Press, 2005; Steve Ozment, *When Fathers Ruled: Family Life in Reformation Europe*, Harvard University Press, 1983.

犯罪。[1]

19世纪末20世纪初，美国、英国、加拿大都对儿童保护进行立法，并设置了相关治理机构。接下来的几十年，以儿童保护来预防犯罪这一理念在实践中并没有显著成效，再加上两次世界大战的影响、大萧条、社会道德观念的放松，[2] 社会对儿童保护的热情逐渐衰退，儿童拯救运动也逐渐被淡忘。到了20世纪60年代，儿童虐待（child abuse）再次"被发现"时，有关虐待的概念又重回人们视野。1962年，美国肯普带领的儿科医生团队发表了关于"受虐儿童综合征"（the battered-child syndrome）的论文，强调X光对鉴定受虐儿童的作用。[3] 该论文发表后，一系列相关科研活动和媒体报道再次掀起社会对儿童保护的关注。20世纪80年代出现的又一个重要变化是性虐待开始成为儿童虐待的主要问题。

基于上述社会建构理论的角度，儿童保护不是固定的，对虐待、忽视等概念的认定是随着社会环境改变的，是与特定社会环境中的社会力量的组合紧密相关的。[4] 福尔提出，20世纪60年代对儿童虐待的新发现与医疗界内部关于放射科目的竞争密不可分。[5] 与19世纪相比，20世纪提出的儿童保护问题，即60年代以来的受虐儿童综合征和80年代以来的性虐待，都具有明显的"医药化"、个人化倾向。这体现在多个方面，例如鉴定虐待的方式以医学、心理学手法为主，提出的相关概念将虐待病症化。比如，"循环虐待原则"（the cycle of abuse doctrine）的核心理念是虐待孩子的父母在年幼时也受过虐待，他们的人格因虐待有了残缺，所以如果不治疗的话又会虐待自己的孩子。该原则舍弃了对社会因素（如贫困）的考虑。这一系列的理念将涉嫌虐待的父母视为有病症的病人，而不是社会弱势群体的一部分。借用勃兰特关于公民概念私有化的批判，陈小蓓提出，儿童保护演变到现在，其基本理念仅仅将孩子视为被父母

---

① Xiaobei Chen, Tending the Gardens of Citizenship, 2005.

② S. J. Pfohl, The "Discovery" of Child Abuse, *Social Problems*, Vol. 24, No. 3, 1977, pp. 310 – 323.

③ C. Henry Kempe, et al., The Battered-Child Syndrome, *Journal of the American Medical Association*, Vol. 181, July-Sept. 1962, pp. 17 – 24.

④ Ian Hacking, The Making and Molding of Child Abuse, *Critical Inquiry*, Vol. 17, No. 2, 1991, pp. 253 – 288.

⑤ S. J. Pfohl, The "Discovery" of Child Abuse, 1977.

侵犯人身安全的个人，体现了新自由主义、消费主义影响下社会及政治进程普遍被个人安全、个人受害、责备个人和惩罚个人的逻辑垄断，而被排斥在视野之外的是社会结构层次的受害，比如源于资本主义、种族歧视的贫困。①

社会建构理论帮助我们看到社会现象的历史特性，促使我们探究目前关于中国儿童保护的思考有哪些时代特质。中国的儿童保护出现的大环境因素之一是全球化，具体体现在签署联合国《儿童权利公约》，大量引进西方学术研究、实践交流等。而国内的环境因素包括经济、社会急剧转型，劳工流动，贫富差距拉大等。② 在这些条件下，倡导儿童保护的动力来自哪些方面？为什么现在会关心这个问题？国内学界可以通过实证来探讨、鉴别多种可能因素及其互动，如国际法的影响、中国日益上升的国际地位带来的压力、政府政策的引导、民间自发的对儿童遭遇苦难的批判以及其他可能的因素。反过来，抵制、消极对待儿童保护的宏观因素有哪些？公务员、学者、医疗人员、社会工作人员等社会群体中主要有哪些参与了儿童保护的争论？同时，他们的社会定位、群体利益与其对儿童保护的看法有什么联系？这些历史特性如何构建中国目前有关儿童保护的话语体系？即围绕儿童保护的话题应该持何种理念？思考的概念框架是什么？如虐待、忽视、儿童个人权利、儿童最佳利益等应该如何界定？这些新概念又对家庭生活、社会身份（如好父母、坏父母等）、社会机构、社会治理产生什么样的影响？

三 儿童保护与社会分层

批判性研究的另一个重要视角是明确地将社会现象放到权力关系的交织矩阵中加以理解。在国外，历年来的批判性研究分别从不同的理论视角（马克思主义、女权主义、反种族主义、后殖民主义、后结构主义

① Lauren Berlant, *The Queen of America Goes to Washington City*: *Essays on Sex and Citizenship*, Duke University Press, 1997; Xiaobei Chen, Tending the Gardens of Citizenship, 2005.

② 纪文晓：《强化儿童保护功能的家庭福利政策》，《少年儿童研究》2009 年 11 月（理论版第 011 期），第 26—31 页。

等)，论述了社会阶级分层、种族主义、殖民主义、男权以及自然科学、医学相对社会科学的霸权地位对儿童保护发展方向的影响。经历后结构主义[①]的冲击后，社会科学界的批判性研究认为，如果要解释社会异常行为的建构，那同时也要解释社会正常行为的建构。当一个社会界定一些行为为异常行为时，一定有一个被全社会认可的标准。就儿童虐待与忽视而言，标准行为即是社会认可的恰当的抚育。这涉及抚育孩子的诸方面，包括如何认识童年的特殊意义，孩子与成人有哪些不同，孩子成长的空间应有哪些特性，他们哪些特别的需要在成长期应得到满足，应如何满足他们的各种需要，如何和他们交谈，如何培养他们适应社会，谁“最适合”抚育孩子。在权力关系错综交织的社会，对可接受的抚育行为的界定必定会反映阶级分层、群体歧视、男权等社会结构。[②]

针对美国、英国、加拿大儿童保护历史的批判性研究的主要论点之一是中产阶级、白人、基督教关于抚育孩子的观念因其社会、文化统治地位而成为社会标准，与之不同的抚育观念和行为很多时候被界定为需要干预的异常行为。在19世纪，尤其是后叶，工业化极大地冲击了经济、社会领域生产与再生产的组合。工业化催生工人阶级和城市贫困阶层的同时，也催生了中产阶级。后者的生活标准得到快速提升，逐渐产生了以中产阶级为主的理想家庭理念：丈夫/父亲是唯一的生活来源，对经济资源的控制决定了他在家庭中的权威地位。在这种新出现的理想家庭理念中，女性的任务是持家和抚育孩子，她不仅承担了大量的无偿家务劳动，同时也通过培养下一代承担了延续经济体系的任务。她失去了经济价值，变为附属，从属于丈夫。理想家庭理念中的孩子给予父母的不是金钱或劳动，而是尊重、爱、笑容和情感满足。泽利泽将这一转变过程描述为儿童情感化过程，认为在这种理想家庭理念中，孩子对于父

① Jacques Derrida, *Writing and Difference*, University of Chicago Press, 1978; Jacques Derrida, *Of Grammatology*, Johns Hopkins University Press, 1997; Michel Foucault, *Madness and Civilization: A History of Insanity in the Age of Reason*, Pantheon Books, 1965; Michel Foucault, *The History of Sexuality*, Vintage Books, 1990.

② Xiaobei Chen, The History of Child Protection: Class, Race, Gender, Unpublished Paper, 1998.

母的价值主要是"无比珍贵的情感满足"。[①] 持批判视角的学者的目的不是争执这些理念对儿童究竟是好还是不好，而在于指出新出现的社会标准反映了在社会里占据影响地位的群体的思想，这些在社会里占据影响地位的群体的生活模式和关于家庭的理想被树立为普世真理。在西方，儿童拯救运动及现在的儿童保护体系常常迫使所有家庭，包括工人阶级、移民、原住民家庭，无论其实际情况如何，都必须效仿这些社会标准。

从儿童保护历史来看，早期干预的"残酷"个案多数涉及与儿童拯救者的阶级、民族背景不同的男人。[②] 在儿童拯救者的眼中，工人阶级和非白人、非基督教的父亲的标签有粗暴、酗酒、缺乏自控能力及家庭霸权，他们的问题被简单地视为个人人格问题。他们因为资本主义体制下的低工资、结构性失业等遭受的屈辱、苦难确实影响其行为，但对于儿童保护政策和实践来说，这些却是不相干的。在忽视方面，工人阶级和非白人、非基督教的母亲则被视为儿童忽视干预的主要对象。抚育行为中的阶级、文化差异也成为建构异常行为的中心内容。[③] 对工人阶级和移民背景的母亲和她们的孩子来说，以家居为中心的中产阶级理想不是一个现实的、可以选择的生活方式。她们通常因为经济压力而必须工作。然而，当时她们参与劳力市场的行为被认为是不负责任的"坏妈妈"的表现。这种责备母亲的态度成了一种实践模式，哪怕在男性暴力造成的个案里母亲也常被责备。女性被认为更具有保护、培育、关心孩子的天性，当她们不能保护孩子时，社会包括儿童保护人士就责备她们缺少母性或缺少能力。[④] 在西方，儿童拯救工作主体的缺点是看不到社会标准与异常行为反映的群体差异，强调抚育者个人的缺陷，所以对产生儿童虐待问题的社会根源没有认识，也没有对策。

目前，西方儿童保护强调儿童个人安全。个人安全被定义为受害儿

---

① Vivian Zelizer, *Pricing the Priceless Child*: *The Changing Value of Children*, Basic Books, 1985.

② Linda Gordon, Family Violence, Feminism, and Social Control, *Feminist Studies*, Vol. 12, No. 3, 1986, pp. 453 – 478.

③ Renee Kasinsky, Child Neglect and "Unfit" Mothers: Child Savers in the Progressive Era and Today, *Women and Criminal Justice*, Vol. 6, No. 1, 1994, pp. 97 – 129.

④ Anna Davin, Imperialism and Motherhood, *History Workshop*, No. 5, 1978, pp. 9 – 65.

童最根本的权利，成为制定政策的中心。具体地说，个人安全指的是个人遭受的伤害，完全不涉及在社会结构层面因贫穷、歧视、男权等受到的伤害。以个人安全为原则的儿童保护体系的后果是干预行为被局限于伤害风险管理和惩处犯罪人，而惩处犯罪的逻辑被用来处理社会体制所造成的问题。

虽然西方儿童保护早期的社会利益理念和20世纪60年代至今的个人人身安全理念有很多不同之处，但它们也有相似之处。第一，它们反映了社会在阶级、性别、民族等方面的不平等。现在加拿大儿童保护体系里涉及的家庭约70%是贫困家庭，约40%是单亲母亲家庭，近40%的抚育人有酗酒/毒品问题，近30%有精神健康问题。[①] 第二，它们都偏向将儿童虐待归咎于个人问题，而回避社会体系带来的结构性问题。第三，它们都没有从这些被干预的家庭和孩子的角度来认识儿童自己定义的需求，也没有采取行动满足儿童的这些需求。批判性理论强调描述、解释社会群体之间权力关系的交织及繁衍，在这样的视野里，儿童保护是纷繁复杂的权力关系的产物，同时儿童保护作为社会的组成部分又进一步产生权力关系。

中国的儿童保护出现在经济转型、社会分层产生并固化的时期，它的出现涉及哪些社会群体（农民、农民工、农民工子女、留守儿童、城市市民、知识精英、政府机构）之间的权力关系？儿童保护的发展在促进社会关心儿童苦难的同时，其理念、目标定义、策略制定又如何受到各种利益的影响？中国儿童保护是像西方一样强调个人因素，还是倾向会家庭福利政策的扶持？这些问题都值得我们研究。

---

① Xiaobei Chen, Constituting "Dangerous Parents" through the Spectre of Child Death: A Critique of Child Protection Restructuring in Ontario, in Deborah Brock (ed.), *Making Normal: Social Regulation in Canada*, Ontario: Thomson Nelson, 2003, pp. 209 - 234; Nico Trocmé, Canadian Incidence Study of Reported Child Abuse and Neglect: Final Report, Health Canada, 2001; Nico Trocmé, Canadian Incidence Study of Reported Child Abuse and Neglect, 2008: Major Findings, Public Health Agency of Canada, 2010.

四 结语

本文介绍了国外学术界有关儿童保护的批判性研究的两个主要思路：第一，社会建构主义视角的儿童保护；第二，儿童保护与社会分层、权力关系的交织矩阵的关系。从社会建构视角看，强调分析儿童保护出现的具体社会环境，注重通过对不同发展阶段关于童年、社会、国家、集体干预的理念的分析，全面具体理解儿童保护这一社会现象及其所处的社会环境。儿童保护作为一种社会现象，与当时的社会诸方面（如社会阶级分层、社会不平等、权利纷争等）密切相关，儿童保护是出现在一定社会、经济、政治条件下的，它的概念体系（儿童、少年、虐待、忽视、儿童权利等）、理由、目的、策略、措施、具体操作手法等有其历史特殊性。从社会分层及权力关系的交织矩阵视角看，注重将儿童保护这一社会现象放到权力关系的交织矩阵中去理解，即在权力关系错综交织的社会中，儿童保护的标准等受到社会分层等社会结构的影响，儿童保护是纷繁复杂的权力关系的产物，儿童保护的形成受到社会中互相关联的利益、权力、话语体系的影响，并且产生的结果并不总是最符合儿童利益的。

国外对儿童保护的批判性研究并非否定儿童保护的合理性和必要性。无可否认，有关儿童保护的社会运动或倡议活动让儿童经历的苦难得到了关注。批判性理论能给予我们思考的工具，来分析儿童保护的历史特性，及现今被广泛接受的理念和实践做法的局限性。批判性研究启示我们要注重儿童特别是困境儿童的日常生活研究，发现他们的需求，为儿童保护制度构建提供基础；要考虑到儿童保护制度以谁为主体/标准来构建，注重儿童及其家庭在儿童保护制度中主体性如何发挥；要重视儿童保护制度构建的社会分层基础研究，考虑社会分层与阶层固化如何影响儿童的日常生活，又怎样定义了需要保护的儿童。我国的儿童保护研究一方面可借鉴国外理论和经验，另一方面更需要从我国实际出发，在社会治理创新中不断健全有中国特色的儿童保护体系。

（选自《国外社会科学》2017 年第 2 期）

专题四

心理学

西方认知方式研究概观

李寿欣　宋广文*

长期以来，许多心理学家在探讨把心理学中两个相对独立的研究领域——认知和个性——联结起来的纽带。认知方式正是联结认知和个性的理想桥梁之一。关于认知方式的理论研究开拓了心理学研究的新领域，扩展了我们的视野，为深入分析人格特点提供了新视角。特别是关于认知方式的应用研究，为教师更好地认识学生的认知特点、人格特点提供了理论指导，也为教师更好地因材施教，提供了心理学依据。

一　认知方式的本质含义

认知方式（Cognitive Style），又称认知风格、认知模式，是指个体在认知过程中所经常采用的习惯化的方式，具体说是在感知、记忆、思维和问题解决过程中个体所偏爱的习惯化了的态度和方式。这一术语是奥尔·波特（Allport）在1937年首先使用的。对认知方式的研究始于20世纪40年代，在60年代非常盛行，到70年代初期到达顶峰，以后逐渐趋向衰落。人们研究兴趣的转移，并非是因为这一领域的研究不重要，而是人们开拓了更多的心理学研究领域。但是，进入90年代以来，认知方式的研究再一次引起人们的重视，并且在教育领域内的应用研究正变得越来越重要。

* 本文作者：李寿欣、宋广文，山东曲阜师范大学教育系。

认知方式，像许多其他心理学概念一样，是被广泛应用而对其认识很不统一的概念。造成这种状况的部分原因是研究者的兴趣常常集中在认知方式的某一类型范围内，用认知方式代表某一具体的认知类型，而没有兼顾其他的认知方式类型。这样，认知方式的本质含义在很大程度上取决于使用者对该认知类型的理解。同时，有些研究者将认知方式与其他一些心理学概念如认知策略、学习方式等混合使用或相互替换，同样造成了概念上的混乱。其实，它们之间的含义是有本质区别的。认知方式与学习方式之间的一个主要区别是两者所涉及的元素数量不同，即认知方式是两级维度，而学习方式需要用更多的要素来说明。认知方式与认知策略也是有本质区别的，认知方式是个体内部所固有的、相对稳定的特征；认知策略则指向当前情景和任务，可随时间变化而变化，是可以学习和发展的。

在使用认知方式这一概念时，有些研究者倾向于把它看作是一种结构，强调它的稳定性；有些研究者倾向于把认知方式看作是一种过程，强调它随时间推移和环境改变而变化，而不是固定不变的。另外，还有研究者把认知方式看作是结构和过程兼而有之，认为认知方式是相对稳定的，又是可以改变的。对认知方式的测量，柯里（Curry）1983 年提出要在三个层面上进行。第一层也是最外面的一层，被称为“教育的偏好”层，这是最不稳定、最容易受影响的测量层次。这一层最能展现学习的环境、学生的愿望、教师的期望和其他外在的特征。第二层被称为“信息加工”层。该层比第一层更加稳定，但仍能被学习策略加以修改。它处在基本人格水平的个体差异和学习环境的交叉上，是个体如何处理信息的加工方式。第三层，也是最内层，是“认知的人格方式”。它是个体改造和同化信息的倾向，不直接与环境相互作用，但它是基本的、相对稳定的人格维度，在观察个体行为时只有通过许多学习材料才能发现。

二 认知方式家族

从大量的研究文献可看出认知方式家族中成员众多，梅西克（Messick，1984）曾经区分出 19 种认知方式，而赖丁等人（R. Riding et ed.，1991）则认为认知方式类型有 30 多种，如场依存—场独立、沉思—冲动、跳跃—渐进、辐合—发散、言语—形象、简约—复杂、具体—抽象、冒险—谨慎、整体—分析、宽容—非宽容……在如此众多的认知方式成员中，限于篇幅，我们这里只简要介绍几种较典型的、研究较多的认知方式类型。

1. **场依存—场独立型**（Field dependence-independence）

场依存—场独立型认知方式是美国心理学家维特金（Witkin）在40年代研究垂直知觉时首先发现的。之后，维特金和他的同事在该领域及其相关的领域进行了大量系统的研究，从狭义的垂直知觉扩展到知觉分析、记忆、问题解决和其他的智力活动，并进行了大量的跨文化的比较研究。在认知方式领域，这是研究较多、影响较大、非常有代表意义的一类研究。我国学者谢斯骏、张厚粲等人在80年代初将该理论介绍到国内，并进行了大量相关研究，在80年代中期曾经有过一个高潮。因此，在认知方式领域中，国内对场依存—场独立型认知方式是研究较多、了解较多的。限于篇幅，在此不再赘述。

2. **沉思—冲动型**（Reflectiveness-Impulsivity）

沉思—冲动型认知方式又被称为概念化速度，是卡根（Kagan）等人于1964年提出的，是指在不确定条件下个体做出决定速度上的差异。这一认知方式类型可以通过匹配相似图形测试（MFFT）加以评定。在这个测试里，先向被测试者出示一幅有关物体的图画，要求他从大量其他图画中选出与某幅图画完全相同的图画。利用这种认知作业，卡根认为被测试者可被分为两种类型：一种类型的人能够简洁而迅速地做出选择，属于认知冲动型；一种类型的人在选择前仔细考虑。对每一次选择都花较长时间仔细思考，属于认知沉思型。

卡根（1966）等人探讨了沉思—冲动型对认知作业的作用。他们用6岁儿童为被试，研究了在归纳推理测验中儿童的概念化速度，结果表明沉思型和可预知的技能之间有明显的相关关系。泽利尼克（Zeliniker，1979）等人的研究发现，沉思型的人在需要细节的作业中做得更好；而在要求整体性的作业中，两种类型的人做得一样好。与冲动型的人相比，沉思型的人更加倾向于场独立。

3. 辐合—发散型（Converging-Diverging）

辐合—发散型思维方式是吉尔福德（Guilford）在20世纪50年代初期介绍智力模型时提出的。吉尔福德认为，辐合思维型的人在解决问题时需要从提供的信息中找到一个明确的传统的正确答案。在这些问题里可能提供了多个答案，但只有一个是正确的。发散思维的人很善于解决需要多个同等可接受答案的问题，这些答案强调多样性和创造性。对辐合思维方式的测评一般是根据测验的成功性加以确定的，如一般的智力测验项目。而在评估发散思维时，强调的不是找到正确的答案，而是取决于形成答案的能力，这种开放性测验项目既有非言语、形象的，如“圆形”测验、“正方形”测验等，也有言语的，如物体用途测验、事件后果测验等。研究发现，辐合—发散思维方式与场依存—场独立性之间有一定的关系。布鲁姆伯（Bloomber，1971）研究认为，在发散思维方面得高分的人在场独立型上得分也较高。贝吉姆（Bergum et al.，1977）研究发现，学习富有创造性学科的学生比学习缺乏创造性学科的学生更加场独立。例如，建筑学专业的学生比商学专业的学生更有创造性、更加场独立。

4. 跳跃—渐进型（Holist-Serialist）

跳跃—渐进型认知方式是帕斯克（Pask）于1972年提出的。他认为，当向学生提供自由学习情景时，学生会表现出两类明显不同的特征：一类学生努力探索具体明确的材料，倾向于考察较少的材料，利用逐步的方法来证实或否定他们的假设，这一类型被称为渐进型。另一类学生倾向于去检验较大的特征或假设，喜欢搜集大量的材料，努力探索某种范式和关系，这一类型被称为跳跃型。帕斯克认为尽管两类学生最终达到了对问题同样的理解，但他们获得对问题理解的路线是不同的。渐进型在解决问题过程中倾向于强调各独立的小题目以及把这些题目联系起来的逻辑顺序；而跳跃型一开始就通过上下文来认识学习任务。对跳跃—渐进型认知方式的划分主要是通过让学生完成认知操作作业来加以评定的。在帕斯克等人设计的一个实验里，要求学生建立自己的分类标准。在实验里要求学生将两种假想的火星动物：Clobbits和Gondlemullers，划分到次级的物种系列。关于 Clobbits 的信息是以 50 张卡片形式提供的，这些卡片面朝下分放在 10 栏里，每一栏代表一种独立的次级物种。指导学生翻开卡片获得他们需要的知识，并要求学生说出选择该卡片的原因实验者记录学生使用卡片的顺序以及在每一步中给出的假设。最后，要求学生说出从火星动物中学到了什么知识。在这个实验里，一些学生专心于一步一步的策略，表现出从一个假设到另一个假设的逻辑的线性的进步，这类学生的兴趣中心比较狭窄，他们谨慎地集中注意于每一步上，属于渐进型。另一些学生使用整体的方法、整体的策略，他们不必依赖过多的细节来帮助理解，属于跳跃型。尽管渐进型和跳跃型的认知方式不同，但他们达到对问题的理解是同样成功的，理解水平可能相同。对于跳跃—渐进型的两个极端，帕斯克提出存在两种不利的情况：一种是过分依赖渐进型的学生，他们不能采取整体的观点，对问题的理解可能是缺乏远见的；一种是过分跳跃型的学生，他们倾向于采取快捷整体的方式，常常根据不充分的证据作出草率的决定。

帕斯克等人还探讨了学习材料与该认知方式匹配还是不匹配的效果。研究者根据跳跃—渐进型认知方式设计了一些程序化的学习材料，通过评估将学生分为渐进型和跳跃型两种类型，然后将学习材料分配给学生。学生与程序化的学习材料有匹配和不匹配两种情况。结果发现匹配的学生学得更好，在概括他们的知识时表现出更高的水平。

5. 简约—复杂型（Levelling-Sharpening）

赫尔兹曼和克雷恩（Helzman & Klein，1954）首先使用简约—复杂认知型来描述认知方式的另一维度。他们认为，在知觉过程中一些人过分简化他们的知觉，倾向于将新材料同化吸收到原先已存储的知识里；另一些人倾向于以一种复杂的、有区别的方式，较少同化地去感知作业任务，他们倾向于强调当前的感知材料，并与以前已存储的知识有区分的对待。这一维度有时也被看作是同化维度，它反映了知觉作业在多大程度上被同化。简约认知型表现出较高水平的同化，复杂认知型表现出较少的同化。

简约认知—复杂认知型是通过程式化测验加以测评的。在这个测验里，首先要求被试进行暗适应，然后判断逐渐增大的方形的大小。对被试来说，判断结果总趋势是低估方形的大小，而那些较多低估的被试是简约认知型，估计误差较小的是复杂认知型。

三 近期的研究进展

英国心理学家赖丁等人（R. Riding et al.，1991）对前人提出的各种认知方式进行综合考察后认为，所有的认知方式都可以从两个维度上加以分析：整体—分析和言语—形象。

1. 整体—分析型（Wholist-Analytic）

赖丁等人（1993）认为，整体型的人倾向于领会情境的整体，对情境能够有一个整体的看法，重视情境的全部，对部分之间的区分是模糊的或者不区分部分；倾向于将信息组织成整体。相反，分析型的人把情境看作是部分的集合，常常集中注意于一两个部分而无视其他方面，可能曲解或夸张部分，倾向于把信息组织成轮廓清晰的概念集。

整体型的人的积极一面是他们考虑当前情境时，看到了整体的“图景”，他们对整体有均衡的看法，能够在整体中理解情境。其消极一面是他们将信息划分成有逻辑的部分时有困难，对图形和言语形式的信息去隐蔽能力都较差。对于分析型的人，其积极面是他们能将信息分析成部分，并善于找出相似性和差异性，这使得他们能够快速地进入问题的核心。其消极面是他们不能形成整体的均衡的观念，将信息整合成整体时有困难。他们或许注意了一方面特征而不顾其他，并且以不适当的比例夸大这一特征。按照赖丁的观点，对前面5种认知方式可按下表划分：

整体	分析
场依存	场独立
冲动	沉思
发散	辐合
跳跃	渐进
简约认知	复杂认识

2. **言语—形象型**（Verbal-Imagery）

心理学家佩维奥（Paivio，1974）提出了长时记忆信息如何被加工存储的理论，即双重编码说。认为长时记忆中的信息是以视觉表象和言语表征两种形式存储的。赖丁等人认为，大多数人能够利用视觉表象和言语表征两种形式，但是，有一些人具有利用视觉或言语其中一种方式的倾向。那些倾向于以视觉表象的形式思维的人被称为形象型的人，倾向于以词的形式思维的人被称为言语型的人。

为了考察一个人认知活动的主要方式，赖丁和泰勒（Riding & Taylor，1976）最初提出了形象编码测验。在这个测验里，要求7岁儿童听10段短散文，每一段后面跟着一个问题。问题的答案不是散文直接提供的，而是通过阅读散文形成一个形象时才可以获得。根据从开始提问到结束回答所需要时间的长短来判断认知方式类型。反应时间短的为形象型，反应时间长的为言语型。1981年，赖丁和卡尔维（Riding & Calvey）进一步发展了形象编码测验，增加了评估形象编码和言语编码的问题，使测验更加有效。但是，由于这种测验实施和计时都比较困难，1989年赖丁等人设计了一种计算机呈现的言语—形象认知方式测验。测验是由计算机将单词成对呈现，要求个体判断先呈现的单词和第二个单词是否属于同一范畴。有两类范畴：一是同一类，一是同一颜色。在每一范畴中有24对单词，其中一半是真，一半是假。对同一颜色的范畴反应快的是形象型；而对同一类的范畴反应快的则是言语型。

许多研究表明，言语型的人在言语作业方面做得更好；形象型的人在具体的、描述的和形象的作业上做得更好。当言语—形象方式与呈现的学习材料不匹配时，获得的成绩往往也较差。赖丁和戴尔（Riding & Dyer，1980）还考察了言语—形象方式和内—外向之间的关系，发现言语型的人往往是外向的，形象型的人是内向的。

赖丁等人认为这两种认知方式是彼此独立的，个体在一个认知方式维度上的位置不影响其在另一维度上的位置。其他各种认知方式都可以在这两个维度里加以分析。1997年，赖丁等人还发展了一种新测验——认知方式分析（CSA），可以对这两个基本的维度加以评定。这是一个由计算机呈现的测验，包括3个分测验：第一个分测验类似于1989年所提出的计算机呈现的言语—形象认知方式测验，主要用来评定言语—形象维度。包括48个是—非型题目，其中一半是关于概念分类的，另一半是关于题目的外在特征的。他假定言语型的人对概念分类的题目做得快，形象型的人对于题目外在特征的题做得快。后两个分测验用来评定整体—分析式维度。一个是由计算机呈现成对的、复杂的几何图形，要求个体判断相同还是不同。对这一作业完成快的人是整体型的。后一个分测验是比较一个简单的几何图形和复杂的几何图形，要求被试说出简单图形是否包含在复杂图形里。这一测验所考察的是个体对包含在复杂图形里的简单图形的去隐蔽能力，是从维特金的镶嵌图形测验（EFT）发展而来的。它假定分析型的人在这一作业中做得更快。可以看出，认知方式分析的确提供了一个简单、快捷、方便有效的评定个体在两个基本的认知方式维度上的位置的新方法。由于它具有计分客观、准确，适应的被试年龄范围广泛（从儿童到成人）和受文化差异的影响较小等优点，而被广泛运用。

赖丁教授最近几年来所进行的系列研究给我们以深刻的启迪，对认知方式领域的研究以极大的推动。首先，关于认知方式的研究不再局限于某一具体的认知类型范围内，而是从整体上分析、探讨认知方式问题，视野更加开阔。其次，他设计的测验工具——认知方式分析，更加方便有效，而且可以从多个维度上评定个体的认知方式类型。第三，赖丁等人对众多的认知方式类型及其相互之间的关系进行了深入探讨，有利于人们更加深入地把握认知方式的本质。总之，我们认为继续认知方式这一领域的深入研究，有利于更好地把握人与人之间的个别差异，有利于教育工作者更深入地认识学生的个性特点，为教师更好地因材施教提供了客观依据。

（选自《国外社会科学》1999年第1期）

美国心理学的若干发展趋势及思考

景怀斌*

一 前言

笔者2000年赴美国访问期间，特别留意了美国心理学的发展趋势及相关问题，并就有关问题与遇到的心理学家进行讨论。以下笔者根据对加利福尼亚大学戴维斯图书馆的约120种心理学杂志和有关书籍的阅读体会，以及和有关心理学家的讨论，谈一谈以理论心理学和心理健康为主的若干问题。

二 心理学研究的若干动向

1. 研究方法

（1）在大的趋势方面，过去占绝对主流的硬研究方法逐步软化，即科学主义的心理学研究方法不再极端。过去在心理学中基本没有地位的一些非科学主义的方法，如现象学研究方法或其他研究方法也有生存之地（这些方法本身也尽量与科学主义的做法靠近，出现了如现象学的定量方法）。当然，占主流地位的仍然是科学主义。但总的感觉是心理学研究方法越来越多元化，它们各自有自己的研究优势领域。

---

* 本文作者：景怀斌，中山大学心理系副教授。

（2）重视过程研究，注重追踪（longitudinal）研究，注重干预（intervening）研究，注重心理的内在过程。目前心理学家们特别希望通过追踪，通过控制一些变量观察分析结果，研究变量之间的因果关系，发现心理活动的因果规律和找到有效的控制心理和行为的方法。他们重视个人深度心理过程研究，认为传统的心理学是个体间（between persons）的研究，这样，很多个人内部的信息被忽略掉了，应当进行个人内部（within person）的心理研究，与这样的趋势对应，出现了诸如日常经验分析、经验样本等方法。由于现代科学技术的发展，使精细的方法成为可能，如用计算机对心理活动的状态即时报告。这些方法都应引起我们的关注。

（3）对心理统计的科学性有新的认识。20 世纪 80、90 年代以来，一些心理学家对心理统计中某些明显的问题提出了严厉的批判，引起了心理学界的激烈争论，为此，美国心理学会科学事务委员会专门组织了一个特别工作小组。它由罗伯特·罗森塔尔、罗伯特·阿贝尔森和雅各布·科恩主持，由包括统计学家、讲授统计学的教师、杂志编辑、统计学教科书的作者、计算机专家，以及资深的心理学家参加。其任务是：阐明、解释心理统计学应用中有争议的问题，包括显著性检验及其相关问题，相关的模型及数据变化，以及探讨可能利用高功能计算机的新方法。这个工作小组每年举行一次讨论。经过几次讨论，专门小组建议，在修改美国心理学会出版的手册前，应当考虑发表该小组的报告，引起进一步的讨论，以有助于改变数据分析以及研究报告的一些做法。这篇报告还特别强调，心理学是一门内容广泛的科学，一种方法在一个领域内适用，在另一个领域却不一定适用。该报告不仅重新讨论了抽样问题、实验设计问题，还强调应当特别注意研究的范围和前提、功效问题和数据分析、阐述的准确性问题。笔者认为这篇报告是非常重要的，它不仅对有争议的统计学问题进行了讨论，给出一个带结论性的说法，更重要的是，这表明心理学界对定量方法的看法越来越理性了。

2. 研究领域

（1）遗传与环境问题之争重新出现。遗传与环境问题在 20 世纪 80 年代似乎沉寂。但是，1994 年，心理学家理查德·黑恩斯坦和查理斯·

默里发表了书名为《贝尔曲线》的著作，这本书本来是讲述学术问题，但因为比较通俗，随即成为畅销书。黑恩斯坦和默里在书中强调，智商测验反映了个体的基本能力 g。g 能力决定了个体在社会中的成功与否。一些个体有更多的 g，一些个体有较少的 g，而这个 g 是由遗传所决定的。他们还声称，美国白人与黑人的 g 智力并没有随着社会文化的发展、民族的同化而缩小。可以想象，在美国这样的“崇尚人权”的社会，这些看法会引起多么巨大的反响。为了应对社会的反应，美国心理学会出版了类似说“不”的著作——《曲线——智商中的长期得益与相关措施》。[①]这似乎有官方意见的味道。但是，仍有一些心理学家认同前者的观点。《智力》杂志在 1998 年辟出专集讨论这个问题，似乎更支持前者。不过主角不是黑恩斯坦和默里的著作，而是亚瑟·詹森的研究。詹森是加州伯克利大学的教授，长期研究智力的 g 问题。他坚持带有遗传决定论的观点，在 60、70 年代受到众多的攻击，也受到人权主义者的批评，因此也被主流心理学家所忽视。他认为，g 因素体现在心理测验、神经生理、行为基因和进化方面，认为白人和黑人的最大差别在 g 智力上面。[②]

这场争论的原因使笔者感到困惑。为什么它重又出现？笔者以为，一方面与社会文化有关。我们知道，西方文化是科学主义主导的文化，决定论的、终极的探究思维方式根深蒂固。前几年的克隆热，近两年的基因热，这都自然引导人们回到遗传问题。再者，美国虽然提倡文化多元，但种族歧视是一个现实的社会问题。

（2）基因研究引发了相关的研究。1999 年，最引起美国人关注的问题之一就是基因问题。有人宣称，人类基因的奥秘将彻底破解。在这样的社会背景下，心理学家们对基因问题也渐感兴趣，开始从基因的角度讨论众多的心理学问题，不仅从基因方面研究智力问题，甚至也从基因角度研究社会心理学中的问题。

（3）心理健康领域进展迅速

---

① U. Neisser, 1998, *The Rising Curve —— Long - term Gains in IQ and Related Measures*, Washington, American Psychological Association, pp. 3 - 21.

② J. P. Rushton, 1998, The “Jensen Effect” and the “Spearman-Jensen Hypothesis” of Black-White IQ Di-fferences, in *Intelligence* , 26 (3), pp. 217 - 225.

心理健康是美国心理学最为关心的问题。美国心理学家认为，在美国一旦与人权、与人的存在的价值联系起来，问题就严重了。有心理学家说，在美国，资金最雄厚的就是国立心理健康研究所。这个机构几乎成为心理学研究的最多、最大的资助机构，即使有些研究似乎与心理健康没有关系，也得到它的资助，而且资助的数额巨大，有些项目的资助金额达几百万，个别的连续资助项目甚至达到上千万美元。

1999 年 12 月 13 日，美国发表了《心理健康：军医处处长报告》。这份报告在美国心理学会的网页（www. apa. org）可以查到。这是第 51 届有关健康的报告，是在分析 3000 个心理健康方面的研究后做出的，长达 500 页。报告称，在美国，每 5 人中就有一人受到心理异常的影响，但是其中一半因为面子和钱而没有寻求帮助。报告要求保险公司像对待生理疾病一样对待心理疾病。该报告着重研究了这样的领域：大脑活动过程的科学研究（其中包括开创性的大脑细胞内的合成神经化学活动）；有前途的新的心理治疗手段；美国心理健康服务系统的缺陷（如政府机构、私人机构、学校、监狱及其他部门）。报告认为就心理疾病产生的原因而言，心理学家更多地知道如何治疗。认为没有单一的基因导致心理疾病，而是多种基因的变化、组合导致心理疾病。报告还研究了种族与心理疾病。

从具体的心理健康研究看，笔者感到研究进展明显的是应对（coping）问题。例如，1967 年《心理学文摘》索引中出现压力“应对”的概念，到 1998 年，心理学数据库中有关应对的研究达到 2. 3 万篇，在心理学研究中的比例由 1967 年的 0. 35% 达到 1999 年的 3. 15% 。[①] 此外，主观幸福感研究越来越受到关注，短暂疗法（brief therapy）越来越被认可。至于心理治疗的理论目前似乎没有特别突出的系统的心理治疗新理论，一般是综合性的。另外，传统领域的精神活动与心理健康受到重视，如有报刊说，美国目前流行的心理治疗方法之一是精神或信仰角度的心理健康研究。著名心理学家、认知行为疗法的创始人艾伯特 · 埃利斯

---

① J. C. Coyne & M. W. Racioppo，2000，Never the Twain Shall Meet：Closing the Gap Between Coping Research and Clinical Intervention Research，in *American Psychologist*，Vol. 55，No. 6，pp. 655 – 664.

（1999）在回顾20世纪心理治疗的发展时说："尽管宗教和精神信仰方面的问题在20世纪早期被心理治疗严重忽略了，但最近的研究表明它们在人类的存在中有重要的作用，而且它们可能在帮助人们消除困扰方面发挥巨大的作用。具有理性和信仰性质的心理治疗研究在20世纪末越来越普遍。"①

据美国《儿科》报道，1979年美国年轻人中有诸如抑郁、多动、无学习能力等问题的人所占比例为6.8%，到1996年，上述比例达到18.7%。②

1957年，19%的被调查者有过心理濒临崩溃的经历，到1996年，有26%的被调查者有过这样的经历。③ 人们发现，心理问题与社会物质进步没有同步关系，甚至是负相关。④ 由于心理健康与现代化社会生活方式的内在关系，心理健康问题可以说必然日趋严重。⑤

应当充分认识到，心理疾病表面上似乎是个人的，实际上是团体和社会性的，它不仅决定了个人的生活质量，实际上比生理疾病更大地影响家庭和团体，甚至社会的良性运转。由于心理原因造成的恶性社会事件，给个体和社会带来了严重后果。因此，政府更重视这方面的问题，应当采取更强有力的政府措施，包括资金投入和制度性建设，这样有利于社会的发展和生活质量的提高。

（4）从进化的角度研究心理学问题。从进化论方面进行心理学问题的研究越来越明显。如在认知领域，心理学家从进化论的角度研究人的认知机制，在发展心理学领域，有心理学家从进化论的角度研究性别差异、性别角色；在社会心理学领域，从进化论的角度研究社会行为；等等。

（5）跨文化研究成为趋势。随着美国社会越来越多地认同文化多元，心理学家更重视跨文化方面的研究。特别要提出的是，他们似乎对东方，

---

① A. Ellis, 1999, *Psychology Today*, Vol. 32, No. 6, pp. 34 – 35.

② 岗迅，2000，《美青少年心理病患者激增》，《人民日报·华南新闻》，2000年6月8日。

③ R. J. Swindle, K. Heller, B. Pescosolido & S. Kikuzawa, 2000, Responses to Nervous Breakdown in America over a 40 – year Period: Mental Health Implication, in *American Psychologist*, Vol. 55, No. 7, pp. 740 – 749.

④ M. Csikszenmihalyi, 1999, If We Are So Rich, Why Aren't We Happy? in *American Psychologist*, Vol. 54, No. 8, pp. 821 – 827.

⑤ 景怀斌：《心理意义实在论》，广东人民出版社1999年版，第211 – 216页。

特别是中国文化越来越有兴趣，一些重要的刊物，如《美国心理学家杂志》近几年发表了有关中国文化的文章。一些心理治疗的专家也开始从东方文化入手进行工作。如以中国的禅宗、道家为基础的心理咨询和心理治疗著作不断出现。

此外，在其他领域，就笔者看到的材料，心理学家们仍然重视自我问题，但是近来重视罪恶问题，也强调价值问题。有些心理学家提出，“价值”是社会心理学的基本因素。

三 一点思考

对照中国心理学的发展，笔者感到有以下两个问题应当重视。

一是我们应当平等地进行合作研究。主要是选题的平等。这样不至于我们无意之间成为对方实验的另一文化的验证者。笔者认为，由于中国文化的特殊性，我们事实上最有可能在这方面与西方对话。如果我们仅仅跟随他人，那只能永远是跟随者。如果我们从中国文化的特殊性出发，就能从一个高起点与国外同行交流，就容易形成有中国自己影响力的理论。当然笔者不否认研究应当是多方面的。

二是我们对美国的情况了解得并不充分。如在心理疾病方面，我国心理学界普遍认为，美国人对心理疾病是认同的，是不避讳的。事实上他们也存在标签和耻辱感，不过可能没有我们严重。这个问题本身是一个很好的跨文化课题。因此，我们应当对美国心理学方面的情况有更全面、更充分的介绍，加强介绍美国心理学方面的研究成果。这样的介绍不一定是经典，但应当是前沿的。

（选自《国外社会科学》2001 年第 3 期）

现代心理学的困境与出路

叶浩生*

现代心理学是一个有着一定规模、对人类生活的各个领域都产生深远影响的学科。但是，现代心理学也有着许多矛盾和冲突，面临着分裂和破碎、脱离社会生活等尴尬处境，有时这些问题似乎非常严重，以致直接影响到学科的发展和生存。探索现代心理学所面临的这些问题，尝试提出解决这些问题的方法，是本文的主旨。

一　现代心理学的困境

现代心理学的繁荣和进步是明显的，但现代心理学的问题和困境也是有目共睹的。其中，最严重的问题当属心理学的分裂和破碎。

心理学从来就不是一个统一的学科，用科学哲学家库恩的话来说，心理学缺乏一个稳定的“范式”，从来没有像其他规范科学那样拥有一个学科共同体都能接受的理论基础。在心理学的创立之时，学科内部至少存在着 4 种不同的研究取向或研究方式：以冯特、艾宾浩斯和铁钦纳等心理学家为代表的以意识内容为研究对象、以实验内省为研究方法的模式；以布伦塔诺为代表的以意识活动为研究对象的非实验研究模式；以弗洛伊德和荣格为代表的以潜意识为研究对象和使用临床方法的模式；以英国心理学家高尔顿和美国心理学的创立者詹姆士为代表的以适应行

* 本文作者：叶浩生，南京师范大学心理学研究所所长，教授，博士生导师。

为为研究对象的应用研究模式。上述几种研究模式强调人类经验的不同方面，各自构建了不同的理论体系，形成了心理学内部早期的分裂。在心理学随后的发展中，出现了构造主义、机能主义、行为主义、格式塔心理学、精神分析和新精神分析等不同的学派，使得心理学分裂现象变得更加严重。

现代心理学继续沿着分裂的路线越走越远。第二次世界大战以后，心理学的分裂出现了新的特点：原来的流派争吵趋于缓和，取而代之的是一种折中主义的态度，但折中主义并非统一，实际上，在折中主义的掩盖之下，西方心理学的分裂现象更加趋于恶化。其表现如下。（1）研究课题的破碎。心理学家所研究的课题往往互不相干，对于同一问题的研究往往得出相互矛盾的结论，而且各自都有自己的经验研究的支持。所得出的研究结论更是琐碎和缺乏体系，同为心理学家，相互之间的共同语言越来越少，缺乏“心理学学科共同体”的认同感。（2）指导思想和方法论的分裂。心理学家在世界观和方法论上存在两大阵营：科学主义和人文主义。科学主义阵营以实证主义作为其哲学基础，而人文主义阵营以现象学和释义学作为其哲学基础，在科学观、方法论、人的价值与科学的价值、决定论对非决定论等方面存在着严重的对立。一些心理学家的研究证实，在心理学的内部存在着多种多样的对立范畴，如遗传对环境、主观对客观、意识对无意识、通用主义对特质论、还原论对非还原论、动力论对静态论、经验主义对理性主义、理性对非理性等。（3）当前最为严重的要数科学家与实践者的分裂，即从事基础研究的心理学家同从事临床等应用研究的心理学工作者的分裂。从事基础研究的科学家往往认为从事临床应用的心理学家过于浮浅，属于“工匠”范畴，所做的是低层次的工作，而应用心理学家则认为从事基础研究的心理学家钻到科学的象牙塔里，脱离实际。（4）组织机构解体的危机。学科恶性分化的结果是，许多以前属于心理学范畴的课题被其他新兴学科所蚕食，美国心理学家斯宾塞的一段话代表了心理学家的这种担心，他指出：“在我一个最可怕的噩梦中，我预见到心理学组织机构的解体：实验心理学家被发配到正在兴起的认知科学学科中，生理心理学家愉快地到生物和神经科学系报到，工业和组织心理学家被商学院抢走，心理病理学家在医学院中找到了他们的位置。”①

现代心理学所面临的第二个问题是无法解决心理现象的社会植根性同研究取向上的个体主义倾向的矛盾。个体主义是当代心理学在方法论上的一个典型特点。个体主义取向在心理学研究中的表现是，忽视心理和行为产生的文化背景和社会原因，从个体内部寻求行为的原因，从个体本身寻找心理和行为的解释。西方主流心理学一直坚持这种个体主义的方法论。构造主义心理学探索意识的元素及其结合的方式，对文化的影响丝毫不感兴趣；行为主义致力于刺激和反应的分析，把社会文化背景作为无关的因素加以控制；精神分析挖掘行为的潜意识动力，文化成为性本能压抑后升华的结果；人本主义心理学则把人看成是追求潜能的自我实现的个体，而潜能只不过是一种“类似本能”，本质上还是一种生物动力；当代的认知心理学也没有跳出个体主义方法论的范畴，它把个体内部的图式和结构作为分析的重点，文化的影响被置于关注的视野之外。造成这种个体主义取向的直接原因是心理学的方法论的限制。现代心理学最崇尚的方法是实验法，而实验法对于实验条件有着严格的要求，必须控制所有的变量。文化因素、社会影响在实验室中则无法控制和操纵，更无法操作化和量化，其结果是为了维护科学研究的可信度和效率，只能弃之于不顾了。

但心理学现象就其本质来讲更多的是一种社会现象，心理现象无论就其起源和发生、发展来讲都受到文化因素的制约，植根于具体的历史和文化之中，带着文化的深刻烙印。脱离文化和社会历史背景去从事心理学的研究，其结果只能是歪曲心理生活的现实，阻碍人们对心理和行为本质的正确认识。

因此，现代心理学因其个体主义取向而受到越来越多的批评。在后现代主义背景之下，女权主义心理学（feminist psychology）对现代西方主流心理学的个体主义取向进行了强烈的抨击。女权主义心理学家认为，西方主流文化是父权制文化，主流心理学是大男子主义的心理学。这种心理学从个体主义的研究方式着手，忽视父权制文化的现实，把男性作

① J. T. Spence, Centrifugal and centripetal forces in psychology: Will the center hold? in *American Psychologist*, 42, 1987, p. 1053.

为一般的人，以男性心理作为标准衡量女性，曲解和扭曲了女性的心理，为维护男性在社会上的优越地位和女性在社会中的从属地位提供心理学的依据。新兴的多元文化论（multiculturalism）思潮也从文化影响的角度对心理学中的个体主义取向提出批评。多元文化论认为，文化是决定行为的重要因素。但传统的西方心理学在忽视文化背景的方法论指导之下，忽视文化的作用，而实际上它并没有脱离文化，只不过是它仅仅反映了西方主流文化。多元文化论者认为："西方心理学倾向于从民族中心主义的观点出发，把得之于主要人口的成果和理论应用于所有的群体。"这种研究取向的结果是歪曲其他文化条件下的人的心理，造成了心理学中的通用主义、白人中心主义和文化帝国主义的流行。

现代心理学所面临的第三个问题是与现实生活的脱节。我们所说的脱节并不是指现代心理学缺乏应用研究，实际上，应用心理学是现代心理学的一个重要组成部分，许多应用研究也对军事工业、航天工业以及其他一些高科技领域产生了积极的影响。但这些研究大部分是在科学技术的原则下进行的，换句话说，它不是从日常生活的角度，从人类生活的意义出发的。因此，我们所说的脱节是指心理学同人们日常生活的脱节，这种脱节表现在心理学对人们精神生活的忽视，心理学过于重视经验方法，以致不能以经验方法研究的精神领域被排斥在科学心理学的范围之外。传统的行为主义曾经把心理学的研究范围限制在可观察的行为上，随着行为主义的衰落和认知心理学的兴起，这种状况逐渐好转，但行为主义的阴魂不散，操作化和客观化的原则仍旧限制人们对精神领域的探索。事实上，像高峰体验、超越自我的意识、变异的意识状态等等对人类生活有着极其重要的影响，但这样一些问题却成了心理学的边缘问题，研究这些问题的心理学家也成了心理学科领域的边缘群体，从来没有在心理学中占据主导地位。"马斯洛、罗杰斯和罗洛梅的人本主义心理学在公众领域和大众传播媒介中受到广泛的、积极的关注，但是在学术圈里却受到冷遇甚至蔑视"。① 即使那些应用于人类生活的临床心理学、咨询心理学、健康心理学也受到这种趋势的影响，在其临床实践中不注

---

① K. Schneider, Toward a science of the heart; Romanticism and the revival of psychology, in *American Psychologist*, 53 (3), 1998, pp. 277 – 289.

重人们精神生活的实际，片面追求标准化、操作化，其结果是临床实践同精神生活的背离，不能从根本上缓解和治愈精神的疾病。所以现代西方心理学中的许多有识之士大声呼吁放弃标准化的追求，从生活的意义出发，考虑患者的特殊需求。

二 困境的归因分析

现代心理学面临的上述问题或困境，即分裂和破碎、个体主义取向、与现实生活脱节等虽然有着种种历史和现实的原因，但究其根源还在于现代心理学的科学观和方法论，在于现代心理学有意识或无意识地所采纳的基础假设和理论。自科学心理学的建立之日起，主流心理学的目标就是效仿自然科学，成为像物理学和化学那样的规范学科。效仿自然科学的原因有两个方面。一是自然科学在探索自然规律方面取得了巨大成功，牛顿的物理学原理、门捷列夫的元素周期表等自然科学的成就使得科学家发现了千变万化的自然界背后所隐藏的规律。这些科学规律应用于改造自然的实践中后又推进了技术的进步和生产的发展，给人类的生活带来巨大的收益。心理学创立之初，在摆脱哲学母体的欲望激励下，一心要成为不同于哲学的学科，而自然科学的成功给心理学家提供了有益的启示，自然科学不就是一个可资利用的现成模式吗？另一个原因是实证主义哲学的影响。实证主义哲学是“科学”的哲学，它把经验自然科学的科学观和方法论上升为一种哲学的世界观和方法论，认为只有经验自然科学的科学观和方法论才是惟一正确的，除此之外的任何科学观和方法论都是非科学的。接受这种实证主义的科学观和方法论就意味着心理学必须走自然科学的道路。所以，心理学采纳自然科学的发展模式并非是一种理性的选择，而在一定程度上可以说是为了符合一种哲学的期待。

任何科学观和方法论都建立在一定的假设和理论的基础上，接受了自然科学的科学观和方法论就意味着心理学全盘接受了自然科学的基础假设和理论。经典自然科学的基础假设是决定论、还原论、机械唯物论和元素论的观点。我们来分析一下这些基础假设的意义和在心理学中的表现。

决定论是经验自然科学的一个基本假设。依据这一假设，任何自然现象都是有原因的，任何自然现象都处在一定的因果关系中，发现这种因果关系，从而对可能出现的现象进行预测是科学的主要任务。决定论原则贯彻到心理学中，寻找心理和行为的决定因素就成为心理学家的主要任务。行为主义在这方面是最典型的，行为分析的基本目标就是发现行为的原因，从各种各样的环境刺激中确定反应的决定因素，以便为预测和控制行为服务；弗洛伊德的精神分析所采纳的是心理决定论，任何一个心理现象，无论其多么琐碎和细微，都是有原因的，都反映了潜意识的欲望和追求；人本主义心理学也难以摆脱决定论的制约，在人本主义心理学家那里，人的一生都被一种“类似本能”的自我实现潜能所决定；所有的学习理论，心理治疗方案、教育和干预策略无一不是以发现决定行为的因素作为前提和基础。可以说，决定论原则贯穿于现代心理学的始终。

还原论也是经典自然科学的方法论之一。还原论的观点可追溯至欧洲中世纪奥卡姆（Ockham，1290—1349）的思想。奥卡姆认为，对于某一现象或事件的最好的解释是那些最简单、需要最少假设的解释，任何多余的和累赘的假设、概念、理论都应尽可能地予以排除。后来，人们把这一思想称为“奥卡姆剃刀”。遵循奥卡姆的原则，科学的解释应该是越简单越好，任何复杂的现象在其最基本的水平上都可以被归结为某种更为简单的现象。这种思想贯彻到心理学中，出现了所谓的“吝啬原则”，即对于心理现象的解释应该越简单越好，尽量不使用目的、情感、意识等词汇，而应该使用刺激、反应、接纳、向性等概念。总之，复杂的心理现象应该进行归并和还原，在更为简单的水平上得到解释。

现代心理学以各种形式承袭了还原论的原则。早期的行为主义把行为还原为刺激和反应，刺激无论多么复杂，最终可归结为某种物理化学的事件；反应则最终可还原为肌肉收缩和腺体分泌，也具有物理化学的性质。所以，在行为主义那里，行为不过是由一种物理化学变化所导致的另外一种物理化学变化。现代认知心理学把认知过程比拟为计算机的符号操作过程，认为复杂的认知过程不过是类似于计算机的信息加工过程。社会生物学则认为复杂的社会行为可以在基因的水平上得到解释。总之，形形色色的还原论泛滥成灾，成为现代心理学的一大特色。

与决定论和还原论有关的另一个基础假设是机械唯物论。经典自然科学在牛顿物理学定律的指导下，倾向于把整个世界看成是一个运行和谐的机器。这个世界的每一个部分都按照自然的规律像一部机器那样和谐运转。法国哲学家笛卡儿更进一步，认为动物也是机器，并以机械运动的方式描绘了反射的过程。另一位哲学家拉美特利把这一思想运用到人类领域，提出“人是机器”的观点。行为主义承袭了机械唯物论的思想，认为人就像一台“自动机”，刺激引起反应，反应相当于一定的刺激。所以，控制了刺激也就控制了人的行为。认知心理学在其本质上也建立在机械唯物论的基础上：“尽管所谓的认知革命取得了许多进步，但是机械论和还原论的痼疾仍困扰着我们，就像相对论出现之前的物理学。仔细观察你就可以发现一台机器——这次是一台多用途的计算机——处于灵魂的深处。”①

经典自然科学始终坚持，物质世界尽管丰富多彩，但在本质上都是由共同的元素组成，分析和发现这些元素，确定这些元素的组合规律构成了各门自然科学的主要任务。心理学在接纳自然科学的科学观和方法论时，也接纳了这种元素论的基础假设。因此，寻求心理或行为的元素，确定心理元素或行为元素的结构和组合规律，就成为现代心理学的一个主要任务。心理学家期待着有一天能像化学家那样，以元素周期表的方式解释心理和行为的元素。虽然这种元素主义的方法论已经受到越来越多的批评，但这种思维方式仍处处表现在心理学的研究过程中，难以根除。

从一方面来说，经典自然科学所赖以维系的这些基础假设同它所处的时代、生产发展的水平、人们对自然的认识程度是一致的。从另一方面来说，经典自然科学的这些基础假设同它的研究对象是一致的。换句话来说，经典自然科学是根据他们对所研究的对象——物质世界——的认识确立这些假设，选定研究方法，规范研究程序。而现代心理学在采纳自然科学的科学观和方法论，接纳自然科学的基础假设的时候，不是根据所要研究的问题，而是在一种摆脱传统思辨的形而上学欲望的推动

---

① W. Bevan, Contemporary psychology: A tour inside the onion, in *American Psychologist*, 46 (5), 1991, p. 476.

下，根据实证主义哲学的要求而进行的一种选择。美国心理学家科克（S. Koch）早在1959年就指出，心理学是一个奇怪的学科，它不是根据所要研究的问题确定研究的模式和程序，在心理学确立要研究的东西之前，它的研究方法和程序就已经存在了。这恰恰是现代心理学的悲剧之所在：它的一切标准都是外在的，不是根据自己的需要选择程序和模式，而是为了满足作为科学的标准。自然科学是根据它所要研究的问题确立方法的，而心理学只有一个愿望，那就是像自然科学看齐。它不管自己要研究什么，只要能像自然科学那样就足够了。这种对自然科学的盲目崇拜是造成现代心理学困境和各种问题的症结之所在。

现代心理学面临的最大问题是分裂和破碎。分裂和破碎的原因有多种，究其根源还在于自然科学的科学观和方法论。心理现象不同于自然现象。自然科学的科学观和方法论在研究自然现象方面是有效的，但在应用到心理现象的研究时就出现了问题。心理现象的社会文化属性使得它不可能轻易地归入自然科学的研究范畴。这样一来，分裂就出现了。面对自然科学模式研究心理现象的困难，一些心理学家削足适履，满足自然科学的要求；另外一些心理学家掩耳盗铃，回避问题的存在；部分心理学家从不同的学科借鉴不同的方法，各自形成不同的研究取向，导致了学派的分裂。元素论模式则使得心理学家把关注的重心放在细小的问题上，完整的心理现象被分割成互不相干的碎块，心理学的分裂和破碎因而在所难免。

心理学的个体主义倾向同心理学的自然科学取向之间的联系是非常明显的。自然科学以自然现象——物质世界为研究对象。物质世界不同于人的心理世界和精神世界，具有稳定性的特点。它不因社会文化的变迁而发生改变，也不会因研究者态度的不同而不同。闪电就是闪电，在任何社会、任何时代，面对任何研究者，闪电的性质都不会改变。但心理现象不同，不同的时代，不同的文化条件，人们的心理特征不同，而且由于人具有自我意识的特征，当面对不同的研究者时，可能会表现出不同的行为特征。心理学在采纳自然科学的研究模式时，没有考虑研究对象的差异，把心理现象当成自然现象来进行研究，试图像自然科学那样，对某一现象进行控制，排除其他条件的影响，以因果决定论的模式，使用还原的方法，寻找心理和行为的决定因素。这样一来，排斥文化影响，从个体本身寻找行为原因的个体主义倾向就不可避免了。

脱离日常生活也是心理学错误地接受了自然科学的科学观和方法论所致。心理学家在确定研究的问题之前，方法已经确定了，即必须使用经验自然科学的方法。因为科学哲学教导他们只有使用经验自然科学方法获得的知识才是可靠的。换句话说，心理学研究什么问题不是根据社会生活的需要，而是根据方法论的要求，以现有的方法能研究哪些问题，而不是需要研究哪些问题。“测量先于存在”“方法先于问题”，可被量化、操作化、客观化的问题才是心理学的研究对象，否则就不是。这样一来，心理学研究必然脱离日常生活，脱离社会实践的要求。

三　出路:科学观的转变

种种事实表明，现代心理学所面临的各种问题和困境在其根基上皆由于错误地采纳了经典自然科学的科学观和方法论。这种科学观和方法论在研究自然现象方面有它的合理性，并且取得了成功，但是当心理学家在一心一意摆脱哲学的愿望驱使下，在“物理学的殷羡”推动下，不加思索地把这种研究模式应用于人的研究时，其局限和弊端就显现出来了。因为人虽然源于自然，但人超越了自然。心理现象虽然有其自然的一面，但人的心理和意识作为一种精神现象超越了产生它的物质，是高于自然现象的精神现象，其本质是它的社会文化属性。因此，研究人的科学不同于研究自然的科学，两者分属不同的领域。心理学若要摆脱目前的困境，其出路只有摆脱自然科学的科学观和方法论的困扰，确立适合于意识和行为研究的新的科学观和方法论。

在心理学的发展史上，许多思想家早就意识到研究人的科学同自然科学的区别。狄尔泰最先意识到这个问题。虽然狄尔泰更多地应属于哲学家，但他在心理学方面有许多建树，甚至撰写了《描述的心理学》一书。狄尔泰区分了两种科学，即精神科学（或人文科学）和自然科学。精神科学以心理学为基础，同自然科学一样也是严格的、合理的科学模式；自然科学使用客观的量化方法，其基本取向是解释（explanation），即发现因果关系；精神科学则使用质化的描述方法，其基本取向是理解（understanding）。从这种观点来看，心理学不同于自然科学，但心理学并没有脱离科学，而是一种不同于自然科学的科学。早期的德国心理学家布伦塔诺针对实验心理学的自然科学取向明确提出，心理现象不同于物理现象。心理现象具有意向性，即总是有所指向，包含着自身之外的一个对象，而物理现象不具有这种特性，所以心理现象的研究不同于物理现象的研究。即使作为布伦塔诺的对立面的德国心理学家冯特，作为科学心理学的建立者，也不是一个自然科学模式的彻底崇拜者，他也意识到自然科学方法在研究意识方面的局限性，因而提出以带有人文科学色彩的民族心理学弥补实验心理学的不足。当代人本主义心理学家马斯洛和罗杰斯等人则更是大声疾呼不能以研究物的方式研究人，在心理学的研究中应该尊重人的价值与尊严。然而，这些与自然科学取向不同的“他者的声音”没有引起主流心理学的重视，自然科学取向占据了优势的地位，成为“强势话语”，而人文科学取向的心理学家成为“边缘群体”，主流心理学在自然科学的道路上越走越远，导致现代心理学诸多的困境和问题。

现代心理学若要摆脱目前的困境，解决面临的问题，只有在改造主流心理学的科学观和方法论上下功夫，进行一场“范式”的革命。经典自然科学的科学观和方法论是建立在实证主义哲学的基础上的。这种科学观和方法论仅仅是多种形式的科学观和方法论中的一种，并非科学观和方法论的全部。而且这种科学观和方法论所适应的是传统自然科学的研究，现代自然科学早已超越了实证主义的传统，确立了新的基础。因此，这种过时的科学观和方法论根本不可能作为带有人文科学色彩的心理学的基础，心理学只有依据自己所研究的问题，根据研究对象——活生生的人和人的经验世界——确立自己的研究程序和模式，才能实现科学观和方法论的转变。

心理学的研究对象应该是人的经验世界。经验世界有这样几个维度：一是它的原初特征，即这种经验先于任何反省和推理，是未受触动的心理状态，包含着情感、直觉、想象等心理活动；二是它的整体特征，即经验世界是一个复杂的整体，就像实用主义心理学家詹姆士所说的意识流，它是一个整体的流动，虽然可以从中抽取不同的主题，但各个主题之间总是相互联系的，组成一个经验的“格式塔”；三是它的意向特征，即布伦塔诺所说的意向性，经验世界总是和经验世界之外的某个对象相联系的，有时经验世界也以自身为研究对象，但是当它把自身作为对象时，自身是外在于自己的；最后一个维度是，当经验世界成为研究对象时，经验世界包含了研究者和被研究者之间的互动，这种互动是有关经验世界的知识的一个部分。经验世界的这些维度决定了它不同于物理世界，也决定了研究经验世界的心理学和研究物理世界的自然科学的本质不同。

物理世界是逻辑的、规律的、决定和被决定的，有因果关系可循，可以采取统一的模式。而经验世界有时像物理世界那样，但更多的时候往往是非逻辑的、非理性的，无规律可循的，因此无法像自然科学那样采取统一模式，在全体一致的基础上进行和谐的研究。经验世界的复杂性、多样性决定了心理学研究模式的多元化和多样化。在一个后实证主义的时代里，心理学应该从现象学、释义学、历史主义的科学哲学等不同的哲学取向中吸取不同的科学观和方法论观点，形成一个多元的、互补的科学观和方法论。

当我们主张一个多元的科学观和方法论时，并不意味着鼓励心理学家在缺乏共同性的基础上走向多极化。相对主义的科学观是不可取的，费耶阿本德的“怎么都行”也不适宜作为心理学的“游戏规则”，那种视所有的理论观点都是合理的、正确的和平等和相对主义观点只会导致心理学的进一步分裂。尤其是在心理学分裂危机加深的今天，心理学科尤其需要共同的规则或基础，需要一个共同的出发点。站在这个共同的出发点上，通过多样化的方法，使用多元化的理论，从不同的角度去达到认识心理和行为本质的目的。因此，这种科学观不是一元的、极权的、统一的，而是多元的，有时不同成分之间可能还是冲突的，因为“对现实主义的多元论来说，冲突具有潜在的建设性意义，这些冲突通过共同分享的价值观而得到解决”。① 同时，这种多元化的科学观又有着一个共同基础，多元成分之间是互补的、和谐的，而不是对立的和不相容的。现代心理学所需要的是一种开放的态度，一个站在人文科学基础上的以理解经验世界为基本目标的多元化科学模式。这是我们努力的目标。

---

① P. Pedersen, Multiculturalism and the paradigm shift in counseling: Controversies and alternative futures, in *Canadian Journal of Counseling*, 35 (1), 2001, p. 18.

多元化的科学模式需要多元化的方法论，需要多种适合经验世界研究的多元化方法。传统上，现代心理学在自然科学取向的驱使下，把经验自然科学的观察、实验、量化方法作为唯一的科学方法，排斥其他方法的运用，认为用这种方法获得的知识才是“真理”。科学哲学的发展已经动摇了这种信念的基础。库恩的范式论表明，知识主张的正确与否并没有一个绝对的标准，在这一范式内是正确的，运用到另外一个范式中就可能是错误的。用库恩的观点来解释，所谓的客观、量化的科学方法也是相对于一定的理论模式。换句话说，这种方法也有它的局限性。心理学的历史发展表明，客观量化的方法虽然一直伴随着主流心理学的演变和发展，但这种方法并没有统一整个心理学，相反，却给心理学带来了诸多的困境和问题。所以心理学应改变它的方法论观点，采用多元化的方法，只要这种方法有利于对精神生活的理解。

多元化的方法可以促进我们对复杂的经验世界的全面理解。单一的经验科学的方法往往限制了人们认识问题的方式，心理学中的许多问题是客观方法所不能解决的。如果我们坚持认为只有使用客观量化方法才是科学的，并因此而排斥对现象的研究，那么心理学就只能停留在“科学”的范围内，永远脱离现实生活。心理学家应认识到，质化的、描述的方法并非主观、随意的，“尽管包括现象学、释义学、民族学、个案研究等的方法论并不意欲形成有关生活世界的客观定律，但它们的确努力反映生活世界的本质和意义结构”。① 这类研究对心理学作出的贡献并不比客观、量化的方法逊色，著名的例子是人本主义心理学家马斯洛的研究。马斯洛根据自己的成长过程，从朋友、老师、历史人物那里收集资料，通过质化的分析，形成了自我实现的理论，这一理论同他的需要层次论一起对人格心理学、管理心理学、教育心理学、组织行为学产生了深远的影响。

经常的情况是，一种方法适合于对这种现象的研究，另一种方法适合于对另外一种现象的研究，即方法总是使自己适合于对象的某一方面，易于揭示问题的某一侧面，而难以揭示问题的所有方面。就质化的研究

① K. Schneider, Toward a science of the heart; Romanticism and the revival of psychology, in *American Psychologist*, 53 (3), 1998, pp. 277 –289.

方法来说，在描述人们的心理体验方面，它有着得天独厚的优势，但是这种方法对心理体验的生物关联因素，如生物电反应、激素分泌水平等等却一无所知。所以若要对人们的心理体验有全面的了解，至少需要质化和量化两种方法的结合。“在这种意义上，那些坚持方法论多元化的科学家通过多样化方法的使用，可以对心理生活的各个侧面有所了解，可以提供一个有关心理现象的更为全面的叙述”。[①]

（选自《国外社会科学》2002 年第 4 期）

① S. Yanchar and B. Slife, Pursuing unity in a fragmented psychology: Problems and prospects, in *Review of General Psychology*, 1 (3), 1997, p. 246.

詹姆斯心理学思想研究的现状与展望

方双虎*

作为美国心理学之父，威廉·詹姆斯（William James，1842—1910）在美国心理学发展过程中占据着非常重要的地位。费伊（Fay）在《詹姆斯之前的美国心理学》（1939）一书中把美国心理学的发展划分为三个阶段，即詹姆斯之前的心理学阶段、詹姆斯时代的心理学阶段、詹姆斯之后的心理学阶段。可见，詹姆斯在美国心理学史上是一位划时代的人物。詹姆斯对他以前的心理学研究成果进行了总结和概括，确立了他以后美国近百年心理学的研究主题，对他以后心理学的发展产生了重大影响，可谓心理学史上的“康德”。约翰·杜威曾指出：“大家一致公认，他（詹姆斯）一直是美国最伟大的心理学家……我认为，他也就是他这个时代和任何国家里最为伟大的心理学家——也许是一切时代里最为伟大的心理学家。”①

一　詹姆斯对心理学发展的贡献

著名心理史学家波林曾说过，心理学有两个故乡，德国是心理学诞生的故乡，美国是心理学发展的故乡。而詹姆斯在很大程度上推动了心理学在美国的发展，所以他有“美国心理学之父”的美誉。柯恩曾对心

* 本文作者：方双虎，男，1974 年生，博士，安徽师范大学副教授。

① 亨特：《心理学的故事》，李斯译，海南出版社 1999 年版，第 193 页。

理学家的排名进行过一次调查，结果表明，在心理学发展的第一个10年（1880—1889）中，排在前两位的分别是冯特和詹姆斯。在心理学发展的第二个10年（1890—1899）中，詹姆斯取代冯特的位置，位居第一，而冯特排在第二位。1896年，第三届国际心理学大会在慕尼黑召开，虽然冯特与詹姆斯都没有参加，但柏林的一家报纸称冯特为“旧世界的心理学教皇”，而称詹姆斯为“新世界的心理学教皇”。① 詹姆斯在心理学上的地位还可以从他的代表作《心理学原理》的影响中反映出来。《心理学原理》一书共28章，写了12年时间，于1890年出版，出版后立即引起了轰动，对美国心理学产生了深远的影响。海德布莱德写道：“《心理学原理》的出版受到国内外的欢呼，人们把它当作是心理学界第一件重要的事情。它不仅对新的学习领域有全面的看法，对心理学事实有一种新的综合，而且它本身也是对心理学的一个贡献。从一开始，这本书就不仅被看作是一本心理学的书。由于它的内容新颖而富于活力，由于它的明确态度和激励人的启示，它本身已成为心理学史上的一个事件。”② 在过了将近60年之后，哈佛大学哲学教授拉尔夫·巴顿·佩里还经常提到它：“心理学中没有哪一本著作曾获得过如此热烈的欢迎……其他的任何著作也没有赢得过如此经久不衰的名声。”③ 墨菲在他的《近代心理学历史导引》一书中写道：“在地球上的每一个角落，只要心理学为人所知，詹姆斯的名字就会被提到。好几万人读过他的《心理学原理》……有很长一段时间，说詹姆斯是美国最杰出的心理学家，那似乎是废话，因为不论是学者还是一般人都承认，任何仅次于他的人都远不及他。”④ 1990年出版的《〈心理学原理〉反思》一书对其评价说：“《心理学原理》的确是心理学的杰作，也可能是美国曾经写过的最重要的心理学著作。”⑤

---

① 赫根汉：《心理学史导论（上、下册）》，郭本禹等译，华东师范大学出版社2004年版，第497页。

② 杜·舒尔茨：《现代心理学史》，杨立能等译，人民教育出版社1981年版，第143页。

③ R. B. Perry，1954，*The Thought and Character of William James*：*Briefer Version*，New York：George Braziller Publisher，p. 201.

④ 加德纳·墨菲等：《近代心理学历史导引》，林方等译，商务印书馆1980年版，第282页。

⑤ M. J. Johnson，1990，*Reflections on The Principle of Psychology*：*William James after A Century*，Lawrence Erlbaum Associates，Inc，p. xv.

詹姆斯的其他心理学著作还有《心理学简编》《与教师谈心理学，与学生谈人生理想》《宗教经验种种》等。

詹姆斯心理学思想中关于心理学的研究主题是整合的，体系是开放的。墨顿·亨特写道："詹姆斯经常是自相矛盾的，不是因为头脑混乱，而是因为他在学术问题上太过宽泛，无法使自己局限在一个封闭或者连续的思想体系内。"① 詹姆斯心理学思想的复杂和矛盾表现在很多方面。例如，他虽然被誉为"美国心理学之父"，被认为是他那个时代（19世纪晚期）美国最伟大的心理学家，但他甚至否认自己是一个心理学家。他赞扬实验心理学家们的研究成果，建立了美国第一所心理学实验室，可他自己又不愿意进行实验，而是尽量少做实验。他在给自己的弟弟——小说家亨利·詹姆斯的信中说："心理学是一种'讨厌的小课题'，只要是人们想知道的，它都不去研究"。他在写完《心理学原理》后说，心理学是一门很不成熟的学科，没有心理科学这回事。② 再如，他一方面称心理学是一门自然科学，试图用生理学说明心理现象；另一方面他又对宗教有浓厚兴趣，并且认为现象学的方法才可以真正揭示心理经验。

詹姆斯心理学思想的矛盾与复杂性可能与其所处的社会文化背景有关。詹姆斯生活在19世纪末20世纪初，作为美国最后一个哲学心理学家和第一个科学心理学家，他是过渡性人物。而19世纪是一个科学已渐具魅力、学科仍相对统合的时代，詹姆斯的心理学思想是与当时的哲学、宗教、生理学、医学、文学乃至当时的社会思潮和文化相互交织在一起的。这些可能是导致他的心理学思想矛盾复杂性的一个原因。他一方面试图对他以前的心理学研究成果进行整合，另一方面又在这种整合的基础上表现出分化的思想。这可能与心理学研究对象——人的属性有关：人既具有自然属性的一面，也有社会属性的一面，这就决定了心理学的学科性质既有自然科学的性质（导致了心理学中的科学主义路线），也有社会科学的性质（导致了心理学中的人文主义路线）。

詹姆斯认为，人类生活的各个方面都可以作为心理学的研究主题。

---

① 亨特：《心理学的故事》，李斯译，海南出版社1999年版，第207页。

② R. B. Perry, 1954, *The Thought and Character of William James: Briefer Version*, New York: George Braziller Publisher, p. 203.

他所确立的心理学研究主题，成为今后很长一段时间内心理学的研究主题。波林评价道："詹姆斯指示别人如何到达的地方，正是别人所欲到达的去处。"① 詹姆斯的心理学思想贯穿了科学主义与人文主义两条路线。在科学主义路线上，他影响了实验心理学、机能主义心理学、行为主义心理学和认知心理学；在人文主义路线上，他影响了精神分析心理学、现象学心理学、格式塔心理学、人本主义心理学和超个人心理学。由于詹姆斯的心理学研究主题十分广泛，以至他对当前几种主要的心理学取向，如生态心理学、进化心理学、积极心理学、文化心理学和后现代心理学等都有一定的影响。詹姆斯的实用主义为机能主义发展应用心理学提供了哲学基础。詹姆斯认为，实用主义是一种解决形而上学争论的方法，是获得实际效果的方法；意识就是用来指导人们的行为以满足需要和解决问题的，这种实用主义精神很自然地导致了应用心理学的发展，如他建议应将心理学原理应用到教学当中去。他在《与教师谈心理学，与学生谈人生理想》中指出，对学生进行观察、提问和交谈，获得有关学生诸如观念、兴趣、情感和价值观等方面的知识，可以改进学校的教学质量，这已经成了教育心理学的核心。又如1907年，詹姆斯帮助比尔斯写了一本自传体的学术著作——《一颗自我发现的心灵》，并为该书撰写了序言。1909年，作为"国家精神卫生委员会"的高级执行委员，詹姆斯付出了很大的努力，让洛克菲勒基金会和其他一些财团将数百万的美元投入到了精神卫生运动、精神病医院的发展和精神卫生职业人员的培训中。这些活动促进了心理卫生和心理治疗思想的发展。对詹姆斯而言，心理学不仅仅是一门"纯科学"，它必须走进现实生活，体现其实际效果。这种实用主义的思想直接导致了后来的机能主义心理学把意识和心理看作是个体适应环境的有用工具，将它运用到教育、工业、临床等各个社会领域，充分突出了心理学的实用性。因此，研究詹姆斯的心理学思想，有助于全面把握詹姆斯以后心理学的发展历程和未来趋势。

---

① 郭本禹主编：《心理学通史（第四卷）——外国心理学流派（上）》，山东教育出版社2000年版，第169页。

二 国外詹姆斯心理学思想研究的现状及趋势

1. 研究过程持续不断，并伴有几次高潮

美国对詹姆斯心理学思想的研究从未停止过，在持续不断的研究过程中出现了几次研究高潮。第一次是在他诞辰 100 周年时，出版了《纪念詹姆斯》这本书，介绍了詹姆斯对哲学、心理学、宗教学等多个领域的影响。第二次是《心理学原理》出版 100 周年时，出版了《〈心理学原理〉反思》，介绍了《原理》中所反映的思想对心理学的影响，以及《原理》中一些重要的心理学主题在 100 年中的发展变化情况。1990 年，美国心理学会为了纪念《心理学原理》出版 100 周年，编辑出版了《重新评价詹姆斯的遗产》一书。这本书包括 6 个部分，由 23 篇论文所组成，重点反映了詹姆斯对现代心理学的影响，对詹姆斯心理学思想重新作了评价。第三次是詹姆斯《宗教经验种种》出版 100 周年时，2005 年出版了《一个世纪的影响：〈宗教经验种种〉出版一百周年》一书，主要概括了詹姆斯的宗教心理学思想和他对人文心理学的影响与贡献。

2. 研究机构系统，研究人员广泛

美国创立了关于詹姆斯的网站，专门介绍、讨论和发表詹姆斯的思想。① 1999 年，詹姆斯研究会成立。② 该研究会于同年创办了刊物《詹姆斯意识流》。詹姆斯研究会现有 150 余名会员。该研究会的目的是鼓励开展针对詹姆斯的生活与工作的研究，以及研究詹姆斯对现代许多领域的持续影响。美国还有“冯特—詹姆斯奖”，专门用来奖励那些促进了欧洲和北美心理学发展的交流与合作，并在心理学方面做出突出贡献的心理学家。

3. 研究内容丰富而全面

对詹姆斯个人生活和事业的传记研究就有很多，其中比较有代表性

---

① http：//www. des. emory. edu/mfp/james. html.

② http：//www. pragmatism. org/societies/william-james. htm.

的有佩里的《詹姆斯的思想和性格》和迈尔斯（G. E. Myers）的《詹姆斯的生活和思想》等，这些都是一流的传记或著作，是对詹姆斯生平或思想的可靠综述。关于詹姆斯心理学思想的研究，出版了一系列有代表性的著作，如泰勒（E. I. Taylor）整理出版的《詹姆斯论特殊心理状态》(1983)。另外，《詹姆斯的激进经验主义对生态心理学的影响》《詹姆斯与教育》《詹姆斯的伦理学》等著作中都涉及了詹姆斯的心理学思想。研究詹姆斯心理学思想的论文涉及了詹姆斯心理学思想的很多领域，概括起来有三类：一类是涉及詹姆斯心理学思想中某个主题在现代的发展，有的是验证詹姆斯的理论和观点；另一类是涉及詹姆斯对现代心理学分支学科的影响，如詹姆斯对哲学心理学、宗教心理学、教育心理学、健康心理学的影响；还有一类是涉及詹姆斯对现代心理学流派以及心理学思潮的影响。

除了美国对詹姆斯的心理学思想有深入系统的研究外，欧洲也有一些国家对詹姆斯的心理学思想进行了卓越而富有成效的研究，如鲁思（A. P. Ruth）编辑的《剑桥詹姆斯研究指南》一书于1997年由剑桥大学出版社出版，书中详细介绍了英国人对詹姆斯的哲学和心理学思想进行研究的成果。

三 詹姆斯心理学思想研究展望

之所以用“整合与分化”来对詹姆斯心理学思想进行概括，是基于以下考虑。“整合”是指詹姆斯在心理学史上第一次对他以前的心理学思想进行了整合，如他的代表作《心理学原理》就是对当时心理学研究成果的基本总结。他不仅总结了实验心理学在当时已取得的主要研究成果，更重要的是他开创了美国机能主义心理学的新方向，并且在一定程度上预见了他之后美国主要的心理学派的发展。这本书充分体现了詹姆斯对科学主义心理学成果（当时的实验心理学研究成果）和人文主义心理学思想的整合。这种整合表现为他对冯特的实验心理学和布伦塔诺的意动心理学的整合：一方面他对德国心理学提供的事实材料表现出充分尊重，另一方面也对现象学非常重视。詹姆斯试图对心理学的研究主题、研究方法进行整合。在研究主题上，他认为人类生活的各个方面——包括认知、情绪、习惯、本能、行为、意志、精神分析、心灵现象甚至是宗教神秘主义，都是心理学的研究主题。在研究方法上，他不但接受内省，而且支持任何有可能得到有关人的有用信息的方法，大大地拓展了心理学的研究方法。这实质上就是詹姆斯心理学中实用主义的整合精神。但由于当时心理科学诞生时间不长，还处在初创阶段，其发展水平还相对落后，詹姆斯的这种整合不是一种明确的、精致的整合，而是一种模糊的、笼统的整合，他的这种整合还充满着很多矛盾和混乱的成分。如美国心理学史家赫根汉认为："无论是在詹姆斯的著作中，还是在詹姆斯这个人身上，我们都找不到一个系统的理论。相反，我们找到了对品种繁多的主题的论述，以后的研究者对其中的许多主题继续进行了研究。"① 詹姆斯思想的著名研究者拉尔夫·巴顿·佩里认为，詹姆斯是一位探险者，而不是制图人；他在《心理学原理》中提供了有关每一种心理学现象的材料和理论，从最简单的感觉到推理，而没有强行把一切东西归结到一个统一的框架之中。这些材料都说明了詹姆斯心理学思想是整合的，体系是开放的。

"分化"是指詹姆斯心理学思想中体现了科学主义与人文主义两条路线的分化，无论是在心理学的研究主题上，还是在研究方法上都体现了科学主义与人文主义两条路线的分化思想。这种分化是在整合基础上的分化。由于詹姆斯的实用主义哲学观，使他认为对心理学的真理性一方面可以由人们对环境适应的效果来判断，另一方面则可以由自然科学的方法论来决定。可见，詹姆斯心理学思想中既有科学主义心理学思想，也有人文主义心理学思想。因此，要在詹姆斯整合的心理学思想体系中，围绕詹姆斯心理学思想中两条路线来概括和提炼他的心理学思想主题，从而使我们能更好地把握詹姆斯心理学思想的全貌，更好地理解美国心理学甚至是世界心理学的发展历程和未来走向。

对詹姆斯心理学思想进行系统梳理，全面总结和概括西方对詹姆斯心理学思想的研究成果，把詹姆斯放在心理学发展的历史长河中来考察，在实用主义哲学背景下，以"詹姆斯心理学思想的整合性"为经，以

---

① 赫根汉：《心理学史导论（上、下册）》，郭本禹等译，华东师范大学出版社 2004 年版，第 501 页。

“詹姆斯心理学思想的分化性”为纬，围绕心理学中科学主义与人文主义两条路线来概括和提炼詹姆斯的心理学思想。詹姆斯不仅在心理学的科学观上体现了两条路线的思想，而且在心理学的基本理论观点上、在心理学的具体问题和主张上、在心理学的分支学科思想上，以及对现代心理学的影响上都体现了两条路线的思想。因此要深入具体地挖掘詹姆斯这一心理学思想的精髓（即心理学中两条路线的整合与分化），

抓住了这一精髓，就能全面把握詹姆斯心理学思想的全貌，就能更好地把握詹姆斯对现代心理学的影响，从而促进未来心理学的发展。

（选自《国外社会科学》2004 年第 5 期）

西方法律与心理学研究的生成、发展与趋势

明　辉*

在西方法律界，社会科学的研究成果渗透于法律理论与实践已成为诸多学术思潮之一。法律与心理学（law and psychology）作为在西方社会科学发展过程中较晚出现的一门交叉学科，正是社会科学研究成果与方法应用于法律理论与实践的产物。

法律与心理学的研究发端于20世纪初期，在经历了一段低谷时期后，似乎已淡出学界的视野。然而在20世纪末至21世纪初的大约10年间，一些西方学者开始重新密切关注心理学与法律、情感与法律之间的相互影响，并着重研究其他心理学与社会科学在分析和解决法律问题中的应用。此类体现交叉学科研究成果的学术文章不断被发表于各种法律期刊上，一批在西方法律学术界极具影响力与权威的法律期刊也持续刊载了法律学家与心理学家共同的经验研究的学术成果。不过，在法律与心理学研究呈增量前进的过程中，这两个学科的实践者均遭受了不同程度的挫折。如社会科学家认为，法律制度不当利用、误用或者忽视了他们的理论与研究。① 与此同时，法律界则将社会科学视作非理论的（athe-

---

* 本文作者：明辉，男，1975年生，博士，北京航空航天大学法学院副教授。

① Michael J. Saks & Charles Baron（eds.），*The Use Misuse Nonuse of Applied Social Research in the Courts*，Cambridge，Mass.，1980；David L. Faigman，The Law's Scientific Revolution：Reflections and Ruminations on the Law's Use of Experts in Year Seven of the Revolution，*Washington and Lee Law Review*，Vol. 57，2000，p. 682.

oretical)，且仍未达成充分共识而无助于对法律制度的研究。

一 心理学研究对法律的初始应用

依循学界的传统观点，法律与心理学这一研究领域的起源至少可以追溯至1908年美国哈佛大学心理学教授雨果·芒斯特伯格（Hugo Munsterberg）的《证人席上》（*On the Witness Stand*，New York，Mcclure Co.，1908）一书的面世，该书是一部汇编了芒斯特伯格教授早年发表文章的文集。

除了芒斯特伯格教授的学术贡献之外，在20世纪初期的欧洲，汉斯·格罗斯（Hans Gross）已发表了几部学术著作，从而将行为的、心理的与法庭论辩的理论与成果应用于调查与审判过程。[1] 艾尔弗雷德·比内（Alfred Binet）也已展开相关研究，以证实与检验儿童的暗示感受性（suggestibility）。[2] 这些学者的努力也应属于将心理学研究应用于法律领域的初步尝试。而在19世纪早期，杰里米·边沁（Jeremy Bentham）便已经进行了一种经典的对刑法的行为分析。[3]

芒斯特伯格教授有关法律与心理学研究的著述激起了查尔斯·C. 穆尔（Charles C. Moore）律师的愤怒，后者随即发表了评论文章，对芒斯特伯格的观点进行了严厉批判。穆尔反对使用专家证人，而芒斯特伯格则支持专家证人关于人的观念与认识论的证言。

穆尔不仅批判芒斯特伯格的著述，而且还批判他的经验研究、法律知识以及他对法官与陪审团"常识"的中伤。作为芒斯特伯格的激烈批判者，穆尔认为，芒氏的心理学研究实际上并未提出任何全新的主张。

此后，双方就心理学研究成果是否应当应用于法律理论与实践领域

---

① Hans Gross, Criminal Psychology: A Manual for Judges, Practitioners, and Students, Whitefish: Kessinger Publishing, 1911; Hans Gross, *Criminal Investigation*, London: Sweet and Maxwell, 1950.

② Stephen J. Ceci & Richard D. Friedman, The Suggestibility of Children: Scientific Research and Legal Implications, *Cornell Law Review*, Vol. 86, 2000, pp. 33 – 40.

③ Jeremy Bentham, *The Principles of Morals and Legislation*, New York, Hafner Publishing Co., 1948.

这一问题展开了针锋相对的辩论，这场思想上的交锋被清晰地记载于一系列公开发表的文章之中。[①] 这些文章基本上都是心理学研究方面的。最初，穆尔只是详细研究了法院的法律意见书，而非心理学期刊，目的在于寻找诸如“在激动时刻（证人）或许会错误判断或者看错汽车行驶的距离”之类的陈述。[②] 因此，尽管穆尔强有力地抨击了芒斯特伯格教授，但从表面看来，这种批判较少地指向将任何心理学研究纳入审判实践的努力，而更多地是假定这种特定研究提供了某些有助于律师、法官或者陪审团的全新素材。

或许，正是因为存在上述这种学术思想上的冲突与争论，芒斯特伯格教授继续在报纸与期刊上发表相关文章，并且随后被汇集为《证人席上》一书。他不断地指责法律共同体不能遵循心理学家已经发现的既有知识。这一传统历史随后便转向了约翰·亨利·威格莫尔（John Henry Wigmore）于1909年发表于《伊利诺伊法律评论》上的一篇颇具影响力的文章，该文同时也是对芒斯特伯格著作的评论与回应。针对芒斯特伯格教授的各种主张，威格莫尔提出了以下几点：（1）芒斯特伯格所依赖的科学文献主要发表于德文、法文或意大利文的欧洲心理学期刊上；（2）用英文发表的心理学文献并未提出任何有关法律心理学研究的材料；（3）该心理学文献中的知识远非是结论性的；（4）芒斯特伯格所引用的那些心理学家也已经指出，心理学研究仍然未能达到一个本应对法律研究与实践有所助益的境地；（5）在有经验研究之处，它通常会强调在法律上无关的问题。[③]

威格莫尔使得学术共同体中的多数人相信，芒斯特伯格有关法律问题的心理学主张是夸张且毫无根据的。因此，除了惠普尔对欧洲证人证言研究的年度评论之外，那时的美国心理学家几乎完全不关涉法律问题。

---

① Charles C. Moore, Yellow Psychology, *Law Notes*, Vol. 125, 1907; Munsterberg, Yellow Psychology, *Law Notes* , Vol. 145, 1907; Charles C. Moore, Number of Persons or Objects, *Law Notes*, Vol. 146, 1907.

② Charles C. Moore, Estimates of Distance, *Law Notes*, Vol. 5, 1907.

③ Wigmore, Professor Muensterberg and the Psychology of Testimony: Being a Report of the Case of Cokestone v. Muensterberg, *Illinois Law Review*, Vol. 3, 1909, pp. 399 – 434.

二 应用于法律的心理学研究的“死亡时代”

20世纪40—50年代是法律与心理学研究的低谷时期，有西方评论者甚至将这特定的20年称作“应用于法律的心理学研究”的“死亡时代”。[①] 实际上，一些法律学者曾努力运用心理学原理来改造法律，这在很大程度上是由法律现实主义运动所导致的。[②] 在这几十年间，一些学者支持运用科学心理学与社会学来界定法律概念。基于“每个重要的法律问题根本上就是一个心理学问题”这种信仰，这些法律人倡导将法律“科学化”。

此外，一些刊登在法律期刊上的相关文章试图证实行为与认知的基本假定，而法律正是将其规则建立在那些假定的基础之上的。其中最为著名的是律师罗伯特·赫钦斯（Robert Hutchins）与来自耶鲁大学的心理学家唐纳德·施莱辛格（Donald Slesinger）的合作研究成果，他们致力于证据规则的研究。[③] 他们的目的在于为对此类假定的直接经验检验奠定基础，如果实验方法不能支持这些假定，便会随之进行修正。赫钦斯与施莱辛格也在当时一份主流的心理学期刊上发表文章，表明他们对那些渴望将其知识传播于应用领域的心理学家的态度。[④] 那种心理学知识几乎完全不像芒斯特伯格时代那么匮乏，从威格莫尔的批判至20世纪30年代期间，此类研究文章纷纷发表于美国心理学与犯罪学期刊上，许多甚至仅仅专注于证人证言的心理学研究。

---

① Gary L. Wells & Elizabeth F. Loftus, Eyewitness Research: Then and Now, in Gary L. Wells & Elizabeth F. Loftus (eds.), *Eyewitness Testimony: Psychological Perspectives*, Cambridge University Press, 1984; Ogloff, Two Steps Forward and One Step Backward: The Law and Psychology Movement (s) in the 20th Century, *Law and Human Behavior*, Vol. 24, 2000, pp. 462 - 463.

② W. D. Loh, Psycholegal Research: Past and Present, *Michigan Law Review*, Vol. 79, 1981.

③ Robert Hutchins & Donald Slesinger, Some Observations on the Law of Evidence: Consciousness of Guilt, *University of Pennsylvania Law Review*, Vol. 77, 1929, p. 725; Robert Hutchins & Donald Slesinger, Some Observations on the Law of Evidence: The Competency of Witnesses, *Yale Law Journal*, Vol. 37, 1928, p. 1017; Robert Hutchins & Donald Slesinger, Some Observations on the Law of Evidence: Spontaneous Exclamations, *Columbia Law Review*, Vol. 28, 1928, p. 432.

④ Robert Hutchins & Donald Slesinger, Legal Psychology, *Psychological Review*, Vol. 36, 1929, p. 13.

除了法律现实主义运动之外，20 世纪 30—40 年代还不断出现将心理学及其研究方法应用于法律理论与实践的呼声。一些评论者认为，在法庭上提供超法律的证据（extralegal evidence）的实践始于 20 世纪 30 年代，并在这一时期很快得到普及。①

三 法律与心理学研究新路径的开辟

20 世纪 50—60 年代出现了两条重要的发展道路，现代的社会科学与法律的发展均植根于此。第一，正因为相关文献中存在对临床与精神病学专家的呼声，法院开始批准采纳临床心理学家的专家证词。据某位评论者所言，在这一时期，关于精神病学或心理学专家证人的作用与责任的文章“如雨后春笋般涌现出来”。② 与此同时，学术文章与判例法（case law）已经开始对“精神错乱”这一概念做出界定，并且确立了在判定某人患有精神病时予以适用的标准。这两种趋势可能反映了日益增强的对改造而非惩罚罪犯的努力的依赖。③ 第二，社会科学渐渐开始被视作攻击（而不仅仅是支持）法律，尤其是政治现状的工具。④ 特别是，在引用的 1954 年废除种族歧视的布朗案中所包含的社会科学证据的可被感知的过程，显然促使不少社会科学家开始从事关于社会问题以及公共与法律改革的研究。然而，来自法律共同体的直接批判提出了另一个重要的主题，从而阐明了法律—社会科学的紧张关系。例如，埃德蒙·卡恩（Edmond Cahn）教授尖锐地攻击了布朗案中引用的社会科学研究的方法论，并且准确地指出了其中的缺陷。⑤ 其他的则与威格莫尔的早期批判

---

① Thomas L. Hafemeister & Gary B. Melton，The Impact of Social Science Research on the Judiciary，in Gary G. Melton（ed.），*Reforming the Law*：*Impact of Child Development Research*，New York：Guilford Press，1987.

② W. D. Loh，1981.

③ Charles J. Ogletree Jr.，The Death of Discretion? Reflections on the Federal Sentencing Guidelines，*Harvard Law Review*，Vol. 101，1988，p. 1941.

④ Hafemeister & Melton，1987.

⑤ Edmond Cahn，Jurisprudence，*New York University Law Review*，Vol. 30，1955，pp. 161 – 165.

“相映成趣”，它们将这些研究视为仅仅指出了“常识”。①

然而，不论相关的学术争论抑或批判之树如何繁茂，在 20 世纪 60—70 年代，社会学家、政治学家与心理学家已经开始对法律与规则的适用问题进行详细的调查研究。带着某种略显社会化的取向，法律与社会协会（Law and Society Association）于 1964 年创立，并于 1966 年（甚至更早）开始在《法律与社会评论》上发表对法律的跨学科的社会科学研究。1969 年，美国法律心理学协会（American Psychology-Law Society）创立，并于 1977 年创办了《法律与人类行为》杂志。② 这标志着 20 世纪 60 年代后期法律心理学运动的兴起，并逐渐开始组织化与制度化。这场运动与组织的目的在于，重塑司法在法律心理学问题中的地位，③ 以及“转变一种长期以来用于压制被剥夺权利者的行为的‘司法常识’”。④

四　法律与心理学研究的“爆发”

自 20 世纪 70 年代以来，社会科学（特别是心理学）在对法律制度的应用方面的确发生了一次“爆炸”。⑤ 除了《法律与人类行为》之外，诸如《行为科学与法律》和《法律与心理学评论》等学术期刊得以创办，并且主要聚焦于对法律问题的经验研究。在心理学与精神病学问题上的专家证言在实践中逐渐得到了法院的承认，⑥ 尽管这是一个缓慢的过程，并且围绕着它的争论始终不断。

---

① Charles L. Black Jr. , The Lawfulness of the Segregation Decisions, *Yale Law Journal*, Vol. 69, 1960, p. 428; Ernest van den Haag, ocial Science Testimony in the DesegregationCases: A Reply to Professor Kenneth Clark, *Villanova Law Review*, Vol. 6, 1960, p. 69.

② Brigham, What is Forensic Psychology, Anyway? *Law and Human Behavior*, Vol. 23, 1999, p. 278.

③ B. A. Arrigo, Back to the Future: The Place of Justice in Forensic Psychological Research and Practice, *Journal of Forensic Psychology Practice* , Vol. 1, 2001; D. R. Fox, Psycholegal Scholarship's Contribution to False Consciousness about Injustice, *Law and Human Behavior*, Vol. 23, 1999, p. 9.

④ C. Haney, Psychology and Legal Change: The Impact of a Decade, *Law and Human Behavior*, Vol. 17, 1993, p. 375.

⑤ Michael J. Sakes, On Tapp (and Levine), *Michigan Law Review*, Vol. 77, 1979, p. 897.

⑥ 例如，Wayne T. Westling, The Case for Expert Witness Assistance to the Jury in Eyewitness I-dentification Cases, *Oregon Law Review*, Vol. 71, 1992, p. 94.

在上述学术期刊[①]中发表的多数文章中，经验研究在方法论上的融合得到了显著改善。值得论证的是，正在发展中的法律—心理学的交叉学科研究已经开始对司法裁决产生了一定程度的影响。[②]

1. **关于证人证言的研究**

关于证人证言的许多问题均涉及心理学，因此，当前西方法律心理学领域中的众多学者“对目击证人证言的研究甚至比对有关法律的任何其他问题所进行的研究都要多”。[③] 近30年来，关于证人证言心理学问题的研究，主要是围绕着如何获得可靠证言以及如何评价证言的准确性而展开的。

首先是关于证人证言准确性的研究。对此，西方学者的观点普遍存在一种否认证言准确性的倾向，并且沿着这种倾向进行了心理学领域的深入研究。西方法律心理学家的主要观点是：根据心理学基本原理与实践研究成果，证人从案件发生至出庭做证至少需要经历感知、记忆与陈述的心理过程，在这个过程中，通常会受到各种因素（如主体的感知能力、注意力以及外界环境因素等）不同程度的影响。因此，即使是自愿提供证言、试图真实反映案件事实的人，其证言的形成过程也会因受众多因素的综合影响而造成失实。关于影响证人证言准确性的各种因素，卡辛（Kasin）等人将法律心理学的最新研究成果进行了总结。

其次是关于儿童证言的问题。在近年来的司法实践中，由儿童参与作证甚至直接起诉的案件数量迅速增加。在美国，1991 年以前的法律规定，只有经过证明具有作证能力的儿童的证言才具有法律效力，但1991 年通过的一项法案取消了此项规定。因此，现在只要法庭认为证言与案件有关并对其感兴趣，任何儿童均可以到庭做证。新近的心理学

---

① James R. P. Ogloff, Law and Human Behavior: Reflecting Back and Looking Forward, *Law and Human Behavior*, Vol. 23, 1999, p. 1.

② John Monahan & Laurens Walker, Social Authority: Obtaining, Evaluating, and Establishing Social Science in Law, *University of Pennsylania Law Review*, Vol. 134, 1986, p. 477.

③ J. P. Lipton, Legal Aspects of Eyewitness Testimony, in Sporer, Malpass & Koehnken (eds.), *Psychological Issues in Eyewitness Identification*, Mahwah, NJ: Erlbaum, 1996, pp. 7 - 22.

研究表明，儿童的感知和记忆能力在许多方面类似于成年人，其证言同样具有相当程度的正确性。然而，儿童缺少成年人所具有的某些认知能力。①

2. **关于陪审团的研究**

在实行陪审团制度的英美法系国家中，对陪审团心理学问题的研究具有相当强的实用性和现实意义。近 30 年来，许多学者致力于有关陪审团规模、模拟审判及其方法论等方面的研究工作。

表 1　　足以在法庭上作为专家证据的影响目击者的因素②

因素	解释
问讯用词	向目击者提问的方式会影响其语言的正确性
对犯罪嫌疑人的辨认	警方的指导语言能影响目击者辨认的意愿以及认出某一特定个人的可能性
“幻灯片” 偏见	目击者有时会将他们在其他情况或背景下看到的人认作罪犯
事后信息	目击者证言通常不仅反映了他实际看到的，而且也反映了他后来获得的信息
正确性与信心	目击证人有信心，并不意味着他的辨认就是正确的
种族差异	与辨认不同种族的个体相比，目击证人更善于辨认相同种族的其他人
凶器焦点效应	使用凶器会妨碍目击证人准确辨认凶犯的面部特征

20 世纪 70 年代，美国联邦最高法院在审议陪审团构成人数时，曾借用心理学研究成果作为决策依据。一些心理学家认为，成员规模对陪审团决策没有太大影响，所以最高法院采纳了此类科学依据，认为 6 人与 12 人组成的陪审团在决策形成过程中不存在明显差异。然而，其他心理学家则提出质疑，认为这种实验研究结果并没有得到任何系统性经验证

① 转引自乐国安、赵德雷《近 20 年来美国法律社会心理学研究新进展》，《心理科学进展》2003 年第 1 期。

② 同上。

据的支持。甚至有学者指出，小规模陪审团做的裁决的正确性与可靠性通常都比较低，集体商议也不是很有效率，特别是它不能充分代表整个群体的意见，因而最高法院压缩陪审团成员规模的决定是存在争议的。①

陪审团裁决是心理学家最为关注的法律心理学问题之一。对于陪审团的经验性研究，心理学家通常运用实证研究的方法，如档案研究、司法态度与信念的群众调查、模拟审判、统计与概率计算等。其中，模拟审判是当前法律心理学研究陪审团时所采用最多的一种方法。然而，由于以此方法得出的结果通常会受到其他因素——如模拟陪审员及其他参与人的特征、模拟审判过程、控辩的力度、法官引导陪审团的用语等——的影响，故缺乏现实性。因此，若想在模拟陪审研究中完全控制影响因素几乎是不可能的，心理学家只能寄希望于不断完善实验方法，从而使模拟情境更加接近真实。②

值得注意的是，近30年来已经出现了许多关于陪审团的心理学研究成果，但却未能得到法院或者法官的充分理解与接受。原因在于，主审法官通常很难区分此类经验性研究的优劣，并且极易混淆理论假定与案件事实。

五 结语

在西方法律心理学研究的历史中，有几个不断重复出现的主题，这些主题曾经并且持续地导致心理学家与法律学者之间的误解。它们主要包括：（1）认为心理学仅提供常识性结果，律师、陪审员与法官有能力感知社会科学家通过实验发现的结果；（2）主张心理学家典型地由于无知而无法就法律上的相关问题发表议论；（3）认为心理学研究通常并不适用于法律人；（4）主张既有的心理学研究并不适用于法律研究或者为法律研究所用；（5）在心理学研究范围内，对受到控制的经验研究之局限（受制于其他因素或者不具有独立性）表示不满，甚至认为，既有研

① B. Grofman, Jury Decision Making Models and the Supreme Court: The Jury Case from Williams v. Florida to Ballew v. Georgia, *Policy Studies Journal* , Vol. 8, 1980, p. 749.

② 乐国安、赵德雷，2003年。

究无论在方法论上是否融洽，都将研究主题的范围限定得过窄。

然而，据部分学者研究可知，实际上，上述这些紧张关系均可以得到某种程度的缓解与弥补。例如，萨克斯（Saks）教授和其他学者已经重复论证了那些违反“常识”假定的数据资料；[①] 更为充分的专业或技术训练可以减缓这种对无知的忧虑；与法律心理学家的理论研究相一致，对诸如 Westlaw 或者 PsycINFO 等计算机数据库的合理使用可以很容易地改进律师与法官获得经验研究的方法；通过在从事、概括和介绍研究的道路上改进方法论上的实践，包括心理学在内的多数社会科学领域中的既有研究成果与方法均可以极具说服力地或者至少是切合主题地被引入对法律制度的研究之中；最后，通过法律理论与原理的教育与训练，心理学家和其他社会科学家可以转向“非传统的”研究领域，那些研究可以有助于对许多重要问题的分析与解决，不仅有助于为交叉学科研究指明路向，而且还可以为法律制度改革的诸多方面提供理论参考。

西方法律界在 21 世纪初期重视运用社会科学的和经验的理论、研究与数据材料，并且将此类跨学科的研究活动作为一个全新的起点与契机，以期补充法律对人类行为的理解。客观地说，西方法律学者与心理学家在运用经验性数据材料与研究成果时所采取的立场与态度仍然是令人失望的，尽管有一些可以缓解上述紧张关系的极具建设性的具体建议。但不得不承认的是，不同学科均有其各自所持有的基本价值判断以及由此而生的独特研究方法与原理，从而使得跨学科的沟通与交流困难重重，甚至极易导致信息传递的错误与误解，故西方法律心理学研究的道路注定将是崎岖而坎坷的。

（选自《国外社会科学》2009 年第 4 期）

---

① Michael J. Sakes, On Tapp (and Levine), *Michigan Law Review*, , 1979, p. 895.

心理学、生命政治与新自由主义治理

王　波*

马克思在近150年前指出，“资本主义生产方式占统治地位的社会的财富，表现为‘庞大的商品堆积’”,① 而在当今发达的新自由主义国家，一种新近被创造的无形的“财富”则表现为“庞大的心理学知识堆积”。心理学正在成为人们自我理解和塑造的意识形态机器，心理学对日常生活的内部殖民直接导致心理学接管并整体性地重构了人们的日常生活经验。“心理学科和心理专业知识在建构‘可治理的主体’方面扮演了重要的角色”。在这里，“心理不只是一种观念、文化信念或者某种实践……它在政治权力的当代形式中具有至关重要的作用，使得心理能够以与自由主义和民主原则相匹配的形式治理人类”。② 进而言之，现代权力以对生命本身的治理（以训练生命效率为特征的“肉体的解剖政治”和以管理生命繁衍为特征的“人口的生命政治”）替代了前现代权力对死亡的控制（“剑与血”的绝对权力）。如果说前现代权力的特征是“让人死”(letting die)，那么现代权力的特征则是“要人活”（making live)。而心理学恰恰乐于提供一整套告诉人们应该“怎样活”的知识体系，即用以

---

* 本文作者：王波，男，1982年生，南京大学社会学院讲师，南京大学哲学系与约克大学心理学系联合培养哲学博士。

① 《马克思恩格斯全集》（第23卷），人民出版社1995年版，第47页。

② N. Rose, *Governing the Soul: the Shaping of the Private Self*, London: Free Association Books, 1989/1999, p. vii.

"规训"人们日常生活的"常模"(norm)[①]。"传统习惯的消失和对心理学技术的信任，使人们不再相信他们自己对幸福、实现和如何养育他们的孩子的直觉"[②]，心理学通约了人们的日常生活，直到人们按照心理学的常模和精神病理学来塑造自己。结果在发达资本主义社会，作为社会控制的现代形式，"助人的职业接管了他们的生活"，[③] 从而被赋予一种心理学形式的生命。

同时，笛卡尔通过作为"现代性的原则框架"的"意识的内在性""发明了现代人，在某种意义上现代人就是心理人"，[④] 它不仅使心理学作为一门独立的现代学科成为可能，而且还为人的解放——使人从"作为代表世界灵魂的特别部分"进入新自由（自明、自我确信并为自身立法）之中的解放——奠定了形而上学的基础。[⑤] 而资本主义生产方式（生产资料的资本主义私人占有制）又正巧为它提供了政治经济学的现实可能性。作为"心理的和政治的原子主体性"[⑥] 载体的"心理人"正是使新自由主义得以运作的自由的、自治的和进取的行动者。如此这般心理学就成为生命政治、治理和新自由主义三者交错勾连和发挥作用的中介领域。心理学形式的生命以及作为其物化对象的"心理人"具形正是行使这种现代权力的主体和这种现代权力凝视的客体。

---

① 测验常模，简称常模，即指一定人群在测验所测特性上的普遍水平或水平分布状况。心理测验的过程就是用一个常模来解释测验分数。完成一项心理测验后所得到的分数需要与一个标准进行比较才能获得意义，而这个标准在心理测量学里就被称为常模。

② ［加］泰勒：《自我的根源》，韩震等译，译林出版社 2001 年版，第 800 页。

③ 同上。译者在这里将原文中的"helping professions"翻译成"帮忙的职业"，稍欠允当。因为在原文的语境中，该短语特指的是在美国极为普遍和流行的号称"助人自助"的心理咨询和治疗。对这一职业，国内心理学界通行的译法就是"助人自助"，也就是所谓"帮忙的职业"。故合适的翻译似为"助人的职业"。

④ 王波：《论笛卡尔与冯特在思想史上的内在勾连：从意识内在性的视角看》，《自然辩证法研究》2012 年第 11 期，第 1 页。

⑤ 王波：《论主体形而上学对心理学的作用以及弗洛伊德的解决方案》，《江苏师范大学学报》2014 年第 1 期，第 142 页。

⑥ ［加］泰勒：《黑格尔》，张国清等译，译林出版社 2002 年版，第 9 页。

一 生命政治：心理学形式的生命

自福柯在1979年的法兰西学院讲座中提出“生命政治”以来，它已经成为哲学和人文社会科学各种话语中被广泛使用的一个概念。对这一概念的激烈讨论表明它抓住了我们当今时代的某种本质。[①] 福柯“用‘生命政治’来指称那种肇端于18世纪的努力，它试图对治理实践所面临的问题进行理性化的处理，这些问题是由诸如健康、卫生、出生率、预期寿命和种族等现象带来的。而这些现象是被建构成人口的生活着的人所特有的”。[②] 在福柯看来，生命政治通过“爆炸式的繁杂技术以实现对身体的征服和对人口的控制”。[③] 阿甘本则通过接合主权和“赤裸生命”（bare life），揭示了“现代生命政治的新颖之处”，即“在生命政治的任务中，生命与政治合为一体（‘所谓政治，就是赋予人们的生命以形式’）”。[④] 在发达资本主义社会，生命政治赋予人们的生命以一种心理学形式。“生命并不只是政治的客体，它并不外在于政治决策过程。恰恰相反，生命影响了政治的核心——政治主体。生命政治不是某种主权意志的表达，而是致力于在人口层面对生命过程进行管理和规训。它关注的焦点是生活着的人。”[⑤] 故而，所谓心理学形式的生命政治，即意味着通过各种心理学技术在人口层面对生命本身的心理治理。对于这种心理学形式的生命政治治理，有三个方面的特征需要注意。

首先，一整套被用来治理心理学形式的生命的心理学技术被发明出来，并重构了我们的日常生活经验乃至主体性。如果说生命政治试图对治理实践所面临的新问题进行理性化的处理，那么这种“理性化必须找

---

① T. Lemke, Biopolitics: An Advanced Introduction, New York: New York University Press, 2011, p. xi.

② M. Foucault, *The Birth of Biopolitics*, New York: Palgrave MacMillan, 2008, p. 317.

③ M. Focault, *The History of Sexuality* (*Vol. 1: The Will to Knowledge*), London: Penguin, 1998, p. 140.

④ G. Agamben, *Homo Sacer: Sovereign Power and the Bare Life*, Stanford University Press, 1998, pp. 148 – 150.

⑤ T. Lemke, *Biopolitics: An Advanced Introduction*, New York: New York University Press, 2011, p. 4.

到实现其自身的某种途径，以使自身具有可操作性和工具性”。[①] 而这种“途径”即所谓“技术”。它促使各种形式的权威得以对人们的行动进行想象并施加作用。这种技术是指导人们行动的各种装置、工具、人事、材料和机器等的集合。“指导行动”正是福柯对治理的经典定义，技术就是实施这种指导的各种中介。在心理学中，它表现为用来认识、测量和控制心理学形式的生命的各种规训机构（学校、医院、心理诊所等）、心理专家、临床诊断、测验技术、精神疾病量表和诊断手册、自助书籍，以及各种形式的心理学知识。一位曾在位于斯坦福大学的斯金纳学习大厦做过被试的人这样回忆他在行为主义技术迷宫的黑暗经历，“人们被作为仅仅是刺激反应的机器……行为主义政体中的臣民。（年轻的研究生）操纵着布满导线的奇妙装置，就像最为虔诚的耶稣会士面对着他的神圣机器。”[②] 这种实验设备即技术的物化形式之一。新行为主义也开发出了各种各样精妙而有效的心理学技术。例言之，在教育心理学中经常提到的普雷马克原理，即用高频活动作为低频活动的强化物，比如说用学生喜爱的活动强化学生参与不喜爱的活动。而电子游戏设计则充分发挥了新行为主义的依随性原理，以吸引玩家坚持不懈地沉迷于游戏之中。心理学技术不仅被用来矫正行为、治疗疾病、创造效益，现在它还在重塑人们的主体性中发挥作用。康德哲学事业的四个著名命题，即“我能知道什么？我应该做什么？我可以期望什么？人是什么？”的想象现在被心理学技术整体性地重构了。心理学知识通过书籍、电视乃至更为直观和便捷的互联网等各种媒介诱导我们习得关于如何经营婚姻，如何获取成功，如何追寻幸福，乃至如何“做最好的自己”实现自我的各种技术。“我们的自我被各种心理学术语界定、建构和治理，并服从于自我审思和检查的心理学技术。”[③] 由此，我们之前关于如何是，以及怎样过一种善的生活的日常道德经验和实践智慧现在被转化成了一系列用来治理心理

---

① P. Miller & N. Rose, *Governing the Present*: *Administering Economic*, *Social and Personal Life*, Cambridge: Polity Press, 2008, p. 17.

② R. Tindall, The Minotaur of the Behaviorist Maze: Surviving Stanford's Learning House in the 1970s, *Journal of Humanistic Psychology*, 51 (3), 2011, pp. 266 – 272.

③ N. Rose, *Governing the Soul*: *The Shaping of the Private Self*, London: Free Association Books, 1989/1999, p. xxxi.

学形式的生命的心理学技术。

其次，心理学技术对心理学形式的生命的治理是在人口层面进行的。“治理的目标是人口”,[①]“生命政治的目标并不是单个的人类个体，而是他们在人口层面被测量和集聚的生物学特性。这一过程使得定义常模、建立标准和确定平均值成为可能。结果，‘生命’就成为一个独立的、客观的和可测量的因素”。[②] 针对人口的生命政治要求通过指认其某种特性，把它从总体中隔离出来，并将这种特性转换成可以直接把握的可计算形式，从而在数字的解释框架中得到直观说明和理解。由此原本不便统治的人口就能够被简捷地检查、管理、操纵和控制，以将社会问题最小化，社会效率最优化，维持人口及其中的个人的良好秩序。自 17 世纪以来，这种针对人口的将其特性转换为可计算形式的生命政治，往往体现在新兴的统计学、人口学、生物学、流行病学等学科中。人口的出生、婚姻、年龄、收入、疾病和死亡等都被纳入统计学的计算模式。“而心理学则扮演了一个重要角色，因为它提供了对人类心灵的特性、能量和能力进行登记的手段，使得人力转换成物质的形式，从而为计算提供了基础。”[③] 质言之，对心理学形式的生命的治理就是将人口转换成数字，亦即对已经成为治理与塑造的对象的“心”的计算。无论是在经济生活中被计算为“资本”的人力资源，还是在战争中针对敌方特别人群散发传单和进行广播的心理战，“人口的心理状态开始被转译成一种可计算的形式：它被登记、存档，然后转化成统计数据、图形、表格，以供在政治的深思熟虑和管理的主动权中被凝视”。[④]

在心理学史上，在心理学由于缺少数学量值（magnitude）而被康德否认为科学的地方，费希纳很快实现了对之的测量（费希纳定律），从而

---

① M. Foucault, On Governmentality, in S. McMurrin (ed.), *The Tanner Lectures on Human Values*, Vol. 2, Utah: University of Utah Press, 1981, p. 20.

② T. Lemke, *Biopolitics: An Advanced Introduction*, New York: New York University Press, 2011, p. 5.

③ N. Rose, *Governing the Soul: The Shaping of the Private Self*, London: Free Association Books, 1989/1999, p. 7.

④ Ibid., p. 25.

把主体自身也纳入一种可用数学量值度量的体系。[①] 而后由于冯特、高尔顿、卡特尔和比奈等人的工作，心理学开始通过各种实验操作和测量工具来获取关于人口特征的数字，它们包括种类繁多的人格量表、智力测验量表和精神疾病量表等。“生命政治意味着这样一个星丛，在其间现代人文和自然科学，以及从中产生的规范性概念塑造了政治行动，并决定了它的目标。”[②] 由此人口的心理特征以编码的方式被规范化，它包括积累和总结数据，并将之平均化和常模化，然后进行比较、评价和评判，并据此决定针对它的矫正、治疗、规训、隔离或者最优化等各种治理技术。

1994 年出版的《钟形曲线：智力与美国人生活的阶级结构》一书详尽地诠释了这一过程。哈佛大学心理学教授赫恩斯坦和社会公共政策学者莫瑞在这本充满争议的书中再一次强调了可以被准确测量的，超越种族、语言和国家边界的智力在美国人生活中的重要作用，并且以基因科学的名义宣称智力主要是由遗传数据决定的，而且不同种族的智力差异呈正态曲线分布。智力比亲代的社会经济地位或教育水平更能预测个体未来包括收入、职业和犯罪等在内的可能发展。而智力在很大程度上（40% ~80%）是由遗传基因决定的。基于这种对人口心理特征的数字化把握，两位作者就社会公共政策提出了建议。在他们看来，20 世纪 80 年代以来的新自由主义政策走得还不够远，现在需要废除鼓励贫穷妇女生育的福利政策，缩减被认为拉低了美国人平均智商的移民数量。他们更建议进一步取消政府保护弱势种族或群体的平权法案（Affirmative Action）。[③]

实际上，早在 1981 年出版的《对人的错误测量》[④] 一书中，古尔德就已经揭露了对智力测验的发展厥功甚伟的诸如戈达德、推孟、耶克斯、

---

① 王波：《论笛卡尔与冯特在思想史上的内在勾连：从意识内在性的视角看》，《自然辩证法研究》2012 年第 11 期，第 2 页。

② T. Lemke, *Biopolitics: An Advanced Introduction*, New York: New York University Press, 2011, p. 33.

③ R. Herrnstein & C. Murray, *The Bell Curve: Intelligence and Class Structure in American Life*. New York: Free Press, 1994.

④ S. Gould, *The Mismeasure of Man*, New York: W. W. Norton, 1981.

伯特、斯皮尔曼以及瑟斯顿等人所表现的这种生物决定论倾向。“在心理学中，很多心理学家都断言了标准智力测验分数个体差异上的高度生物决定论”,[①] 而且随着基因技术的发展，人口的心理特性已经被推进到基因决定的水平。原本尚有深度的心灵现在完全被心理学形式的生命的物化形式，即数字夷平了，从而成为一种分子生物学的生命政治。这让我们不得不再次寻味阿甘本的警语，“现代生命政治的新颖之处即这样一个事实，生物学的赋予（*given*）直接就是政治的，而政治的直接就是生物学的赋予”。[②]

最后，针对人口所施行的各种心理学技术并非要取消心理学形式的生命的主体性，恰恰相反，它通过重塑关于人之所以为人的想象创造了一种全新的主体性，或曰将生命主体化（subjectification）了。心理学形式的生命并不只是被政治压迫的无声客体，它并不外在于自上而下的政治决策过程。实际上，生命本身就是政治主体。如果说主体性的再生产就是心理学形式的生命政治的真正本质，那么现在这种再生产不再是强制性的，而恰恰是自动的、自愿的和被追求的。乃至最后对这种主体性的逃离就是它控制我们的方式。这自然过渡到下一部分将要详述的作为主体性的再生产的心理治理。

二 心理治理：主体性的再生产

福柯对“疯癫”“规训”“忏悔”的历史研究关注的正是人类成为“主体”的方式。他对主体性的历史构成的关注，以及他对西方文化中的监视形式的分析奠定了对心理学学科本身的理解的基础。[③] 福柯在1978年和1979年的法兰西学院讲座中引入的治理概念所针对的就是主体的生产和计算。他将治理称为对行动的指导（the conduct of conduct），这意味

---

① L. Humphreys, Book Reviews: *The Mismeasure of Man*, *Applied Psychological Measurement*, 1983（7）, p. 115.

② G. Agamben, *Homo Sacer*: *Sovereign Power and the BareLife*, Stanford University Press, 1998, p. 148.

③ 王波：《作为其他可能选择的主体性：与伊安·帕克教授谈理论心理学》，《华东师范大学学报·教育科学版》2013年第3期，第43页。

着控制市民的一种精巧的方式，亦即一整套赋权（empowerment）技术，诸如自治、自我实现、自尊等。[①] 而心理治理即指对心理学形式的生命主体化过程的指导和计算。通过一整套心理学技术，心理学形式的生命被重塑成全新的主体性。

一方面，心理学实践已经改造了当代人类的生活形式本身及其对自我的可能想象。“人类灵魂工程学（the engineering of the human soul）已经成为这样一种部门的任务——沉浸在心理学的术语、测量、技术和伦理之中的专业知识。无论对家庭还是工作，营销还是政治，儿童抚养还是两性关系，在这种社会中，心理学专业知识都已经使自己对现代生活来说不可或缺。”[②] 心理治理促使对个人问题的理解和阐释从道德领域转换到心理学领域。普通市民开始认为自己遭遇的问题适于心理学的处理。如果之前他们会到亲友或者牧师那里寻求支持，那么现在他们倾向于用心理学的术语解释自己的问题，并且就此向心理专家寻求帮助。[③] 这实际上是一个更为庞大的装置的组成部分，这种装置被称为心理复合体（psy - complex），亦即“各种作用的总和，包括临床、教育、发展和工业心理学，心理治疗和社会工作，它们的话语并不局限于专业干预的具体领域，而是贯穿了家庭、学校和工作场所，也就是‘社会存在’本身”。[④] 心理复合体重塑了社会存在本身，并生产了关于人是什么、人应该做什么以及人可以期望什么的全新想象，从而使人类得以通过新的方式构想自我、谈论自我、评判自我和指导自我。[⑤] 无论是20世纪诞生的关于人之所以为人，即如何“做人”（personhood[⑥]）的心理学概念及与之匹配的思维

---

① O. Madsen, Governmentality, in T. Teo (ed.), *International Encyclopedia of Critical Psychology*, NYC: Springer, 2014, p. 814.

② N. Rose, Experts of the Soul, *Psychologie und Geschichte*, 1991, 1/2, p. 91.

③ R. Abma, The "PsyComplex" Revisited: The Psychologization of Culture and the Case of Psychoanalysis, Paper presented at the 13th Cheiron Europe Annual Conference, Paris, 7 - 11 September 1994.

④ D. Ingleby, The Ambivalence of Psychoanalysis, *Radical Science*, 15, 1984, pp. 39 - 71.

⑤ N. Rose, *Governing the Soul: The Shaping of the Private Self*, London: Free Association Books, 1989/1999, p. vii.

⑥ 对 Personhood 的讨论可见 N. Rose, *Inventing Our Selves: Psychology, Power and Personhood* (1996) 一书。

和行动方式，还是21世纪脑科学的新进展，它们都致力于重塑我们关于自我的想象。“做人”指涉的是人何以成为人这一根本性问题。在乔姆斯基看来，“人之成为人是因为具有某种特定属性，一种特定的实体；我们正是根据对鲁滨逊在各种情形中的行为的考察，从而决定他是否具有这些做人的属性和实体的。”[①] 而在心理治理的政体中，心理学正是充当了重新界定人的属性和实体的角色。21世纪主流的脑科学进展则正在试图通过脑功能定位来解释人的主体能动性。这方面的一个例子就是凭借《国王的演讲》成为奥斯卡影帝的费尔登和他的同事近来在顶尖生物学期刊《细胞》子刊《当今生物学》上发表的论文。他们试图找出脑结构和决定政治态度的心理机制的关系。结果发现，“更强的自由主义与前扣带皮层的灰质体积增加有关，而更强的保守主义与右侧杏仁核体积增大有关”。这一研究似乎让他们野心勃勃，他们认为“这将为在脑结构之上定位高级心理特征，并通过脑功能来解释社会学促动的构造开启了一条崭新的途径”。[②] 由此主体性被“科学地”坐实到在功能性核磁共振设备上“白纸黑字”一般地呈现的脑结构上，从而被心理学地重构和计算了。在心理治理，乃至通过其新形变，即人脑进行治理[③]的政体中，政治行动的主体就是一个个长着自由主义或者保守主义结构的脑袋，并用这种脑结构解释和指导自己的政治态度和行动的人。

另一方面，虽然这种主体性的再生产有时还要依靠一种充满诱惑的阿尔都塞式意识形态，以将个体询唤（interpellation）成主体。它可以体现在教科书般的诸如耶鲁大学的米尔格拉姆权力服从实验中，[④] 其中一句著名的实验导语就是“既然你知道了，那么你感觉如何”（Now That You

---

① N. Chomsky, *Knowledge of Language*: *Its Nature*, *Origin*, *and Use*, Westport, CT.: Greenwood, 1985, p. 234.

② R. Kanai, T. Feilden, C. Firth & G. Rees, Political Orientations Are Correlated with Brain Structure in Young Adults, *Current Biology*, 2011 (21), pp. 677-680.

③ N. Rose & J. Abi-Rached, *Neuro*: *The New Brain Sciences and the Management of the Mind*, Princeton: Princeton University Press, 2013, pp. 6-9.

④ S. Milgram, Behavioral Study of Obedience, *Journal of Abnormal and Social Psychology*, 1963, 67 (4), pp. 371-378.

Know, How Do You Feel)[①]。它也可以表现为各种心理学技术的循循善诱，"你要知道自己孩子的智力吗？你要了解朋友的性格吗？你要招聘到优秀的员工吗？你要明白自己最适合从事什么职业吗？请到我这里来吧！"[②] 但需要注意的是，这种全新的心理学主体性主要依赖的是更为精妙和充满弹性的自我治理。心理复合体的扩散已经内在地与治理的转型密切联系在一起了。我们必须明白，在心理治理的政体中，权力不再只是那种等级式的、自上而下的国家权力。现在它更表现为各种心理复合体的社会控制，以及各种形式的知识。这意味着权力不能再只依照传统的压迫概念进行解释。实际上权力可以通过生产知识和某种话语，以供个体内化，并指导人口的行动，从而积极地呈现自身。这就导致了一种更为有效的作为心理治理的社会控制，因为知识允许个体自我治理。[③]

所以在我们在谈到治理人口的各种心理学技术时，并不意味着要出于某种价值悬设，或者站在某种人本主义的立场上批判这一过程对主体性的压迫和控制，并由此寻求解放或发展出作为其他可能选择的真正的和真实的主体性。实际上，这种主体性本身恰恰一直都是心理治理宣称要帮助人们实现的目标。比如各种"生活培训"，它提供的学习经验将"极大地增强你的能力，以改变你生活中每件事情的质量"；心理治疗则能带来巨大的回报，"远远更多的幸福关系和更大的自我表现。家庭和社会生活，两性关系和工作都将受益"。[④] 而"来访者中心疗法"的主题就是"做最真实的自己"，它鼓励来访者重视诚实和真实的价值，对自己的内部和外部经验完全开放，接受和尊重自我和各种感受，体验当下，以修复被歪曲与受损伤的自我实现的潜能，重新走上自我实现、自我完善的心理康庄大道。[⑤] 拉康式的那种不可能的存在之真被抛诸脑后，"正是

---

① J. De Vos, Now That You Know, How Do You Feel? The Milgram Experiment and Psychologization, *Annual Review of Critical Psychology*, 2009 (7), pp. 223 – 246.

② 余嘉元：《心理测量学：心理学皇冠上的数学明珠》，《中国科学院院刊》2012 年第 27 卷·增刊，第 210 页。

③ O. Madsen, Governmentality, in T. Teo (Ed.), *International Encyclopedia of Critical Psychology*, NYC: Springer, 2014, p. 815.

④ N. Rose, *Governing the Soul: The Shaping of the Private Self*, London: Free Association Books, 1989/1999, pp. 245 – 246.

⑤ C. Rogers, *On Becoming a Person*, Boston: Houghton Mifflin, 1961.

心理学家将‘真实界’（the real）带到了现实之中”。[①]

这种真实的主体性的再生产依赖于个体自我治理的自由。主体性再生产就是通过生产自由进行的心理治理。比如自尊就成为一种高效的个体自我治理技术与手段，不需要警察、法官或者医生，他们依靠自己就能成为“健康的”市民。[②] 这意味着一种全新的心理学主体被创造出来，它被赋予充分的自由，自我监控，自我检视，自我提高，[③] 从而实现自身的主体化。而这里的主体化就是对行动的行动，也就是通过自由和自治将自己塑造成自我实现的心理人。作为心理治理政体中的国王和臣民，这种心理学主体成为发达资本主义下主要的生活形式。“这种生活褒扬自治和自我实现的价值，而两者在形式和结构上本质都是心理学的。这些价值建立和限定了我们关于人是什么，以及如何过一种自由生活的观念：在这种心理学的意义上，实际上当今的主体（至少在他们适应成人的状态时）‘不得不是自由的’。亦即，无论遭遇的束缚、限制、障碍如何外在和难以改变，每个个体都必须使自己的生活具有意义，仿佛它是自我实现的征程中个人选择的结果。”[④] 这种全新的心理学主体冲击了我们关于政治压迫和经济剥削的传统观念。如果说经典的解放理论着重于阶级斗争、民族独立、性别政治等宏大叙事，那么心理治理则创造了一个新的冲突领域，为反对主体化而进行的斗争。[⑤] 福柯多次说过，“如果有人拷问自己的认同，生活就终结了；生活的艺术是取消认同，打破心理学”。在阿甘本看来，“这正是福柯所展示的：危险是人们重新确认自身，人们把一种新的认同注入自身，或者说生产出了一种新的主体，但是这种新的主体却又受制于国家；危险是人们从此再次亲自参与了这个界定

---

① J. De Vos，On Cerebral Celebrity and Reality TV. Subjectivity in Times of Brain-scans and Psychotainment，*Configurations*，2009，17（3），pp. 259 – 293.

② B. Cruikshank，T. Osborne & N. Rose，Revolutions within：Self-government and Self-esteem，in A. Barry（ed.），*Foucault and Political Reason. Liberalism*，*Neo-liberalism and Rationalities of Government*，Chicago：The University of Chicago Press，pp. 231 – 251.

③ M. Foucault，*The History of Sexuality*（*Vol.* 2：*The Use of Pleasure*），London：Viking，1986.

④ N. Rose，*Governing the Soul*：*the Shaping of the Private Self*，London：Free Association Books，1989/1999，pp. viii – ix.

⑤ M. Foucault，*The Subject and Power. In Power*：*Essential Works of Michel Foucault*，Vol. 3，New York：New Press，2000，pp. 331 – 332.

生命权力的主体化与隶属化的无限过程”。[①] 这就是心理治理的狡计，乃至对它的逃离也是它控制我们的方式。正是基于此，阿甘本才说他不相信存在可以逃脱这个过程的任何可能性。而阿甘本后来关于保罗书信的研究，即思考一种并不意味着逃避的逃离：“在此地的运动，在原有情形之中的运动”，也正是与这种心理治理密切相关的。

三 心理人：自由、自治和进取的行动者

自从亚历山大·罗斯托在1938年的李普曼学术研讨会上提出新自由主义这一术语以来，围绕它在各个学科中产生了大量的学术争论。而20世纪90年代中期的华盛顿共识（Washington Consensus），把英美的新自由主义模式界定为对全球性问题的回应，并将之施加于欧洲和日本，剧烈地改变了世界格局。尽管“新自由主义绝不是一种简洁的、被明确定义的政治哲学”，[②] 但生命政治和心理治理的诞生与新自由主义的发展密切联系。“新自由主义的问题是政治权力的全面行使如何可以模拟市场经济的原则”。[③] 它孜孜不倦地寻求各种设置的私有化，以之作为开辟资本积累新领域的途径。在宏观水平，新自由主义反对工会权力，攻击各种形式的社会团结，解除关于福利国家的承诺，致力于公共事业（教育、交通、社会服务）的私有化。在微观水平，“资本主义的危机被解释为治理的危机”。[④] “经济是手段”，“但是改变灵魂才是目标。”[⑤] 新自由主义强调个体自由、进取和责任的重要性。因此，在社会上的成功或者失败就被阐释为个人进取性优点或者弱点的结果，而不是被归因于任何制度的属性。所以在福柯看来，新自由主义并不是一种经济学理论或者政治

---

① 郑秀才（编写）：《生命政治与主体性（上）——阿甘本访谈》，《国外理论动态》2005年第6期，第42页。

② D. Plehwe, Introduction, in P. Mirowski & D. Plehwe, *The Road from Mont Pèlerin: The Making of the Neoliberal Thought Collective*, Harvard University Press. p. 1.

③ M. Foucault, *The Birth of Biopolitics*, New York: Palgrave MacMillan, 2008, p. 131.

④ D. Harvey, *Spaces of Neoliberalization: Towards a Theory of Uneven Geographical Development*, Franz Steiner Verlag, 2005, p. 12.

⑤ Ibid., p. 13.

意识形态，而是一种治理人类的特殊艺术。[1] 正是基于此，“皮诺切特以前通过高压的国家暴力完成的事情，现在被撒切尔夫人通过民主同意的组织实现了。在这一点上，葛兰西的观察，亦即同意和统识必须在革命行动之前被组织起来，和撒切尔夫人的确是一位自称的革命家，两者是深刻相关的”。[2]

对心理学形式的生命的新自由主义治理塑造了一种新的主体性，这种人类存在的新模态可被称为以自由、自治和进取为特征的“心理人”。新自由主义将社会溶解成个人的行动，人们通过自愿的行动经营自己的生活。小布什在他的第二次总统就职演讲中就宣称，要“使每一个市民成为他或她命运的行动者。”[3] 福山曾写道，“一个自由国家最终是一个有限国家，其治理行为被个体自由严格地限定”，[4] 新自由主义治理完全实现的前提就是，个体必须将自己认作既是自由的，又是负责任的，并且据此行动。[5] 新自由主义一方面要求削减公共事业，另一方面要求主体成为自由的、自治和进取的心理人。由此，它对其臣民的统治就可以不再依靠由传统法权做后盾的强制性官僚机构，或者由宗教授权的道德标准的强制，而是通过构建他们通过其自由自我治理的行动的可能领域来实行统治。[6] 通过将有责任和义务的主体改造为有权利和自由的心理人，心理人不仅仅是可以“自由选择”，而且更是不得不（被迫）“自由”地去“理解和制定他们的生活的选择”。这种自由已经与过去的自由大异其趣。现在的这种自由指的是对行动的行动，即通过重塑人们的生活方式以实现其潜能和梦想。

通过自由的生产，具体的自我治理能力就可以被安装到心理人身上，

---

① T. Lemke, *Biopolitics: An Advanced Introduction*, New York: New York University Press, 2011, p. 45.

② D. Harvey, *Spaces of Neoliberalization: Towards a Theory of Uneven Geographical Development*, Franz Steiner Verlag, 2005, p. 12.

③ G. W. Bush, Second Inaugural Address, *Washington Post*, January 21, 2005.

④ 转引自 N. Rose, *Inventing Our Selves*, Cambridge: Cambridge University Press, 1996, p. 63。

⑤ Ibid., p. 68.

⑥ Ibid., p. 87.

由此其行为方式以及自我评价方式就会符合新形式的统治的目标。[①] 这些能力包括诸如进取和自主性。这里的进取指的是一套指导日常行为的规则：能量、积极主动、有抱负、计算、个人责任和弹性。进取的心理人将像管理企业那样安排自身生活，最大限度地发挥其自身的人力资本，给自己制定未来规划，并把生活塑造成他希望的样子。因此，进取的心理人既是积极的自我，又是计算的自我，这种自我对自己精打细算，并为了一个更好的自我而行动。[②] 自主性则是对事业的控制和对目标的界定，还有对通过我们的力量以实现我们的需要的规划。[③] 由此，心理人的自主性现在不再是政治权力永恒的对立面，而是已经成为通过现代"心灵"实现这种政治权力的目标和手段。[④] 弹性则是新自由主义对心理人素质的内在要求。新自由主义国家的口号就是"弹性"。它灌输的观念是，社会和经济模式具有无法改变的固定的性质，而心理人由于它被重新赋予的权利和自由则具有超乎寻常的弹性，而且这种弹性完全处在心理人选择和责任的范围之内。近二三十年来日益被心理学家广泛关注和研究的心理弹性，亦即以积极的视角看待压力和逆境中的人的发展，[⑤] 正是心理人的弹性素质被重视的表现。在这种心理弹性的保障之下，所有那些阻碍资本在不同行业和地域自由流动的障碍都被移除了。

自由、自治和进取的心理人在日益流行的积极心理学中得到生动的体现。积极心理学宣称在处理各种消极的精神病态之外，心理学更要关注包括潜能、正念、希望、殷盛，乃至幸福在内的人的积极方面。得益于积极心理学发明的各种"幸福技术"，如今个人幸福已经获得了最高水平的透明性和可塑性。[⑥] 幸福的实现依赖于个体对自己的日常思维模式进行重复性的干预。个体被赋予充分的权威，以调节和操纵自身的幸福，

---

① N. Rose, *Inventing Our Selves*, Cambridge: Cambridge University Press, 1996, p. 155.

② Ibid., p. 154.

③ Ibid., p. 159.

④ Ibid., p. 155.

⑤ 参见席居哲、桑标、左志宏《心理弹性（Resilience）研究的回顾与展望》，《心理科学》2008 年第 4 期，第 995—998 页。

⑥ S. Gable & J. Haidt, What (and why) is positive psychology? *Review of General Psychology*, 2005, 9 (2), pp. 103 - 110.

通过控制个人的思想，幸福的强度都能时刻在数字上得到确定。① 基于这种幸福原理，甚至一款可以下载到苹果手机上的应用专门被开发出来，以供心理人随时调适自己的自我意识状态和情绪情感体验。同时积极心理学研究以其科学的精确性告诉人们，幸福是一种个人性的随机的主观状态，与外部环境的改善相关并不显著。基于同卵双胞胎的研究数据，一位著名积极心理学家声称，“你必须知道，一种真正的和持久的幸福的确在你的控制之内，在幸福饼状图上，它占40%，而这是你能操纵的”。② 额外的50%是由我们的基因遗传决定的，而只有10%才受环境影响。由此幸福几乎完全处在心理人选择和责任的范围之内。积极心理学的这种幸福技术具有独特的生产性效果，它进一步塑造了自由的、自治的和进取的新自由主义心理人。

在黑格尔看来，作为世界本质的理念通过异化为物相从而颠倒地实现自身，由此拿破仑才被称为骑在马背上的世界精神，亦即理念实现自身的工具。马克思在他的政治经济学批判中发现了这种“理性的狡计”的现实逻辑运演，借此勘破了黑格尔思辨天国的世俗秘密：斯密所谓“看不见的手”正是这个狡猾理念的物化表现，它并不直接出场，而是通过市场中主体的自发盲目活动实现自身。所以马克思才说“工人……只是劳动能力的人格化”，乃至资本家也是因为“资本的人格化，表现为资本家”。③ 类似地，在新自由主义的政体中，它同样不出场，心理人只是资本的人格化，成为资本实现自身目的的工具。如果说，“富有特征意义的是，在英国，根据工人的劳动能力借以发挥作用的主要器官——即他们自己的双手，把工人叫作‘人手’”。④ 那么在发达资本主义下，根据心理人的劳动能力借以发挥作用的主要器官——即他们的头脑，把他们叫作“脑力”。对这种主动而自发的“脑力”的治理和计算就是新自由主义的全部秘密。也正是它和生命政治与心理治理一起，更进一步地加剧

---

① M. Seligman & M. Csikszentmihalyi, Positive psychology: An introduction, *American Psychologist*, 2000, 55, pp. 5 - 14.

② S. Lyubomirsky, *The How of Happiness: A New Approach to Getting the Life You Want*, New York: The Penguin Press, 2007, p. 68.

③ 《马克思恩格斯全集》(第47卷)，人民出版社1995年版，第15—39页。

④ 同上书，第55页。

了资本主义文化符号体系与无产阶级日常生活经验之间的“分裂、所指与能指之间不可能的缝合”。[①]

（选自《国外社会科学》2014 年第 5 期）

① ［英］拉克劳、墨菲：《领导权与社会主义的策略：走向激进民主政治》，尹树广、鉴传今译，黑龙江人民出版社 2003 年版，第 125 页。

西方政治心理学的兴起和发展

柯　泽*

一　欧洲和美国的早期政治心理学研究

欧洲政治心理学的现代源流可以追溯到勒庞（Le Bon）、波托密（Boutmy）、莫斯卡（Mosca）、米歇尔斯（Michels）等思想家。英国政治学家、心理学家格雷厄姆·沃拉斯可能是最早明确提出建立一门新兴学科——政治心理学的欧洲学者。他在20世纪初出版的《政治中的人性》《伟大的社会：心理分析》等著作被公认为现代政治心理学的奠基作品。在1908年出版的《政治中的人性》一书中，沃拉斯充分肯定了西方历史上以人性论作为政治学研究理论基础的优良传统。他对19世纪以来那种刻意与人性相分割的教条主义政治学研究深表遗憾，敏锐地观察到在他所处的时代，心理学已经开始进入教育学、社会学等学科领域。[①] 沃拉斯的个人理论努力方向并不是简单地回归人性论的政治学传统，而是试图将政治学与心理学有机融合，创建政治心理学这样一门真正的新兴学科。

从心理学角度看，沃拉斯开创了以传统心理学或正统心理学为导向的政治心理学，这种政治心理学思想主要来自20世纪以前的人性论以及

---

* 本文作者：柯泽，1964年生，博士，西北政法大学新闻传播学院教授。

① ［英］格雷厄姆·沃拉斯：《政治中的人性》，朱曾汶译，商务印书馆1995年版，第9页。

20 世纪以后的科学心理学，在其后的发展中也慢慢具有了一些科学实证的特征，我们称之为科学心理学取向的政治心理学。事实上，几乎与之并行的还有另一种政治心理学，即以弗洛伊德学说为基础的政治心理学，这类政治心理学主要从人性、本能、爱欲、无意识等角度去研究社会问题和政治问题，重点揭示了社会和文明对人的压制，是一种高扬人文主义旗帜，具有强烈批判色彩的政治心理学理论，其代表性人物包括弗洛伊德本人及其追随者，如弗洛姆、马尔库塞、阿多诺，我们称之为精神分析取向的政治心理学。只不过是由于西方学术界的偏见，在政治心理学的发展历史中，精神分析取向的政治心理学并没有得到与科学心理学取向的政治心理学同等的重视和对待。

美国最早倡导政治心理学的学者可能是芝加哥大学的梅里亚姆。他提倡从心理学角度去观察、理解和分析政治问题，并明确提出心理学和政治学这两门不同学科可以相互融合。他的学生拉斯韦尔深受影响，出版了大量政治学、心理学、传播学著作，其许多著述就内容实质而言就是政治心理学（我们将拉斯韦尔的一些研究归于传播学，其实它们也是政治心理学和传播心理学），他成为美国政治心理学的重要奠基者。根据《揭示政治心理学：哈罗德·拉斯韦尔》一书作者的概括，拉斯韦尔政治心理学涉及的内容，或者说拉斯韦尔对政治心理学的贡献主要体现在他提出了独特的精神动力机制（psychoolynamic mechanisms）理论、民主人格（democratic character）理论、符号及其操纵方式理论以及透视与“自我系统”（perspectives and the “self-system”）理论四个方面。[①]

值得一提的是，拉斯韦尔有关政治问题的分析并非来自传统心理学和科学心理学，而是来自弗洛伊德，借用了弗洛伊德学说中的大量概念和理论。当然，他扬弃了精神分析学说中的社会批判思想，创造性地将这一学说运用到政治问题分析中，力图在民主与专制的二元对立框架下去解释一些政治心理问题。他终其一生始终关心的是如何通过对政治、心理、传播、宣传、舆论等问题的研究为民主制度提供切实的服务。在本质上，他是一个维护民主制度的实用主义者。

---

① William Ascher, *Revitalizing Political Psychology*, New Jersey, Lawrence Erlbaum Associates, Inc. Mahwah, 2005, pp. 16 - 17.

对美国早期政治心理学发展做出重要贡献的另一位学者是坎垂尔（Hadley Cantril）。1941 年出版的《社会运动的心理学》是一部非常重要却经常被研究者忽视的政治心理学著作。作者声称，尽管他自己认为这本书“属于社会心理学范畴”,[①] 但实际上他从经验社会心理学出发，用经验观察以及大量案例为证据，通过对当代重大群体运动的分析，打通了一条政治心理学经验分析的通道，将心理学理论运用于对政治运动问题的具体分析。

整体来看，美国政治心理学发展过程中始终没有出现心理学和政治学高度有机结合的理论冲动，心理学仅仅作为研究政治问题的一种角度、一种方法、一种工具而存在，政治学概念、定义、范畴和理论始终主导着这门新兴学科的发展。

二 20 世纪 60 年代以来的政治心理学学科建制及新近发展

政治心理学在美国的体制化始于 20 世纪 60 年代后期。1969 年，耶鲁大学正式创办政治学和心理学双博士学位教育，这被看作政治心理学体制化的一个重要标志。1979 年，纽约州立大学石溪分校的政治心理学博士项目正式诞生，此后一些大学纷纷设立政治心理学博士学位，其中包括威斯康星大学、纽约市立大学、加利福尼亚大学及其洛杉矶分校、俄亥俄州立大学、乔治·华盛顿大学、明尼苏达大学以及华盛顿州立大学等。

1978 年，国际政治心理学学会（International Society of Political Psychology，ISPP）成立，标志着政治心理学被西方政治学界所普遍认同，也是政治心理学体制化的另外一个主要标志。

国际政治心理学学会致力于促进和发展政治心理学，出版刊物《政治心理学》（*Political Psychology*）和通讯《政治心理学简讯》（*ISPP News*）。《政治心理学》杂志是政治学和社会心理学领域中的顶尖级刊物，

① Hadley Cantril, The Psychology of Social Movements, New York, Roberte E. Krieger Publishing Co. Inc. , 1941, Preface.

根据美国信息研究院（Institute for Scientific Information，ISC）2000年发布的期刊索引报告，《政治心理学》2000年在美国顶尖级政治学刊物中排名第13位，在顶尖级社会学刊物中排名第19位。国际政治心理学学会同时编辑出版系列书籍《政治心理学前沿》《政治心理学手册》，每隔10年出版一期。学会每年在世界不同地方举办年会，并设立奖金奖励对本学科发展做出显著贡献的学者，如拉斯韦尔奖、杰出科学贡献奖、杰出职业贡献奖、早期职业成就奖等。

20世纪70年代以来，开始出现一些重要的政治心理学教材。1973年，克努森（Teanne Knutson）出版《政治心理学手册》（*Handbook of Political Psychology*），收录了十几位杰出政治心理学家的论文，概括总结了政治心理学的发展历史和学科地位，介绍了这门新兴学科的研究模式和研究方法，论及的问题包括人格、态度、信仰、社会化、权威主义以及领袖评估、国际政治、攻击、暴力革命、战争等。之后，格林斯坦（Greenstein）、莱纳（Lerner）、斯通（Elms. Stone）和基尼肯（Van Ginneken）出版了不同版本的政治心理学教材。1986年，赫尔曼（Hermann）出版《政治心理学》（*Political Psychology*），代表着政治心理学教材发展的新高度。1993年，延加（Iyengar）和麦奎尔（McGuire）出版《政治心理学探索》（*Explorations of Political Psychology*），更为关注个人心理过程的微观层面，如态度、认知和决策等。①

三　充满争议的政治心理学定义及学科性质

20世纪70年代以来，政治心理学发展非常迅速，但是目前学术界有关政治心理学的定义以及学科性质的看法并不统一。

多伊奇（Morton Deutsch）和柯纳瓦（Catarina Kinnavall）认为，政治心理学主要研究政治与心理过程之间的双向互动。知识、技术以及科学研究方法的增长促进了这一学科的发展，一战的爆发、极权政体的出现

① Kathleen M. McGraw, The Infrastructure of Political Psychology, in Linda Shepherd, *Political Psychology*, Farmington Hills, Barbara Budrich Publishers, 2006, p. 18.

以及大众传媒的普及迫切需要人们系统了解政治和心理过程之间的关系。[①] 加利福尼亚大学门罗（Kristen Renwick Monroe）教授认为，政治心理学关注“政治语境中人类思考和行为的原因、动力和结果，它在两个方面关注这一因果过程：演变中的政治行为的心理过程以及这一心理过程对政治事件的影响”。[②] 苏德菲尔德（Peter Suedfeld）和汉森（Ian Hansen）认为，“政治心理学是多门学科相互交叉的领域，主要包括心理学和政治学，同时也包括历史学、社会学、经济学、人类学、传播研究、精神分析、文学研究、语言学甚至生物学”。[③]

赫尔曼（Margaret G. Hermann）认为，政治心理学是描述政治角色扮演的一种方式，它是对政治现实的一种建构方式。[④] 日内瓦大学的多伊斯（Willen Doise）和斯泰克尔（Christian Staerkle）认为，“政治心理学应该研究那些存在于社会争议及辩论中的个人和社会群体的社会认知过程”。[⑤] 例如，选举和投票中的决定，有关政治参与中的政治心理、针对司法以及政治体制、政治事件的态度、对相关政治事务的判断等。

俄亥俄州立大学的克罗斯尼克（Krosnick）和麦格劳（McGraw）辨析了两种政治心理学的定义，即作为心理学的政治心理学与作为政治学的政治心理学。前者以心理学为理论基础，通过对相关政治事务和问题的研究去发展心理学。因此，政治心理学不过是心理学大学科下的一个分支学科。[⑥] 他们指出，在实际情况中，作为心理学的政治心理学基本上不存在。后者关注的重点是政治学，试图从心理学的角度去理解政治过程，而不是要超出政治范畴去关注一般的心理学意义上的人类行为。

---

① Morton Deutsch & Catarina Kinnavall, What Is Political PsycHology? in Kristen Renwick Monroe, *Political Psychology*, 2002; Linda Shepherd, *Political Psychology*, 2006, pp. 15 – 16.

② Kristen Renwick Monroe, *Political Psychology*, 2002, pp. 64 – 65.

③ Peter Suedfeld & Ian Hansen, The Many Faces of International Political Psychology, in Linda Shepherd, *Political Psychology*, 2006, p. 63.

④ Hermann, Political Psychology As a Perspective in the Study of Politics, in Kristen Renwick Monroe, *Political Psychology*, 2002, p. 46.

⑤ Willen Doise & Christian Staerkle, From Social to Political Psychology: The Social Approach, in Kristen Renwick Monroe, *Political Psychology*, 2002, p. 153.

⑥ Jon A. Krosnick & Kathleen M. McGraw, Psychology Political Science VS. Political Psychology True to It's Name: A Plea for Balance, in Kristen Renwick Monroe, *Political Psychology*, 2002, p. 80.

以色列特拉维夫大学的巴塔尔（Daniel Bar-Tal）认为，政治心理学可以定义为这样一门学科，它一方面关注感知、信仰、态度、价值观、动机、人格、认知方式、动力过程、群体成员、群体特征、行为方式对个人及群体政治信仰、态度及行为的心理影响，另一方面也关注政治文化、体制、运动、政党、意识形态、政治社会化机制以及群际关系对整个人类的影响。① 他认为，政治心理学关注整个人类行为的具体方面，主要与政治问题相关，如领袖人物、政治参与、政治决策、政治社会化、投票行为、政治人格及行为、政治价值观、政治态度、政治信仰、政治威慑、群际冲突及其解决方式等，政治心理学常常运用心理学术语、概念、理论去分析此类政治问题。

他区别心理学学科和心理学理论对政治心理学研究的贡献是有意义的，因为有些人可能是将心理学学科整体，如认知心理学作为分析某个政治问题的基础框架。但是也有人可能仅仅是把某一心理学理论，如认知心理学理论作为分析问题的基础，二者的含义并不相同。仍以认知心理学为例，可能只有较少的人将认知心理学作为一个学科整体去分析问题，而更多的人可能只是运用一些认知心理学理论去分析问题。

四　政治心理学研究的主要问题及未来发展

尽管人们对政治心理学的学科定义和理论基础的看法仍然存在分歧，但是目前这一学科已经形成若干稳定的研究领域，显现出明显的学科特征。美国哥伦比亚大学多伊奇（Morton Deutsch）和瑞典兰德大学柯纳瓦（Catrina Kinnvalll）以过去 30 多年来《政治心理学》刊发的全部论文以及 20 世纪 70 年代以来出版的一些重要政治心理学著作为依据，进行了比较全面的文献梳理，认为政治心理学已经形成了以下一些重要研究领域。②

① Daniel Bar-Tal, The (Social) Psychological Legacy for Political Psychology, in Kristen Renwick Monroe, *Political Psychology*, 2002, p. 175.

② Morton Deutsch & Catarina Kinnavall, Hat is Political Psychology? in Kristen Renwick Monroe, *Political Psychology*, 2002, pp. 20 – 25.

其一，作为政治角色的个人。这是政治心理学研究的最大领域，也是政治心理学其他相关研究的基础，旨在揭示个人政治行为的决定因素以及最终结果，包括政治社会化、政治态度的形成、政治参与、政治疏隔、投票行为、政治恐怖主义的社会背景、人格与政治态度的关系、群体成员与政治态度和行为的关系、大众媒介影响等。他认为，这类研究不同于霍布斯主义那样将人视为工具理性的动物，而是从理性选择模式出发，试图去解释个人行为，认为个人在不同的情境下存在理性差异，尤其是个人情绪因素影响人们在现实中的行为和互动，对作为政治角色个体的这种定义也有助于人们理解人们的团体身份和团体行动。

政治领袖人物是政治角色中的一个特殊类型，大量针对政治领袖人物的研究构成了政治心理学研究中一个重要的特殊领域，包括政治家人格、心理传记等。

早在二战期间，拉斯韦尔就领导了一个研究组织对德国、日本和苏联的一些政治领袖人物进行专门研究，在这些研究的基础上，莱特斯于20世纪50年代出版了广为人知的《政治局的符号操作》。之后还出版了一些重要的政治领袖人物的著作，包括《伍德罗·威尔逊》《身份认同和生活圈》等。政治心理学研究中涉及的政治领袖人物几乎囊括了自古希腊以来西方所有重要的政治家和政治领袖。

其二，政治运动。这类研究主要涉及群体、组织以及社区等问题，在这类所谓的政治运动中，政治角色不是个人，而是以个人互动和群体互动为形式而存在的集体，如青年运动、妇女运动、恐怖组织、宗教团体、民族国家运动、群际关系以及群体关系等。这类研究常常包括“小群体范式”（minimal group paradigm）和社会身份认同理论（social identity theory）等。

政治运动研究还包括政治联盟及其结构以及政治群际关系两类细化研究。前者主要包括社会构成、群体、政治组织等内容，致力于解答联盟如何形成，什么原因导致团体分裂，什么原因导致特殊的“领袖—追随者”关系，合作或竞争性关系如何产生等问题，近期的研究焦点包括大型代议制民主政体中政党的角色。后者主要研究政治团体的结构以及互动，政治团体包括地方政府、国家、联盟、国际组织等。当然，它在研究诸如威胁、战争、威慑等对抗性互动的同时，也研究诸如相互援助、科学文化交流、双边贸易选择等合作关系。

其三，政治过程是政治心理学研究的核心领域，主要研究涉入政治行为的个体或群体如何在心理过程中影响他人，或受到他人影响，包括感知和认知、决策、劝服、学习、冲突以及动员等。根据赫尔曼的解释（Margaret G. Hermann），所谓政治心理学关注的是政治行为的产生和结果，政治行为的产生和结果显然在许多方面与上述因素相关，其中尤其与感知、认知、态度、情绪、信仰等心理因素相关。早在20世纪50年代前后，霍夫兰等人针对态度转变进行了专门研究；80年代以后拉森等人专门研究了冷战期间一些政治领袖，如杜鲁门、伯恩斯、艾奇逊等人所持冷战政策和态度的形成和改变；杰维斯（jervis）在超级权力行为研究中揭示了外交政策中形象感知和形象误读的严重后果。在过去的几十年中，政治过程中的情绪和动机也一直是研究的重点。例如，有些研究显示，在处理政治选举人相关信息的时候，很多人其实仅仅在乎自己对候选人的感受，并不在乎信息本身；一些政治精英在面临压力的时候，政治观点往往会变得更加僵硬、缺乏灵活性和急功近利。

其四，案例研究。这类研究往往选取政治生活、政治事件中的某个截面作为研究对象。如某一地区一些个人的投票行为；某一特定地区如中东、阿富汗、卢旺达的冲突；某一特定政治情形下的政治决策，如古巴导弹危机、海湾战争等。对于某些政治领袖个人的研究也属此列。相对于那些宏观抽象的理论建构，这类研究更具体、更生动，但是这类研究也面临如何超越个案、上升到一定理论高度的问题。

其五，人类发展与政治经济。人类发展的研究重点关注作为政治结果的个人，与之相反，政治经济研究则重点关注政治经济结构如何造成这类结果以及伴随其中的心理过程，如研究阶级、种族以及性对于个人发展的影响，失业、通货膨胀、经济扩张的心理影响，民主和专制对个人所产生的心理影响等，这类研究的思想源头可以追溯到马克思主义。

作为一门具有跨学科性质的新兴学科，政治心理学的发展也面临许多问题。一些研究者开始关注这门学科的发展危机，并对其未来发展进行评估和预期。

一些学者从政治心理学的理论基础和范式转移等学科发展角度分析了这门学科面临的问题以及未来努力方向。门罗认为，目前的政治心理学缺乏一个统揽全局，将这门学科统一为一个整体的范式（paradigm）。他指出，应该将个人认知要素作为统一政治心理学的基本范式。个人的认知、情感、情绪是政治心理学的核心，它们构成了政治思考、政治感受、政治认同的基础，它们对政治选择和政治行为产生关键的作用和影响。罗门所说的个人认知要素是指与他人相关的自我认知，人们通过这种认知获得有关自己及他人的身份意识，这是所有政治行为的基础。自我认知源于自我与他人的互动，这种互动可以是个人与个人之间的互动，也可以是个人与团体、机构或国家之间的互动。

门罗在一定程度上认同后现代主义的某些主张，他认为社会科学研究不可能完全客观中立，将个人认知作为政治心理学的基本范式，实际上也就是对这一后现代主义立场的认可。门罗不赞同无条件地将“理性选择理论”（rational choice theory）作为政治心理学以及其他社会科学的理论基础。他认为，就政治心理学范畴中的人而言，自我是复杂和多变的，并不像理性选择理论所说的那般简单。个人具有多重身份，不同身份的重要性依文化和现实情境而变化，理解政治行为的关键在于必须描述个人身份和行为方式的这种变化，从根本上来说，这些变化源于个人对自我身份的感知。[①] 门罗尤其注意到社会中的个人不是孤立的存在，他或她始终与他人或集体处于互动之中，在诸如投票、协作、恐怖主义、利他主义、种族灭绝这类问题中，研究者不能仅仅关注个人的自我利益和自我感知，还必关注个人与他人的关联以及由此形成的公共利益以及在他人压力下所形成的不同感知。

如上所述，无论是赞同后现代主义还是反对理性选择理论，门罗的论说始终没有脱离将个人认知要素作为政治心理学基本范式这一视角。

加利福尼亚大学的罗森博格（Shawn Rosenberg）在《重构政治心

---

① Kristen R. Menroe, A Paradigm for Political Psychology, in Kristen Renwick Monroe, *Political Psychology*, 2002, p. 406.

理学：目的障碍以及方向》一文中对相关议题进行了更为深入的探讨。他认为过去50多年来，政治心理学研究完全被心理学和社会学所主导，但是越来越多的人意识到完全以心理学和社会学为基础的政治心理学研究模式已经走到尽头，他呼吁开辟一条政治心理学研究的新路径。①

罗森博格认为，当代社会科学的两种重要理论，尤其是后结构主义和后现代主义对政治心理学研究模式造成了重大挑战。这两种理论都把现实归结为权力，过去一切社会科学领域中自认为正确的所谓意义和真实并非是对现实世界的真实反映，它们不过是权力的反映，是对现实的一种社会建构。后结构主义和后现代主义认为不存在绝对客观中立的研究方法，西方社会科学中采用的研究方法不过反映了西方主流社会的意愿和观点。

罗森博格认为，政治心理学面临的真实困境是作为这门学科牢固基础的心理学和社会学之间，以及日益渗入其中的社会心理学之间的冲突和对立。社会心理学的出现在一定意义上就是为了调和心理学和社会学在看待人与社会之间关系上的矛盾。罗森博格认为，这种调和并不成功，三门学科都没有真正解决个体与集体、个人心理与社会心理、个人影响与社会影响之间的矛盾，因为它们之间缺乏一个共同的认识论基础。当这样一些彼此分裂的理论成为政治心理学的理论基础之后，自然造成了后者在认识论上的分裂。

罗森博格认为，未来政治心理学的发展必须超越心理学、社会学在认识论等方面的局限，将社会生活视为一种“双向建构”（dually structured）的过程，即将个体和群体视为意义和价值的两个类似独立来源（quasi-independent sources）。一方面，个人的情感、认知、动机、判断等行为方式具有自身的独立价值，会影响社会意义和价值的形成；另一方面，社会结构也对个人产生影响，未来政治心理学必须建立在将二者相互结合的认识论基础上。

还有一些学者从现实政治发展的角度去思考政治心理学未来的发

① Shawn Rosenberg, Reconstructing Political Psychology: Current Obstacles and New Direction, in Kristen Renwick Monroe, *Political Psychology*, 2002, pp. 309 – 363.

展趋势。温特认为，政治心理学的兴起实际上是对现实政治问题的反应，是时代的产物，有其现实根源和基础。整个 20 世纪人类面临的主题有三大项，即权力、性和暴力，具体来说就是权力争夺，由此造成各种差异（性、种族、政治等方面），并最终导致各种暴力。他强调，20 世纪的政治心理学在解释与三大主题相关的社会心理、社会结构和文化动力学等方面发挥了独特作用。温特认为，21 世纪的政治心理学将与全球化这一议题紧密相连，尤其关注全球化引发的种种弊端和危机。与此相关的政治心理学议题包括控制失范、恐惧感和偏执感、被剥夺而产生的不平感、针对政府的怀疑和不满以及宗教民族主义等。①

一切社会事实都是心理事实，一切社会问题都可以还原到人类心理水平加以解释，这并非美国社会学前辈的专断，这一理论言说很可能就是对人类和社会发展的真实描绘。就本质而言，人无非是具有情感、认知、意志、判断以及高级行为的社会动物，无论人类以何种方式、出于什么目的参与社会活动，其实都离不开人的心理活动，从人类心理的角度去解释人类行为，或许就是一种终极解释。过去一个世纪以来政治心理学的兴起和发展也从一个侧面证明了心理学与其他学科相互融合的强大活力。事实上，当代美国社会科学研究确实已经呈现出明显的心理学化的趋势。

（选自《国外社会科学》2016 年第 2 期）

① David G. Winter, Refocusing Political Psychology: The Search for a Twenty-first Century Agenda, In Linda Shepherd, *Political Psychology*, 2006, pp. 111 – 127.

后　记

“《国外社会科学》精粹（1978—2018）”丛书为中国社会科学院信息情报研究院主办的大型学术期刊《国外社会科学》创刊40年来所发表论文的精选集。1978—2018年，《国外社会科学》共出版330期，发表文章1万多篇。编辑部力图从中精选能够反映各个学科发展的综述性文章，介绍新学科、新流派、新理论且有助于我国哲学社会科学领域学科构建和理论创新的文章，在发表当时具有创新性意义、当前仍具有重要意义的理论或方法论文章；涉及我国政治经济社会生活重点关注领域和重要问题的文章；以及能够反映刊物栏目设置特色等方面的文章，以期能够从中窥见我国哲学社会科学发展40年之路。丛书共分为八卷，分别为：社会科学总论卷（张静、赖海榕主编）、国外马克思主义卷（陈永森、张静主编）、政治与治理卷（祝伟伟、傅慧芳主编）、经济与社会卷（高媛主编）、国外中国学卷（赖海榕、高媛主编）、生态与环境卷（陈云、张静主编）、人文卷（高媛主编）、文化教育卷（祝伟伟主编）。此外，中国社会科学院冯颜利研究员、唐庆博士后，清华大学吴兴德博士，中国社会科学院大学赵斌博士、魏士国博士、李怀征博士、张丹博士、陈兴亮博士、杜利娜博士，以及福建师范大学的郑丽莹、任远、宁鑫、杨臻煌、林林、霍文娜、李震、郭斌慧、周晨露、肖巧玲、刘伟琼、钟亮才、任秋燚、马秀秀、陈倩倩、艾群、林佳慧，王莉、唐付月、凡欣、杨晶晶等人参与了丛书的编选和校对工作，特此致谢！

最后需要说明的是，因篇幅所限，还有许多优秀文章未能入选。且由于收录文章时间跨度大，编辑体例和格式差别较大，有些作者信息不全或者已发生变化，本丛书所注明的作者信息（包括职务、职称、工作单位等）皆以文章发表时所注为准。另外，本丛书在编辑排版过程中如有疏漏之处，敬请学界同仁批评指正。

《国外社会科学》编辑部

2020 年 2 月